原群论旅游 —

原群论旅游

旅游规划与策划
创新与思辨

原 群◎著

旅游教育出版社
·北 京·

策划编辑：陈　园
责任编辑：陈　志

图书在版编目（CIP）数据

旅游规划与策划：创新与思辨 / 原群著. -- 北京：旅游教育出版社，2014. 1

（原群论旅游）

ISBN 978-7-5637-2862-6

Ⅰ. ①旅… Ⅱ. ①原… Ⅲ. ①旅游规划 Ⅳ. ①F590.1

中国版本图书馆CIP数据核字（2013）第308752号

原群论旅游

旅游规划与策划：创新与思辨

原　群　著

出版单位	旅游教育出版社
地　　址	北京市朝阳区定福庄南里1号
邮　　编	100024
发行电话	（010）65778403　65728372　65767462（传真）
本社网址	www.tepcb.com
E-mail	tepfx@163.com
印刷单位	北京中科印刷有限公司
经销单位	新华书店
开　　本	787毫米×1092毫米　1/16
印　　张	24.5
字　　数	392千字
版　　次	2014年1月第1版
印　　次	2014年1月第1次印刷
定　　价	66.00元

（图书如有装订差错请与发行部联系）

“三思而后行”新解

（代序）

《论语》说“三思而后行”，意指说话做事需多思多想，然后方付诸行动。在这里，“三”泛指多，“行”即行动。这句话我们说了多年，听了多遍，想了多次，可时下已进入信息社会，情势瞬息万变，机会转眼即逝，已容不得我们思虑太多。时间过长会贻误时机，机不可失，时不再来。

待人处事，思考问题，只需“三思”，便可“行”矣！此“三思”非彼“三思”，此“行”也非彼“行”。先哲的思想侧重于态度，要求谨言慎行，难免“思”有思虑过多之嫌，“行”有行动过缓之疑。鄙人的观点则侧重于方法，“三思”即换位思维、逆向思维和求异思维，“行”指可以、成功。

一、换位思维

对待他人需要换位思维，换位思维需要转换对象，其考虑的是“己”与“人”的问题。换位思维是基本的道德教谕，古今中外 从孔子的“己所不欲，勿施于人”，到《圣经》上的“你们愿意别人怎样待你，你们也要怎样待人”，再到我们日常所说的“尊重别人就是尊重自己”，不同地域、不同种族、不同宗教、不同文化的人们，说着大意相同的话。然而，现实生活中，人们一般有一个与生俱来的弱点，那就是总站在自己的角度去思考问题。假如我们换一个角度，站在他人的立场上去考量，会得出怎样的结果呢？

曾国藩是中国历史上最有影响的人物之一，但他小时候的天赋却不高。有一天，曾国藩在家读书，对一篇文章不知道重复诵读了多少遍，还是没有背下来。这时有一个贼潜伏在他家的屋檐下，希望等读书人睡觉之后捞点儿好处。可是，等啊等，就是不见他睡觉，还是翻来覆去地读那篇文章。贼人大怒，跳出来说：“这种水平还读什么书？”然后将那文章背诵一遍，扬长而去！

贼人是很聪明，至少比曾先生要聪明，但是他只能成为贼；而曾先生却成为毛泽东主席所钦佩的人：“近代最有大本夫源的人。”

“勤能补拙是良训，一分辛苦一分才。”那贼的记忆力的确好，而且也很勇敢，见别人不睡觉居然可以跳出来“大怒”，教训曾先生之后，还要背一遍书，再扬长而去。但是遗憾的是，他名不见经传。曾先生后来启用了一大批人才，按说这位贼人与曾先生有一面之交，大可去施展一二，可惜，他的天赋没有加上勤奋，变得不知所终。曾国藩并不聪明，但他留名千古；贼记忆力虽好，但却做着鸡鸣狗盗的勾当。

换位思维是人类经过长期博弈、付出惨重代价后总结出的黄金法则。克鲁泡特金在《互助论》中证明：只有互助性强的生物群才能生存，对人类而言，换位思维是互助的前提。社会是一个利益共同体，没有人能单独生存在一座孤岛上；人们是同一棵树上的叶和果，不能用自己的左手去伤右手。对于他人的失意、挫折和伤痛，我们应多换位思维。换位思维在客观上要求，推己及人，由此及彼，推心置腹、设身处地为对方着想，将自己的情感体验、思维方式等与对方联系起来，沟通情感，增加信任。这是一种人对人的心理体验过程，既是一种理解，也是一种关爱。

换位思维，首先要做到对人对己同一标准；再则就是严于律己，宽以待人。换位思维是融洽人与人之间关系的最佳润滑剂，在一个团队之中，可以创造和谐的关系，统一意志，增强凝聚力；对于一个管理者来说，只有体恤下属，关爱下属，才能使之与自己风雨同舟，共赴前程，这是一种管理素质，更是一种管理能力和水平；对于营销来说，只有为客户着想，了解客户需求，照顾利益平衡，才能建立持久的供求关系，进而拓宽市场渠道。与客户打交道绝不是一种零和博弈。

卞之琳有一首隽永的小诗，意蕴深刻，富含哲理：“你站在桥上看风景，看风景人在楼上看你。明月装饰了你的窗子，你装饰了别人的梦。”如果人人学会换位思维，世界上会有多少美丽的风景？换位思维是立于“我为人人，人人为我”基础上的，学会换位思维，与人方便，与己更为方便，将会无往而不利，无往而不达，无往而不胜。

二、逆向思维

对待问题需要逆向思维，逆向思维需要转换角度，其考虑的是“正”与“反”的问题。人们遇到问题时，总是习惯于按照正常路径去思考，虽然有时能找到解决问题的方法，收到令人满意的效果，但是，实践中的许多问题，利用正向思维却不容易找到正确答案，即使找到了，也是老套的、笨拙的、陈旧的，缺乏持久的生命力。如何才能走出死胡同、不落窠臼、别开生面呢？

中国文化具有十分丰富的辩证法思想，《道德经》对于逆向思维早就有过精彩的阐述："反者道之动，弱者道之用。天下万物生于有，有生于无。"战国时期越王勾践的两个谋臣范蠡和文种，正是由于对于这一"反"的"道"性理解不同，一个功成身退，得以泛舟江湖、颐养天年；一个功成不退，落得兔死狗烹、自刎亡身。

在古代战争决策中，逆向思维得到了非常高超的运用。例如，背水结阵乃兵家大忌，但项羽正是依靠背水一战，破釜沉舟，才以弱胜强，大败秦军。《孙子兵法》的"陷之死地而后生，置之亡地而后存"是对逆向思维的精辟论述。"以攻为守"、"欲擒故纵"、"以毒攻毒"、"以柔克刚"等都是逆向思维的成功路径。

在科学领域，逆向思维更是无坚不摧。传统的破冰船是依靠自身的重量来压碎冰块的，因此它的头部都采用高硬度材料制成，而且设计得十分笨重，转向非常不便，所以这种破冰船非常害怕侧向漂来的流冰。前苏联的科学家正是运用逆向思维，变向下压冰为向上推冰，即让破冰船潜入水下，依靠浮力从冰下向上破冰。新的破冰船设计得非常灵巧，不仅节约了许多原材料，而且不需要很大的动力，自身的安全性也大为提高。遇到较坚厚的冰层，破冰船就像海豚那样上下起伏前进，破冰效果非常好。这种破冰船被誉为"本世纪最有前途的破冰船"。

人类思维具有方向性，存在着正向与反向之差异，正向思维是沿着人们的习惯性路线去思考，而反向思维则是反其道而行之。逆向思维是为实现某一创新，或解决某一因正向思维难以解决的问题而采取的反向思维方法，是摆脱常规思维羁绊的具有创造性的思维方式，也是对司空见惯的似乎已成定论的事物或观点反向思考的思维方式。由于逆向思维敢于让思维向对立面的方向发展，因而常常会取得意想不到的功效。对于某些问题，尤其是特殊问题，从结论往回推，从求解回到已知条件，正本溯源，往往会使问题简单化、清晰化。

三、求异思维

对待事情需要求异思维，求异思维需要调整高度，寻求超常思路，其考虑的是"常"与"异"的问题。人们遇事总是习惯于按照熟悉的常规路径去思考，结果往往落入俗套，长此以往，思想守旧，人成了凡人，乃至庸人。处理任何事情，一开始想到的，大家都可以想到，往往是肤浅的，除非你已经养成超常的思维定式，具备了敏锐的洞察力。如何使自己的思路超乎寻常，使自己的创意卓然超群呢？

司马光砸缸，实质上是一个突破常规思路的典范。如果沿袭“小孩喊人—大人赶来—爬进缸中—慌忙捞人”的老套路，其结果小孩或者因时间延误呛得半死，或者白白丢了性命。由于司马光没有因循守旧，通过普通手段处理突发事故，而是转换方式，破缸救人，因此顺利地解决了问题。这种想法异常大胆，有悖于常人思维。

这种思维方式在古代商战中也取得了很好的效果。春秋末期的白圭堪称我国最早的经商理论大师，“人弃我取，人取我与”是他首创的经商名言。范蠡曾向他求教致富秘诀。据《史记·货殖列传》记载，范蠡隐退后经商成为当时的第一大财主，人称陶朱公，他的投资秘诀便是“夏购皮袄冬日卖，干旱买舟雨水出”。在干旱季节，当大多数人一窝蜂造车时，他并没有随大流，他认为车会因供过于求而滞销，而当时船的价格正处于低迷水平，当雨季到来时，船价会重新上扬。由于他正确地预见了这一趋势，从而使投资获得成功。在今天的商战中，青岛海尔的张瑞敏将求异思维运用到了较高的水平。凡是重大决策他都喜欢用求异思维来考虑问题，在他看来，“偏执狂才能生存”，“自虐狂才能发展”。

毛泽东是求异思维的高手，他的“出其不意，攻其不备”的策略，就是不按常理出牌。1947 年，国民党重点进攻山陕，我军处于战略防御阶段，按照传统的习惯性思维，我军应积极防御，使战争进入相持阶段，伺机再转入反攻。然而毛泽东却打破常规，在我仍处于劣势的情况下，派刘邓大军挺进大别山，直捣敌人心脏地带。相反，国民党因困于习惯性思维，认为我方是被击溃后的流窜，直至我军在大别山立住脚跟后，才明白我方采取的是反常行动，但此时悔之已晚！

求异思维是为实现某一创新，或解决某一因常规思路而难以解决的问题，采取的异于常人、脱于惯性的思维模式，是用绝大多数人没有想到的方式去思考问题。最忌先入为主，囿于陈规。很多人受传统思想影响，缺乏发散性思维，遇事往往不敢越雷池一步，缺乏创新。现代社会需要我们善于转换切入点，立足高远，剑走偏锋，出乎意料，出奇制胜。求异思维常常会令人大吃一惊，喜出望外。当然也可能弄巧成拙，这就需要有破釜沉舟的智慧、胆略和魄力。有风险才有刺激，有刺激才有激情，有激情才有奇迹，有奇迹才有高回报，是谓大开大阖，不破不立，置之死地而后生。伟业不是任何人都可以成就的，上帝总是青睐于审时度势、敢为人先的人。

“三思”之于旅游，之于旅游规划，亦是如此。旅游需要不断创新，创新需要非凡策划，策划的关键在于创意，一流的创意则来源于换位思维、逆向思维和求异思维。

换位思维需要从游客角度考虑问题：游客需要什么？政府需要什么？当地百姓需要什么？逆向思维需要从市场出发：市场需要什么？如何使项目更有吸引力、更有魅力？求异思维需要跳出惯性思维樊篱，发掘最佳卖点，生发奇思妙想，寻找石破天惊的创意。

河南栾川景区从“不温不火”到“一吻爆棚”，从“栾川经验”到“栾川奇迹”，有一个“三思”的过程。栾川有20多个景区，其旅游经营在中国旅游界被标榜为“栾川经验”，20多年来栾川旅游由小到大，由弱到强，一度辉煌。可流年不利，新世纪初开始进入旅游产品周期的末端，市场人气风光不再，市场份额一落千丈。江山多娇规划院通过对栾川景区进行勘察和调研，在沙子中找金子，于盲点中找热点，终于捕捉到闪光点，认为可以围绕鸡冠洞的“情侣石”和“天地之和”进行创意，整合资源，塑造品牌，将拥抱在一起连为一体的两块钟乳石——“情侣石”更名为“一吻千年”，将即将上下连为一体的两块钟乳石——“天地之和”升华为“天作之合”，更名为“千年一吻”，并根据两个景点策划了“栾川鸡冠洞‘一吻千年’热吻大赛”，通过移花接木，化平庸为神奇，使之锦上添花，达到了“树上开花”（三十六计之一）的效果。

活动当天，全国16个省市、117对选手集结于栾川鸡冠洞热吻大赛现场，栾川县万人空巷，争相一睹为快。经过7小时55分和3个高难度的“热吻”角逐，一对冠军在月光下脱颖而出。当时号称“中原第一报”的大河报以“吻晕了头脑，吻肿了嘴唇，吻断了裤带——鸡冠洞热吻大赛惊险栾川”为题作了专题报道。报道一出，舆论哗然，包括英、美、法在内的一些国家的著名网站分别以“形形色色的吻”、“多姿多彩的吻”、“千奇百怪的吻”为题进行转载。热吻大赛轰动了全国，震撼了世界，波及面之广、影响力之深前所未有。这一活动改变了世人对河南旅游“古、俗、常”的印象，扭转了栾川旅游的不景气局面，栾川旅游由此升温，鸡冠洞声名鹊起，成了万千情侣爱情见证地，同时带动了周边旅游经济的发展。

“一吻千年”和“千年一吻”的策划创意，极好地体现了“三思”理念，景点形象和主题适应了游客需求和市场需求，标新立异，别出心裁，其立意之高、之深、之奇堪称神来之笔，可谓始终贯穿了换位思维、逆向思维和求异思维。

综上所述，我们应习惯于“三思”，使换位思维、逆向思维和求异思维成为一种分析问题、解决问题的世界观和方法论，成为一种高超思考能力，成为一种惯性思维定式。思路决定出路，思则变，变则通，通则达，达则行。“三思”而后“行”，将战无不胜，攻无不克。作为旅游和旅游规划人士，尤其应习惯于这种思维模式，精骛八极，心游万仞，创造非凡创意，则旅必顺，游必兴，假以时日，中国旅游经济发展必将异军突起，引领世界潮流，迎来辉煌的明天。

目　录 >>

CONTENTS

规划篇

旅◦游◦规◦划◦观

- 美女需妆扮，美景需规划。
- 山山水水皆相似，规划策划变不同。
- 旅游规划只有想不到，没有办不到。
- 男怕干错行，女怕嫁错郎，旅游就怕规划帮倒忙。
- 现代旅游崇尚回归自然，旅游规划贵在道法自然。
- 旅游“智”在必得。有智不在山高，无智山水依旧。

旅◦游◦规◦划◦观

旅游规划“四化”标准

历史时尚化，
文化鲜活化，
资源资本化，
诱惑神奇化。

5A 景区策划策动“六性”

调动当地政府的积极性，
促动当地居民的参与性，
联动驻地单位的互动性，
触动主管部门的认同性，
带动创建发展的持续性，
推动创建成功的必然性。

旅◦游◦规◦划◦观

旅游景区“十化”标准

文化活化，传说神化，空气净化，环境美化，历史时尚化，景点差异化，景区全域化，游览体验化，开发创新化，生态、生产、生活一体化。

旅游策划“八一八高”目标

一鸣惊人，鹤立鸡群起点高；
一步一景，情景规划品质高；
一见钟情，流连忘返兴致高；
一往情深，品牌服务质量高；
一举多得，强市富民政绩高；
一呼百应，游人如织人气高；
一举成名，誉满全国名气高；
一本万利，终身受益利润高。

旅◦游◦规◦划◦观

旅游规划之职业精神

无愧，无畏，无敌，无量，无限。

释义：

①无愧：殚精竭虑，无愧于资源。

②无畏：锐意创新，敢为天下先。

③无敌：唯我独尊，山高我为峰。

④无量：功德无量，造福桑梓，泽被后世。

⑤无限：声名远播，无限风光，无限荣光。

旅◦游◦规◦划◦观

旅游主题挖掘之“五题五做”

小题大做，歪题正做，假题真做，虚题实做，远题近做。

释义：

小题大做：小中见大，小怪大惊。以小搏大，见微知著。

歪题正做：剑走偏锋，歪打正着。宁可乱糟糟，不可静悄悄。

假题真做：言过其实，名至实归。不怕有名无实，就怕有实无名。

虚题实做：故弄玄虚，虚张声势。做人要“实”，旅游要“虚”。

远题近做：舍近求远，远交近攻。让远在天边，变近在眼前。

旅◦游◦规◦划◦观

旅游规划真实论

要让真实淡化，要让真实活化，要让真实优化，要让真实神化。

不要被真实所累，不要被真实所困，不要被真实所扰，不要被真实所误。

释义：

旅游不是政治，不是军事，不是考古，不是讲堂，不是宗教，不是城建，不是地质，不是水文，不是医学，不是植物学。政治、经济、军事、文化、艺术、山水、民俗、考古、宗教、城建、地质、医学、植物学等可能成为旅游的客体，但它们只能是一种外在表现形式。旅游的实质是通过创意赋予景区独特的意蕴，为游客提供休闲、度假、释放压力的精神愉悦产品。故旅游不要被真实所累，不要被真实所困，不要被真实所扰，不要被真实所误。旅游要跟着市场走，市场需要什么做什么。

旅◦游◦规◦划◦观

旅游规划之以人为本

出人意料，惹人注目，引人入胜，顺人应天，悦人身心，发人深思，使人受益，令人神往。

释义：

①出人意料。规划要新、奇、特、异，忌拾人牙慧、步人后尘。

②惹人注目。规划要敢于涉足禁区，制造游客争相一睹的噱头。不怕质疑，有疑问才有议论，有议论才有名气。忌平淡、中庸。

③引人入胜。规划要移步换景，曲径通幽，渐入佳境，每五分钟一个兴奋点，每十分钟一个高潮。忌平铺直叙、平淡无奇。

④顺人应天。规划要以人为本，保护生态，道法自然，天人合一。忌破坏环境、背离市场。

⑤悦人身心。规划要豁人耳目，愉悦身心。忌置身于外，缺乏体验性和参与性。

⑥发人深思。规划要注重文化主题，耐人寻味，发人深省，有意蕴，有品质。忌简单直白，内涵挖掘不够。

⑦使人受益。规划要注重经济效益，有游客才有效益。忌有景无人，或来人留不住，留人不增效。

⑧令人神往。规划要有吸引物，增加重游率，使之游兴未尽，故地重游。忌索然寡味，一次性消费。

旅◦游◦规◦划◦观

宁可乱糟糟，不可静悄悄

释义：

“乱糟糟”是游客所爱，是效益所需。旅游作为一种大众消费，其消费者是“大众”而非“小众”，因此其定位策划、营销策划、项目规划都必须围绕着广纳大众、传播大众、博爱大众而进行。此乃“乱中取胜”。“静悄悄”是小众所爱，是所谓的“高雅”所需，与效益背道而驰。市场经济环境下的旅游景区，如果用小众的口味强加于大众的所爱，用小众的产品吸引大众的目光，搏击大众的市场，必然是缘木求鱼，南辕北辙。旅游不要“静悄悄”，需要“乱糟糟”，以做行政、做科研的理念来做旅游，避“乱”而取“静”，只能是静得苍白，静得贫寒，静得了无生机、亏耗连连。

旅◦游◦规◦划◦观

情景规划的内涵

景为情设，以情入景；情因景生，情随境转；触景生情，情景交融。

释义：

情景规划是预测战略管理或环境层面变化的一种强有力的工具。它是战略规划的高效工具与方法。赫尔曼·卡恩（Herman Kahn）把这种军事规划方法提炼成一种商业预测工具。彼得·圣吉在《第五项修炼》中反复提到壳牌公司的"情景规划"小组，就是为了说明：情景规划并不仅仅是设计、开发几个未来的情景，它的核心是要改变组织的心智模式，是理清扑朔迷离的未来的一种重要方法。情景规划要求先设计几种未来可能发生的情形，接着再去想象会有哪些出人意料的事发生。

歌德说"理念是灰色的，生活是风景的"。旅游产业无边界，资源无限制，行为无框架。旅游情景规划就是要借助于情景规划这种商业预测工具，因地制宜地设计策划旅游景点。情是主体，景是客体，情景规划是"情"与"景"的融合，就是通过策划加规划最终达到情景交融的境界。旅游情景规划的核心在于系统思考、改变组织的心智模式以及激发雄心与想象力、诱发奇思妙想。

旅○游○规○划○观

旅游策划人的基本素质

博学，良知，激情，灼见。

释义：

博学。在旅游专业知识的基础上，对天文、地理、人文、历史、自然、政治、法律、经济、宗教、民俗、建筑、交通、美学、艺术、环保、植物、心理、物候、文学、传播等学科的常识性知识都要通晓。

良知。一个优秀的旅游策划人，一定是一个具有社会良知和良好职业操守的人，一个具有强烈的社会责任感和职业责任心的人，一个具有勤奋敬业和乐于奉献精神的人。

激情。饱含激情，善于发现，易于感动，并能从感动中捕捉景观中的亮点，在感动中产生联想，在联想中提炼出精华，从精华中产生创意，提出诗般理念，从而为景区的整体策划确定主题。只有具备烈火燃烧般的激情，爱美之情急切，审美之趣至雅，造美之心甚强，才能形成强烈的创作冲动，才能做出极富感染力的好策划。

灼见。有好的创意，有创新性，有独到的眼光，以独特的观察角度和观察方法发现事物的独特属性，并以高超的分析、综合、提炼能力，从中得出灼见，策划设计出智光闪亮的旅游开发思路、概念、主题、项目、产品及经营模式。

论旅游策划

（讲座）

专题一　旅游策划的原则与程序

一、旅游策划的定义

自从人类进入文明社会以来，随着社会的发展产生了一系列发展理论，反过来，这些发展理论又指导了社会实践，可以说正是这些理论规划了社会发展的路径，策划了社会发展的方向。社会发展造就了策划的历史，策划推动了社会进步，策划是社会发展文明化的必然产物，必将随着人类文明的发展而发展。从国际关系到国家大势，从行业大局到企业发展，从党团到个人，一切成功的案例无不来源于策划。

——世界需要策划。《资本论》改变了世界200年的发展进程，马克思成为社会主义的奠基人；美国世贸大楼的被袭，瞬间改变了世界的格局，这是恐怖组织的谋划，当然是负面的策划。

——国家需要策划。邓小平理论改变了中国的命运，换来中华民族的伟大复兴；韬光养晦战略使中国抓住战略机遇，一跃成为世界强国。邓小平由此成为中国改革开放的总设计师。

——社团需要策划。中国共产党由弱到强，取得一次次胜利，无不依赖于其革命理论，《中国共产党党纲》是其基本的策划方略。

——大事需要策划。罗斯福与胡佛的竞争，罗斯福、丘吉尔与斯大林在雅尔塔会议上关于反法西斯阵线的会晤，奥巴马与普京在当今国际关系中的较量，无不印证了策划的力量。

——凡事需要策划。贫富之差、等级之差、成功与否都来源于自身的观念和思路。世事无常，对人对事无时无刻不需要思量、运筹和权衡，这就是策划。大到国家战略、航母航天，小到炒股投资、建房垒灶，甚至平民百姓的柴米油盐酱醋茶，策划无时不在，无处不在，无事不在。

（一）策划之要义

《礼记·中庸》云："凡事预则立，不预则废。"是说凡事都要有计划，这便是"策划"的最基本含义。美国哈佛商学院企业管理课程中讲道："策划是一种程序，在本质上是一种运用脑力的理性行为。"现流行于世界的《孙子兵法》和"三十六计"就是中国古代策划的结晶。"田忌赛马"的故事大家都知道，如果没有孙膑帮着策划，田忌就不可能胜过齐王，因为论马的综合实力，田忌明显处于下风，但是，孙膑将战马资源进行了优化组合，使之能够发挥最佳的成绩。齐王仰仗的是综合实力，而田忌比的则是局部关键场合的优势，所以说，"田忌赛马"更多是强调人的智慧，其诀窍在于避开对方优势，寻找对方薄弱之处，集中力量形成自己的优势，以己之长攻敌之短，从而克敌制胜。这便是策划的第二层含义，这种智慧因素才是最主要的。

综上所述，策划的含义包括如下几个要点：

1. 策划是根据现实的情况和信息进行谋划

策划者要尽可能多地掌握各种现实情况和信息，并在对此进行深刻分析的基础上再进行策划。这样才能使做出的策划具有合理性和针对性。

2. 策划具有明确的目的性

策划是为了达到一定的目标，在调查分析有关材料的基础上，努力把各项工作从无序转向有序的活动过程。旅游企业策划的根本目的就是获得综合效益的最大化。

3. 策划具有选择性和机动性

针对同一目标，能够做出多个不同的策划方案，人们可以对多个方案进行权衡比较，从中选出最合理的方案。在实施策划过程中，还必须根据环境的变化，不断对策划进行调整和变动，以保持策划对现实的最佳适应状态，这便是策划的机动性。

4. 策划是按程序运作的系统工程

现代策划为了保证方案的合理性与高成功率，一般按照一定的程序进行。策划的程序可以把各方面的因素有机地组合起来，使各个子系统相互协调，形成一个合理的整体策划体系。

（二）旅游策划的定义

目前对旅游的具体定义仍无定论，因为随着社会的发展，旅游在不断丰富着它的内涵和外延，但国际上普遍认可的是1981年"国际旅游科学专家协会(International Association of Scientific Experts in Tourism)"提出的定义，即旅游是“人们向既非永久定居地亦非工作地旅行并在该地逗留所引起的相互关系和现象的总和”。这就是著名的 AIEST 定义。

目前学界和业界的许多人士都认为旅游的核心是“体验”或“经历（Travel Experience）”。这里的“经历”定义为“旅游者通过对旅游目的地（广义上指旅游过程）的事物或事件的直接观察或参与而形成的感受与体验”。而旅游策划的核心就是通过创造性的思维，将各种资源根据市场的需要进行整合，实现旅游者的完美体验。

因此可以认为，旅游策划是以旅游资源为基础、通过创造性的思维整合旅游资源、使旅游资源与市场有机结合、实现旅游业发展目标的过程。旅游策划具有经济性、社会性、创新性和时效性等特点。

旅游策划与其说是科学，不如说是艺术。它属于规范经济学范畴，是在一定的目标和价值判断下回答“它应该是什么”的问题。旅游策划的核心概念是“旅游资源与市场的结合”。旅游策划既不是资源评价也不是市场分析，而是资源与市场的匹配，是对旅游最终产品——旅游经历的生产与交换的系统构想。

二、旅游策划的原则

在讨论旅游策划的要素和程序之前我们必须了解旅游产品本身的特点，因为从旅游产品本身的特点我们可以探索总结出旅游策划的特点。

（一）旅游产品的特点

旅游产品是指为满足旅游者审美和愉悦的需要而在一定地域上被生产或开发出来以供销售的物象与劳务的总和。根据上述定义我们不难得出结论：旅游产品从构成上看，可以分成两个部分：一部分是核心旅游产品（Core Product of Tourism）；另一部分就是组合旅游产品（Package Product of Tourism）。前者是指满足旅游者审美需要和愉悦需要的效用和价值；而后者是指旅游企业或旅游相关企业围绕旅游产品的核心价值而做的多重价值追加。通过这种追加，旅游产品具有几乎可以满足旅游者旅游期间一切需要的效用与价值。

从上述分析我们可以得出旅游产品与其他产品相比具有以下特征：

1. 功能上的审美性

任何产品都有价值，而旅游产品的价值就在于满足人们审美和愉悦的需要。旅游者购买旅游产品，通过取悦感官求得美感。

2. 空间上的不可转移性

旅游产品空间上的不可转移性，在于旅游资源的地域性以及不可转移性。旅游产品由于固定于一定空间，旅游企业必须采取与其他产品不同的营销方法来增强旅游产品的吸引力，将旅游者吸引过来实现旅游业的发展。

3. 生产和消费的同时性

旅游产品在本质上是一种服务性产品，其消费的瞬时性，决定了旅游产品的生产和消费常常是在同一时空背景下完成，消费结束也就是生产的完成。如导游提供讲解构成了旅游产品的一部分的同时，也是旅游者进行旅游消费的过程。这就要求旅游策划必须进行详细的市场调研，针对旅游者的需求进行产品的设计。同时，策划必须以实际的资源情况和接待能力为基础，使旅游者预期的需求得到满足。

4. 时间上的不可储存性

旅游产品不像一般的商品那样可以被有效地储存起来，以备将来出售。随着时间的流逝，旅游产品如果没有实现对应时间上的交换价值，那么此期间为生产该种旅游产品所付出的人、财、物、力资源就是一种浪费，并且损失的价值永远也得不到补偿。例如，饭店的客房，如果某天未被售出，则这一天其价值便永远失去了实现的机会，并且仍将耗费相应的人、财、物、力。这就决定了科学合理策划的重要性。

5. 所有权的不可转让性

旅游企业在出售旅游产品时，转让的仅仅是旅游产品在一定时间内的使用权，而不像一般产品那样同时转让所有权。旅游产品的这一特点，往往造成旅游产品促销和销售的困难，因为消费者对购买某一旅游产品可能怀有较高的风险预期。因此，旅游策划必须尽量帮助旅游者消除消极的心理预期，并且必须以注重保护旅游资源为基础。

（二）旅游策划的原则

旅游策划除必须遵循一般策划的可行性、创新性和信息性原则外，还有其特定的原则。

1. 可行性原则

“实践是检验真理的唯一标准”。任何一个策划在本质上都是一种想法，无论其看起来多么完善，都可能在实施的过程中遇到各种阻碍，甚至半途而废。旅游策划也不例外，在制定策划时必须考虑其可行性，包括在经济上、环境上和技术上的可行性。

2. 创新性原则

创新是事物得以发展的动力，是人类赖以生存和发展的主要手段。“创新是经济增长的四大车轮之一”，而人类社会的进步就是在一次次创新中完成的。中国旅游产业的发展也是伴随着一次次大到政策创新、制度创新，小到具体的服务操作程序和布景的创新而逐步完成的。而创新也给创新者带来了相应的实惠。拿我国目前的餐饮业来看，饭店内的餐饮业无法与社会上的餐饮业进行竞争，原因之一就在于社会餐饮业不断地进行着创新，涉及服务的方式、产品更新到店面设计等。目前北京的主题餐厅标新立异，各领风骚，而饭店餐厅由于受到管理方式等方面的限制而停滞不前。

3. 信息性原则

在信息时代的今天，谁拥有更多的信息谁就拥有更多成功的机会。作为旅游策划，它本身就是一种信息，即将旅游产品传达给旅游者的信息。而传达该信息是否能收到预期的效果，则在很大程度上取决于信息本身的完整性、及时性和确切性。而这就取决于策划是否是在充分地掌握了旅游资源和受众双方的信息基础上制定出来的。

信息是旅游策划的基础，具体来讲，包括以下几项要求：

（1）信息的全面性

不同地区、不同部门、不同环节的信息的分布密度是不均匀的。信息生成的大小也不相同。因此，我们在收集原始信息时，范围要广，防止信息的短缺与遗漏。

（2）信息的可靠性

原始信息一定要可靠真实，要经过一个去伪存真的过程，脱离了实际的浮夸的信息对旅游策划有百害而无一利，一个良好的旅游策划必然是建立在真实、可靠的原始信息基础之上的。

（3）信息的及时性

市场是变化多端的，信息也是瞬息万变的，过去的信息对现在的策划往往毫无用处。因此对一个旅游策划人来说，必须做到及时地收集新的信息并对其进行加工，以指导策划，使策划效果更加完善。

（4）信息的连续性

任何活动本身都具有系统性和连续性，尤其作为策划的一个分支——旅游策划更是如此。对事物发展的各个阶段的信息进行连续收集，可以使项目策划更具有弹性，在未来变化的市场中更有回旋余地。

此外，基于旅游产品本身的特点，旅游策划还必须遵循以下特定原则：

4. 特色原则

这是旅游策划的中心原则。必须通过分项旅游产品和服务来突出某一产品的独特之处，如通过对自然景观、服务方式、建筑风格、园林设计、节庆事件等来塑造与强化旅游产品的特色，做到“人无我有，人有我优，人优我新、人新我奇，人奇我特，特立独行，行之有效”。鲜明的特色和个性往往能减少与其他旅游产品的雷同和冲突，使旅游者产生深刻的印象且难以忘怀，因而更有吸引力。特色已成为现代旅游竞争中获胜的法宝。

5. 保护原则

旅游产品本身的愉悦功能和所有权的不可转移性，要求旅游策划对各种旅游资源进行可持续开发，从而在保证满足旅游者需求的同时实现旅游业的可持续发展。

6. 弹性原则

旅游需求是随着时间的变化而不断变化的，因此旅游策划必须保持相当的弹性，为以后的后续策划留有余地。

7. 大旅游原则

旅游产品的策划要根据现代旅游产业高度关联性和高度依附性的特点，打破行政区划和行业界限，同时考虑旅游产品内外各种因素，树立“大旅游产品”的观念和良好的旅游形象，努力策划出高品位、高市场占有率、高效益的特色旅游产品。

三、旅游策划的程序及其构成要素

旅游策划是一项复杂的工程，它既是一种艺术，要求一定的变化和创新，又必须遵循一定的步骤。不同的旅游策划应该根据目标和对象进行不同的考虑和实施。一项旅游策划的制定应该包括以下几个步骤：

（一）环境调研分析

1. 市场规模分析

市场规模尤其是上下限的界定是一个旅游策划项目获利能力的基础。市场规模的下限又称“门槛人数（threshold population）”，是指一个旅游策划项目具有获利能力的最低市场规模。市场规模的确定往往非常困难，通常采用三种思路：一是根据历史趋势来预测未来的客流量，这是一种最常用的方法；二是根据接待能力来预测市场规模，即根据现有的接待能力和历史上这些设施的实际接待量来预测市场规模；三是根据经济目标来确定应该达到的市场规模。需要指出的是，市场规模随着新吸引物的开发、宣传促销活动、消费时尚的变迁而不断地改变，并非常量，因此市场规模的确定应不断进行修正。

2. 市场结构分析

市场规模是对市场客流量的分析，而市场结构则是对市场进行质的分析。旅游市场结构往往从以下三个角度进行分析：客源区位、社会人口特征和消费行为。

（1）客源区位

不同区位客源的生活、文化和宗教习惯不同，因此针对不同区位客源的旅游策划也应不同。按照区位可以将客源市场分为国内市场、国际市场、区内市场、区外市场，等等。比如按国际惯例，作为一个国际性的旅游地，其距离国际机场的距离必须在一小时的车程之内。

（2）社会人口特征

社会人口学分析包括：年龄、收入、闲暇时间、教育程度、职业、宗教，等等。

（3）消费行为

旅游者的消费行为包括：旅游目的、动机，旅游方式、滞留时间，季节性及消费水平、住宿方式等。

3. 竞争能力分析

旅游策划的目的是维持或建立某旅游产品在市场中的地位，而市场是存在竞争的，因此旅游策划必须对市场竞争环境和自身优缺点进行分析。对自身的优势（Strength）、劣势（Weakness）、机会（Opportunity）和威胁（Threats）的全面评估称为SWOT分析。就旅游策划而言，对策划的对象进行SWOT分析可以概括为两个方面：外部环境分析，即机会和威胁分析；内部环境分析，即优势和劣势分析。下面分别加以详细论述。

（1）外部环境分析（机会与威胁分析）

为了使策划实现预期目标，策划者必须了解外部环境，以监视和分析它，从而寻找机会，发现威胁。对于旅游企业而言，机会是一个旅游企业可以通过工作赢利的需求领域。这些机会可以按其吸引力以及每个机会可能获得成功的概率加以分类。企业在每个特定机会的成功概率不仅取决于它的业务能力是否与该行业成功所需要的条件相符合，还取决于其业务能力是否超过其竞争对手的业务力量。经营最佳的旅游企业是那些能创造最大游客价值并能持之以恒的企业。外部环境的某些发展变化预示着威胁，环境威胁可按其严重性和发生的概率分类。企业需要为每一个威胁准备一个应变计划。这些计划将预先阐明在威胁出现之前，或者当威胁出现时，企业将进行哪些改变。

（2）内部环境分析（优势、劣势分析）

旅游企业要定期检查自己的优势与劣势，不断审视自己的营销、财务、产品创新和提升能力，通过定期的评估，确定自己的优势、劣势，从而发扬优势，采取措施弥补劣势。

（二）确定策划目标

每项策划活动必须有目标的指引才能顺利进行。对于旅游策划而言，没有目标则如同缘木求鱼，刻舟求剑。目标不明确，匆忙做出的决策终将导致策划的失败。

通过SWOT（分析法模型）分析之后，便可以发现现有的问题和卖点，从而确定在一定的时期内的策划目标。旅游策划的目标往往是多元化的，大体上包括：扩大旅游产品的市场份额、提高产品的知名度和美誉度、开发新的旅游产品或对原有的旅游产品进行更新、更新旅游产品形象，等等。应该针对这些不同的目标进行不同的策划。目标的确定应该根据具体的策划要求和实际情况而定，目标是否现实可行取决于其是否建立在"具体问题具体分析"基础之上。明确地指出问题就等于解决了问题的一半。界定问题要全面考虑旅游产品所涉及的各个方面的需要和可能，以及各种客观条件和环境是否允许，没有条件创造条件也要使目标明晰化。当然，创造条件需要具备一定的基础，不能超越现有的基础，盲目地求新求大。

在确定旅游策划的目标时，应注意以下问题：

1. 层次性

策划往往需要实现多重目标，如提高利润率和增强企业的公共形象。这些目标在实现的过程中往往互相冲突，因此必须明确不同目标的轻重缓急。此外，处于不同阶段的目标往往又存在亚目标。总之，要做到有主有次，环环相扣。

2. 可行性

策划目标的实现应该具有相应的人、财、物等资源基础。应该在指定的条件和约束的限度内，从全局出发，量力而行，结合自己现在的条件和潜在的能力，制订出合适的方案。

3. 可量化

例如旅游人数增加比率、重游率、效益增长幅度等。将目标进行量化是中国旅游企业需要迫切解决的一个问题。

（三）拟定备选方案

1. 从4Ps到4Cs

传统的营销策划的营销组合是从销售者的角度出发的，随着市场竞争的进一步加剧，旅游企业必须将自己放到消费者的角度进行旅游策划。罗伯特·劳特伯恩根据传统的4Ps提出4Cs，这两个阶段有一个递进和升华的关系，后者是在前一阶段的基础上，进行创造性思维，产生创意，然后把创意转化为可实际操作的行动方案。

由于创意可能是几个或多个，因而方案也可能是多个，以进行对比选优。创意转化为具体的方案必须对产品（Product）、价格（Price）、促销（Promotion）和地点（Place）形成的营销组合做出基本决策。

表 1 二者的对应关系对照

4Ps	4Cs
产品（Product）	顾客需要与欲望（Customer needs and Wants）
价格（Price）	顾客花费的成本（Cost to the Customer）
地点（Place）	便利（Convenience）
促销（Promotion）	传播（Communication）

总之，在市场中最终取胜的旅游企业必须是可以经济方便地满足旅游者的需要，同时跟旅游者保持有效的沟通。

2. 拟写策划书

策划方案最终体现为详尽的策划书，策划书一般由以下几个部分构成：

封面：策划主办单位、策划组人员、日期、编号。

序文：阐述此项策划的目的、主要构思、策划的主体层次等。

目录：策划内部的层次排列，给阅读人以较为清晰的全貌。

内容：策划创意的具体内容。要求文笔生动、文字准确无误、分析方法科学合理、层次清楚。

预算：为了更好地指导策划活动的开展，需要把策划的预算作为一部分内容在策划书中体现出来。

策划进度表：包括策划部门创意的时间安排以及活动本身进展的时间安排。时间在安排上要有弹性，具有可操作性。

策划的相关参考资料：旅游策划中所运用的二手信息材料要标明出处，以便查阅。

编写策划书要做到：文字简明扼要；逻辑性强，顺序合理；主题鲜明；运用图表、照片、模型来增强策划的主体效果；具有可操作性。

（四）策划方案的筛选

对企业所面临的内外部情况进行全面、系统的分析，对各种变动量进行充分的预估，权衡利弊，选择最优。由于旅游产品本身的强产业关联性和对环境、社会的影响性，在选择策划方案时必须综合考虑对经济、社会、环境的影响。

（五）策划方案的实施

策划书编写出来之后，应制定相应的实施细则，以保证旅游策划活动的顺利进行。要保证策划方案的有效，应做好三方面的工作。

1. 监督保证措施

科学的管理应从上到下步调一致，各个环节环环相扣，责、权、利明确，只有加强监督才能使各个环节少出错误，保证旅游策划活动的顺利开展。

2. 防范措施

在发展过程中有许多不确定的因素，只有根据经验或成功案例进行全面预测，发现隐患，防微杜渐，把损失控制在最低程度内，才能推动旅游策划活动的开展。

3. 评估措施

旅游策划项目活动的实施必须有一定的评估手段和效果反馈机制，从而及时地发现谬误，对原先的策划方案进行相应的改进，以实现策划的目标。

（六）策划方案的评估和改进

这是旅游策划的最后一环节。在以上几个步骤中，由于事先的调查并不能完全反映现实情况，因此，在具体实施的过程中，原先策划方案中的一些不符合现实条件的部分可能在这一环节显现出来，通过评估和反馈，及时发现问题并对原方案加以改进，直至尽可能地完善。

总之，旅游策划是一个动态的循环过程，没有最好的策划方案，只有不断完善的策划方案。

专题二 旅游策划的十大原理

旅游业是从事旅游经营活动的事业，是利用旅游资源为人们出行、游览提供服务的行业，属于国民经济中的第三产业。目前，观光、度假、休闲已成为中国百姓生活中必不可少的组成部分。旅游业的发展虽说一日千里，但也有云谲波诡的一面，有许多不确定的消极因素，因此一个新景点要脱颖而出，要永远立于不败之地，除了景点自身的品质外，关键在于策划，不断创新。我国的旅游产业已进入策划主导时代，跟其他产业一样，策划的作用和随之带来的效益已清晰地显现出来。

一个国家或地区旅游事业发展的成功与否，从根本上说，取决于这个地区或国家的旅游资源的特色和丰富程度，取决于能否对旅游资源进行恰当的评价、合理的开发和推广。由此可见，旅游策划对一个地区或国家的重要性。经过多年的探索和经验积累，许多旅游城市自觉地进行策划，在实践中逐步探索总结出了一些旅游策划的基本原理，对今后的旅游策划实践极具指导意义。

一、产品定位原理

旅游城市首先要对自己区域的旅游产品有所认识，根据旅游产品的内涵和特征，组成完备的策划组合，然后再来考虑其策划策略的制定。对旅游产品主要内涵的挖掘和特征的塑造，实际上就是为景区旅游产品定位，就是把景区最吸引人的、最突出的特色表现出来。通过对特色的进一步打造可以形成景区的品牌，进而形成旅游市场的名牌。由此可见，旅游策划的主要问题是城市旅游定位。定位的目的是根据不同市场、不同群体的需求特点，通过科学而合理的策划手段，向大众传播城市旅游特色，发展旅游的核心竞争力。

世界上著名的旅游胜地都是以其独特的地貌景观、建筑景物、历史遗迹、风俗民情等来吸引游客的，如埃及的金字塔、纽约的自由女神、北京的长城和故宫、西安的秦兵马俑、长江三峡的神女峰、云南少数民族风情等。旅游景区要想在纷繁复杂的旅游市场中取得优势，就得在信息传递中把自己的突出特色宣传给广大消费者，并能牢牢抓住消费者，让自己的旅游产品占据一定的市场地位。只有先行构建好一个完整定位，才能保证策划创意的项目具备主导城市旅游发展的重要意义，保证项目的具体内容能实实在在落到每个“点”上，比如把三亚誉为“东方夏威夷”，把小浪底水库誉为“北方的千岛湖”。

河南辉县有名的郭亮影视村，本来是一个普普通通的太行山村，自从著名导演谢晋在此拍过一次电影后，山村开始走旅游发展道路。该村以洁净的山泉水、清新的空气、干净卫生的住房条件，用比市场低得多的价格去占领区域内的休闲旅游市场和美术院校校外写生市场。又如，SARS疫情的出现使旅游又多了一个新的定位，就是打“健康”牌，围绕健康、卫生这个主题设计旅游产品、旅游线路。

二、体验感觉原理

旅游的价值在于满足人们审美和愉悦的需要，旅游者进行旅游观光，通过取悦感官求得美感。这就是旅游策划的感觉原理。旅游资源本身可以使人产生美感（物质的美和精神的美）、快感、满足和愉悦，使人的精神达到美的享受。游客可以把自己作为旅游资源的一部分融于其中，融于自然之中，体味自然的本源。许多旅游资源本身就是一种精神寄托及思想意念的产物。湖南的张家界给人最深刻的印象就是山清水秀、空气清新，可以让游客充分享受大自然，接受大自然的陶冶，给游客一种超凡脱俗的感觉。

旅游能使人受到教益。人们通过观光、旅游可以得到新的知识和美的享受，可以开阔眼界，学到许多书本上不曾有的知识。由于各类旅游者精神需求的差异，同一客体对于不同旅游者的吸引力是不同的，秀丽的山川田野能够满足城市居民寻求返璞归真、回归大自然的精神需求，对城市居民有强烈的吸引力；而现代化的都市建筑能够满足乡镇居民对现代化追求的精神需求，对乡镇居民有强烈的吸引力。有些游客怀念某些历史遗迹，缅怀某些历史事件，迷恋某些神话传说，我们可以使之复原、重塑、再现。比如一个文人游览了长城，他不仅仅是身临其境地看到了高大逶迤的长城，体验到了长城的雄伟，更多的是想到了长城的建设者建造长城的历史背景、历史作用和社会影响，以及我国劳动人民的智慧．并从长城的沧桑史中体味到中华民族的艰辛历史，这就给人以“活”的感觉，留下了“活的记忆”。随着社会经济的蓬勃发展，旅游者的需求呈现多样化的趋势，如日本岐埠县建成一座别开生面的主题公园——“天命反转地”，由于公园里没有一处平地，高低落差达 15 米，建筑物也极不规则，所以游人进入公园后容易失去平衡感，需要重新调整视觉和方位，因而满足了人们求新、求异的心理。这就是所谓的感觉原理。

三、策划规划原理

对旅游景区进行整体规划的同时，也要进行系统的策划，而且策划要在规划之前。随着中国旅游业规模的扩大和实际影响的增加，更多地应当重视旅游规划和策划研究，使其具有经济性、社会性、创新性和时效性。旅游规划相当于企业产品的生产过程，主要围绕硬件来做。而旅游策划则是生产产品之前的旅游市场调查分析、旅游市场定位、旅游市场细分等相关的工作，主要围绕旅游的主题、理念、方向、人口等软件来做。美国洛杉矶1955年建造迪斯尼乐园后，立即风靡世界；我国创建的世界园艺博览园，集中了中外奇花异木，也成为新的旅游热点。所以说，旅游的策划实施和发展战略规划、具体项目的实施密不可分，抓住了这点也就抓住了消费的卖点。

近几年，随着旅游业的发展，各地政府对旅游策划日益重视，大到省（区），小到景区，纷纷聘请专家、学者搞策划，形成了一股“规划热”、“策划热”。其中不乏一些科技含量高、针对性强的高质量规划，为当地旅游发展指点了迷津。但也有一些地方花了高价请了“高人”，做出洋洋数万字的策划、规划，却通过论证后束之高阁。旅游规划实质是将整个旅游目的地作为一个产品按照消费者的要求来设计、开发、建设，由于每一个旅游目的地的资源、地理位置不同，有限的产品不可能对所有的消费者都具有吸引力，因此，有限的产品如何在无限的市场中选准突破口，并逐步扩大市场，确保旅游发展的战略目标实现，应是旅游策划、规划的重要内容。

规划旅游资源开发建设项目，要着眼于提高旅游业的核心竞争力，首先要有科学性，这种科学性是建立在逐一分析旅游产品生命周期状况基础上的；其次，要有艺术性，这属于规范经济学范畴，是“旅游资源与市场的结合”。旅游策划既不是资源评价，也不是市场分析，而是资源与市场的匹配，是对旅游最终产品——旅游经历的生产和交换的系统构想。在规划期内分阶段要“无中生有”地建设一批，“锦上添花”地改造一批，使城市旅游产品体系保持整体的吸引力和竞争力。

科特勒认为营销的一半是策划，一半是打拼，由此可见策划的重要性。策划和规划的高层次才是真正的高层次，策划和规划的放弃是最大的浪费。

四、软硬兼施原理

旅游资源是发展旅游事业的基本物质条件，必须从理论到实践对旅游资源加以系统研究。对旅游资源既要抓硬件又要抓软件，软件启动硬件，软件决定硬件。旅游资源有一些硬的元素，像山、河、道路、建筑，但也有一些软的元素，包括环境的质量、民族风情、风俗习惯、人文、历史以及整个旅游场所的公民素质、精神面貌等。湖南韶山毛泽东故居，硬件就是一栋农村的旧房子，一栋旧房子能值多少钱，可它是伟人出生之地。毛泽东的影响就是软件，这种软件的影响力是巨大的，因此韶山旅游客源不断，到湖南的人必到韶山一游。香港、澳门回归祖国后，举办交接仪式的会场广受游人青睐，这也是沾了软件的光，交接仪式赋予普通的会场特殊的意义。北京故宫、八达岭长城、泰山使人大开眼界、增长知识，这是软硬件结合得比较完美的景区。

各类旅游资源都有其形成的背景，这些背景是各种因素相互作用、长期演化的结果。如：外国游客来到中国，最渴望了解的还是中国的历史文化。中国的旅游资源大多有史学价值，是历史的见证，能使游人了解旅游地的历史和今天，增长知识。比如我国万里长城是中华民族2000多年间抵御外族侵略的历史见证；陕西的秦始皇陵兵马俑，也因其反映了2000年前我们祖先的智慧、军事技术和制作工艺而著名；泰山被称为“第一山”，最重要的一点就是历代帝王在此封禅，奉之为与上天通接的圣地。再如，特定地域的民族生活环境、房屋建筑、城乡布局、气象气候以及语言、饮食、服饰、歌舞、节日活动等，都能吸引旅游者前来观摩与交流，所谓异域风情通常是游客最津津乐道的。对于这些资源，我们应该充分发掘其科学价值和文化内涵，深刻认识其文化属性，提高其艺术与观赏品位，从而最大限度地发挥其功能和效益。

旅游的硬件建设要根据旅游区域的定位和财力量力而行。目前国内的旅游发展水平与发达国家相比固然落后，但不等于说我们就一定要从改造旅游硬件入手来搞策划。合理的策划、规划及旅游品牌打造可以采用分步实施的战略，从城市的旅游软件建设入手，扬长避短。在大体相同的旅游基础设施条件下，旅游产品的生产及供应具有很大的差异。因此，旅游产品的深层开发和对市场需求的满足较多地依赖于“软开发”，也就是开发人文旅游资源和提高旅游服务的质量和水平。旅游景区产品表现形式尽管呈多样化，但其核心内容仍是服务。旅游服务的特点，在于其消费与服务常常处于同一时间段，要以最大限度满足游客需要为宗旨，尊顾客为上。

旅游活动是典型的软件建设，现在许多地区都在搞“×××旅游文化节”等节庆活动，对于这些节、会，当地政府可能投入不少，有的旅游节也确实创出了城市旅游的知名度和品牌，但更多的是舍本逐末、弄巧成拙，或一味抄袭照搬别人的模式，或在自己管辖的地盘里“鼓吹”一番，自娱自乐，光打雷不下雨，结果是劳民伤财，花了许多冤枉钱，既没有招到商，也没有赚得知名度，更达不到旅游推广的真实目的。这都是软件没有好好策划的原因。

五、动静结合原理

所谓旅游策划的“动静结合”就是静态与动态兼而有之，齐头并进。旅游景点所在的位置、旅游建筑等都是静态的，各种自然景观如山石风光、人文景观，各种建筑和造型艺术、园林艺术等都是静态的，有不可移动性。静态的旅游物要用动态的方法、“动态软件”来进行表现和推广。如果在运用静态原理的同时，能熟练地运用动态原理，那么即使一个不起眼的小旅游景点也可能会光彩照人、其辐射力和影响力不可小觑。因此，尽管旅游景点是“死”的，但是人是“活”的，作为游客，远在天涯的人一样会来游览；作为开发者，应充分挖掘景区特色，强化服务功能，通过不断转换景区活动内容，推出新主题，延长产品寿命，让目标顾客感到虽是“山形依旧枕寒流”，却是“柳暗花明又一村”。

为增加景区动感，可开发动态旅游项目，加快娱乐城项目建设，增设歌舞表演；可建设高尔夫球场；可利用水资源开辟大峡谷皮筏艇漂流、水上游及天然浴场等水上娱乐项目；可在草原景区开发狩猎场、打靶场、射箭场等游客参与性强的体育旅游项目。总之，传统的走马观花式的静态旅游，已经逐渐淡出市场，随着旅游休闲的兴起，人们更加崇尚自然，有了体验和参与的意识，旅游产品若能使游人参与其中，寓乐于游，寓教于游，寄兴于山水田园，则可以极大地提高游客的兴致和热情，增强其对景点的忠诚度。所有这些都是“动态驾驭静态”、“无形决定有形”的旅游形态体现。河南省博物院除了在造型古朴别致的建筑内展示中原5000年以来的出土文物外，还每天进行两场古乐器演奏会，从而使中原古文化以丰满的姿态展现出来，大受中外游客的欢迎。深圳在改革开放初期是以“开放窗口”为特色，吸引全国各地的游客前来参观学习，随着改革开放的全面推进，原有特色影响力已不复存在，于是趁势推出以人造景观为主的大型游乐主题公园。以上例子都是动静结合的典范。

六、可进入性原理

可进入性主要指旅游交通的通达性和旅游景区的可进入性。旅游产品销售过程与有形商品销售不同，是景定人动，顾客必须来到景区才能享受服务。旅游这个产品拿不动、搬不走，不能像卖百货一样开超市，不能像卖衣服一样开专卖店，这个地方不行，换个地方照样干。鉴于旅游经济的这个特点，必须高度重视景区通道的完善。

城市旅游应该营造旅游最佳环境，完善水、电、路、通信等基础设施，建立铁路、公路、航空立体交通网络，抓好口岸通关设施的建设，完善以入境游客为中心的旅游服务体系。作为旅游城市，有的旅游区长期以来由于缺乏便捷的旅游通道，使游客的往来不便，导致旅游发展受到制约。比如海南岛已成为中国热带度假胜地、岛屿度假旅游目的地，但是由于海南地理条件所制约，游客进出海南的通道主要依靠航空，如果要改变目前的旅游客源结构，就应当建立庞大的航空服务体系，将业务触角伸展到各主要客源地，使各地客人都能方便快捷地享受到来海南的航空代理服务，这将对海南旅游业的发展至关重要。

目前，在国家交通条件逐步改善的情况下，在大多数地区，影响旅游城市可进入性的不是主干交通，而往往是旅游城市门前的最后“十公里”通道。当然，对于很多处在交通不方便的偏僻地区的景区，游客进出更是大受限制，交通依然是旅游的最大瓶颈。

七、线路合理化原理

所谓线路合理化原理，指的是景点线路可到达程度，即“进得来，散得开，出得去”，这包括旅游者在这一过程中所享受的涉及以“食、住、行、游、购、娱”六大要素为主体的一切服务。旅游景区、景点的开发提升，对旅游目的地会产生积极的影响，在进行旅游策划时，必须应用系统性的思维，从旅游目的地的整体出发，从整个大旅游产品的角度出发，通盘考虑。

旅游区内外游人参观游览所经过的路线，也是旅游供给者向社会营销的旅游产品，包括从旅游者接受旅游经营者或旅游管理机构的服务开始，到圆满完成旅游活动、脱离旅游经营者的服务为止。风景区线路是为游客专门设计的旅游活动路线，它与交通路线一起构成串联各旅游点的网络。由于旅游景点的不可移动性，及一般的景点接待的都是一日游的游客，因此应该充分考虑交通的便利程度。线路的形成受旅游区和地区经济发展水平、交通条件、市场客源、旅游时间等因素的制约，无论哪种线路设计，都必须以“特色取胜，便捷飨人”为原则。

旅游线路开发如此，旅游活动线路亦如此。在线路设计时，日程安排不能太过于紧张，应留有回旋余地。在旅途中，遇到不可抗力因素的影响时，应灵活掌握、及时变通，通过有效的规划和导引，使游人在亲近自然、欣赏山水、接触社会、感受人文、体验风情、享受休闲、购物美食的旅游过程与享受服务过程中得到身心放松和愉悦。比如：一般旅游者到达北京后，首先安排参观天安门广场和故宫，因为旅游者旅途劳累，环境生疏，安排在市内游览体力消耗较小，便于熟悉环境。然后到举世闻名的八达岭长城和明十三陵，这是旅程的高潮。最后安排参观天坛，到王府井购物，这样整个行程有张有弛，体力和精神能及时调整。再如：桂林专列，一趟专列分为三条旅游线路，分别是桂林—大漓江—冠岩—阳朔风情，桂林—渡江—市内水上游—阳朔风情，桂林—兴坪渔村—阳朔风情，目的是让游客可以根据自己的喜好，选择不同的出游线路。

八、大格局原理

城市旅游已处于全球经济一体化的“市场大格局”之中，如果不懂得、不会用市场营销的方法，那么就会像无数个政绩工程和千篇一律的所谓“××旅游节”一样，“瞎子乱开灯”，造成大量的人力、物力的浪费。现实中有很多惨痛的教训足以让我们警醒！看看有多少地方仍在大肆地违背市场规律去造景造势，大把大把地乱花钞票，局里局外，局中有局，实为乱局、搅局、破局。事实上，旅游策划光靠一般的点子、要点小聪明是做不好的，只是囿于自己一亩三分地的狭小圈子里也是不行的，必须把握大势，立足长远，总揽全局。

所谓大格局原理，就是以旅游景点所在地为中心，以距离远近为半径，按地域把旅游市场划分为近、中、远三个梯次，分别对应于景区企业市场发展的近期、中期和长期规划。无论哪个梯次都要以该区域范围内的中心城市为主攻目标市场。因为消费有梯次传递的规律，一般是从大城市到中等城市，再到小城市，最后到农村。时尚消费更是如此。旅游是一种时尚消费，所以重点要抓中心城市的旅游市场。像我国奥运旅游圈的大格局，即以北京市作为游客的集散中心向四周辐射和延伸，北到内蒙古草原，南到上海，西面到山西大同、平遥，东到环渤海。几年来，通过各地政府和旅游部门的积极推动，一批跨省级旅游产品正在形成并逐步成熟，像庐山—景德镇—婺源—黄山等具有影响力的捆绑式旅游线路，优势日益显现；2004年以来，河南嵩县确定了全县旅游一盘棋的思想，形成了嵩县旅游的大格局，在特色、品种、服务、标志等方面统一策划，突出个性，收效良好；栾川各自为政、互相恶性竞争的旅游格局也已经明显改观，逐步尝到了区域合作、共同发展的甜头。

九、复合化原理

旅游产品不能单单理解为旅游地的风景名胜，还应该包括必要的旅游设施、旅游环境、旅游观赏和参与的活动项目等。因此，旅游城市应在景区服务质量和服务项目上多做文章，多下工夫。大系统复合策划的目的就是要整合旅游资源、整合旅游市场、整合旅游机制，有限资源，无限创意，用开放的思路对旅游活动进行整体规划和控制，开创开放型的旅游发展前景。城市旅游要有全新的整体建设，更要有人文和旅游管理的理念。旅游地要在保持鲜明地域特征的基础上，促进地区旅游经济发展，带动地区文化和经济产业的共同繁荣。

大系统复合策划充分体现了“大旅游”的观念，着眼于策划对象的整体优化，兼顾了整个系统的运行。它既要协调平衡好旅游业的各组成部分，又要通盘考虑旅游业发展与其他有关部门、行业之间的协调关系，还要研究旅游系统中自然的、技术的、社会的、经济的诸因素的相互结合。要运用系统分析方法，对客观旅游系统进行整体性、协调性、系统性的策划，并将各部分有序地、合理地组织起来，使旅游需求和供给系统达到一个最佳的结合点，实现区域经济效益、环境效益和社会效益的最优化和可持续化。旅游市场运作既涉及城市营销、区域营销、旅游地营销、文化营销，也涉及与当地特色和其他资源特色相结合的问题，包括旅游与文化、艺术、娱乐、政治、经济的结合。

跨行业经营最成功的例子是浙江宋城集团。宋城集团是中国最大的民营旅游开发投资集团之一，其投资方向以旅游休闲业为主，同时涉及房地产开发、高等教育、电子商务等领域。宋城集团于 1995 年起步，先在杭州动工兴建主题公园宋城，短短几年间，相继在萧山等地投资开发了杭州乐园、美国城、山里人家等景区，总共开发的旅游景区面积达 26 万亩，年接待游客达 400 万人次。集团在开发旅游景区的时候大量购置周围土地，开发房地产，并围绕景区建成一批宾馆、温泉度假村、高尔夫俱乐部、网球俱乐部等度假休闲配套项目，在景区经营火起来的时候，房地产价值也一路攀升，短短 5 年已成为拥有 13 个项目、40 亿元资产的大企业集团。

十、乘数效应原理

旅游业不是一个孤立的产业，它与其他产业的关联度极强，包括娱乐业、传媒业、体育业、餐饮业、宾馆业乃至农业、工业。旅游景区虽然在地域上受空间限制，但在市场发展空间上是无限的。要在景区内开展多种经营，全方位满足目标顾客的需要，提升景区服务档次，扩大服务项目，并随着旅游消费的档次的提高，发展到满足健身、娱乐、教育、休闲等需求。这些都是主流需求，此外还有诸多个性化的需求。根据市场营销理念，需求就是市场，这就给景区服务提供了无限的空间。旅游产品是综合性的，所有服务项目组合在一起能发挥更大的“乘数效应”。服务的项目越多、越全面，就越能留住游客，越能刺激游客在景区消费。景区服务完善了，又会很大程度上影响目标顾客群的口碑，吸引更多游客前来游玩。这就是旅游策划乘数原理。

景区业务可以向周边景区或相关行业发展，可以向上游延伸到旅行社、旅游交通行业，向下游延伸到饭店业、旅游商品生产行业，横向辐射投资开发新的景区。这种模式不管向哪个方向发展，都离不开旅游主业。面对共同的旅游市场，联合协作共同开发市场，更有利于发展。欧洲文化旅游营销的成功之处就在于运用了旅游乘数效应原理，这种集群式的联合推广，有效降低了成本，提高了效率。德国的12个历史文化名城实施的“历史之光”旅游群联合推广活动卓有成效。

用一根链条将上述十大原理，乃至更多的策划规律有效链接起来，就是策划的方法论和艺术。只要按照科学的程序精心打造，一定会改变当前中国旅游市场的规划乱局，从而产生巨大的社会效益和经济效益。旅游策划不可能像产品营销一样款到发货，按时结账；也无法放到哪一个超市去集中销售，有一个专门的卖场。因此，它必然是科学性与艺术性兼具、静态与动态结合、软硬兼施、大格局、大旅游的综合性工程。

专题三 景点策划

一、景点

（一）景点的定义

景点是旅游产业的基础要件，是吸引游客旅行的重要因素，是旅游产品的核心，是旅游服务的载体。

尽管景点一直都是旅游产业中的重要组成部分，但对景点目前尚无普遍接受的、准确的定义。有几个定义具有代表性，现介绍如下：

①一个指定的、长久的、由专人管理经营的，为出游者提供享受、消遣、娱乐、受教育机会的地方。

景点应该是有特色活动的地点、场所或集中地。应该做到以下几点：

a. 吸引旅游者和当地居民的来访，并为达到此目的而经营。

b. 为顾客提供获得轻松愉快经历的机会和消遣方式，使他们度过闲暇时间。

c. 尽量发挥其潜在的能力。

d. 按景点的特点进行管理，使顾客满足。

e. 按游客的要求、需要和兴趣，提供相应水准的设施和服务。

②一个长久性的游览目的地，其主要目的是让公众得到消遣的机会，做感兴趣的事情或接受教育，而不应该仅是一个零售点、一个体育竞赛场地、一场演出或一部现实版的幻灯片。游览地点在其开放期间，应不需要预订，公众可随时进入。游览地点不仅能够吸引旅游者，而且也要对当地居民具有吸引力。

③在目的地景区内的由某一个公司、个人或政府控制的一块土地。

上述定义大体上概括出景点所包含的几个要素：景点的意义在于提供休闲和娱乐；景点的对象可以是游客也可以是当地居民；景点应该具有相当的接待能力；景点既包含实体的自然景观，也包含非实体的活动和事件。

但是上述定义要么太过于烦琐，要么就是太过于简单，同时没有对旅游景点的实体本质加以界定。根据上述定义，我们所给出的定义是：景点是供当地居民或外来游客前来消遣、学习的能够界定的、能够经营的实体。

（二）景点的类型

景点大体上可以分为以下 3 种类型：

①自然环境，如名山大川。

②并非为吸引游客而建造的场所或建筑，但却吸引大量的游客出于休闲和消遣的目的前来参观和访问，如滕王阁。

③专门为吸引游客而修建的场所或建筑，如主题公园。

需要指出的是，这里的游客既包括当地居民，也包括外来旅游者，既指一日游客，也指过夜的旅游者。以上 3 种类型的景点各自所包括的具体内容如下表所示。

表 2 景点的 3 种类型

自然环境	非专门人造景观	专门的人造景观
海滨	教堂、清真寺等	游乐园
岩洞	豪华宅邸和古建筑	主题公园
悬崖	古代遗址、纪念碑	露天博物馆
河流	古代园林	文化遗产中心
湖泊	工业旧址	乡村公园
森林	蒸汽火车	展览中心
野生动、植物园	水库	购物中心、美术馆等

（三）景点与旅游业

景点中的非专门为吸引旅游者而修建的景观和建筑是旅游产业发展的基础，而旅游业的发展又为原始旅游景点的修缮提供了资金基础。同时，旅游需求也使各种专门为吸引游客而设计的景点迅速地发展起来。总之，旅游产业的发展和旅游景点之间是相辅相成、互为依托和促进的关系。

进一步分析景点与旅游产业其他组成部分之间的关系，可以更加深刻地了解景点和旅游产业的联系。

1. 景点与旅游目的地

一般来说，景点是独立的单位、专门的场所，一个以特色为主、划分明确、面积不大的区域。而旅游目的地在面积上要大得多，包括数个景点以及旅游者所需要的各项服务设施。受欢迎的景点可以发展成为旅游目的地。如果把旅游目的地比喻成珍珠的话，景点则是最初的那粒沙子。比如：白云山、木札岭是景点，嵩县则是旅游目的地。世界上大多数著名旅游目的地都是从单一的旅游景点发展起来的。比如奥兰多因为迪斯尼而闻名世界。根据产品的生命周期理论，旅游目的地最终都会进入生命周期的第五个阶段，即衰落期。因此有必要对旅游目的地进行重新的策划，而策划往往从某个景点着手。景点从经济、环境、社会文化三个方面对旅游目的地产生影响，并且这三个方面的影响是相互联系的。景点对旅游目的地的影响可以是积极的，也可以是消极的。积极影响包括增加旅游目的地的就业机会，通过乘数效应带动当地相关产业的发展，提高该旅游目的地的知名度，保护当地的自然和文化资源，增加当地政府的财政收入等。消极影响包括破坏资源，这主要是由于景点在经营的过程中只注重经济效益而疏于对资源的保护，从而造成资源受损；投资的机会成本增加，所谓的机会成本（Opportunity Cost）是由于选择而被错过的商品和服务的价格；此外还有随着景点招徕游客的增多，造成该地区物价的上涨、产业结构的失衡，等等。

2. 景点与旅行社、饭店、交通

景点本身的不可移动性，决定了为了实现旅游消费旅游者必须离开自己的常住地前往自己向往的景点，而交通运输为其实现空间上的移动提供了物质条件。景点的发展要求饭店、交通跟进发展，来增强景点的可进入性。景点对于旅行社尤为重要，因为景点是旅行社产品的主要组成部分，而旅行社通过创造性的思维将各个景点连接在一起形成旅游线路，并销售给旅游者，可以促进景点的发展。

总之，景区的策划依赖于其他各相关行业，同时会对其他行业乃至旅游目的地产生多种影响。因此景点的策划应该从旅游目的地整体出发，运用系统分析方法，去整合、设计和创意。景点策划的成功与否，关系到整个旅游目的地甚至是整个旅游产业的发展。

二、景点产品

科学有效的景点策划必须是在对景点产品理解的基础上进行的。下面将对景点产品的特点、构成、层次、生命周期和中国景点产品的发展动态等逐一进行分析，为景点策划理论的讲解打下铺垫。

（一）景点产品的定义

景点产品可被视为有形产品与无形服务的结合，尽管下面的定义是针对服务业的产品而言，但同样也适合旅游产品，以及景点产品。

产品是商业实体所提供的、被现有的和潜在的大多数顾客认同的东西。这些东西是专门为满足某些目标市场需求或解决其问题而特别设计的。产品由有形和无形两部分组成，产品的效用如何，主要是看它能为顾客做什么。该定义指出，产品是由有形和无形两个部分所组成，这一点同样适合旅游产品，如深圳“世界之窗”景区，有形的是各种设施和设备，无形的是各种服务；海滨度假地，有形的是海滩，无形的是漫步海滩的浪漫感受。此外，定义还指出，产品的生产目的是为了满足顾客的需要，旅游产品同样如此。在开发某个旅游项目时，必须对目标市场的需求进行调研，使开发的类型与顾客的需求相匹配。定义指出，产品要能被销售出去，必须得到顾客的认同，这也是旅游策划所要达到的目标。

（二）景点产品的特点

景点产品是旅游产品的一个组成部分，因此它具有上述旅游产品的一般特征。此外，景点产品还具有其他旅游产品所不具备的特点。

1. 景点产品的半公共产品属性

与饭店产品不同，游客购买景点产品、支出门票费用之后，并不能拥有产品的独立使用权，他在消费该产品的时候，并不排斥其他人消费该景点产品的权利。但是，当景点的接待人数超过一定的限度，某旅游者的行动或存在都会影响其他人的消费感受。因此，景点产品本身具有半公共产品属性。

2. 旅游者只享有暂时的使用权

这一点不难理解，如“世界之窗”的门票只能享受一天。

（三）景点产品的构成

人们普遍认为景点产品的实质是一种感受。这种感受从计划进行景点访问时开始，直到游览结束时为止，而游览全过程的任何构成要素都将影响该游客总体游览经历的愉悦程度。对旅游经历感受产生影响的因素，有以下几点：

1. 硬件设施

这是景点产品的载体，如主题公园中的游乐设施、商店、餐饮设施和休息场所等。

2. 软件服务

主要包括员工的仪表仪容、服务态度、技巧、能力和程序等。

3. 顾客的期望值

如果顾客对游览的预期期望值过大，那么游览中稍有不能令其满意的地方，就会破坏其对游览经历的总体印象。一般来讲，期望与经历呈正态分布关系。

4. 不可抗力

包括天气、各种突发事故等不可能预见的事件，即在达到一定的程度之前，合理的预期可以提高经历的愉悦程度，而过分的预期则会影响游客对整个游览的整体感受。

（四）景点产品的五个层面

通过对景点产品构成的分析，借鉴菲利浦·科特勒的产品的五层次理论，大体上可以将景点产品分解为五个层次：

第一个层次是核心产品。就是游客在购买一个景点产品时真正想得到的利益，即愉悦的感受，而愉悦的感受则来自于景点的气氛和各种项目带给游客的刺激感受。

第二个层次是基础产品。即景点提供给游客的核心利益之上的基本利益，是景点产品的基本形式，如各种游乐项目、景观、基本的服务、各项必须具备的接待设施等。

第三个层次是期望产品。即在游客购买景点产品时通常希望和默认的应该得到的一组属性和条件，如干净的卫生间、合理的客流量、安全的保卫措施、便利的交通条件等。

第四个层次是附加产品。即景点经营者提供给游客的，可以与其他竞争者区别开来的服务和利益。如迪斯尼提供的拍照服务、深圳“世界之窗”不时翻新的免费观看的表演项目等。附加产品很可能转化为期望产品，如“世界之窗”定期推出不同的表演节目，则游客在购买“世界之窗”时就预期各种表演节目，并将其视作购买的景点产品的组成部分。

第五个层次是潜在产品。是指景点产品最终可能会实现的全部附加部分和新转换部分。如果说附加产品包含着产品的今天，那么潜在产品就指出了产品可能的演变。如某些景点增加网上自助游，游客可以在网上随便选取自己所希望游览的景点，足不出户便可以大饱眼福。这种形式的景点产品以及各种实际的自助（DIY）旅游景点是随着游客的成熟程度而发展起来的，并将成为未来景点业发展的趋势之一。

（五）景点产品的生命周期

典型的产品生命周期曲线是钟形的，这条曲线可以分为 4 个阶段，即引入期、成长期、成熟期和衰退期。

1. 引入期

产品引入市场时销售缓慢增长的时期，由于产品引入市场需支付巨额费用，因此利润几乎不存在。

2. 成长期

产品被市场迅速接受和利润大量增加的时期。

3. 成熟期

因为产品已经被大多数潜在的购买者所接受而造成的销售成长减慢的时期。为了对抗竞争，维持产品的地位，营销费用会日益增加，利润稳定或下降。

4. 衰退期

销售下降的趋势增强和利润不断下降的时期。

以上是就一般的产品抽象出来的生命周期理论，就景点产品而言，产品生命周期理论更适用于人造景点和专门为吸引游人而建的景点。我们会在主题公园策划一章中对比进行详细的介绍，这里就不再做进一步地论述了。

三、景点策划

（一）景点策划的基本概念

目前对景点做专门研究的很少，而对景点策划研究的更是少之又少，更多的学者将目光投向了景点的规划。因此，现在对景点策划的定义尚无定论。根据景点的特点以及策划的基本含义，可以将景点策划定义为在调查与研究的基础上，确定未来如何实现景点资源与市场结合的创造性思维活动。

（二）景点策划的基本方法

根据景点策划所要达到目的的不同，可将景点策划的方法大致归纳为以下几种：

1. 系统策划法

即在综合研究旅游产业系统运行规律的基础上，深入了解旅游产业的特点和性质，进行景点策划实际方案的制订。这种方法的特点是在实施的过程中，对策划方案实施的结果进行不断的反馈，从而对策划方案不断进行完善。

2. 炒作策划法

通过人员或媒介尽最大可能地对景点进行宣传，吸引更多的旅游者，达到项目策划的目的。该策划方法适用于景点开发初期，或景点发展开始老化、推出新的产品的时期，主要是通过大量的宣传来吸引或重新吸引旅游者前来，实现景点经营利润的最大化。

3. 资源策划法

以现有资源为基础、以保护现有资源为核心，吸引旅游者前来旅游获得收益。而获得收益的最终目的也是为了资源的保护，这种策划方法适合对自然和世界文化遗产景点的策划。

（三）景点策划的基本原则

景点产品作为旅游产品的一个组成部分，在遵循旅游产品策划的基本原则的同时，根据景点产品本身的特点还必须遵循以下两个原则：

1. 可进入性原则

所谓的可进入性，指的是景点可到达的程度，即“进得去，散得开，出得来”。由于景点产品的不可移动性，且一般的景点接待的都是一日游游客，因此必须充分考虑交通的便利程度，以及内部设施的接待能力。

2. 系统性原则

景点的发展对旅游目的地会产生各种积极和消极的影响，景点在依赖于其他行业发展的同时，又会对其他行业的发展产生影响。因此在进行旅游策划时，必须运用系统性的思维，从旅游目的地的整体出发，从整个大旅游产业的角度出发，做到统筹兼顾；同时，还要做到景点内部的合理分区和动静结合。

（四）景点策划的流程

正如前面所分析的，景点本身是一个系统，同时它又与相关行业构成一个大旅游系统，因此在实践中多采用系统策划法。系统策划法是将景点策划看作一个系统的工程，其流程包括确定目标、可行性研究、方案制订、方案的评估与选优以及方案的实施、监控和反馈。

1. 确定目标

景点策划首先要确定其目标，这样可以引导整个过程的顺利发展。不同的景点策划其目标不同，但从本质上看，都是通过策划来实现景点综合收益的最大化。将综合目标进行分解，可以得到 3 个分目标，而每个分目标又包含一系列的具体的目标。

（1）经济目标

包括扩大市场占有率、增加经营利润、完成经营指标等。

（2）社会目标

包括增加当地民众的就业、提高所在旅游目的地的形象、保护当地的文化、提高当地人员素质等。

（3）环境目标

包括保持生态平衡、美化生活环境等。

尽管不同的景点策划对以上目标的侧重各不相同，但都要做到三者兼顾，才能使景点的发展得到各方面的支持，实现景点的可持续发展。

2. 可行性研究

（1）可行性研究的目标

可行性研究的总体目标是尽可能准确地检验所提出的策划目标实现的各种潜在的可能性，以便作出是否实施策划的决定。不同的景点策划目标可能不尽相同，但基本上都包括以下几项：

①预测景点策划的经济可行性，即投入和产出分析、筹融资能力分析等。

②预测景点策划的政策可行性，即景点策划是否会得到当地政府和民众的支持。

③预测景点策划的技术可行性，包括实施策划所需要的一切具体的条件，包括人力、设备等。

④预测景点策划的市场可行性，确定市场规模。

⑤预测景点策划的营销可行性，收集各种有利于营销的信息。

需要指出的是，可行性分析尽管从理论上来说是一个系统的过程，但是在实际操作过程中往往受到一定的限制，如景点地址已经确定，或者可供使用的资金已经确定。

（2）可行性研究的步骤

在这里我们可以借鉴约翰·斯沃布鲁克的观点，将景点策划简要地表示为以下步骤：初步的设想—粗略的成本估算—市场可行性研究—修订设想—确定位置及地点—修订成本估算—游客访问量预测—财务评估—确定资金来源—详尽的分阶段计划。

（3）可行性研究的实施者

一般有两种选择：景点经营单位组织自己的人员进行可行性调研；外聘专家进行。但两者都分别具有各自的优缺点。

景点内部员工，对景点熟悉，成本较低，但耗时；外部咨询公司对景点不熟悉，费用高，但专业化强，补充新思路速度快。

①市场调查。主要是解决3个“W”和1个“H”，即“Who”，市场是谁；“Where”，客源市场在哪里；“When”，游客来访的时间；“How many”，游客量的多少。明确上述内容，则可以确定采取相应的策划策略。

②景点选址的标准。不同的景点地址的选择标准不同，一般来讲，人造景点的选择应该优先考虑市场的位置，即尽可能地与目标市场接近。如深圳华侨城的成功基本上取决于处于生活富足的珠江三角洲，并和香港毗邻，每年吸引着大量的游客前来参观游玩。而以自然资源为基础的景点在确定位置时，则不得不以资源为导向。然而不同的国家因为国情不同，对景点位置的选择的标准也不一样。墨西哥开发景点选择的标准是：新的旅游中心必须设在有客源潜力的地区，并能创造新的就业机会，这些地区必须位于那些收入较低，并能在不久的将来开发别的生产项目的重要乡村中心附近。新的景点必须能促进区域的新型农业、工业及手工业活动的发展。斐济旅游景点选择的标准是：有杰出的旅游资源足够吸引并满足海外及当地游客的各种需要；具有自然的真实性，足以代表斐济的特征；具有考古、历史、生态的特殊性、代表性和重要性；具有开发的可行性；在居住设施与人口中心之间有方便的交通；有助于保护与恢复传统活动、风俗及工艺；能促进文化交流和国际间的理解。

美国旅游规划专家因斯科普（E. Inskeep）认为选择景点开发地的标准包括：

a. 具有旅游吸引物，如海滩、湖泊、滑雪场、考古和历史遗址等。

b. 具有与景点类型相适应的小气候条件。

c. 自然环境有吸引力。

d. 有足够的可利用的土地。

e. 与游客进出境口岸有良好的交通联系。

f. 供水、供电、排水排污、通信等基础设施具有开发可行性。

g. 有足够的土地用于修造缓冲带，同时没有过度的空气、水或噪音污染。

h. 居民对旅游业发展持积极支持态度。

i. 有适当的劳动力供给。

北诺丁汉郡的英国中央公园为我们提供了一个景点选址所应考虑因素的好例子。本特利（Robert B. Benney）1989年对该景点进行了调查研究，认为其地点的选择是基于下列因素：

表 3 与市场相关的因素

位置	舍伍德森林
靠近潜在的市场的程度	800 万人口，2 小时驱车范围
可进入性	容易
辅助性设施	附近有村镇
竞争对手	无
其他可开发的旅游资源	舍伍德森林自身

表 4 自然条件

场所的美学特征	风景秀丽，有多种动植物群
水源、土地所能承受的娱乐开发能力	中央公园改善了自然环境已经建造的人工湖

表 5 其他标准

人力资源的可用性	从旅馆和餐厅招收来的有能力的管理者
土地的可用性和成本	土地成本低，在伦敦附近地区
土地的供应量	629 栋别墅占地 440 英亩
政府的财政支持	英格兰旅游委员会和地方政府投资 3 400 万英镑

③经济可行性。经济可行性分析的实质就是资金投入与收益产出分析。景点策划必须是产出大于投入。具体步骤如下：

首先预测景点策划的收入。景点策划的收入包括：景点所在地政府的投资、赞助商的投资、策划活动给景点带来的高出策划前的收入。支出主要包括：各种出售货物的成本、市场营销支出、借贷利息等。此外需要注意的是，景点策划本身有很大的时滞性，因此要将资金的时间价值考虑在内。在对某项策划方案进行取舍时，往往采用收支平衡点法。但是，需要指出的是，游客的数量并不一定是最佳的分析指数，游客数量多时的收益并不一定大于客流少时的收益。因此上述指标应该存在一个假定前提，即单位游客的消费水平不变。

3. 策划方案的制订

在确定景点策划可行之后，应着手策划方案的编写。在制订策划方案时，应考虑以下几个因素的影响：

①景区所在地政府与企业的角色分工。

②生态可持续发展的水平。

③景点的类型与规模。

④景点的人力资源配置。

⑤土地规划情况。

4. 策划方案的评估与选优

某一景点的策划方案在制订时可能会出现多个，因此必须对其进行评估选优。通常采取的是矩阵评估法。矩阵评估法是选择对景点的评估变量，并给各个变量按照其重要程度赋予一定的权重。评估者对各个方案给予不同的评分，然后对各方案的评分汇总，分值越高，说明选择的可能性就越大。现举例说明如下：

表 6 三个方案评估变量赋予权重

评估变量	权重	方案		
		A	B	C
维持生态	4/12	2	5	2
增加就业	2/12	5	4	3
增加政府收入	2/12	4	3	4
带动关联产业	1/12	0	1	6
改善当地形象	3/12	6	2	1

方案一的分值是 $A=2\times1/3+5\times1/6+4\times1/6+6\times1/4=11/3$

方案二的分值是 $B=5\times1/3+4\times1/6+3\times1/6+1\times1/12+2\times1/4=41/12$

方案三的分值是 $C=2\times1/3+3\times1/6+4\times1/6+6\times1/12+1\times1/4=31/12$

其中 A 的分值最大，因此，A 是最优方案。

5. 方案的实施

景点策划与景点规划的区别在于，景点规划的实质是对景点的物质形态进行设计，而景点策划则是对景点的形象进行谋划和宣传。因此，在景点策划方案的实施过程中，景点规划的部分即景点的各种实际性的开发工作，如图纸的设计、工程建设、景点的经营、人员的调配等，在这里就不再做过多的阐述。现对景点策划中的营销作重点介绍。

如前所述，景点营销的核心是如何巧妙地运用营销组合的 4Ps。

（1）产品（Product）

尽管前面对景点产品已经有所论述，但这里的景点则是专门从营销角度来谈，虽然角度不同，但内容一致。在景点的营销组合中，产品的内容包括：

①专门设计的特点和包装。例如，对于游乐园，指的就是各种游乐设施、保护性服务设备、商店餐饮设施等。

②服务。包括员工的数量、仪表、能力、态度、服务的技能等。迪斯尼乐园在

这方面做得很成功，它们的员工都是整个乐园产品的一个不可或缺的组成部分。

③形象和声誉。比如深圳的“世界之窗”展示的形象便比北京的世界公园要好，而前者在全国的声誉也比后者要高。

④品牌效应。深圳因为华侨城主题公园而蜚声海内外。这就是华侨城主题公园的品牌效应。

⑤定位。仍以深圳的华侨城为例，全国各地有大量的主题公园，但是真正拥有长久生命力的不多，华侨城主题公园一直获得全国乃至东南亚人的厚爱，其原因之一就在于，华侨城三大主题公园的定位不同。“锦绣中华”将目标锁定中老年群体，“世界之窗”内的娱乐项目和各种表演吸引的是中青年，而“欢乐谷”凭借其卓越的游乐设施吸引了大量的儿童和青少年。

⑥提供的利益。博物馆和艺术馆提供的是学习的机会，而游乐园提供的是刺激。

⑦质量。我国曾经出现过大力修建主题公园热，但大部分很快销声匿迹了。主要原因是，这些盲目修建的主题公园或者粗制滥造，或者简单模仿，无论从创意，还是从景点的设置上都毫无质量可言。

⑧安全保障和后勤服务。游人玩得开心必须是在身体和财产得到安全保障的基础上才有的。其次是安全措施和后勤服务也非常重要。华侨城内各种休憩场所和多种风味的餐厅，让受刺激之余的游客可以平静下来，动静结合。

（2）价格（Price）

对于景点而言，价格是一个非常重要的问题，涉及多方面，它包括：

①定价（标准价）。标准的门票价格和使用费，通常为成人单价。而门票的形式也有通票和各景点的单独售票两种。

②折扣。打折的目的是在淡季吸引更多的游客，或吸引某个细分市场。如家庭折扣、团体折扣。

③优惠。出于让社会受惠的目的而降低价格或提供额外的服务。如“世界之窗”通过实行一票制使得原先很多如“雪山飞龙”和“完美风暴”这样的项目都可以为相对囊中羞涩的人所消费，从而为社会提供福利。

（3）促销（Promotion）

随着市场竞争的加剧，目前商家采用的促销手段越来越多，但是，适用于景点的促销手段却并不多，主要有以下几种：

①印刷品。由于景点产品的不可移动性，游客在消费景点产品之前对景点的了解便异常重要，因此景点的宣传册是游客了解景点，也是景点进行自我展示的一个必备手段。宣传册的外观设计、内容、印刷规格以及发放的方式对景点促销的结果都很重要，因此要遵循以下原则：

a. 针对不同的目标市场应有不同的宣传册。如普通游客和团体游客就应有不同。

b. 印刷品的大小应以便于游客携带为标准。

c. 印刷品的设计应注重“眼球效应”。

d. 印刷品的内容应该包括游客所要掌握的基本信息，即实用性。

e. 印刷的规模要合适，太多浪费，太少不足。

f. 发放系统要完善，时间要恰当，避免浪费。

g. 宣传信息应随着景点内容的变化而变化，保持信息的更新。

②广告。广告媒体的选择应该依据受众的特点、景点经营者的经济承受能力等多方面的因素而定。不同的媒体各有优缺点，必须根据各自的特点进行选择。

③公关。与付费广告不同，新闻和公关能够在媒体上给景点提供免费的报道，但需要景点为媒体提供值得报道的新闻信息。借助新闻报道宣传应预先考虑到，景点信息无法保证一定会被播出或刊出，尽管当时影响很大，但一般无法重复。该方法是一种潜在的免费的并且极具影响力、权威性的促销方法，对于景点来说意义重大。

④赞助。景点可以赞助某些活动、人或组织，提高景点的公众形象。赞助活动的关键是选择对目标市场有吸引力的活动进行赞助。

⑤直接销售。直销是通过直接向顾客邮寄资料的方式与顾客沟通而达到促销的目的，景点不常使用直销的方法，但是可以对团体顾客采用该方法。采用直销方法的关键是建立顾客数据库，而建立数据库是需要大量的时间和费用的。

⑥个人销售。景点可以派出个人代表出席展览会和交易会，在对景点进行展示的同时，与潜在的顾客进行直接的交谈。

（4）地点（Place）

地点指的是景点的分销渠道，即如何向顾客提供购买产品的机会。由于景点产品的不可转移性以及不可预购性，景点的销售渠道与一般的商品不同，主要有以下销售渠道：

①景点门票的销售代理机构。在国外该类机构比较普遍，一般一个机构往往代理很多景点的门票销售业务。游客可以通过电话、传真、信函或亲自到代理机构办理预订。而中国主要是通过旅行社串联各种景点产品，专门的景点门票销售代理机构则很少。

②旅游信息中心。这也多是国外常设的一种机构。顾客如果从中心购买门票的话，有时可以得到优惠。中国景点门票的销售多是通过旅行社的包价旅游卖出去的，散客大都是到达景点后直接买票进入。

6. 方案实施的反馈与监督

方案在投入实施以后，需要一定的监控，从而减少损失，达成最初的策划目标。

这个阶段具体包括以下几个方面：

①投入统计。即对资金的使用情况进行统计。

②产出统计。对景点的客流量、收益情况进行统计。

③对前两者进行比较，计算与计划的偏差。

④分析偏差，找出原因。

总之，旅游景点策划是一个系统的循环往复的过程，既要遵循一定的程序，更要树立创造性思维的观念，大胆创新，出奇制胜。

专题四 节庆旅游营销策划

一、节庆活动概述

（一）节庆活动的概念与特点

我国地域辽阔，民族众多，节庆活动丰富多彩，而如此众多的节庆活动，如利用得好，将是一座珍贵丰富的旅游资源宝藏。此外，在现代旅游开发中，利用节日形式，注入现代生活内容，举办各种旅游节、艺术节、文化节已成为一种时尚。例如上海国际茶文化节、山东潍坊风筝节、北京中国民间艺术节、中华民俗风情百乐艺术节、河北吴桥国际杂技艺术节、陕西敬老节、四川民族艺术节，等等。顾名思义，所谓节庆，是指有主题的节日庆典和公众集会。节庆活动一般包括 5 种：

①一个神圣的或世俗的庆典，以特别的仪式为标志。

②为纪念某个名人或著名事件，或为庆祝某种重要产品丰收而举行的年度仪式。

③为纪念某个人的作品、工艺品展览的文化事件。

④交易会。

⑤一般性的娱乐、舞会。

（二）节庆活动的分类

从时间上来讲，节庆活动分为两大类：历代传承至今的传统民俗节庆和后来新兴的现代节庆。比如春节逛庙会，端午划龙舟、吃粽子，中秋赏月、吃月饼，重阳登高、赏菊等习俗古已有之，至今仍盛行不衰，是我国传统的民俗节庆活动。而像哈尔滨冰灯节、上海桂花节、大连槐花节、江苏宜兴陶瓷节、广西民歌节、拉萨藏族服饰节、安徽砀山梨花节、洛阳牡丹节、开封菊花节等都是新兴节庆活动的典型代表。

按照节庆活动的族属，可以将节庆活动分为单一民族的节庆活动和跨民族的节庆活动两种类型。单一民族的节庆项目是一些民族所独有的活动，如藏族特有的沐浴节。而跨民族的节庆项目体现为数个民族共有的活动，比如春节，除汉族以外，还有 20 多个民族都过春节，是我国跨民族数量最多的传统节庆，但具体形式和内容有差异。

按照节庆活动的主题分类，有农事类（如高山族的丰年节）、宗教祭祀类（如伊斯兰教的开斋节、盖德尔夜等）、历史事件或人物纪念类（如侗族的林王节）、文化娱乐类（如蒙古族的那达慕大会）、庆贺类（如各民族的年节）、商贸类（如纳西族的骡马会）和生活社交类（如朝鲜族的梳头节）等。

（三）节庆活动的功能与特征

各民族、各地区都有很多形式不同、内容丰富的节庆活动。这些活动一般盛行于民间，反映着人们的期盼和情感，具有颂扬和睦、祝愿吉祥的社会积极作用。节庆活动的地方性和民族性特征非常鲜明，且生活气息浓郁，有极强的感染力和广泛的群众基础。对于旅游者而言，这些节庆活动是喜闻乐见的最生动、最有魅力的人文景观旅游资源。由于各地的节庆活动受到社会、经济、文化等人文因素的影响和气候、地形等自然因素的影响，形成了种类繁多的节日庆典，因此从某种意义上说，节庆活动是民族特征的综合反映。

1. 地域性

节庆活动的地域性主要是指不同地区之间的差异性，不同的民族由于各自历史条件、文化民俗、地理环境的不同，产生了不同的节庆活动。因此节庆活动的魅力首先在于它是独有的，是在其他地域中无法创造的。

2. 体验性

游客通过亲身参与到节庆活动当中去，可以感受强烈的活动氛围，获得亲身体验，留下深刻的印象。因此，节庆旅游项目的观赏过程，也是旅游者的参与过程。比如在西双版纳，每年泼水节到来之际，国内外游客蜂拥而来，其主要目的就是参与盛大的泼水活动，从中获得新奇的体验。

3. 神秘性

有些节庆活动笼罩着一层神秘的色彩，这使游客对其产生了浓厚的兴趣。比如西方的“万圣节”、墨西哥的“亡人节”和中国的“鬼节”所举行的各种祭祀活动，都带有神秘色彩，它们能够满足游客们猎奇求异的心理需求，能够吸引大批喜欢探秘的旅游者。

4. 文化性

文化既是节庆旅游活动的重要内容，也是其最重要的特征之一，是真正吸引旅游者的深层次因素。通过拓展节庆旅游的空间，不仅可以活跃旅游市场，丰富旅游资源，还能加强国家间和地区间文化的交流。比如江西开发了庐山国际旅游节、景德镇国际陶瓷节、赣州宋城文化节等一大批定型旅游节庆活动和专项旅游项目，大大提高了江西的知名度，为其旅游业走向世界起到了巨大的推动作用。

5. 经济性

节庆活动往往有特定的主题，并在特定空间范围内定期或不定期举行，以其独特的形象吸引大批区域内外的旅游者，并产生大小不等的轰动效应，从而提高本地区的知名度，促进当地乃至区域社会经济的全面发展。因此节庆旅游带有很强的经济性，能够对经济的发展产生巨大的影响。

二、节庆旅游

（一）节庆活动与旅游业

节庆活动与旅游业具有天然的联系。首先，从节庆活动与旅游的关系来看，节庆活动以其特殊的形式和多姿多彩的内容吸引着众多旅游者，以节庆活动为主体设计的旅游产品，成为最具参与性和娱乐性的旅游项目。成功的旅游目的地总是充满动感和活力，节庆活动是旅游目的地的活力源泉，其丰富的内容和游客的参与为静止的景观注入了活力和生机，起到了画龙点睛的作用。其次，从旅游对节庆活动的影响来看，旅游使传统节庆焕发出新的活力，并促使新兴节庆活动的开展和推广。在现代社会中，一些地方性的传统节庆由于种种原因兴衰起伏，例如浙江金华的斗牛传统在经历了被人遗忘的半个世纪后，重新得到人们的欢迎。1986 年，金华市重建斗牛节，场面壮观，此后每年都吸引大批中外游客前往观光。此外，旅游对于一些现代社会仍然流行的传统节庆也有相当的促进作用。比如对于五月端午“赛龙舟”，许多地方在旅游上做文章，把赛龙舟活动推向世界。如湖南岳阳举行的汨罗江龙舟竞赛已发展成为国际性的龙舟节，自 1989 年以来，每年都有来自全国和世界各地的龙舟队参赛，前来参赛和观光的中外游客齐集汨罗江畔，给古城岳阳带来了前所未有的繁盛景象。

综上所述，旅游业和节庆活动相互依赖，相互促进。尤其是近些年来，节庆旅游的蓬勃发展更进一步证明了节庆旅游的强大生命力和活力。概括来讲，节庆旅游是以节庆活动作为特殊的旅游吸引物而开展的旅游活动，是旅游目的地主题性极强的旅游产品。世界上知名的旅游目的地都以民俗节庆活动为鲜明特色，泰国就大力发展民族歌舞和戏剧，如泰剧及人妖表演；积极发展民族体育，如泰拳、象会等。这些活动的突出特点是娱乐性、文化性与参与性较强。

（二）节庆旅游的重大意义

近几年，全国各地已开始将节庆活动作为专项旅游产品来开发、培育，甚至将它与地区形象、城市形象的塑造连成一体，因而节庆旅游越来越重要。概而言之，它有以下几个重要意义：

1. 节庆活动可迅速塑造旅游地的形象

节庆活动作为特殊的旅游产品与其他旅游产品迥然不同的是，它能在较长时间内引起公众的关注，甚至可以在一段时间内成为公众注目的焦点，这会使旅游地的形象得以迅速提升。如“大连国际服装节”经过多年的举办，在公众心目中将“服装节”与大连的城市形象等同起来，使大连市在公众中的形象成为美丽、浪漫、精彩纷呈的象征。同时，通过举办节庆旅游活动，可促使旅游地的环境不断改善，使旅游地在游客心中的形象不断提升。如城市绿化面积的增大，设施档次的提高，市政管理的加强，城市的形象标志逐步形成，景区的软、硬件环境得到改善等。

2. 节庆活动最终将塑造旅游地的精神，使旅游地具有文化使命感

节庆活动不仅会成为旅游地的特殊吸引物，更重要的是，长此以往，它将成为旅游地的象征，成为当地居民的精神寄托和骄傲。同时，节庆活动使当地居民具有文化使命感，他们会自觉地保护、传承民族文化或地方文化以及民间工艺。从根本意义上看，节庆活动非但不会破坏当地的传统文化，反而会使当地传统文化得以传承。

3. 节庆活动可增强竞争实力

由于节庆活动具有独特性，一般不会在一个区域内重复，它是民族文化或地域文化的合理延伸，因此多数节庆活动具有唯一性、排他性、垄断性。所以，旅游地通过节庆活动的营销，可以增强旅游地的形象，使自己的形象比竞争对手更易被旅游者所识别，从而增强竞争实力。

节庆旅游属于人文景观旅游的范畴，属高层次的文化旅游，可以使旅游者在精神上获得一种享受，并得到知识和熏陶。作为旅游活动中最具吸引力的项目之一，节庆旅游以深厚的文化底蕴和丰富多彩的生活情趣显示出永恒的魅力。由于它满足了游客求新求异的心理需求，已经成为旅游开发的重要内容。

由于我国地域辽阔、各个民族或地区都有着鲜明的特色，来华游客除了游览名胜古迹外，对中国人的生活方式、风土人情感兴趣的人也非常多。如此看来，以节庆活动为内容，开展各项旅游活动，已经成为我国旅游界的一大热点。节庆旅游能

够为一个地区的旅游业制造轰动点，对提升当地的旅游形象、扩大影响、提高经济效益起到重大作用。

（三）我国节庆旅游的发展现状

现在全国每年有数百个节庆活动，然而比较普遍的问题是，如何利用好这些节庆活动做好旅游文章，从而大力宣传，扩大其影响，并多多组织旅游客源，增加收入。千万不能年复一年而流于形式，使其影响日益下降。

举办大型旅游促销活动，是迅速提高目的地知名度的有效方法。如山东曲阜每年均举办“国际孔子旅游文化节”，以节庆活动促进旅游发展。陕西举办“秦始皇国际旅游文化节”，该活动成为以历史人物为题材的旅游节庆活动中的典范。在活动中，通过一系列的庆典及可参与的旅游活动，如举办“秦俑电影周”，播放以秦俑为题材的影片《古今大战秦俑情》、《刺秦》、《秦颂》等；举办秦陵军阵表演；参观石质铠甲坑等考古发掘现场；举办秦俑及秦陵文物考古研讨会、文物旅游发展研讨会等，再度掀起“秦俑”旅游热。

2000 年广州市旅游局举办了一系列活动，市场促销取得了丰硕成果。“元旦花车巡游”深受游客和市民欢迎。第 47 届“国际饭店金钥匙组织年会”，来自 30 多个国家和地区的 800 多名“金钥匙”代表云集羊城，被代表们誉为最成功的一届，获得了国际金钥匙组织颁发的“钻石金钥匙”徽章。广州国际旅游展销会取得突破，参展摊位 400 多个，境外参展商达到 120 多个。广州国际美食节、全国厨师节、国际茶文化旅游节取得圆满成功。其中美食节游客达到 116 万人次，参展商销售总收入 9 680 万元。2001 年推出的中国（广州）体育健身游活动，包括“健康新世纪”广州贺年缤纷大巡游、广州旅游企业健身运动大赛等活动，把“体育健身游”系列活动与“广州游”线路结合起来，做足了以节促游的文章。

三、节庆旅游活动营销策划

（一）我国节庆活动营销策划中的问题

从总体上来讲，目前节庆活动策划中的问题主要表现在：无论是规模、影响力还是知名度，都还无法与国际上知名的能代表整个国家或城市文化形象的大型节庆文化活动相比，因而有待进一步的发展和提高。具体来讲，我国的节庆活动一是规模小，缺乏大众参与性，因此影响小；二是对传统文化的代表性差，文化内涵低，对外界的吸引力较小。

以北京为例，首先，北京民俗节庆活动必须是北京人自己的节庆活动，然后，才能成为游客的节庆活动。近年北京市节庆活动的轰动效应不大的根源是这些节庆活动没有得到本地人的认可。没有当地居民的认可及积极参与的节庆活动是难以成功的。大型节庆活动必须依托大型的民间社会团体，在时间上要与国家规定的节假日相吻合，在文化内涵上必须根植于老北京的民俗，要娱乐、饮食、购物相结合，普通百姓都认同参与。可以将北京的八大庙会联合起来，扩大规模，定期三五年搞一次，对推动北京的民俗文化发展肯定有积极的作用。

我国具有丰富的节庆旅游资源，因此我国的节庆旅游应该是大有可为的，关键是要打造具有轰动效应的大型节庆文化活动。比如最有名的节庆活动是宋干节（泼水节或求雨节）和水灯节，场面欢乐热闹，根植传统文化，当地群众参与性强，有一定的神秘色彩，能达到万人空巷的效果。

（二）开发节庆旅游应注意的事项

1. 时间

开展旅游节庆活动，应该注意节庆活动的时间序列，将这些节庆活动均匀地分布于一年四季之中，营造出一种浓浓的喜庆氛围，迎合客人的文化旅游需要，使一个城市或地区一年四季都具有无穷的魅力。在分布和编排节庆活动时，应该注意考虑有些节庆本身的特点和季节的特点，比如“钱塘江国际观潮节”、“江西大余梅关古驿道赏梅节”等节庆活动，受时间制约较强。

2. 空间

应该将节庆活动合理地分布于不同的旅游区或重点推荐的景点，将旅游活动与旅游促销活动融为一体，“以节促旅”。“红花还需绿叶扶”，在发展节庆旅游时不能只考虑某一地，要注意其他地域的有益补充和合理依托。在发展节庆旅游时，要有全局观念，注意资源的共享。

3. 内容

应该以“节”的形式适时推出旅游内容，增强活动的喜庆气氛。注意活动的高雅（品位、档次）和商业性。在节庆活动的选题和编排上，要对各种有潜力的资源进行适当的分类和整合。为节庆旅游资源注入新鲜血液，拓展节庆旅游的发展空间。

（三）节庆旅游策划的基本原理

①节庆旅游活动策划要以当地的旅游资源为基础，要有自身的旅游资源优势和特色，切忌毫无根据地移花接木。

②旅游资源的调查和评价是节庆活动策划的基础。旅游资源的开发当然包含了

节庆旅游的开发，若要开发节庆旅游，当地旅游资源应存在以下条件：

a. 已存在的传统的节日庆典和公众集会，或源于某一事件，或源于某一名人，或者是宗教礼仪等。

b. 当地旅游资源可加以发扬光大，以节庆活动出现，能使其得到更充分的展示。

c. 若将旅游资源开发为节庆旅游活动，更能展现旅游地的文化内涵和形象。现在，众多著名节庆旅游活动都有着深厚的资源基础和悠久的历史文化渊源。如果没有历史文化传统，没有旅游资源的土壤，节庆活动就成了无源之水、无本之木，节庆活动的生命力就不强。而现在许多景区、旅游区开始热衷于节庆活动的举办，不少的景区为了炒作景区的知名度而举办节庆活动，使节庆活动开发偏离了旅游资源的基础和特色，其生命周期之短可想而知。鉴于此，景区为炒作知名度而举办的节庆活动应得到控制和禁止，否则不仅会对旅游资源造成破坏，而且市场营销也不会有好的结果。

③节庆旅游活动的策划要紧扣旅游地形象，其目的是为了强化形象和充分展示文化内涵。如果开发的节庆旅游活动不是旅游地旅游资源的主流，其主题与旅游地形象相距较远，不能强化旅游地形象，也不能充分展示旅游地的文化内涵，则该节庆旅游活动也无开发的必要。

④节庆旅游的嫁接移植要恰到好处。节庆旅游的嫁接有时是可行的，只不过要慎之又慎，恰如其分。顾名思义，节庆旅游的嫁接移植，是在本地没有该旅游资源或者本地的旅游资源与被移植的节庆旅游之间仅有一点联系，而且这种联系是无法实证的。这就使这种嫁接式的开发存在较大的风险。对节庆活动进行嫁接移植，要把握以下几个基本原则：

a. 嫁接移植的节庆旅游产品能适应市场的需求，它本身有很大的吸引力，且一般游客难于去它的原产地旅游。

b. 要为嫁接移植的节庆旅游提供旅游资源的背景，最典型的就是主题公园。那些人造主题公园尽管是仿制的旅游资源，但毕竟为节庆活动的移植提供了舞台。如深圳的民俗文化村，尽可以在那里移植傣族“泼水节”和彝族“火把节”等。

c. 嫁接来的节庆旅游与本地资源有联系而又能突出本土的旅游形象。

⑤策划的节庆旅游要有市场基础，符合游客的心理需求，要有参与性、趣味性，能使广泛的公众参与其间，并从中获得快乐。有的节庆活动是为少数的领导者和外地来宾设计的，甚至当地民众还没有参与节庆活动的资格，或者其参与受到限制。这样的活动一定不是节庆旅游活动，更不是旅游产品。只要节庆活动有参与性、趣味性，节庆旅游就有广泛的群众基础。

⑥节庆旅游的策划要因势利导，要学会借势、借机。节庆旅游的策划需要良好

的外部环境和政策的扶持。反过来讲，节庆旅游的策划要善于利用形势，利用良好的外部环境，利用政府的支持。这样才能形成政府、企业、新闻媒体等各方面力量的整合，也才能组合好各方面的资源，形成大势所趋。若不善于利用“势”来策划节庆旅游，策划方案再好，也可能画虎不成反类犬。

（四）节庆旅游策划的要素

节庆旅游策划的要素指节庆旅游策划应包含的主要内容。这些内容出现在策划方案里并不是闭门造车的结果，而是要经过反复商议和论证，使策划方案具有可操作性。

①节庆旅游活动的时间、地点和规模。

②主要参与者和来访者。

③节庆活动的主题、宗旨和目的。

④节庆旅游活动的组织者。包括主办单位、承办单位、协办单位和其他可能的赞助单位，以及组织机构如何建立、各自的职责和分工。

⑤主题活动的日程、内容和配套活动的日程、内容。

⑥主题活动和配套活动的表现形式。

⑦节庆活动的各种行动计划。包括财务计划、消防及安全计划、接待计划、宣传促销计划、开幕式和新闻发布会计划、各主题和配套活动的日程安排等。

⑧市场分析。包括竞争者分析、预计接待人数、收入来源和收入预测等。

⑨政策方面所需的支持及扶持力度。

总之，节庆旅游策划要使节庆活动有固定的活动展示场所和空间，有具体的活动项目、旅游商品等的展示与观摩，更重要的是，要使节庆旅游的主题与活动贯穿在整个旅游过程中，对食、住、行、游、购、娱六大要素须实施整体包装。

专题五　旅游景区品牌策划

关于品牌在当今社会中的作用，无须赘述，旅游品牌策划也是如此，景区没有品牌就发挥不了效益。内乡宝天曼500万元寻宝大赛、河南省汽车旅游拉力赛、鸡冠洞热吻大赛、河北灵寿县旅游市场营销策划、山西沁水全县旅游策划、山东蓬莱海底大世界都因活动的策划成功从而延伸到自身品牌的成长和提升。

一、品牌策划的基本概念

在进行具体的论述之前，应该明确本节对如下概念的界定：

（一）旅游景区

旅游景区是以满足人们观光、休闲、娱乐、科考、探险等多层次精神需求的，自然的、人文的或人造主题性的旅游资源集合的特定区域。旅游景区是一个较小空间尺度的旅游地，按满足需求类型的不同可分为风景名胜区（如泰山、九寨沟、明清故宫等）、旅游度假区（如承德、海南等）和主题公园（深圳的华侨城主题公园）。

（二）旅游地形象

旅游地形象是指旅游者对旅游地总体产品和服务的看法与评价。从游客角度而言是指其从各种渠道获得的对旅游地的整体印象；从企业角度而言，是指通过产品与服务提供而传递给游客的旅游地综合形象。

（三）景区品牌

景区品牌是为了赢得游客忠诚，造就竞争优势，从景区企业全面的运作中产生的自我认知和旅游者识别的形象系统。

景区品牌的建设是从单纯的形象建设走向景区品牌构建的中间环节，它将景区产品和服务以及文化与环境的商品化结合起来，因此是景区企业由内至外的综合建设。

二、旅游景区品牌的价值

①从最显著的功能层而言，旅游景区品牌形象存在的价值在于促进客户的实际购买，产生持久的知名度、美誉度和满意度，最终达到品牌忠诚。这里的客户，既包括旅游者，也包括代理商、旅行社或其他代理者；而旅游景区的品牌忠诚，也有异于实物产品的品牌忠诚，它包括游客的重游率、更多的人均消费和良好口碑，以及代理商的反复购买和主动宣传，等等。消费者对景区品牌的忠诚大大降低了他们在选择旅游目的地时的不确定性，减少了决策成本的付出；景区不仅能扩大销售规模，还提升了自身的市场地位和竞争能力，这便是品牌形象给景区企业带来的直接回报。

②在景区企业的其他相关经营领域，品牌形象还可延伸其价值，促进企业的多元化发展，使主营产品以外的产品分享品牌形象的利益，迅速获得市场认可。若品牌能成功转化为名牌，更有利于景区企业的资本运作，取得对外融资、产权交易等特殊效应。

总之，旅游景区品牌形象的建设，将最终促使我国的景区企业从形象建设出发，内练素质，提升经营层次，走向品牌化经营的道路，在更为激烈的市场竞争中获得优势地位，保持长期的发展活力。

三、旅游景区品牌的构建

（一）旅游景区品牌形象认知

景区品牌形象的认知包括两个方面：一是景区经营企业对景区本身的形象认知；二是游客对景区形象的认知。这两者的认知达到融合时，品牌形象的塑造才能得到最佳的效果。对景区本身的形象认知包括了对景区资源种类、品位、所处区位、交通条件、经营项目、服务质量、管理水平等基础要素的认知，由此得到最基本的形象位置认知。这些基础要素虽不是决定景区品牌形象的核心要素，但也是不可或缺的，而且对于特定的景区而言，其中的某些因素会上升为决定性的因素。例如：苏州乐园的成功在很大程度上是与良好的区位及交通条件分不开的。苏州乐园地处世界著名旅游城市苏州大门口，远近前后一目了然，离城距离比杭州“未来世界”还省10多元的出租车费；而与之相比软件优越的“福禄贝尔”科幻乐园却选在了离各大城市百公里的旅游圈内的吴江，虽投资兴建了停车场，但效果不佳，只有将苏州、无锡西部市场拱手让与苏州乐园。游客认知则是着重于他们是怎样认识和解释景区品牌形象的。因为往往在现实中，“被顾客喜欢的产品不仅是由于其客观品质好，更重要的是由于顾客认为它好”。所以并非那些最好的景区就能被游客喜欢，更重要的在于游客喜欢哪一景区就认为它好。这一点给了我们一个启示，即同一景区给出的形象信息不同，游客的认知也就不同。

（二）旅游景区品牌形象的建设

1. 旅游景区品牌形象的成长方式

（1）景区品牌形象的差异性制造

从战略的角度出发，制造形象的差异性是实施旅游景区品牌形象建设的首要选择，因为差异化会创造很强的竞争优势。简单地说，差异性就是指景区的独特性，是那些最能体现景区地方性、文化特色和服务个性的东西。“唯有独特的东西才能被旅游者从众多相似的信息中注意和感知”。差异性正反映了旅游者所要追求的核心价值。

首先，是景区“地方性”差异。从地理学角度而言，景区的地方性，也就是地理文脉的差异。一般来说，由于地理位置的绝对不同，这种差异是天然就存在的。不过，一直以来，中国的许多旅游景区往往只将旅游功能定位在观光、游览上，不太注重地方个性的宣传，使中外旅游者产生诸如“白天看庙，晚上睡觉”的相似感受，无法体会和区别不同景区的特色和差异。或者，景区本身对“地方性”的重要程度有所认识，但始终没能找到一种恰当的方式来表现，传递给游客。表达形式单一，也就难于形成特有的品牌形象了。瑞奥非（Edward Relph）提出，一个地区的自然背景（physical setting）、那里的人的活力（actinvties）、那里蕴含的意味（meanings），三者共同交汇统一才能形成一个地区的识别特性。景区的地方性是由地域背景及当地人文意味所构成的，即特定的地理位置和本土文化、民族风情、地方习惯等融合表达的。即使所谓的纯自然风光的景区，也蕴含有相当的人文因素。这些人文因素深刻烙上了地域特征，使景区散发出无穷的魅力。所以在制造景区“地方性”差异时，就是要强化景区的地理文脉。保持独有的景观和人文因子，发挥二者融合的功能，形成景区的“与众不同”。例如，在我国广西壮族自治区，多数的观光性景观不是单一的自然风光，而是民族性与地方性结合的产物，像宜州市下枧河景观与刘三姐风情、木化县七百弄岩溶地貌景观与瑶族风情、融水县贝江风光与苗族风情等。

那么如何将这种地方性表现出来呢？一方面就是要强化景区内所有的地方性形象因素，无论在景观的布局上，还是在服务细节上，都尽量使用本地特色，如使用当地或当地民族的文字、采用传统的民族礼节为游客服务、举办地方特色的节事活动等（如民族歌舞表演、地方特色小吃、民俗文化节……）。深圳华侨城的民俗文化村在这一点上是值得参考的。民俗文化村里的居民，都是从少数民族地区中选聘的，且两年换一次，保持了真实、原本的民族文化。另一方面，则是消除弱化景区地方性的因素。曾有一度全国兴起了建“西游记宫”的热潮，各地的“大观园”也有不少，然而最终绝大多数都以关门倒闭为结果；还有一些景区似乎抓住了地方性做文章，修造各自的地区历史人物、文化事件蜡像馆，表面上是为了表现当地的人物或典故，但实质上你有蜡像我也有蜡像，形式单一，仍是对“地方性”的弱化。简单的模仿根本上就是对旅游景区地方性的破坏。因此，消除弱化因素就要杜绝这种简单模仿，除去那些无地方性的形象环节，寻求景区内的统一表达自身差异的形象标准，而不是生搬硬套其他景区的标准。

其次，是旅游景区的“文化性”差异。我们已经提到过地方文化和民族文化在“地方性”差异中的运用，这里重点指出的是景区的文化品位，即景区将文化的内涵挖掘得有多深，表现得有多充分。文化内涵的深浅也是一种差异。因为大多数的景区还是或多或少地表现出文化性，有的本身就是以独特的文化为吸引的。然而普遍存在的问题是，文化深度不够，使景区的吸引力难以持久。所以在设计文化性方面的形象符号和表现手法时，需要在挖掘地方文化的深度上下工夫。除了反映地域文化性外，还要体现景区的文化品位，同时也反映出文明程度。尤其注意的是景区里的一些细节，这些细节往往在设计时容易被忽视，却总被游客视为形象表现的重要因素。例如，在景区清洁箱的设计上，不是简单的铁皮箱就了事，而是要将它的形象融入景区的特色中，在形状、颜色、标记上显示出一定的文化性，成为愉悦旅游者的一个欣赏细节。还有一个厕所问题，更体现景区在文化上的差距。厕所绝不仅仅是个公共设施，它也反映景区对社会文明的重视。这里有一个典范就是“锦绣中华”的“厕所服务”和“厕所文化”，曾一度成为该景点形象传播的诉求点。

最后，是服务差异。从某种意义上说，旅游景区企业就是服务企业。景区服务是景区的重要产品。游客对服务的满意程度如何常常比景区的风光景致、文化内涵更能影响其在游客心目中的形象。景区服务的差别是一个优势。“非标准化往往才是人们对服务的期望。因此对服务企业而言，能够提供有别于他人的服务，代表着自己具有一种优势。”

（2）响应景区品牌形象的信息

创造旅游景区品牌形象认知的要素很多。如何运用这些要素来创造信息，引导游客的形象认知呢？这里类比一般企业 CIS 设计要素加以说明。

表 7 旅游景区品牌认知要素与信息标志

	认知要素	信息标志
MI（理念识别）	①景区核心价值 ②发展宗旨和目标 ③景区企业文化 ④经营指导思想 ⑤景区发展战略	①宣传口号 ②座右铭
BI（行为识别）	①目标市场细分 ②选择及定位主要产品品牌 ③公关策划 ④服务行为	①客户开发广告与促销活动 ②节庆活动 ③文化娱乐活动
VI（视觉识别）	①景区标识图案 ②建筑名称标准字 ③道路、小品、绿化、路灯	①颜色识别 ②服务标识 ③标识系统

从表中可看到景区创造品牌形象的信息标志系统。其中 MI 要素中的信息标志——核心价值口号、景区企业文化座右铭力求用最凝练的语言来表达。例如，20 世纪 80 年代中期，故宫的宣传口号——“Forbidden City is no longer forbidden”（紫禁城不再是禁地）就非常经典。另外，作为 BI 要素信息标志的节庆活动及公关策划则是一种相对复杂而立体的标志，是将整个事件作为信息传递给游客，使游客形成对景区的综合性感受。这两种信息的成功创造往往会在短期内获得预想的效果。还有，视觉信息常带给人们非常直观的感受，给人的印象是最深刻的。所以，VI 要素的信息标志形象传递作用更明显。将景区的差异性用 VI 信息标志表达出来时，要注意的几点是：首先，在表达品牌形象的核心价值时具有统一性（如色彩、图案的协调）；其次，遵循简洁、独特和地方性原则；再次，广告等宣传方式具有新奇性（如用词的新颖、幽默、激发联想）；最后，服务形象和活动人性化（亲和力、感染力、非机械的）。

（3）旅游景区品牌形象的塑造机会

旅游景区品牌形象的塑造也要注意机会。而培育机会、创造机会的重要途径是寻求两种参与：游客参与和社区参与。一是游客参与，因为游客是塑造景区品牌的重要资源，他们拥有最有效的营销工具——口碑（Word of Mouth），因为“最好的销售者莫过于心满意足的顾客”。另外，他们还有景区企业渴望得到的外部信息流，包括消费预期、需求方向、市场规模、竞争对手信息等。以上两项资源足以影响景区的形象和利益。所以与旅游者实现充分的信息共享及合作，能够帮助景区获得资源优势；同时，与游客结成某种意义上的感情纽带，从心理上赢得游客的支持，无疑增加了游客忠诚的可能性。信息共享的具体方式，如目前在旅游发达的地方修建的“欢迎中心”（Welcome Center）。景区企业可以在综合服务区或景区门口设立一个这样的服务机构，采取开放式服务，提供咨询、导游、游览提示、预订、投诉、活动设计等服务，开展游客沙龙、游客之家等活动，为游客提供对景区提出意见与建议的机会。或者，小规模景区参与到所在地的“欢迎中心”或旅游信息系统中去，这样可以节约一定的成本。总之，就是要为旅游者拓展信息沟通的渠道。二是社区参与。景区所在社区也是景区品牌形象塑造的影响因素。实际上，社区居民也是景区的游客，与社区建立关系是“体验游客生活”最有效的方式。并且，社区的良好环境及居民的友好支持对景区是相当重要的，这些往往成为游客评价景区形象的隐藏指标。因为社区是景区的形象背景，也就成为了品牌形象的另一种重要资源。因此景区可以常与社区机构保持联系，为居民提供游览的优惠待遇等，获得居民的认同，让他们成为景区的“内部人”。

2. 不同景区从品牌形象塑造到品牌化的一些区别

建设旅游景区品牌形象最终是要促使企业走品牌化的发展道路。然而三类景区本身存在差别，在品牌形象的建设过程中也相应有所区别。根据三类景区的不同特点，对它们的品牌形象差异做以下简单的归纳。首先，在主题方面，主题公园显得更为主动和活跃，较另两者更容易形成独立的品牌形象。主题公园基本不存在天然的地方性差异，或者说，没有很强的地方性优势，是一个完完全全人工创造的休闲娱乐空间。所以在初建主题公园时，可灵活地选择主题，但也要准确地选择好这个主题，使品牌形象的发展拥有一个高起点。而已存在的主题公园也有比较广阔的空间进行联想，其品牌形象的扩展性是很强的。旅游度假区和风景名胜区在形象主题上的选择空间要相对小一些，不过稳定的地方性与文化性内涵为品牌形象的稳定性奠定了基础。其次，在品牌形象的培育环境方面，目前，我国主题公园的产权主体多为市场化运作的企业，相对而言，企业的文化理念、运作机制、管理方式等会成熟一点，因而也就拥有较为宽松的培育品牌的内部环境。旅游度假区和风景名胜区的资源类型与产权组织形式有别于主题公园，经营这两种景区的企业在经营体制和管理模式上还有待于进一步的市场化转变，目前进行品牌化经营还较多依赖于“政府主导”下的外部环境给予的机会。其三，在品牌形象差异突出的重点上，主题公园在地方性、文化性及服务管理三个方面都能有所作为，旅游度假区侧重于服务管理，风景名胜区则侧重于文化性、地方性。在企业的相关多元化发展上，主题公园可以进行产品和管理多层次的品牌延伸，度假区和风景名胜区则可在管理上进行品牌拓展。应该指出的是，将实现品牌形象建设的突破口放在文化性和服务管理上，是品牌化经营中值得探索的一条途径。文化上档次，服务出个性，管理才可能成为品牌。

“消费者忠诚的是品牌，而不是生产者”。和那些著名的饭店管理公司一样，旅游景区企业也可形成自己的景区服务管理公司，开展管理咨询、服务设计、管理输出，提供培训、公关、营销策划和活动设计等业务，从服务管理上打造品牌，走品牌化经营的道路。

专题六 旅游营销策划

一、旅游市场营销现状

（一）旅游市场营销概述

旅游市场营销包括分析、计划、执行、反馈和控制这样一整套过程。它以旅游消费需求为导向，协调各种旅游经济活动，从而实现提供有效产品和服务，使游客满意，使企业获利。旅游市场营销的主体很广，包括所有旅游企业及宏观管理的旅游局，如：旅游景区、景点、旅行社、宾馆饭店以及旅游交通部门等。

我国的旅游市场与家电、服装、饮料、酒类、计算机、汽车等行业相比，尚有一定差距，但其市场化程度已相当高了。行业内市场运作的方式，已经进入到营销及市场营销的初期阶段，靠简单的公关、广告和促销已经不能产生推动市场的效果。虽然各级旅游局的旅游促销经费每年都在递增，旅游景点、旅行社推广旅游线路和宾馆饭店促销活动的广告也常常见诸报刊、电视、互联网，但与依靠科学的方法、达到投资小收益大的市场营销系统运作的目标相比，差距还很大。

（二）我国旅游市场营销现状

由于缺乏市场营销理念，中国知名的旅游企业中大多数至今仍没有进行系统、深入、定期和专业的市场调查工作，没有专门的市调部门（人员）和专项市场预算的旅游企业比比皆是，对竞争对手的信息的搜集、对客源市场的了解、对游客的需求的掌握等，是十人十个样，均凭道听途说。领导和市场营销主管要么是对其重要性认识不足，要么是相信自己的主观经验和判断，要么是干脆就不知道还需要专门的市场调查这回事，甚至对一些统计数据采取估计、“拍脑袋”的方式。自己投入几十万、几百万、几千万的广告促销费却不知道有多少是浪费掉了，浪费在哪里更是心里没底，更别说什么目标市场、品牌（和产品）定位、形象定位、产品及价格策略、营销组合策略、促销计划等市场营销项目了。

中国的很多旅游企业追求的是短期的销售目标，而不是长期的营销目标。没有几个部门或旅游企业在年初即拥有自己完整的“年度营销计划书”，更别说近、中、长期旅游营销规划了。它们不熟悉旅游产品策略、旅游价格策略、旅游销售渠道策略、旅游产品促销策略之间微妙而又复杂的关系，不能根据消费者需求心理去选择适合的推广对策、促销载体。旅游市场营销战略与营销计划尚停留在初级阶段，不能深度挖掘，更不用谈什么旅游市场营销计划控制、旅游市场营销成本利润控制、旅游市场营销信誉控制和战略控制，即便是对于推动作用较大的节事活动与公关活动的策划设计和执行方面也是如此。大家都知道一个好的节事活动或公关活动将带来巨大的眼前效益和未来的间接效益，然而，许多地方却并不深谙市场运作的妙处，或者抄袭照搬别人的模式，或者在自己管辖的地盘里"鼓吹"一番，将举办该类活动的真正意义弱化了，结果劳民伤财，却达不到促销的真实目的。

至于旅游形象问题，已成为各地一个较为头痛的普遍现象。而营销的主要诉求又是要将充分反映实际特色的旅游形象提炼出来，通过有效的营销手段传播给目标受众。但近几年国内在大力营销自身的形象特色时，由于没有认真分析旅游目的地的文脉与地脉，不能充分根据市场需求来科学设计具有鲜明特色和吸引力的旅游形象，以至于促销经费花了不少，游客量却上不来，旅游淡、旺季差异性极大，形象宣传口号雷同等现象比比皆是，更不用说打造旅游品牌了。

二、旅游市场营销的"五种武器"

如果大家能冷静下来，既不为眼前较为火爆的现象所迷惑，也不为暂时的门可罗雀而担忧，而是实实在在虚心接受旅游市场营销的理念，从编制旅游营销规划做起，或者从旅游市场调查做起，或者从编制年度营销计划做起，自身有人才的自己踏踏实实地做，自己没人做的向专业机构去咨询，也可请专业人才来指导，相信一定会开创另一番天地。

不论是营销的策略，还是营销的计划，都是为了达到既定目标。旅游市场营销主要通过五种手段来实现，包括：良好产品的良好包装、针对性极强并富有煽动性的广告、出色的公关活动（或节事活动）、投资小收益大的促销妙计、孜孜不倦的辛勤推销。

以上"五种武器"并不是中国旅游市场营销手段的全部，它们也绝不能截然分开，而是有所兼容的。有一根链条将这"五种武器"乃至更多的武器紧紧相连，这就是营销。只要按照科学的程序精心打造，又何愁改变不了中国旅游市场暂时的幼稚和混乱，又何愁每一笔旅游促销经费落不到实处，从而产生更大的社会效益和经济效益呢？综上所述，中国的旅游市场尽快走向成熟，迫切需要旅游市场营销体系的迅速建立，因为，营销是撬动中国旅游业发展的关键杠杆。

三、旅游市场营销策划的发展趋势

（一）从跟随营销到创造营销

从1979年到1980年市场营销理论重新引进我国以来，许多企业由不知市场营销是干什么发展到广泛运用市场营销原理和策略指导企业实践，市场营销有了长足发展。经过十几年的营销实践，我国的市场营销主要还是一种跟随营销，企业跟在市场后面开展营销活动，市场需求变了，营销活动跟着才变，即“跟着市场走”。跟随营销使企业被动地适应市场，往往是市场需求已明朗化，甚至出现了“抢购”风，企业才进行生产或销售，从而使企业的生产销售总是比市场需求慢半拍。随着市场需求的变化加快和市场竞争的日趋激化，许多企业深感“跟着市场走”不再可行，企业只有走在市场前面，才能在竞争中生存，即企业“牵着市场走”，由跟随营销转向创造营销。创造营销是把人们潜意识的、模糊的、不清晰的需求明朗化、清晰化和现实化，并通过市场营销手段加以强化，这是一种主动适应市场需求的做法。因此，创造营销是更好地依市场需求发展走势开展营销活动，使企业的生产销售与市场需求之间保持“快半拍”的状态，从而牢牢掌握市场主动权的过程。

市场营销观念认为，企业要实现自己的经营发展目标，关键在于正确地确定目标市场的需求和欲望，并且比竞争者更有效、更有利地传送目标市场所期望满足的东西。简单地说就是“熟悉你的市场，并更好地去满足它”，其口号是“消费者需要什么，我就卖什么”。

（二）从单一营销到整合营销

整合营销传播理论（Integrated Marketing Communication，简称IMC）由美国西北大学教授舒尔兹等人提出，被认为是市场营销理论在20世纪90年代的重大发展。整合营销传播是一个营销传播计划的概念，其基本含义是“要求充分认识用来制订综合传播计划时所使用的各种带来附加价值的传播手段——如普通广告、直销广告、销售促进和公共关系，并将之结合，提供具有良好清晰度、连贯性的信息，使传播影响力最大化”。消费者对一个公司及其各个品牌的了解，来自他们接触到的各类信息的综合（包括媒体广告、价格、包装、售点布置、促销活动、售后服务等），整合营销传播的目的在于使公司所有的营销活动在市场上针对不同的消费者进行“一对一”的传播，形成一个总体的、综合的印象和情感认同。这种使消费者建立相对稳定、统一的印象的过程，就是塑造品牌，即建立品牌影响力和提高品牌忠诚度的过程。

“在推介产品时要集中资源、全方位、立体包装来推广，包括请专家和新闻媒体一同来做。”“做市场一定要有耐心，也许前面的投入会很多很多，但坚持下来以后，收入就会很丰很丰。”理念＋全力实现理念＋实现理念的合作伙伴是做市场成功的必需条件。

（三）从“浑浊”营销到绿色营销

旅游业最初被称为污染的产业，环境保护并未引起足够的重视。近年来，在国外兴起的绿色营销引起我国企业界的高度重视，随着我国可持续发展战略的实施，绿色营销正为越来越多的企业所运用。绿色营销是一种旨在保护环境、减少污染的市场营销。它要求企业把市场需求、环境保护和企业利益有机结合起来，在市场营销过程中，不仅要维护企业自身利益，还得承担保护环境的社会责任。

绿色营销是一个复杂的营销过程，需要搜集绿色信息，捕捉绿色机会，发现绿色需求，拟订绿色计划，制定绿色价格，开展绿色促销等，但核心是开发绿色产品。绿色产品是一种无污染或无公害的产品。

（四）从有形营销到形象营销

旅游形象指的是旅游目的地，包括其旅游活动、旅游产品及服务等在人们心目中形成的总体印象。区域旅游形象策划（Tourism Destination Identity System，TDIS）是在企业 CI 策划的启发和广告业的带动下，以及国内旅游业的迅猛发展（同时伴随有强大的市场竞争）等综合因素的作用下，在对旅游地和旅游景点的传统意义的认识基础上形成的一种全新的形象识别和营销系统。

在当今激烈的旅游市场竞争中，形象塑造已成为旅游地占领市场制高点的关键。旅游产品的不可移动性，决定了旅游产品要靠形象的传播，使其为潜在旅游者所认知，从而产生旅游动机，并最终实现出游计划。国外旅游研究表明，形象是吸引旅游者最关键的因素之一，“好形象”使旅游者产生一种追求感，进而驱动旅游者前往。

好形象的树立对于旅游持续发展具有重要意义。成功的旅游目的地，大多具有独特迷人的旅游形象。旅游业发达国家开发旅游的成功经验是塑造整体旅游形象，旅游开发追求将整体而非若干景点作为旅游吸引力因素来推动市场，依靠形象吸引旅游者前来旅游。新加坡和香港地区就是注重形象塑造使其旅游业长盛不衰的成功典范。

（五）从对抗营销到合作共赢

传统的市场营销观念总是把竞争对手视为敌人。这种观念往往导致竞争双方两败俱伤。回顾我国十几年的市场营销，对抗营销现象相当普遍。诸如同行业、同类产品中，你搞一种特价销售，我也如法炮制；你生产某种产品，我也生产；你宣传你的产品好，我说我的比你更好，等等。其实，“你死我活”并不是市场竞争的唯一“活路”，“共存共荣”携手前进才是更好的“活法”。近年来，我国一些景区开始由对抗营销转向合作营销，它们把对手当成朋友、伙伴，在市场竞争中相互合作、相互促进、相互提高、共同发展。

旅游规划责任重于泰山

“凡事预则立,不预则废”。毛泽东在《论持久战》中曾引用《礼记》中的这句话，阐明“没有事先的计划和准备，就不能获得战争的胜利”。“预”的意思就是计划和预案，就是规划。对于个人、企业，乃至一个区域、一个国家，规划都是发展的思想灵魂与行动纲领。旅游规划亦是如此，规划得力，造福一方，功在当代，利在千秋；规划失误，弄巧成拙，劳民伤财，贻害无穷。国家旅游局局长邵琪伟说：旅游业和一些其他产业不一样，需要有总体的规划，有的可能一个城市就是一个景区，有的一条河流就是一个景区，有的一片海域就是一个景区。因此，规划必须要搞好。规划搞好了还要执行好，旅游业才能有序、规范、可持续性地、健康地向前发展。

一、规划是旅游发展的命脉

当今世界旅游业迅猛发展，早在 20 世纪 90 年代初就超过石油和汽车工业，成为第一大产业。美国、法国、西班牙等发达国家，都把发展旅游业作为重要战略。日本提出观光立国战略。韩国则喊出了“全体国民观光职业化，全国国土观光资源化，观光设施国际标准化”的口号。20 世纪 90 年代后，我国也把旅游业定位为国民经济的战略性支柱产业，将旅游业定为新的经济增长点，从而掀起旅游热，各地新建了众多的旅游景区。旅游业之所以方兴未艾，是因为旅游是综合性产业，涉及面广，关联度大，产业链长，具有多重经济社会功能和极强的带动作用。

旅游在经济社会发展中的突出战略意义同样赋予了旅游规划。由于我国大多数资源禀赋较好的景区仍在体制内运营，规划管理人员担负繁重的行政管理职能，在时间、精力甚至专业厚度上不能得到保证。因此，在区域旅游规划和景区创建、提升之时，委托专业规划设计机构进行专项规划，显得尤为重要和必要。

旅游规划责任之所以重大，主要基于国家对其政策性要求，以及对旅游工作的重要性、严肃性、指导性和稳定性五个方面。

（一）旅游规划的政策性

旅游关乎国家经济发展战略和百姓生活，规划则关乎旅游发展质量和潜力。早在2003年，国家旅游标准委员会就专门制定了《旅游规划通则》，国家发改委也要求有关部门和地方政府编制中长期的旅游产业发展规划。甚至在一个时期内，有无规划成为政府是否对一些开发项目给予支持的前提。最近出台的《旅游法》明确规定，国务院和县级以上地方政府应当将旅游业发展纳入国民经济和社会发展规划，组织编制旅游发展规划，县级以上地方政府可以编制重点旅游资源开发利用的专项规划。

（二）旅游规划的重要性

规划是旅游最基础、最重要的工作。规划决定全局，影响战略；规划的领先，是最大的领先；规划的失误，是最大的失误；规划的浪费，是最大的浪费；规划的责任是最大的责任。规划得好是生产力，更是竞争力，产生正能量；规划得不好，就是帮倒忙，扯后腿，产生副作用，投资方面产生负效应，建设方面由垃圾建筑到建筑垃圾。2009年国务院41号文件强调指出，要把旅游业建成人民群众更加满意的现代服务业，让人民群众满意。可见，旅游规划关系着国计民生。

（三）旅游规划的严肃性

5A级景区评审细则中特意加重了规划的分量，二级分值达到了25分。新颁布的《旅游法》第三章“旅游规划和促进”明确规定：对自然资源和文物等人文资源进行旅游利用，必须严格遵守有关法律、法规的规定，符合资源、生态保护和文物安全的要求，尊重和维护当地传统文化和习俗，维护资源的区域整体性、文化代表性和地域特殊性……应当组织对旅游发展规划的执行情况进行评估，并向社会公布；有关主管部门应当加强对资源保护和旅游利用状况的监督检查。这些都充分说明了规划工作的权威性和严肃性。

（四）旅游规划的指导性

旅游规划是一个地域或景区综合体内旅游系统的发展目标和实现方式的整体部署过程。规划是灵魂、是纲领，是旅游开发和建设的法律依据，决定着旅游发展的方向和未来，决定着城乡建设的品位和水平。旅游规划必须从系统全局和整体出发，着眼于旅游规划对象资源的整体优化，正确处理旅游目的地的复杂结构，用前瞻性和全方位的视角，来确立旅游目的地的发展思路。旅游规划一旦制定并经审批后，就成为旅游开发、建设的法律依据，为旅游实践提供指导性的方针。

（五）旅游规划的稳定性

旅游规划有一套法定的规范程序，通过对区域或景区长期发展的综合平衡、战略指引与保护控制，促使其实现有序发展。作为旅游发展设计的一个框架，旅游规划必须是长期稳定的，不能随意废弃。“规划规划，纸上画画，墙上挂挂，橡皮擦擦，能否实施，领导发话”。这是人们对一些地方重规划编制、轻规划实施，导致规划不落实的形象描述。对规划的实施和落实应严格监督，加强问责，应将行政置于阳光下，导入有效的公共监督，让公众充分享有知情权、参与权和监督权，严控相关权力在规划工作中的腐败和资本流动中的暗箱操作。

二、旅游规划市场乱象令人忧

旅游规划起源于 20 世纪 30 年代的英国、法国和爱尔兰等国。20 世纪 90 年代以来，生态旅游规划理念开始渗透到旅游规划之中，逐渐成为旅游规划的主流和方向。我国旅游业直到 80 年代才真正起步，这一时期的旅游规划，一无流派，二无规范，三无边界。90 年代中期，我国旅游度假区的建设如火如荼，促进了旅游规划发展，这一时期的旅游规划进入了以市场需求为导向的产业化规划阶段。目前，已进入休闲度假时代，游客追求一种心灵的放松和返璞归真。旅游规划者应从旅游者角度看问题，强调“以人为本，天人合一”的理念，以市场为导向，创造出具有吸引力的旅游项目和产品。但是，由于我国旅游规划起步晚、体制差、不规范等，与国外同行业相比，还存在不少问题，形成各种乱象，前景堪忧。

（一）规划从业者鱼龙混杂，损害行业形象

旅游规划从业人员鱼龙混杂，良莠不齐，严重扰乱了旅游规划市场，损害了行业形象。

1. 伪专家

旅游热导致规划界出现大批不懂规划、只为赚钱的假冒专家。个别学院理论派耐不住寂寞，既不专注于旅游经济理论的研究和教学，也懒于探究旅游实践的规律和真谛，而是抛弃专长，忙于淘金。甚至争取到项目后，便当甩手掌柜，不闻不问，交给学生去做，成为学生的实习项目。更过分的是，干脆外包给非专业团队和个人，弄得旅游规划不伦不类，非驴非马，没有丝毫市场操作性。

2. 投机者

在旅游规划准入门槛低、市场不规范的情况下，各种各样的投机者参与到旅游规划中来，有的“挂羊头，卖狗肉”，借旅游规划之名，行炒房地产之实。有的地方政府甚至明知作假，却与之沆瀣一气，听之任之，以一己之私，损旅游大局。

3. 游戏者

即使是规划实战派，由于规划水平参差不齐，或者缺乏社会责任感，也拿旅游规划作儿戏，不用心，不用力，以至于拿不出高标准、高质量、高水平的规划。

（二）规划理念偏离市场需求，误导行业发展方向

旅游规划的多义性和不确定性，导致对旅游规划的认识出现分歧，形成众多流派，这些流派多独立于实战派之外，缺乏一线实践经验，脱离市场需求。

1. 地理导向派

以地理学为旅游开发的主体的资源导向型旅游规划。在国内旅游兴起之时，以地理学为导向的旅游规划是主流，这在当时的历史条件下本无可厚非，因为观光旅游产品单一化，名山、大川、古庙是旅游目的地，学地理的人最清楚，故地理学专家和旅游专家相互认同。随着国内中产阶层的迅速壮大，旅游有了多元化的选择，度假旅游成为主流，观光旅游被边缘化。地理导向派在特定时期发挥了特定作用，但时过境迁，现在也在一定程度上干扰了旅游规划理念的创新和发展。

2. 城市规划派

套用城市规划模式以硬开发为主的旅游规划。中国的城市规划审批权从一开始就掌握在城市规划部门手中，因而，搞旅游首先想到的是城市规划部门。个别城市规划专家做出来的旅游规划实在让人头疼，因为他们脑子里只有硬开发，没有旅游者，更没有旅游市场。景区城市化成为当下不少旅游景区的通病，也是最违背5A景区标准的顽疾，其危害在于旅游规划机械地套用城市规划的概念，沿袭城市规划的思维，把城市与园林的理论体系盲目地套用到风景区开发建设上，从而导致“景区公园化，公园城市化”，给景区的发展带来无法挽回的损失。

3. 风景园林派

由风景园林界做的旅游规划。风景园林是迥异于旅游规划、城市规划的领域，风景园林派所做的规划，理念上跟旅游规划实战派有很大分歧。风景园林派的规划，注重游览，忽略购物、吃饭和住宿。这与旅游吃、住、行、游、购、娱六要素相去甚远。

时下，地理导向派已经逐渐淡出旅游规划历史舞台，回归本业，可搞建筑的、搞园林的还在凑热闹。旅游规划注重“外销”，城市规划和园林规划只注重“内购”。城市规划派和风景园林派已经严重地扰乱了旅游规划市场秩序，误导了正确的规划理念。

（三）规划行为近乎荒诞，丧失旅游规划的严肃性

1. 一窝蜂

国家对旅游的提倡和黄金周的推行引发了旅游热，全国各大小景区一时间人潮涌动，游人如织，令经营者乐不可支。于是各路旅游精英披挂上阵，各显神通，似乎旅游就是发展经济的捷径，建景是景，开景即赢。但进入理性消费期后，热闹景象如昙花一现，诸多景区门可罗雀。这种困境并不限于黄金周或某个景区，而是普遍存在于旅游业界，其根源乃是中国旅游发展存在着误区和盲点。

2. 阵发性

所谓阵发性，是 20 世纪 90 年代以来旅游规划显现出的阵发性特点：一是每年或者隔 5 年，搞城市规划时就相应搞旅游规划；二是官员换届，树政绩就做规划；三是为了上市而做规划。于是，伴随着旅游热，旅游规划高潮迭起，其“醉翁之意不在酒”，搞旅游是假，邀政绩是真。这种情形下，旅游规划效果只能是妄谈奢谈了。政府的意图和指令在规划中起了主导作用，导致规划的产品因“先天不足”而“后天失调”，最终“夭折”；再者，“铁打的衙门，流水的官”，“一个和尚一个磬，一个官儿一个令”，换一任领导就换一次规划，规划的权威性、稳定性和指导性丧失殆尽。

3. 走过场

一些地方政府为规划而规划，应付上级，走过场，借以招商引资，致使多数旅游规划没有真正实施，甚至从一开始就没有打算真正实施。而一些规划编制单位，更是当公差，要么东拼西凑，简单复制；要么绞尽脑汁，故弄玄虚，做出来的旅游规划根本没有实操性。

4. 拍脑瓜

“规划先行”只停留在口头上，之所以难以落实，主要是不理解规划的意义和重要性，认为花钱买规划设计，结果仅有一两个本子放在案头，太不值得。于是乎，旅游主管部门行政化代替市场化，甚至领导眉头一皱，计上心来，脑瓜一拍，意图就是思路，想法代替规划；胸脯一拍，数千万元投进去，打了水漂；几年运营下来，入不敷出，屁股一拍走人，换个地方照样当官。

（四）旅游规划急功近利，影响区域旅游业可持续发展

旅游规划理念和认识上的偏差，以及旅游管理中的投机行为、应景行为和跟风行为，直接导致不少地方区域旅游规划方式的随意性和简单化，旅游管理者急于求成，好大喜功，致使旅游开发过滥，规划无定位，不合理，流于同质化。

1. 滥开发

许多地区存在一种观念，即：旅游业是无烟工业，不会对环境造成污染；旅游资源可再生，旅游消耗是“非耗竭性消耗”。在这种错误思想指导下，大兴旅游基础设施建设，无节制地开发旅游资源，甚至有些风景区与工业污染源为邻，却缺乏应有的资源环境配套保护措施，导致旅游资源环境的退化。这种开发模式虽然短期内为地方财政带来一些收益，但从长远看，严重破坏了旅游环境和形象，形成旅游品牌的负面效应，致使旅游产业变成“鸡肋”，食之无味，弃之可惜。

2. 无定位

大部分地区在旅游规划时，没能打造出统一的旅游形象，缺少有效、集中而生动地展示本地旅游形象的载体。有的虽有口号和标志，但单纯罗列本地资源，犹如“菜谱”一般；或者一味求全求大，缺乏个性；或者简单粗糙，笼统难记，难以形成形象定位，在项目开发建设、经营管理或市场开拓上容易产生误区。

3. 不科学

不少地方只靠领导的主观愿望搞旅游，没有系统科学的规划编制工作。即使有规划，也不系统、不配套、不科学，有建设规划而无发展规划，有综合规划而无项目规划，有资源开发规划而无产品和市场开发规划。盲目实施不仅破坏了环境，还破坏了资源。还有的规划严重脱离实际，一味求高、求洋、求奇。

4. 同质化

“资源 + 市场 + 政府”是我国目前比较通行的旅游产品开发模式，在大部分的区域旅游规划中虽然引入了市场因素，但其实质还是以旅游资源为导向，主要表现在评价旅游地资源时，只看到自身最为突出和醒目的资源，而忽视区位竞争、目标市场远近、消费意愿和水平因素等。现在，人们的旅游倾向已经趋于多样化和个性化，对于同质化产品，只会选择同区域内最高级别的。

三、维护净化旅游规划市场时不我待

中国社会正处于全面复兴的时代，旅游业赶上了千载难逢的良机。可以说，旅游规划大有作为。旅游规划从业者必须以神圣的使命感和强烈的责任心，做旅游规划市场维护、净化和规范的践行者。

（一）贯彻落实《旅游法》，确保规划权威性和有效实施

最近出台的《旅游法》对旅游规划和促进作了明确的规定，作为旅游规划从业

人员，应该坚决维护和落实。作为行业管理者，为净化旅游规划市场环境，应严把旅游规划市场准入关，进一步规范旅游规划政策性的界定，强化对旅游规划成果的评审和监督。作为旅游管理部门，应该给旅游规划上个“保险”，戴上法律“护身符”，依法保护旅游规划不受长官意志的干扰。规划即法，执法如山，“规划一张图，建设一盘棋，管理一条龙”，规划一旦确定就要有铁的手腕有效实施。

（二）做合格旅游规划从业者，创建科学的旅游规划

旅游规划需要优秀旅游策划和规划人，从业人员应以旅游规划为己任，为旅游发展服务。一是具备广博的知识基础和合理的知识结构；二是具有社会良知和良好职业操守、强烈的社会责任感和职业责任心，以及勤奋、敬业和奉献精神；三是有创意，有创新，有独特的观察角度和方法，善于发现事物的特有属性，并以高超的分析、综合、提炼能力得出真知灼见，进而策划设计出睿智的旅游开发规划；四是做酷爱旅游和热情洋溢的人，有激情，才有灵感和发现；有感动，才能抓住亮点，生发联想，在联想中提炼出精华，从精华中产生创意，提出诗般理念，做出极富感染力的策划。实践证明，一流旅游须有一流规划，一流规划必来自一流专家。

（三）推动旅游规划实践与市场接轨，富民富商富财政

规划要实事求是，避免形式化，不能在促进市场经济深化的同时，还推崇一些计划经济色彩很浓的管理手段，用传统的思维方式来限制规划体制和机制的创新。要充分研究市场，以市场为导向，立足富商、富民、富财政，兼顾经济效益、生态效益和社会效益，创造出极具吸引力的旅游项目和产品，带动地方发展，让所在地成为游客旅游新高地、外商投资环保地和居民生活质量提高地。

（四）秉持差异化理念，创造旅游文化品牌

旅游已发展到休闲度假时代，游客追求的是一种心灵的返璞归真，在愉悦身心的同时增长阅历。旅游规划应永远引领旅游经济发展潮流，坚持从旅游者的角度出发，遵循“道法自然”的道家思想，秉持“差异化理念＋资源组合＋文化内涵＋观念创新＝旅游品牌”的旅游规划法则。

1. 发展求异

新、奇、特是旅游的生命力。应在传统的观光旅游的基础上，突出竞争差异性和独特性的卖点，实施差异化战略，设计出差异化的旅游产品。要以规划思路的前瞻性、规划产品的独特性和唯一性、旅游政策的特惠性、规划方案的可行性、产品的惠商性和亲民性，吸引国内外投资者进行旅游整体开发或单体开发，剑走偏锋，

以奇制胜。

2. 资源组合

《孙子兵法》说：“声不过五，五声之变，不可胜听也；色不过五，五色之变，不可胜观也；味不过五，五味之变，不可胜尝也。”其要义就是善于运用现有元素，优化组合，创造出动听的音乐、绚丽的色彩和美味的食品。论及旅游规划，就是合理配置优化资源。旅游规划的“六元素”是史、文、山、水、绿、人，史为景之根，文为景之魂，山为景之体，绿为景之容，水为景之韵，人为景之本，一个高品位的景区应是根、本、魂、容、韵、体的有机组合。为此，应合理配置旅游产业的食、住、行、游、购、娱“六大要素”，通过优化旅游产品结构、市场结构、区域结构和组织结构，整合历史文化、自然风光、民俗风情、场所依恋等旅游的特色资源，赋山水以生命，予景区以灵魂，转资源为资本，变荒山为金山，变水源为财源。旅游产品的现代元素特征可以归纳为原真化、体验化、休闲化、生活化、参与化、精致化、乡土化、娱乐化、生态化、情景化“十化”，现代旅游应因时而变，只有通过情景规划因地制宜、量体裁衣，选择适合自身、市场认可的有效元素，才能具备现代产品的特征，推出值得人们期待的旅游产品。

3. 文化铸魂

旅游开发与规划在某种程度上是一种文化构建，现代旅游实际是以精神、文化需求和享受为基础的，涉及经济、政治、社会、交流等内容的综合性、参与性活动，在旅游活动中让游客充分参与是体现这一功能的重要手段。中国旅游业的发展态势已由初期的“静态+人文”向“动态+生态+文化”转型。在此背景下，应关注场所依恋，场所依恋是旅游爱好者的心理诉求，场所是文化的载体，文化是场所的灵魂，二者相互依存，缺一不可。“山山水水皆相似，规划产品各不同”。规划就是让近似的山水，焕发出不同的文化色彩。

4. 致力创新

孔子曰：“可与共学，未可与适道。可与适道，未可与立。可与立，未可与权。”这段话的要义是，成事者必须权衡轻重，善于创新。创新是永远不变的主题，观念创新是一切创新的先导和源泉，旅游规划也是如此。旅游业的观念创新，就是要打破旅游业在计划经济环境下长期形成的错误、僵化的既定思维模式，树立新概念和新构想，使之更能适应和领先于内外环境变化，更有效地利用资源。“有限资源，无限创意”。思路决定出路，观念就是财富，只有创新，景区才有魅力，才有竞争力，才能实现跨越式发展。

一个好的品牌要给公众传递一种亲和力、美誉度和良好的社会形象。打造品牌不仅要差异化，还要形成丰富的产品体系，以便满足不同层次、不同类型的旅游者的需求。所以，必须优化产品组合，设计特色产品，例如："旅游＋教化"、"旅游＋公关"、"旅游＋爱情"、"旅游＋度假"、"旅游＋祈福"、"旅游＋健身"、"旅游＋体验"等。当然，在产品设计上不能胡乱组合，要考虑旅游消费者的需求、旅游企业的目标市场、行业竞争的状况等因素，同时注意产品组合的广度、深度、关联度和美誉度。如此，方可创建完美的旅游文化品牌。

旅游规划担负着落实国家战略部署，制订和实施旅游计划，指导产业布局和重点旅游区、旅游线路规划建设，引领旅游投资，推动旅游新产品、新业态开发，实施旅游产业财经管理等方面的职责。任务艰巨，应从战略全局和产业发展规律上把握发展方向，拓展工作思路，起到画龙点睛的作用。旅游规划从业者必须强化 5 个方面的意识，即大局意识、规律意识、市场意识、产业意识和落地意识。为游客规划情感消费环境，为居民规划致富环境，为投资规划环保生态环境，为政府规划持续发展环境，为把旅游业真正建设成为国民经济战略性支柱产业和人民群众更加满意的现代服务业做出应有的贡献。

旅游规划科学发展观之我见

旅游要发展，规划须先行。人们期待科学、优秀、高端的旅游规划，期望规划给旅游业带来良好的经济效益和社会效益。然而现行的旅游规划，由于简单稚嫩与多元跨度，并受各种社会经济因素的影响，导致其体系紊乱，良莠不齐，进而使规划的实践指导功能受到限制，旅游效益受到影响。“规划规划，墙上挂挂”，从一个侧面反映了旅游规划的尴尬现状。规划编制原本所寄托的高度主观理性的价值取向，在一定程度上却褪变为低层次的客观价值体现。因此。要端正并弘扬科学旅游发展观，必须从源头上探究、分析和透视这一现象的内在机理，合理进行因势利导，增强旅游规划的实践效能。

一、中国旅游规划现状分析

中国旅游业的迅猛发展，造成了旅游规划理论与实践的不匹配，规划理念滞后于发展速度。现行旅游规划运行的6个层面，决定了旅游规划价值和功能的局限性。

（一）规划模式陈旧

中国目前的旅游规划编制缺乏专业理论指导，没有一套公认的科学的旅游规划理论与方法，从城市规划、园林规划、建筑规划等旅游相关行业衍生出的应景规划理念直接影响着旅游规划实践，成为现行旅游规划的渊薮。‘应景”的概念有这样几种解释，《辞海》：为了适应当前情况而做某事；《汉语词典》：顺应当时的场景；《英汉词典》：应付场面的言语或行为。应景规划的流程模式是：根据地图定蓝图；根据资源定景点；根据景点定产品；根据地形定保障系统；根据保障系统定游客接待量；根据游客接待量定景区年利润。在这种模式的引导下，应景规划不可避免地流于“三化”，即城市一般化：只要面子，不要里子，使客人极不方便；景区城市化：一味求大、求洋、求多、求全；农村庸俗化：中国民居自古讲究道法自然，天人合一，应景规划使地域特色和田园风情荡然无存。应景规划主要由六种技术方法支撑，欠科学的变异性规划。

1. 解说性规划

缺乏对旅游市场、旅游资源的充分研究，只对规划地的资源、产业发展和市场状况进行一般性概述，把相关内容一股脑地塞进常规的规划框架体系内，提出一些一般性原则与建议。其规划的突出特点是概念多，措施少；原则多，细则少；学术多，创新少。离题万里，不切实际。

2. 学术性规划

编制单位多由科研机构和高校的相关学科衍生而来，不知不觉地把旅游规划演变成学术研究、科普考古，不少规划文本呈现出严重的“神秘主义”与“文牍主义”，变成了纯粹的学术研究报告。大量的学术用语和数字测算使得地方无从获取有用的信息。有的规划仅仅停留在理念层面，以至于地方上拿到规划文本犹如雾里看花，具体实施起来不知如何着手，能上天，而不能落地，脱离实际，晦涩难懂。

3.“缺钙”性规划

旅游规划对旅游目的地的社会、经济、文化、地理无所不及。这只是规划编制单位对爱德华·因斯克普（Edward Inskeep）全面的、整合性的规划思想的片面理解，由于只注重规划的形式，没有领会其精髓，从而将旅游系统规划理解为对整个区域社会的规划，在规划发展初期犯了就旅游谈旅游的毛病，造成现代框架体系过于完备，面面俱到，主次不明，轻重不分，忽略了旅游规划的核心内容，最终没有形成自己的特色与风格，难以呈现出规划的刚性力度和市场亲和力。

4. 模式性规划

旅游规划直接套用诸如城市规划、园林规划、土地规划、区域规划的技术方法，或照搬这些规划的通用概念，使得许多旅游规划打上了非专业规划的烙印。这些规划师大都从本位主义出发，固执地认为其遵循的技术方法才是最科学的，对自己编制的规划孤芳自赏，却不知旅游规划与其他规划有天壤之别，即旅游规划要研究其产品的市场营销，而其他规划无须考虑。移花接木式的规划使旅游规划误入歧途，更不用谈规划技术方法创新了，其结果往往是产品失去市场竞争力。

5. 单向性规划

旅游规划师的思路没有与地方各个部门形成反复的心灵碰撞与共鸣，既不请教主管部门和国内外专业领域专家、学者，也不参考公众的意见，基本上是翻着理论书籍闭门造车，成为一种单向的、孤立的、片面的规划。

6. 静态性规划

将旅游规划编制视为一次独立的、局部的、永恒的行为。既不把握国际国内旅游动态，研究市场需要什么，又不考虑实施一段时间后该如何修订和完善，更没有一个动态的跟踪策划、跟踪服务以臻完善的演进过程。

（二）规划目的不明

现行旅游体制的某些弊端在一定程度上制约了规划的严谨性和科学性。眼下，旅游产业发展形势良好，不少地方将旅游作为经济主导产业，抓旅游树形象成为地方长官树政绩的捷径。于是，出现了不少带有急功近利目的、体现长官意志的规划。

1. 层次紊乱

委托方与规划单位签约后，就希望毕其功于一役，以一部规划解决当地旅游发展的所有问题，没有考虑规划专家的分工、规划的层次性与分层逐级展开的特性，忽视了战略规划与战术规划的匹配与衔接，使得区域旅游总体规划带有控制性详细规划的功能，控制性详细规划带有修建性规划的功能，结果角色错位，战略家做战术家的工作，战术家做战略家的工作。

2. 重有轻无

许多地方注重有形建设，漠视无形旅游环境提升，把规划的主要工作片面理解为建筑设计，多要求策划叫得响、见效快、效益高的旅游项目，旅游开发变成旅游项目建设，以求达到立竿见影的效果。于是，对项目仅仅理解为建个大门，圈个院子，建设很多游览设施。

3. 盲目跟风

不具备发展旅游条件的地方看到周边区域都在编制规划发展旅游，也不甘落伍，匆忙找来几家规划单位，紧锣密鼓地编制规划，不管是城市规划编制单位、园林规划编制单位，还是建筑规划编制单位，既不考虑自身的实际情况，也不知道需要什么，只要对方价格低、时间短，做了再说。于是，便出现了盲人摸象、劣中选优、仓促上马的情况，可谓病急乱投医。

4. 倩人捉刀

地方领导雄心勃勃地大搞旅游建设，导致乱点鸳鸯谱的现象时有发生。他们认为自己眼界最广、水平最高。于是，请旅游专家只是寻找代言人，让其按照自己的意图演绎规划，使自己的意图名正言顺。专家堕落成了“御用文人”，专业规划成了地方长官意图的演绎作品。

5. 政绩工程

许多地方的旅游规划被当作官员的政绩，可地方长官任职的短期性与旅游规划执行的长期性存在严重矛盾。主管领导一旦离任，整个规划的运作流程就会脱节，不是编制评审被束之高阁，就是规划实施无疾而终。下一任长官要发展旅游彰显政绩，首先就是重新编制规划，以显示水平高于上一任，“数风流人物还看今朝”，实质上是对上一部规划的彻底否定。

6. 变相引资

旅游规划成为地方变相争取国家资金的幌子。由于国家对旅游产业极为重视，而划拨地方直接用于发展旅游的资金较少。于是，便打着发展旅游的幌子，通过编制规划来申报项目资金。因而对规划文本的形式非常重视，对内容却不屑一顾，对规划实施更是无从谈起。规划成为一种骗取资金的谋划，规划申报完后就成为历史档案，而不是用来实实在在地指导旅游产业发展。

7. 权利掣肘

条块分割的机构管理模式和部门利益相互掣肘的现状，大大影响了规划的编制与运作。由于各级旅游行政管理部门在政府序列中地位偏低、职能单一，导致相关部门轻视旅游部门及旅游业务的问题。例如：旅游规划领导小组多数人员只是挂名，不干实事；监控委员会委员来自各个相关部门，但对规划组的监控徒有虚名；许多部门将编制旅游规划理解为旅游局争抢地盘、扩张权力而拼命抵制；相关部门重视发展旅游却阻止旅游部门介入而自行编制规划，导致出现了旅游外行指导旅游发展、内行无法参与的尴尬局面。

（三）规划质量偏低

1. 队伍重专业轻综合

旅游规划的综合性要求多学科组合，旅游规划编制主要涉及地理、旅游、文史、经济、管理、城市规划、园林等专业，但由于一定程度的学科壁垒存在，人员搭配又由规划主持人决定，有些规划便变成了一揽子工程。通常由某个单一学科专家领衔统揽负责，某一类专家包打天下；更有甚者，以一个人、一间房、一张桌子、一部电脑通吃旅游规划。

2. 编制重速度轻效果

委托方一旦签约，就要求规划单位在极短的时间内拿出成果。由于专家能够真正沉下去考察调研、静下心来研讨的时间较短，在经济利益的驱动下导致模仿风气蔓延、克隆作品层出不穷，克隆异地规划成果成为经常性现象。再者，由于大专家揽的活多忙不过来，转包现象屡见不鲜。通过次次克隆，层层转包，规划质量可想而知。

3. 考察重核心轻外延

为省力、节时，多数考察只局限在景区内的走马观花，对景区的地域文化、历史渊源、周边资源及旅游产业的其他关联部分考察很少，更无暇顾及国内或世界范围内相似旅游资源的规划开发模式和经验教训。见多才能识广，孤陋只会寡闻，一叶障目，不见泰山。没有充分的考察，没有扎实的基础工作，也就产生不了能带动地方经济发展的高质量旅游规划。

（四）规划评审应景

旅游规划在评审环节缺乏足够的严肃性和科学性。主要问题在于没有一套健全的评价系统，使得旅游规划难以得到公允准确的评判。由诖评、如何评、评审目标、评审责任等尚缺定式，也就谈不上对相关部门的业务指导，因而导致旅游规划五花八门，花样百出。

由于时间紧、任务重，多数评审专家接到邀请后无暇充分考察规划地，也没有时间仔细阅读和研究规划文本。倘若又非熟知地方实情的本地专家，评审会上就谈不出有助于提升规划的建设性意见，只能谈些理论和套话，评审的效率岂能不打折扣。

委托单位视结果重于过程，规划评审通过意味着规划完成了历史使命。由于评审委员会在项目评审完成后自行解散，缺乏进一步完善的监督措施，致使规划单位我行我素，依然如旧，对评审专家提出的修改意见置之不理，评审修改变得可有可无，仍然按照原先的文本交付印刷，予以实施。

（五）规划实施不当

1. 孤掌难鸣独角戏

各级虽然都成立了旅游规划编制领导小组，但成员来自各个相关部门。一般来说，旅游规划编制的具体组织与领导机构是各级旅游局或旅管委，因而旅游规划的编制与实施很容易被看作是旅游部门的事务。由于旅游部门职能单一，若无更高一级的职能部门领衔组织，仅凭旅游部门自己来组织旅游这种公共产品的生产流程，并抑制旅游产业外部性的不良因素，难度非常大。加之各部门之间又存在一定的壁垒和利益纠葛，旅游规划分解到相关部门的具体任务很难按要求完成，达不到规划应有的效能。

2. 一知半解搞建设

许多地方旅游规划的实施常常被错误地理解成旅游项目建设，其他内容被忽略置于一边。实施旅游项目建设的误区又表现在侧重可见性的项目建设，这使得硬性开发建设易于实行，而软性的环境改造难以实施，导致规划性质的部分偏离，使地方过多重视项目规划，而将总体规划和其他专项规划置于一边。没有绿叶配的红花，安能成为好花。

二、旅游规划的科学发展观

规划是实现旅游业健康发展的最重要的基础性工作，是旅游产业发展战略目标的实施方案，也是旅游开发建设的基本依据。要想凸显各层次旅游规划应有的效能，必须营造规划的社会经济支撑环境，优化规划的运行机制，夯实规划长远和深度发展的基础平台，这就需要树立旅游规划的科学发展观，加强旅游规划工作创新，在编制旅游规划时，深入调研，集思广益，形成理念先进、目标适中、思路清晰、内容丰富、体例完备、结构合理、可操作性强的成果。

（一）规划革命，倡导情景规划

旅游规划的创新要把握发展趋势，立足本地实际，突出自身特色，注重旅游资源调查与评价体系的创新，注重旅游产品策划设计的创新，注重旅游发展模式的创新，注重旅游市场营销机制的创新，注重区域旅游竞合方式的创新。模式规划的应景规划伴随着中国旅游，已走过了20多年的历程，进入心智时代的中国创意，通过更理智、更冷静地反思，认为模式规划该寿终正寝了，再不能让旧观念误导旅游的新市场了。时代呼唤情景规划，市场呼唤情景规划。18世纪中叶到19世纪初德国和欧洲最重要的剧作家、诗人、思想家约翰·沃尔夫冈·冯·歌德（Johan Wolfgang Von Goethe）（1749—1832）说“理念是灰色的，生活是风景的”。旅游产业无边界，资源无限制，行为无框架。情景规划是“情”与“景”的融合。情是主体，景是客体。一是以情入景，二是情因景生，三是触景生情，通过策划加规划最终达到情景交融的境界。

情景规划与应景规划比较，其差异有以下几个方面：一是特色的差异。应景规划基于“山山水水皆相似，山山水水无不同”的识别理念，将千山万水的万千景象，仅分为山、水、园、馆、庙、墓、城、乡八大类，对各类资源的规划仅有大小之分，而无差异之别，更无特色可言。情景规划是个性规划加策划，使山山水水皆相似，山山水水魂不同。二是选材的差异。应景规划以资源定市场，先考察资源，最后规划市场营销。情景规划以市场定资源，先考察市场，再挑选资源。三是主题的差异。应景规划以业主为本，按业主的要求做规划。情景规划以游客为本，按市场需求做规划加策划。四是目标的差异。应景规划注重形式和形象，情景规划注重实用和效益。五是效果的差异。应景规划是单一地就事论事规划景，情景规划是复合的借景兴文，规划景策划情。

情景科学规划之方法：一是以市场的眼光，看资源，炼思路。根据市场审视资源，挖掘资源，根据资源打造特色，根据特色形成情景。二是预设情景，探索创新。景区生命是什么？是情景。只有不断创设新情景，才能生生不息，继往开来，生命之树常青。情景规划就是依托资源，放大优点，扮靓今天，照耀明天，重在今天，贵在明天。生命之树既要根植大地，又要茁壮成长。三是模拟情景，先策划后规划。要从旅游者的需求出发，模拟情景，构思故事，塑造人物，形成新的产品。在情景构思的过程中，考虑每经过 5 分钟、15 分钟将到达什么地点，围绕故事的主题，模拟出总的情景；还要研究变化，让市场情景的导向在这里发挥主导作用，根据不同的变化，模拟不同情景。四是特定情景，特定规划。这需要研究特殊资源、特殊需要，使产品能够特色化、个性化。对特殊的资源，构成特定的情景，形成特定的规划；对一般的资源，也要营造特定的情景，形成特定的规划。这些就是应景规划所不能的，同时也是情景规划必须做到的规划和策划。

（二）科学发展，优化运行程序

中国经济社会转型时期的迅速变化、新旧时期交织的过渡特征及内外因素的激烈碰撞，使得旅游规划既具有新生事物的锐气，又不可避免地刻烙下旧传统的屐痕；既受惠于新经济条件下的前卫与科学元素，又受制于不成熟经济环境所造成的弊端。因而旅游规划本身和其在实践运行中都表现出一种“进步与落后”、“科学与误区”、“长远与短视”并存的二元特征，旅游产业的特殊结构和旅游产品物质与精神结合的特性又强化了这种特征。承认这种特征也就意味着旅游规划的发展根本上取决于市场经济推进的速度与深度以及市场经济本身的成熟度，它决定了旅游规划需要“谁来做、做什么、为谁做、怎样做”的问题，决定了现阶段旅游规划需要作出哪些调整和适应。

鉴于此，旅游规划背倚市场经济大环境，不断经受冲击与洗礼，不可能转瞬而至十全十美、无懈可击。而由单一的政府性规划向政府性规划与市场性规划结合的转变、打破规划以部门与行政区域的生产为着力点的模式势在必行，促使旅游规划遵循市场经济所要求的运行规律，即规划作为旅游业发展的一种理性建构，实现宏观架构与微观市场运作的平衡，促成旅游目的地全面均衡发展将是一种市场趋势。

而从运行系统的更新角度而言，旅游系统是一个涉及多个行业部门、多个经济利益主体的现代社会经济边缘组合系统，这个系统正是旅游规划得以实现的运行系统。该系统应主动将触角伸向更为广阔的大市场，与整个经济系统相关联，与市场经济保持协调的步伐，不断引入成熟的市场规则，构建合理的运行秩序，使之接近于理想的运行状态。这是保持旅游规划创新性与时代性的关键所在。

（三）集思广益，合理组建团队

旅游规划技术运用中交织着规划师思辨性的主观判断和相对程式化的技法推衍。从规划各部分分析，景区创意多带有一种依据地脉文脉、以资源为基础并结合市场的综合思辨性质（战略制定也有此特征），是规划师在对旅游产业的结构、形态分析基础上的审时度势的思考；而经济效益测算和图件制作就基本上是运用数学方法与计算机进行推算与演绎。从研究流程来说，前期的资料收集和数据调查大量借用技术性的工具，但对数据的深入分析而得出先进的思路就需要一种综合性的思考；思路的具体细化和落实又是一种技术等级的工作。若拿旅游区开发建设规划来说，从空间层次来区分，旅游区定位和战略制定是宏观概念的把握与求真；而对具体地段设计、内部空间结构分割和详细的景观设计更多的是一种微观的求准和工匠式的技法展示。

根据规划的这种性质，从不同学科规划师的知识结构与技术所长以及实践操作情况看，目前比较合理的角色分工格局应是旅游规划中长期宏观性的总体规划和中期性的开发建设规划与创意规划由策划专家牵头，其他专家配合；后续详细的景观设计应该在上述规划思路的指导下由城市、建筑、园林专家主持，策划专家参与编制。或者是在一部规划编制中由旅游专家编制旅游地概念性策划，然后由相应的城市、建筑、园林专家依据概念性规划的理念与思路编制详细规划，再付诸实施。这样形成由宏观、中观至微观科学的分工合作操作流程，使得科学的旅游理念能够一以贯之，既不导致虚空，也不流于套路，又能呈现出旅游规划各流派融会贯通之势。对规划区旅游业发展进行竞争性分析，确立规划区在交通可进入性、基础设施、景点现状、服务设施、广告宣传等各方面的区域比较优势，综合分析和评价各种制约因素及机遇。在对旅游规划区的旅游者数量和结构、地理和季节性分布、旅游方式、旅游目的、旅游偏好、停留时间、消费水平等进行全面调查分析的基础上，研究并提出规划区旅游客源市场未来的总量、结构和水平。

1. 由谁做

首先，应建立有效的规划专家遴选机制。不仅对规划单位的资质水准与主持人的功底进行严格的鉴别，而且还应对主持人推荐的规划组成人员加以遴选。打破单一化的编制成员结构，组建多学科协作、知识结构与年龄层次合理的规划编制组。而要实现这一目标需要建立与推广旅游规划师个人资质制度，作为考察规划单位水平高低的重要依据。这主要基于两点考虑：一是旅游规划的战略策划与创意领先，它决定了整部规划所能达到的高度，国内不少旅游规划资质单位脱胎于城市规划、园林规划、资源环境保护等设计单位，对旅游学研习不多，知之甚少，其在旅游规划中的角色定位是辅助的，而不可能成为独立的主角；二是在当前人事变动频繁的情况下，有些规划资质单位仅仅有个空壳式的招牌，仅仅以规划资质单位确定规划承担方有失偏颇，将规划资质单位与规划师个人资质结合起来审核则是个明智的选择。其次，要有开放规划的运作意识。打开规划的社会之窗，积极吸收城建、园林、文物、文化、水利、环保、国土资源等相关部门以及旅游企业和旅游地社区人员参加，并切实加入到规划的具体编制运作中。一则为规划提供直接的指导与建议，二则规划分解的行业任务将来能更好地得到实施。

2. 怎样做

首先，要强调动态规划的理念。规划只是规划师站在某一个时间点上审视旅游系统而作出的决策，因而对于中长期规划，要根据旅游发展状况和社会经济形势的变化，不断增补新的内容和修正相关思路以利于指导实践。在发展规划编制完成的基础上，根据实际需要和规划细化原则，再编制旅游区和项目规划，并对以前较少涉及的专项营销规划、旅游企业经营管理规划、跨区域产品规划、旅游活动策划等予以关注，不断拓展旅游规划的运作空间。针对地方领导离任所导致的规划流产现象，在重新编制或修编时旅游部门应坚持“完善、整合、提升”的动态扬弃原则，吸纳原规划中的精华成分予以传承。其次，要重视规划过程。规划编制过程是旅游意识提高的过程，一个完备的规划过程从某种意义上来说就是一部好规划。规划师实地考察时事必躬亲，有助于规划师之间形成思想火花的碰撞，也有助于规划师与地方各界的交流与合作，充分融合各方的知识、创造性和能动性，从而增强规划的现实指导性。而规划过程中良好的组织与宣传，可间接提高规划的社会影响力。

（四）以利制权，引领旅游发展

近年来大量国外先进规划理论的引入，大大拓展了我们的视野。然而不应该只强调旅游规划的“拿来主义”，中国旅游产业的飞速发展更要求立足于本土创新旅游规划的理论方法。由于规划师忙于规划实务而疏于规划理论的研究，使得在短时期内获得旅游规划基本理论的突破有着很大的难度。目前应尽快创设一个权威性的国家级研究平台，让有不同学科背景的规划师，打破学科之间的藩篱，暂时从规划实践中脱身出来，进行规划的科学研究分析，以利于规划理论的成熟定型。

在无成熟规划理论和学科理论支撑的情况下，现实旺盛的规划需求迫切需要建立一套富有实践价值的区域旅游规划方法。其基本框架：一是创建具有市场导向性的个性化产品，或是提升景观的个性特征。旅游的本质在于对异地景观与环境的愉悦，旅游规划实质上在于强化和创造出这种特殊的愉悦经历。为此在内容上对于新开发的旅游地的规划须注重景观创意的含量，而传统旅游地要谋求产品的创新；规划又必须强调景观个性特征的提升，在形式上必须增加产品或景观规划在整个规划中所占的比例。二是解决阻碍旅游产业发展的实际问题。区域旅游产业的低层次徘徊，直接导源于旅游地的体制、政策、区位、交通、资金、环境等多方面因素。规划应将经世致用放在重要位置，诊断出发展的瓶颈症结，修正存在的偏差。三是战略方向的引导。在内外形势急速变化和市场经济全面渗透的今天，规划的一项重要使命是透过纷繁复杂的区域社会经济背景，在对规划地旅游产业的结构、形态进行分析的基础上，提出深度战略前瞻与透视，以驾驭、规正和引领旅游产业向既定的方向发展。

（五）理脉铸魂，提高竞争实力

旅游是文化的载体，文化是旅游的灵魂。决定一处旅游目的地发展的根基是其具有的地方性文化。已故著名旅游地理学家陈传康先生第一次将这种地方性文化归结为“文脉”，旅游规划则将文脉作为一个标杆，强化成一种理念，并进行全方位的渗透，从而建立一种基于文脉的旅游之魂。

1. 魂的文脉梳理

文脉来源于一地特有的自然地理和历史文化，但不是目的地自然地理与历史文化的简单阐述，而是对地方分散的自然地理与历史文化加以凝练的概括与总结，是对旅游地聚焦性的精神之魂的感知与梳理。

2. 魂的形象提炼

以文脉为本源，依托于旅游地的空间具象载体，进行理念形象的提炼，构建支撑整部规划之魂。

3. 魂的渗透与扩散

规划架构的理念不能仅仅停留在理念层面，而要得到很好的诠释与应用，融入旅游目的地各个相关部分之中，以具体的创意与设计支撑起理念。这种理念的渗透与扩散主要包括产品开发和市场营销两个方面。

（六）注重实效，规划与时俱进

旅游规划不能以其他行业规划作为参照系确立衡评标准，根据其特性应从个性尺度、市场尺度和人文尺度三个方面来入手。所谓个性尺度，即个性化的规划创新出个性化的旅游地，亦即规划是否彰显旅游地的个性；市场尺度，即规划的成功与否由规划带来的经济效益和项目的市场与经营状况来决定；人文尺度，即文本所应渗透的人本主义理念和规划运行过程中旅游教育功能的发挥。

建立常设性国家级和省级的旅游规划评审委员会，优化评审的组织过程，重视论证过程和评审部门的功能提升，以提高评审的现实针对性与科学化水平。但更为重要的是由市场、社会来认定，由规划的实施状况决定规划的成功与否，不能倚重于评审会而忽略了市场效应。

业主应将更多的精力放在实施环节。其重点：一是实施主体机构的确立，地方政府应成立专门机构负责规划的实施。目前状态下的旅游局只能负责旅游规划的阐释，而不能由其负责实施；基于规划中的重点项目建设容易得到重视，还应成立专门的项目实施委员会。二是编制实施规划的规划。旅游规划具有很强的创意性，又必须叙述现状、问题，再提出相应的对策。因而难免出现文本内容的前后重复和表述不规范，可对明显学术化的文字表述予以修正，以便于地方上的正确理解。以相关规划的格式分头改写旅游规划文本，将旅游发展思路融入到相关规划中，在现在旅游规划地位较低的情况下，其成果和建议方能被业主和旅游投资者所吸纳。

规划的实施过程还应实行动态性的追踪反馈运作机制。规划实施时，规划组应进行现场解说与指导，检验规划在各个环节的进展情况，与实际不适应的规划文本部分应及时予以修改，给规划实施留有合理的自我适时调节的余地。通过往返式的实践检验给规划盖棺定论，对不成功的规划应追究责任。

（七）德才兼备，无愧大好河山

规划编制人员要德才兼备，博学多识。“德”即要具有一种心系河山、对地方负责的人文精神；“才”即要具有统率全局的驾驭能力、敏锐的观察和创意能力；“识”即要具有多学科的知识储备和广泛的见识，成为一个通才。旅游规划人才的产出优化途径：一靠培养与延伸，即建立旅游规划人才多维化培养模式。培养是指可以向教育部建议设立旅游规划专业硕士与博士点，以多学科的知识架构，培养出具有宏观性与中观性战略眼界的高层规划精英人才；延伸是指相关学科专业向旅游方面拓展，设立旅游规划方向的博士与硕士培养点，为相关专业进入旅游规划领域提供科学路径与研究平台，目前全国已有多所高校实施。其优点在于旅游规划需要相关专业介入其中，形成跨学科研究的学科机制，便于介入旅游规划编制中的各种专业背景的人员能以旅游为核心点形成协调与匹配。二靠整合利用。以省级为基本区域，由省级旅游主管部门监督，由旅游规划资质单位牵头，以旅游规划为核心，包含市场、建筑、城市、园林等规划相关专业人才，整合区域旅游规划力量，形成知识合力集团，打造成区域旅游规划精英队伍，承担起目前的区域旅游规划工作。

一个成功旅游规划的基础是负责任的规划。在当前市场急剧膨胀的情况下，旅游规划界应提倡将规划师的“德”放在首要位置。因为缺“德”的旅游规划只想收获不想投入，轻则考察走马观花，编制比猫画虎克隆文本；重则只管自己赚钱，不惜将业主引向一条不归路，将珍贵资源破坏，将投资变成景观垃圾。不仅让业主花了冤枉的规划费，更可怕的是还误导业主对资源进行了破坏性的开发，既无效益可谈，又将遗患后世。

旅游规划工作从某种意义上理解是规划师“指点江山，激扬文字”的工作，规划师的责任重大。而规划的深度取决于规划师的主观努力，从短期来讲，地方在各项条件具备的情况下，能不能更好地启动和发展旅游振兴地方经济；从长远来讲，保护和优化自然与人文景观、创造传代的景观，都在于规划师的思索，在于规划师的良心使然。因而规划师应具备一种对规划地的人文关怀精神，一种深切的河山情结与河山之恋。如果我们的规划师难以维持前辈知识精英式的身心煎熬，连知识阶层这种单向度的智力与良知延伸也不存在；如果仅仅停留在麻木不仁和循规蹈矩上，或在官员逼迫下成为权力的应声虫，或在经济利益驱动下成为名副其实的学商，而无独立的立场、权利和良知的思考，就会真正扼杀旅游规划的生机和活力，那么我们的旅游规划就难以扮演推动旅游产业发展这一重要的历史角色。

（八）多管齐下，选将过关把关

旅游规划既是政府主导行为的体现，又是市场运作行为的反映。就前者而言，传统计划模式所形成的部门地位认同框架，导致那些传统实力部门所组织编制的行业规划地位较高，长久以来被社会所认同。因而应尽快提高旅游部门的地位，建立旅游规划成果的审核体系和认定机构，消除既有的规划定式和学科陈见，从而加强人们对旅游规划特征、功能及意义的了解，进而由部门认同形成普遍意义上的社会认同，提高旅游规划的社会地位和影响力，这是其一。其二，传统计划模式往往从部门自身出发来考虑规划，将规划仅仅理解为某个部门的事务，旅游产业的综合性和多元性使得旅游规划具有一种谋划全局、整体推进的视角，使得旅游规划为我们提供了一个契机和可能，即：建立一个较大的宏观框架并将社会多个部门功能容纳进去，完成一种非单纯的物质性的大规划整合，打破计划的条块分割运行模式，强调部门的配合协调，以形成社会部门的整体合力。就后者而言，旅游规划超越单纯的行政事务范畴，发挥直接的经济和市场指导功能，是经济效益的助推器，对于推动传统体制性规划向市场化轨道迈进有着不可估量的意义。因而应从整体协调发展的角度呼吁社会，为囿于一隅的旅游规划取得更高的独立地位、展现出旅游规划特色而创造条件。

1. 选将

旅游规划实践证明，旅游规划是知识型产品，是一种创新而又适度超前的科学合理的策划。一个好的旅游规划能够促进当地旅游业的发展。按照标准选择规划编制专家，是确保规划质量的关键，而规划质量高低，关键取决于编制专家的业务素质和责任心。因而，旅游规划编制专家的确定，要多方对比，择优选聘，合理确定专家组专业结构，注重专家组组长的专业水平和市场信誉，以保证旅游规划的科学性和可操作性，真正突出当地旅游资源的特色和优势。

现代规划的主要趋势是规划要同时满足游客、当地居民和开发商的利益，要更多地关注游客的个性需求，强调人与环境和谐相处、开发与保护同等重要。不但要关注当代人的利益，也要关注后代人的利益。规划要求的提高，意味着旅游规划前"选将"越来越重要。中国正处于旅游的大发展时期，各地都在花大力气进行旅游规划。一方面，旅游地开发商或投资实体急于开发旅游资源和策划旅游项目，四处寻求旅游部门和专家做规划；另一方面，从事旅游规划的单位和专家往往是分别从设计、地质、地理、林业、城市规划等各行业前来承担旅游规划的任务。相关专家仅对本学科有一定研究，而缺乏旅游实践和旅游基本理论，谈不上对旅游经济规律有系统的研究，只能从自身的学科知识和经历出发编制规划，造成可操作性不强等弊病，使委托方无从实施，从而感到失望和困惑。

2. 过关

旅游规划是对旅游地未来发展目标和方案在调查评价的基础上进行科学编排、组合的选择过程，是开展各项旅游活动的基础，是旅游地进行旅游经营管理、旅游开发建设的科学依据。因此，旅游业发展规划的科学性与合理性是确保旅游地合理开发与健康发展的前提和基础，应该引起各地足够的重视。

旅游规划单位和人员应以负责任的科学态度，把每一个规划项目的编制都视为"过关"，实事求是地对待旅游景观价值。应看到旅游规划是一个系统工程，涉及旅游资源调查与评价、旅游市场分析与促销、旅游项目策划以及旅游美学、土地、环保、道路、通信、水、电等专题策划。应本着实事求是的原则对旅游系统内的各个要素进行系统、科学、客观的调查研究，对当地文化进行普查、筛选、提炼，做到资源调查深入，工作基础扎实；规划理念与指导思想正确，定位准确，思路明确，结构合理，理念前卫，体系完备；规划项目丰富，重点突出；营销规划、节庆活动、保障措施切实可行，具有指导性。旅游规划过程中不可出现夸大其词、空洞无物、方向偏离、灵魂丢失等四大错位的问题；不可自以为是、蒙混过关，抓不住旅游地的资源优势和地域优势，产品雷同，没有个性，没有灵魂，只是将资源搬到了纸上，又将旅游必备的设施搬到了资源中，将高端的资源进行低端的开发，将具备发展潜力的资源误导为破坏性的开发。

3. 把关

旅游规划的评审是严肃的、科学的，而我国目前尚无旅游规划的评价标准，也无旅游规划评审人员的资格认定。旅游规划评审应围绕规划的目标、定位、内容、结构和深度等方面进行重点审议，包括：旅游产业定位和形象定位的科学性、准确性和客观性；规划目标体系的科学性、前瞻性和可行性；旅游产业开发、项目策划的可行性和创新性；旅游产业要素结构与空间布局的科学性、可行性；旅游设施、交通线路空间布局的科学合理性；旅游开发项目投资的经济合理性；规划项目对环境影响评价的客观可靠性；各项技术指标的合理性；规划文本、附件和图件的规范性；规划实施的操作性和充分性等。

通过选将、过关、把关三个环节，即委托单位的慧眼识珠遴选规划单位，编制单位以旅游发展为己任科学规划，评审组织一丝不苟地多角度审视规划成果，旅游规划定能有益于旅游产业发展，旅游业定能逐渐成为国民经济的支柱性产业，成为人民群众更加满意的现代服务业。

旅游规划非线性反馈多元解模型设计

摘要：根据旅游规划的非线性多元解的特征，采用多视角研究方法，设计一种未来多情景的模拟论证模型，通过非线性的多元反馈和循环以及逆向思维的方法和过程，将模糊目标相对清晰化，从而达到旅游规划的可接受性、可操作性、可控制性。

一、问题的提出

随着经济的发展、科技的进步和文明的演化，人们旅游的价值观、审美观都发生了革命性的变化，与之相适应，旅游规划的个性化、多样化、人文化、创造化和可持续性成为发展趋势。现在的旅游规划不仅要"引人入胜"，还要"悦人身心"，更要"发人深思"，尤其要"顺人应天"。因此，旅游规划需研究以什么方式创造特色，如何赋予景区新的内涵，如何为景区缔造生命，如何追求人与自然的和谐，研究这些问题不仅需要灵感，更需要科学的方法。

旅游规划的非线性反馈多元解方法是根据数学方程的变量关系，解释规划结果与影响因素的关系。此方法采用多学科、多侧面、多视角的相互渗透，得出多组可达到等值结果的规划实施方法，并在规划设计中循环反馈、多情景的模拟论证，以解决旅游规划长官意志的随意性、专家意志的理想性、百姓意志的短视性等难题。它为旅游规划的制定和实施提供科学的理论和方法，为建立旅游规划研究的科学范式提供基础。

（一）模型设计的目的

目前我国的旅游规划理论研究缺乏科学范式，旅游规划的实践见仁见智，旅游规划的优劣评价没有准确的答案，决策者的决策是一个多解的难题。造成以上问题的原因是由于影响旅游规划的变量与结果之间呈非线性关系，规划结果也无最佳可言，为达到既定目标，有多组解可以解答这个非线性方程。本项目研究根据旅游规划的非线性多元解的特征，采用多视角研究方法，设计一种未来多情景的模拟论证模型，通过非线性的多元反馈和循环以及逆向思维的方法和过程，将模糊目标相对清晰化，从而达到可接受性、可操作性、可控制性。

（二）现状分析和评价

我国的旅游规划从 20 世纪 80 年代初开始至今已有 20 年的发展历程，旅游规划的主流思潮、主导理论发生了很大的变化。第一阶段基本上是照搬城市园林的规划模式；第二阶段是强调经济效益，忽视生态效益；第三阶段则是在可持续发展理论指导下，强调从方法创新、观念创新、立意创新、管理创新的角度提供各种新的探讨，防止旅游规划变成规模化编制的僵死的八股文。总结第三阶段的理论研究方法，可划分为四种：经验主义、实证主义、人本主义和结构主义。这一阶段的较典型的研究角度有：哲学方法论的提炼、“社会—心理”研究方法、人类学方法延展等。

在对以上方法、角度充分研究的基础上，针对旅游规划的解答和多元解的难题，通过多视角“搜寻、验证、模拟、最终求解”的非线性反馈过程，设计解决问题的途径（不是设计最优）。本文从静态和动态两个方面重新审视我们习以为常的研究体系，包括静态研究要素、层面、体系和动态研究过程，并将最新旅游规划成果纳入非线性反馈程序，从而揭示人类推动旅游发展的内在规律。

二、旅游规划静态模型的构建

（一）多元解模型设计视角

视角之一：“社会—心理”研究法。搜寻旅游者内心深处的理想景观模型，求解第一组旅游规划解。此视角通过人类对景观的认识及人类对景观的能动设计和改造方式发生的巨大的变化，结合“满意景观”和“理想景观”，求解旅游规划理想模型。

视角之二：旅游人类学理论。研究旅游对原生态文化延展造成的影响，搜寻旅游规划第二组解。旅游人类学组合解是解决如何通过人类理性精神的弘扬，构建富有实质意义的旅游生态文化，抑制旅游规划过程中非理智因素的蔓延。

视角之三：旅游共生理论。研究旅游规划共生单元之间的某种必然联系，使之结成共生体，并按内在要求形成共生模式，产生新的共生能量，推动共同进化发展。共生理论揭示人类在处理各种共生关系时，加强协同，减少对抗，优化环境，最大限度地减少经济成本和社会成本，开辟达到理想目标的最佳途径，并从此视角得出旅游规划的又一组合解。

（二）旅游规划静态模型

旅游规划可以用多视角解说，旅游规划更需要多学科理论和工具来对这一领域进行有效创新，所以旅游规划静态模型最重要的是综合性。

旅游规划涉及社会经济环境、资源条件、景区投资体制、基础设施、管理体制等诸多方面复杂的内容。考虑以上新视角的应用，笔者设计了旅游规划静态模型。这一模型从项目运作、管理过程、投资行为、产业管理、文明与文化五个层面来理解。每一个层面都包含着不同的构成要素、运作机制、运行目标以及为达到这一层面所需的视角。

三、多元解动态模型

（一）时间轴的概念

旅游规划多元解静态模型是在特定的时间段中设计的，从动态的角度考察旅游规划。考察发现旅游规划同样是有生命的，有其特定的产生、成长、壮大、死亡的内在规律，这就必须把旅游规划纳入动态模型中。这里引入时间轴，将过去和不确定的未来纳入整个过程谋划的模型中。

在这里，轴线是一个逻辑概念，表达的是一种概念族。具体而言，时间轴可以这样理解：时间轴是一个由时间单位决定的时间系统，如由地质年代决定的太古代、远古代、中生代、新生代；由纪年决定的史前时代、古代、近代、现代、当代；由流年决定的过去、现在、未来。

旅游规划在时间轴线上的选择，应处理好时间尺度与旅游者的相互关系。也就是说，不管采用哪一种时间尺度，选择都要通过特定的时间隧道缩短与旅游者认知的距离，形成旅游者容易辨认的特质和旅游规划的线索。

（二）旅游规划动态非线性反馈步骤

1. 模糊目标——设计产品概念

旅游规划模糊目标的确定，首先需要有创意的产品概念，创意是旅游规划的前提。旅游规划要有特色，挖掘特色需从两方面入手：第一方面，从人们的共识中掌握特色、体现特色；第二方面，从文化内涵中体现特色。旅游规划在创意中采用“文、史、地”三脉分析法，将现代策划意识有机地融入规划之中，着重保留自然风光，全力展现文化特色，发掘历史文化资源，让游客“有看头、有玩头、有赏头、有说头”是旅游规划模糊目标的要点。

2. 假定目标——第一次头脑风暴

旅游规划模糊目标确定后，通过旅游者内心深处的理想景观模式类型——综合仙境神域模式、艺术家理想模式、统计心理模式和风水模式，结合假定目标“满意景观”和“理想景观”，第一次头脑风暴后，旅游规划景区的结构特点是山边林木围护与屏障、水面隔离、溪谷曲径的走廊和豁口、依山傍水的界缘特征、具有象征性的山水符号。

3. 搜寻目标——战略分析

通过中国古代“天、地、人”三界宇宙观搜寻验证规划过程，进行战略分析。中国古代“天、地、人”三界宇宙观对中国古代社会政治、文化等各个方面产生了重大影响。旅游规划假定目标需符合“天、地、人”三界宇宙观，文化维度则表现为以自然要素为对象的生态文化，以及以价值观、国民性、宗教、民俗等为主体的传统文化。天地实际是混沌之气，“地者，元气所生，万物之祖”。人作为由天施地化而生者，能上下相应于天地，人的文化维度在生态文化、休闲文化基础上，更强调以高新科技和新文化为表现形式的现代（或未来）文化。

4. 明确目标——内容策划

旅游规划需要考虑由于人类休闲的需要而出现的娱乐、艺术、博物馆、乡村游憩、公园绿地、游乐场所、体育运动旅游等行业的种种特征。在旅游区内部，存在着旅游者活动趋势和规律。研究旅游区活动的地域组合，从设施和活动布局安排的角度讨论规划者的主动协调作用，分析游憩需求与游憩活动、设施和环境之间的相互关系。旅游地由游憩活动、设施和环境及支持系统组成，旅游地规划的中心内容是游憩规划。这一观点体现了游憩活动空间不仅是旅游者主观行为的空间反映，而且是规划者进行方案策划时的重要指南，是旅游规划的新创意、新构思和新表达方式。

5. 呈示目标——空间布局设计

空间尺度决定空间系统，如由地形地貌决定的高山、丘陵、平原、沙滩；由视域决定的地下、地表、宇宙；由意识决定的地狱、现世、天堂；由可及性决定的虚无空间（幻想的、不可及空间）、真实空间（现实的、可及的器物空间）和科幻空间（神奇的、依托科技发展可及的空间）。不管怎么说，空间轴是由微系统、小系统、中系统、大系统、巨系统等不同空间尺度决定的空间维度体系。在空间布局上，要处理好空间尺度与旅游者的相互关系，通过特定的空间转换拉近与旅游者认知的距离，形成旅游者容易辨认的特质和游园的线索。中心景区通过大尺度的空间移动，将山、川、湖、泊以及庭园、建筑等荟萃于一园，采用一定比例尺的放大或缩小，按照造园原理布局和构景。

6. 评价目标——给决策者的参考

用天人合一的价值观评价规划结果，供决策者参考。天人合一的境界要求人与人、人与社会、人与自然的和谐，要求适应环境与自然、融为一体而非制约与改造环境。天人合一追求的人地和谐正是现代和未来生态学的目标。而旅游美学要求的人与自然的和谐、人与人的和谐、人与自身的和谐正是天人合一所崇尚的“和”的最好表现。“天人合一”价值观应成为旅游规划和可持续旅游的指导思想，这也是中国旅游规划创新的根本和哲学理论基础。

旅游规划应以人为本，以满足人的精神和文化需求为目标，注重人的生命质量的提高（精神价值、知识价值、道德价值、愉悦价值、文化价值、审美价值、健康价值），并通过有效的规划和引导，使游人在亲近自然、欣赏山水、接触社会、感受人文、体验风情、享受休闲、美食购物的旅游过程与服务过程中体验到身心愉悦。英国规划师隆森（W.A.Lonso）曾指出，规划师犹如一个翻译，他的职责就是把公众的需要“翻译”成物质的环境，对应于旅游规划，就是要为游客着想，满足游客的需要。事实上，真正抓住这些要素，也就抓住了消费卖点，就能产生经济效益、社会效益和生态效益。

符合消费者的需求是产品设计时最重要的法则之一，但在旅游规划时仅能列为参考之一，这是因为人的欲求是不断膨胀的，故不能一味满足现代人时尚需求而牺牲环境。另外在使用量上亦不能以满足现代人的最大需求量而设计，应本着不超过环境承载力的精神进行规划。所以，旅游规划必须同时注重自然优先、设计融于自然的准则。人本性和自然性在很多时候是有冲突的，但最终应是和合的，即实现“天人合一”、“天地人和”的最高境界，实现共生共享共美，正如国学大师钱穆所指出的，“天人合一”是中国文化对人类的最大贡献。季羡林先生也指出：“依我看按照中国人、东方人的哲学思维，其中最主要的就是‘天人合一’的思想，同大自然交朋友，彻底改恶向善，彻底改弦更张。只有这样，人类才能继续幸福地生存下去。”

谈旅游规划的经济效应

衡量旅游规划的实施成功与否，不能囿于规划者的角度看问题，仅仅局限于对比规划与实施之间的差距。规划与实施对于旅游只是一个过程，更重要的是审视其为规划区域是否带来满意的社会经济回报。旅游规划应从制度和形式上进行创新和探索，使规划成果更科学、合理，更具有可操作性，更有利于促进旅游在经济欠发达地区的成功实施。中国旅游规划兴起的近 10 年来，泥沙俱下，鱼龙混杂，很多规划没有给旅游发展带来正能量，而是形成了误导，帮了倒忙。其根本的问题有两个：一是千篇一律，二是脱离市场。很多项目规划给人一种似曾相识的感觉，要么创意平平，要么照搬照抄，其中不少是学院里的师生共同完成的，对市场认识不深刻，虽有文化内涵，但缺乏对广大消费者和人性的研究，缺乏营销实践经验，从而导致旅游项目缺乏市场竞争力。

旅游规划在关注社会效应的同时，决不可忽视经济效益，否则就是舍本逐末，将会使旅游业失去赖以生存的条件。我们应在旅游业之概念、旅游业经济效应分类、影响旅游业经济效应的因素等三方面着力，深入探索研究旅游规划之真谛。

一、旅游业之概念

旅游业是以旅游资源为凭借、以旅游设施为条件、向旅游者提供旅行游览服务的行业。旅游资源、旅游设施、旅游服务是旅游业赖以生存和发展的三大要素。随着旅游业的发展，它的经济效应逐渐显现出来，引起学术界的广泛关注。旅游业经济效应是指旅游活动对旅游地（目的地）经济的影响，涉及旅游收入、旅游就业、旅游目的地的经济增长、关联企业收入、关联行业就业、目的地居民生活水平提高等各个方面。换言之，旅游业经济效应是旅游者的消费对旅游目的地各种经济影响的总和。

二、旅游业经济效应分类

（一）按照产生效应的时间

旅游业经济效应按照其产生的时间可分为即时经济效应和滞后经济效应。即时经济效应随旅游收入直接流入旅游业内相关产业，能够在第一时间监测到，例如：景区的门票收入。滞后经济效应是指当前看不到、摸不着、潜而未发的经济效应，它在时间上有一个滞后性，经历一个逐渐积累的过程，例如：地产等关联行业经济效应。

（二）按照经济价值

旅游业经济效应按照其经济价值可以分为积极经济效应和消极经济效应。积极经济效应是指旅游业对旅游地经济发展带来的积极（有利）影响。例如：随着旅游业的发展，会给旅游地带来可观的经济收入，带动当地的经济发展，促进居民就业。消极经济效应是指旅游业对旅游地经济发展带来的消极（不利）影响。例如：由于旅游业的发展，会带来旅游地物价水平的提高，而一旦它的涨幅超过了当地居民收入增长幅度，就会给当地居民带来生活上的负担。另外，积极经济效应和消极经济效应并不是一成不变的，可能会随着时间变化而此消彼长，所以必须用动态的、发展的观点看待这个问题。

（三）按照表现形式

旅游业经济效应按照其表现形式可分为显性经济效应和隐性经济效应。显性经济效应又称为直接经济效应，是指旅游业的发展引起的经济收入增加、就业岗位增加等外在的、能直接表现出来的经济效应。这些从当年旅游年鉴统计数字就能知道。隐性经济效应是指因旅游业的发展带来的在形态上监测不到的经济效应，主要包括诱导效应和间接经济效应。旅游者在旅游地的一系列消费活动，都会带来区域内经济收入的增加，因而旅游地居民消费再次促进旅游地经济水平增长的经济效应称为诱导效应。

三、影响旅游业经济效应的因素

在旅游业发展过程中，影响经济效应的因素很多，主要有以下几个方面：

（一）消费水平

旅游者在旅游地的消费水平决定着经济效应的大小。旅游者在旅游地消费额度越多，对当地的经济效应越明显；反之，则对当地的经济效应越小。所以，旅游消费是影响经济效应的根本因素，也是关键因素，它是旅游地经济效应的外生变量。但值得一提的是，当旅游消费额度达不到一定数量时，其经济效应便无从彰显。

（二）消费结构

旅游者在旅游地的消费结构对经济效应中的收入效应和就业效应影响特别大。旅游者在旅游地的吃、住、行、游、购、娱对当地的餐饮业、宾馆业、交通业以及景区内产业、商业和公共服务业可带来可观的收入效应，同时还可促进就业。在消费结构中，如果吃、住、行所占的比重过大，游、购、娱的花费较小，那么目的地的旅游直接经济收入就会减少。这对当地国民生产总值的贡献也会减小，进而对就业带来不利影响。因此，要促进旅游地 GDP 又好又快地增长，必须调整好消费结构。

（三）经济规模

旅游者吃、住、行的规模直接影响旅游目的地的经济效应。旅游目的地餐饮业、宾馆业、交通业的规模大小、服务质量和接待水平可以吸引不同的旅行团队。亚当·斯密在《国富论》中提出规模经济效应的古典解释，这种规模效应也体现在旅游业的方方面面。例如：随着游客人数的增加，交通成本肯定会相应减少，餐饮业和宾馆业同样受经济规模的影响。总之，经济规模大的地区比中等经济规模的地区更吸引旅游者，更能带来更广泛的经济效应。

（四）关联程度

旅游业各部门与国民经济其他部门的关联程度，直接影响着旅游业的经济效应。例如：推广有纪念意义的旅游产品时少不了文化部门和宣传部门的鼎力支持。因此，旅游地对其各部门、各产业投入越大，它们相互之间关联程度越紧密，支持力度也越大，提供的服务和配套政策也越完善，因此带来的经济效应越明显。

创新篇

旅◦游◦创◦新◦观

创意“十六字”箴言

义、绎、仪、异、一、疑、忆、易、宜、夷、颐、逸、怡、翼、益、遗。

释义：

创新是旅游发展的主题，创意是旅游策划的灵魂。

旅游内涵丰富，涉及吃、住、行、游、购、娱的方方面面，与之相对应，其策划创意也包罗万象。在创意过程中需要挖掘主题，生发联想，可谓精骛八极，心游万仞。从创意的内容、外延和形式，策划的手法、特点和效果，以及旅游的环境条件、方式和目的诸方面看，可以将创意理解为16个谐音字，即：义、绎、仪、异、一、疑、忆、易、宜、夷、颐、逸、怡、翼、益和遗，亦称“十六字箴言”。“十六字箴言”虽是对创意的趣解，却蕴含旅游之真谛，诠释策划之要义，发人深思，使人受益。

①创义——在内容上，挖掘文化内涵，深化并升华景区、景点文化主题。化虚为实，变幻为真。

②创绎——在外延上，旅游策划重在演绎、延伸和扩展，“一生二,二生三,三生万物”，让游客接受全方位、深层次、多角度的知识，感受底蕴，受益无穷。

③创仪——在外在形式上，注重多样化和差异化，或古典或现代，或生态或抽象，只有仪态万千，才会有凤来仪。有凤仪就有形象，有形象就有品牌，游客才心仪之，向往之。

④创异——旅游策划讲究新、奇、特、异，忌简单化、同质化和泛泛化。

⑤创一——旅游策划讲究景区景点的独特性和排他性，不仅第一，还要唯一，切忌雷同化和同质化。

⑥创疑——疑则生议。有争议才有名气，有噱头才有吸引力。只有引发争鸣，形成轰动效应，才能成为众之焦点。有焦点就能聚光，聚光才能聚人。

⑦创忆——旅游策划宜神秘莫测，有意蕴，有价值，有诱惑力和感召力。只有耐人寻味，才能唤起回忆，吸引游客故地重游，切忌变成一次性消费产品。

⑧创易——旅游目的地硬件必须完善，易吃、易行、易购、易娱、易于游客旅途生活、易于带动产业联动。

⑨创宜——旅游景区宜游宜旅，宜居宜乐。只有适宜的旅游环境，才能保证良好的休憩，产生旅游的快乐。

⑩创夷——安全是旅游的保障。吃、购要安全，行、住要安心，游、乐要安闲。

⑪创颐——游学养身旅游时代已经到来，不少项目适宜游客修身养性，健体康疗，颐养天年。

⑫创逸——休闲度假时代，游客有了闲情逸致，或陶醉于激情，逸兴云飞；或沉湎于世外，

超然自逸。

⑬创怡——旅游的一个重要目的是愉悦身心，陶冶性情，怡然自乐。景区是游客心灵的归宿、心情放松的驿站。

⑭创翼——旅游发展须注重“一体两翼”，旅以游生，亦文亦商，即以旅游为主体，赋予景观文化内涵，带动经济和文化产业发展，文化和经济是旅游业发展的两翼。

⑮创益——旅游业是国民经济主导和支柱产业，作为企业，效益永远是第一位的。

⑯创遗——策划要立足长远，着眼全局，让新景遗泽后世，让遗迹熠熠生辉，创建未来的世界文化遗产。

旅◦游◦创◦新◦观

- 有限资源，无限创意。
- 东施效颦的后果是失去自我。
- 宁可飞短流长，不可冠冕堂皇。
- 智者做概念，愚者做建筑。
- 愈是民族的愈是世界的，愈是乡土的愈是特色的。
- 与时俱进，人有我新，人新我奇，人新我特。
- 变则有益，大变大益，小变小益，不变无益。
- 无中生有，有中生优，优中生特，特立独行，行之有效。
- 创新是发展的动力，旅游创新是旅游发展的重心，旅游观念创新是旅游策划的灵魂。

旅∘游∘创∘新∘观

旅游创新之“八特”

挖特质，显特色；
造特级，显特立；
卖特产，显特有；
收特效，显特赞。

旅∘游∘创∘新∘观

成功之道，变中取胜，贵在创新。

释义：

创新是永恒不变的主题。旅游亦如此。子曰：“可与共学，未可与适道；可与适道，未可与立；可与立，未可与权。”又曰：“小人同而不和，君子和而不同。”无一不是对这一哲学原理的阐释。

创新是旅游规划的命脉

“十二五”期间是我国经济社会重要发展时期，也是旅游业的黄金发展时期，旅游业机遇与挑战同在。围绕国家“扩大内需”和“优化升级产业结构”两大战略目标，旅游业该如何实现转型升级，改革创新如何实现重点突破，市场主体如何培育壮大等，这都是我们旅游界同人需要解决的重大课题。《孙子兵法》云：“凡事预则立，不预则废”，“战胜不复，而应形于无穷”。世间万物，情同此理，概莫能外，规划之于旅游、创新之于规划同等重要。旅游规划也要因形制胜，推陈出新，应以“创新机制，激活资源，彰显特色，实现跨越”为导向，在旅游模式、产品、产业、效益和生态上创新，花大气力，动大脑筋，下大工夫。

一、旅游模式创新

规划的核心是创新，创新必须创出差异。这也是规划所面临的最大难点，没有差异、没有特色的规划是立不住脚的。所谓旅游新模式是指对景区如何具有前瞻性的运作。好的旅游模式应该能够回答管理大师彼得·德鲁克的几个经典问题：谁是我们的客户？客户认为什么对他们最有价值？我们在这个生意中如何赚钱？我们如何才能以合适的成本为客户提供价值？旅游模式的创新就是要针对以上问题，对现有旅游模式的要素加以改变，最终提高景区的品质，再为顾客提供更高的旅游价值，从而创建中国新时期的、新的旅游发展模式。

近年来兴起的度假旅游、文化旅游、生态旅游、会展旅游、工业旅游、商务旅游、购物旅游、民俗旅游、休闲旅游、时尚旅游、低碳旅游、体育旅游、森林旅游、名山旅游、江河湖泊旅游、温泉旅游、洞穴旅游、主题公园旅游、乡村旅游、科普旅游、海洋旅游、滨海旅游、红色旅游、湿地旅游、古镇旅游、古村落旅游、养生保健旅游、美食旅游、峡谷旅游、名人故里旅游、影视旅游、邮轮游艇旅游、采摘旅游、漂流旅游、瀑布旅游、遗产旅游、徒步探险旅游、高尔夫旅游、滑雪旅游、垂钓旅游、农家乐旅游、组合旅游、套餐旅游等旅游类型，使我国旅游业呈现出百花齐放的新态势。除此之外还有没有更新、更独特的旅游模式呢？答案是肯定的。“无限风光在险峰”，只有通过积极的探索、艰难的筛选和辛勤的研究，才能创建高质量的旅游新模式，才能催生出类拔萃的典范。

二、旅游产品创新

旅游规划的根本动机就在于使旅游走上一条良性发展道路。其动力就在于创新，而创新绝不是无本之木、无源之水。实现创新，一般可以从市场和资源两方面入手，这就是所谓的市场与产品双引擎。我国旅游业在开发之初至21世纪初这个阶段，主要是以资源为导向，有什么资源，就开发什么，如果地方没有垄断性的旅游资源，发展起来难度很大。但是，随着创意产业的兴起，我们知道产品是可以被造出来的，而资源依然可以被造出来。只要产品有新意，能吸引人，市场是能够被吸引过来的，因为产品导向重归为旅游开发市场的主流。

怎样能使旅游产品推陈出新？有几个根本的问题要注意：一是要有特点，至少是在目标市场内、在一定时间内有特点；二是要能够为开发企业或者地方所操作实施。这两个问题就是创造性与可操作性。在当前瞬息万变的社会环境下，操作难度愈大，反而更具有鲜明的创新性。因此，这两个问题实际上又可归结到一个问题，就是旅游产品创新，然而只有旅游规划创新，才能做到旅游产品的创新。旅游规划的创新不是抽象的概念，而是实实在在的方案，是能够落在地上、落在项目上的创新，如创新环境的营造、规划团队的知识结构、合作精神等。当然，最关键的仍取决于人的创新精神与创新能力。所以为了规避景区“规划失灵”和“技术失灵”的现象，需做到科学性与可行性、权力与权威、虚与实、滚动实施与跟踪监控的“四个结合”。创新规划应该在原旅游规划的基础上，发展成为系统规划、集成规划、协调规划、动态规划和开放规划。

目前正在兴起的体验经济理论认为，企业提供的是一种让客户身在其中并且难以忘怀的体验，即：企业以服务为舞台，以商品为道具，以消费者为中心，创造能够使消费者参与、值得消费者回忆的活动。为了旅游者能获得难以忘怀的记忆和经历，旅游服务和产品的提供者必须针对客源市场需求情况，精心设计个性化、人性化和高价值的旅游主题和好的“剧本产品”，搭建合适的舞台或营造一种与主题相吻合的体验氛围，帮助旅游者完成整场演出，即整个旅游过程。迪斯尼乐园作为主题公园，能在激烈的竞争中长期处于领先地位，与它提供的参与性强、旅游体验良好的旅游产品是分不开的。

我国传统的旅游产品大部分是基于对旅游的传统理解而开发的。旅游者一直处于被动和观望的地位，而且初级观光旅游产品占有很大比重。因此要优化旅游产品的结构、提高旅游产品尤其是观光旅游产品的参与性是非常必要的。比如：苏州在旅游者的心目中是以古典园林而负盛名的，园林是苏州天堂的精髓，中外游客慕名前来观赏的是古典园林，这是无法替代的所谓聚焦品牌。苏州园林作为姑苏传统文化的精华，长期以来只是作为静态的“盆景”展示，无论是亭台楼阁还是山水石木，这些静态景观难以在瞬息万变的旅游市场持久地吸引现代旅游者。因此必须打破这种守株待兔式的机械模式，变静为动，化腐朽为神奇，给古典园林注入现代元素，让景点鲜活起来。创新产品要从旅游的市场、科技、审美文化等方面入手，从而实现旅游产品的动态化，提高吸引力，增加可参与性和可留恋性。

三、旅游产业创新

据世界旅游组织统计，按旅游者旅游目的分类，观光型旅游占当今国际旅游市场份额的1/3以上，遥居各种旅游目的之首。我国有上下5 000年的历史和纵横万里的疆域，有得天独厚的人文景观资源和自然景观资源，汇聚中国历史、民俗风情、艺术等文化。在“大旅游”及知识经济向体验经济转型的新形势下，旅游业欲获得可持续发展，必须在传承已有先进成果的基础上，对旅游产品进行不断创新。要把工业、农业、商业、文化、娱乐等所有的产业融合在旅游的平台上。这也是国发〔2009〕41号文件（《国务院关于加快发展旅游业的意见》）的重中之重，就是创造一个新的产业融合的格局，深入挖掘旅游产品的文化内涵，实现初级旅游产品向高级旅游产品的升级。

创新旅游产业就是要破除“发展一、二产业与旅游业相背离”的思想，营造“一产服务旅游，二产服从旅游，三产促进旅游”的良好氛围和工作格局，说到底就是“产业融合”问题。在生态建设上让旅游和工业融合，加强生态建设，既是发展旅游业的基础和前提，也是旅游规划创新的灵魂与生命。实现旅游与工业的和谐共进，必须把生态文明建设放在突出位置，用生态建设的成果来改造工业、提升旅游。就是要通过推广运用新技术，以更低的土地、资源、能源消耗，取得更为明显的发展成效。要始终坚持控制与引导并重，在一、二产业发展壮大的过程中，实现由“土地扩张”到“技术提升”的转变，既提高产业的规模效益，又保护生态环境，在工业扩张与旅游开发之间实现和谐共赢。加速技术改造和产品升级步伐，延伸产业链条，提升产品附加值，向科技要效益。

坚持以海陆统筹、产业统筹、区域统筹为核心的协同发展战略。为带动旅游业的快速发展，依托当地资源，重点规划和发展旅游业。同时加强文化和旅游的深度结合，深入挖掘文化潜力，增强文化含量，促进旅游产业转型升级。促进旅游部门与其他产业部门之间的协作，积极发展工业旅游、农业旅游、休闲渔业、商业旅游等新形式，实现产业协同发展。

四、旅游效益创新

旅游产品的创新要通过旅游产品的各个要素来实现。这就是旅游业六大要素的创新，即：吃、住、行、游、购、娱各个方面的突破。这必然会涉及一个根本的问题，就是必须了解有什么好玩的，好吃好喝的，有哪些让人舒服的交通方式、游乐方式、住宿方式等。这个过程是一个学术研究的过程，但它不求理论上的重大突破，只求数据库更完整，对于那些对游憩方式有深入研究、经验丰富的规划师来说，根据旅游资源的可塑性，马上就能判断推出什么样的产品，什么东西是与众不同，或者和而不同的。因此，旅游产品创新的实现，就是要进行深入的资源可塑性研究，找出资源特点，按照“费力最小原则”，提出旅游开发沿着哪条路子走，带什么工具去合适。

旅游效益创新就是尽早突破“门票经济”的樊篱。对于游客而言，旅游的冲动是因为景区的魅力，因此景区是旅游产业的龙头。但是景区发展不可能孤立运行，配套服务必须同步发展。对于地方经济发展而言，旅游效益主要在于产业链经济，也就是综合效益。我国旅游产业由于起步晚，“门票经济”特征明显。所以必须大力发展产业链，在产业链发展成熟时，走出“门票经济”狭小圈子。一个地方要想发展旅游业，首先应该考虑如何把人吸引过来，而不是提高门票价格把游客吓退。游客逗留的时间长了，住宿、购物、交通、饮食上的花销也就增加了。景点门票收入的减少，完全可以通过对旅游以及相关产业的带动，将这部分损失补回来。相反，如果紧紧抱住“门票经济”不放，就会成为旅游市场发展中的一个严重问题和发展瓶颈，并扼杀当地旅游业的发展。是否倚重“门票经济”，不仅是一个经济利益的问题，还关系到景区的品牌形象，更折射出地方经济社会的价值观和发展观。

“门票经济”曾经在全球大行其道，但是近几年来风向大变。虽然仍有些景区不约而同地将“有利于文物保护”、“完善硬件设施”、“有效提升景区服务品质”作为冠冕堂皇的理由而大涨门票价格，但这已是强弩之末、绕梁余音。国外不少风景名胜区不收门票已是大势所趋，即使卖票，票价也普遍低廉。国内旅游市场紧跟国际潮流，也有不少免门票的景区，最成功的当属杭州西湖景区，这个5A级景区早在2003年就向市民和游客免费开放，虽然西湖每年损失上千万元的门票收入，但最初两年的统计数据显示，游客增加了6倍以上，由此给杭州带来的间接经济效益有几百亿元，社会效益更是无法用金钱衡量，这是舍小钱、挣大钱、得声誉的典范。免门票实为聪明之举，赚了眼球，吸引了游客，“堤内损失堤外补”，最终还是大赢家。

专家分析，目前以“门票经济”为主的景区绝大多数属于观光型景区，仍囿于“圈景”式开发，行程以一次性观赏为主，缺乏更多延伸的旅游产品，盈利模式单一。眼下，休闲旅游已成为世界旅游市场的主流发展趋势，随着中国大众旅游从观光型逐步转型为休闲度假型，旅游业已经呈现出产业转型、升级、融合三大发展趋势，其中一个重要标志，就是从单一的“圈景式门票经济”转变为深度精品旅游的“大旅游模式”，旅游业从资源时代进入了财智理念和产品创新时代。免门票会对整个旅游产业链起到完善和拉动作用。在这样的大趋势下，我们的旅游业不能再走弯路，在开发好景区资源的同时，一定要同步升级产品和配套服务，提升景区规划和产品设计的水平，增加游客的丰富体验。要通过整合旅游资源、完善旅游配套、抓好相关产业、拉长产业链条，逐步形成以旅游企业为基础、社会其他各类企业为补充的产业集群，加速推进旅游业由“门票经济”向“产业经济”转变，迎接全民休闲旅游时代的到来。

五、旅游生态创新

著名的未来学家约翰·托夫勒在《第四次浪潮》中指出：“人类社会的第三次浪潮是服务业的革命，第四次浪潮是信息革命，第五次浪潮是娱乐和旅游业的发展。”显而易见，旅游业将呈现市场全面化和多样化的态势。在迅猛发展的旅游形势下，势必涉及旅游生态的创新问题，具体说就是环境、文化和人的问题，这是不可分割的三个要素。发展旅游业要做到以人为本、天人合一、人文旅游。要兼顾环境保护和资源开发，实现人与自然的和谐，以及经营者与旅游者的和谐，使自然环境、经济环境、社会环境和文化环境和谐统一。

旅游环境创新的重点是“和谐”，也就是平衡，既包括生态的平衡，也包括业态的平衡，还包括心态的平衡。自然环境不能破坏，产业之间需要平衡。同时特大型城市的人被压抑得受不了了，跑到景区来纾解，心胸宽广，最终达到了心态的平衡，同时也调整了外来人和当地人的心态。如果生态平衡、业态平衡、心态平衡都做到了，就真正达到了和谐。在和谐的基础上，什么问题都可以解决了，旅游的社会功能才能真正发挥出来。

随着生活水平和文化教育程度的提高，旅游者开始从以往追求物质享受和生活舒适，转向现在追求精神愉悦和寻求自我内心的关爱、呵护。因此，我国旅游产品由低级向高级过渡是必然趋势。从旅游企业在市场上的运作来看，初级层面的竞争是价格竞争，最高层次是文化竞争。旅游企业是生产文化、经营文化和销售文化的企业，旅游者进行旅游，本质上也是购买、消费和享受文化，有丰富文化内涵、参与性、高层次的文化旅游产品将受到旅游者的青睐。所以，发展旅游业必须追求文化底蕴和文化含量，必须从文化角度深层次挖掘旅游资源的内涵，提高旅游资源的价值，以促进观光游览型旅游产品的高端化。

国内外旅游发展经验告诫我们，旅游管理也要坚持以人为本，对内要倡导尊重人、关注人、信任人、发展人、激励人的理念，注重管理的公平性，使员工的聪明才智得以充分发挥，使其权利和需求得到满足，并超越他们的期望，实现人的素质的全面发展，进而使员工各尽所能，又和谐相处，创造出一种旅游服务行为与文化相一致的企业文化；对外要实现经营者与消费者的和谐，旅游主管部门、旅游业经营者要有一个对调控政策、经营方向以及旅游目的重新认识的问题，应从单纯对数量的关注（如旅游者的数量、收入情况等）兼顾到旅游质量方面，即：对旅游对旅游者所产生的文化价值，对自然景观和人文景观的欣赏能力，对促进不同国家、不同民族、不同阶层的文化交流等方面的观察和评估。这才能体现旅游以人为本的思想，也是旅游经营者必须把握好的基本功。

创新是永恒的主题，创新是社会发展不竭的动力，创新是旅游发展的重要命脉。旅游景区要生存，要发展，就要敢为天下先，勇立潮头，不断创新，努力做到人无我有、人有我新、人新我特。只有如此，才能创建经典的景区和一流的品牌，才能全面提高经济效益、社会效益和环境效益，共建和谐社会，造福一方百姓。

中国旅游业转型时期的创新路径

随着加入 WTO 时间表的安排——2006 年中国旅游市场全面开放最后期限的临近，我国旅游产业将面对国外旅游企业的强有力竞争。竞争的压力会促进中国旅游产业的调整，需求变化会对未来中国旅游产业的发展产生新的推动力，势必推动中国旅游业的转型。鉴于产业发育与产业演进是产业发展的两个不同阶段，且在不同的发展阶段内，由于侧重点的不同，会形成不同的产业政策以及相对应的产业发展模式，因而，中国旅游业的转型也需要创新，只有创新才能发展。中国旅游业的创新涉及观念、模式、品牌、产业、产品、市场、同业、服务等诸多方面。

一、旅游观念由“更新”转向“创新”

制约旅游业发展的因素众多，但关键因素是观念问题。更新观念是在一种成熟的模式下，将与旅游业不相适应的思维变更为相适应的新思维。更新是被动接受的，而创新是主动的、创造性的。也就是说，更新观念是接受观念，创新观念是创造观念。观念创新是一切创新的先导和源泉。旅游业发展中应坚持“思路决定出路，观念就是财富”的思想，摆脱传统思维定式，摒弃抱残守缺意识，实施观念创新。这种观念创新，就是要打破旅游业在计划经济条件下长期形成的封闭、僵化的既定思维模式，树立新概念和新构想，使之更能适应，并领先于内外环境变化，更有效地利用资源，促进旅游业的跨越式发展。

二、旅游模式由“点线”转向“板块”

旅游产业是一个以旅游活动为中心而形成的配置产业。其运行模式有两种：一种是以旅行社为主体的“点线旅游”模式，一种是以旅游目的地散客服务中心为主体的“板块旅游”模式。

在“点线旅游”模式下，旅游产业运行是以旅行社的经济活动为核心的，由旅行社将不同地区的景点、景区以及相关旅游设施、旅游服务通过旅行社的组织串联在一起，最终形成旅行社的产品。以旅行社产品为中心对各项旅游资源和服务性资源进行配置，形成食、住、行、游、购、娱等旅游供给的一体化模式。因此，在这种旅游产业运行方式下，旅行社成为旅游产业的龙头，离开了旅行社的运作，旅游产业的经济活动是无法进行的。在“板块旅游”模式下，旅游产业运行是以旅游客源地的旅行代理商和目的地的散客服务中心为核心的，由旅行代理商和散客服务中心将不同旅游目的地的相关旅游服务进行有效的配置，最终形成旅游产业的经济体系。

随着中国旅游业的进一步发展，旅游业的经营方式将由点线旅游向板块旅游转变。这是基于以下原因：

（一）传统的“点线旅游”对应的需求市场是长距离的观光旅游

对于长距离的观光旅游，旅游者所在地与旅游目的地之间由于空间距离的存在，便产生了旅游信息的不对称和旅游消费的不确定性，使旅游者的出游活动受到限制。在这种情况下，通过旅行社的组团和接团服务体系，在一定程度上解决了旅游信息不对称和旅游消费的不确定性问题。因此“点线旅游”方式一般是在旅游产业发展初期，在以观光旅游作为市场主体的环境下产生的一种产业运行体系。然而，随着度假旅游的兴起和旅行距离的缩短，以及旅游者与旅游目的地市场距离的缩小，旅游信息不对称和旅游消费不确定性问题随之减小。这时，旅游者可以不通过旅行社的组织体系来实现自己的旅游活动，更多的是依赖于旅游客源地的旅行代理商的交通代理服务，以及旅游目的地的散客服务体系来满足自己的旅行需要。特别是自驾车旅游方式的出现，更强化了对这种服务体系的需求。在这种情况下，旅游产业体系必然向着“板块旅游”经济体系转化，以适应市场需要的变化。

（二）“点线旅游”方式存在着一定的弊端

在“点线旅游”方式下，其运行是以旅行社为主体的，由于提供线路旅游的各个服务性企业都是不同的利益主体，很难产生旅游产业整体的协同效应和旅游经济的协调发展。

（三）“板块旅游”可以实现旅游的协调发展

由于板块旅游中各旅游中心、旅游城市多是本地区的政治和文化中心，具有丰富的旅游资源和旅游设施，所以通常是通过旅游城市的辐射能力，带动整个地区旅游产业的协调发展。同时板块旅游对于区域间的长途交通的要求较低，旅游者的位移大多以区域内短途移动为主，降低了对交通发展的依赖性。板块旅游作为一种相对封闭的、以区域为主的旅游组织方式，有利于实现各个区域旅游产品的互为补充，有利于充分利用地区旅游资源特色实现产品的差异化，减少各个地区旅游业之间对客源的竞争，促进我国旅游业的整体协调发展。

三、旅游品牌由“共性”转向“个性”

景区品牌是为赢得游客忠诚度、形成竞争优势、在景区企业全面的运作中产生的自我认知和旅游者识别的形象系统。景区品牌的建设是从单纯的形象建设走向景区品牌构建的中间环节。由于可以将景区产品、服务以及文化与环境的商品化结合起来，因此，它是景区企业由内到外的综合建设。中国的旅游企业要冲出重围，融入世界旅游大潮流，品牌建设是关键。

品牌建设应该注意品牌效应和品牌认知两个方面。

（一）品牌效应

中国旅游企业的发展大都千篇一律、如出一辙，缺少品牌和个性化服务，难以在世界性市场竞争中脱颖而出、出类拔萃，诸如“北方桂林”、“北武当”、“小黄山”、“西泰山”、“南少林”，“雄似泰山，秀似黄山，险似华山，幽似青城”之类的宣传定位不胜枚举。这些景区甘愿罩在强势品牌的阴影下，跟风攀比，跟来跟去，到最后把自己跟丢了，原因就是缺乏品牌意识，不知道走发展品牌这一捷径。品牌作用有两个：一是直接效应。从最显著的功能层面而言，旅游景区品牌形象存在的价值在于促成客户的实际购买，产生持久的知名度、美誉度和满意度，最终达到品牌忠诚。这些客户既包括旅游者，也包括代理商、旅行社和其他代理者；而旅游景区的品牌忠诚，也有异于实物产品的品牌忠诚。它包括游客的回头率、更多的人均消费、良好口碑、代理商的反复购买和主动宣传等。消费者对景区品牌的忠诚大大降低了他们在选择旅游目的地时的不确定性，减少了旅游成本的支出；景区不仅扩大了销售规模，还提升了自身的市场地位和竞争能力，这便是品牌形象给景区企业带来的直接回报。湖北武当山，围绕“灵”字品牌做文章，以灵敏的市场嗅觉、灵通的信息激发着创新的灵感，以灵秀的风光吸引着游客，以灵便的服务、灵活的接待不让一个游客受委屈，以灵慧的睿智打造着武当山的灵透。由此，武当山客源连创新高，笔者注意到，仅豫南地区每周发往武当山的40座以上的大巴车都在 50 辆以上。自 2003 年以来直接经济效益连年翻番，由 2003 年的 6 000 万元增加到 2004 年的 1.6 亿元，又到今年（2005 年）前 8 个月的 2.1 亿元。一个“灵”字品牌是武当山取之不尽、用之不竭的财富。二是延伸价值。深入一层思考，在景区企业的其他相关经营领域，品牌形象还可延伸其价值，促进企业的多元化发展，使主营以外的产品从中受益，迅速获得市场认可。若品牌能成功转化为名牌，则更有利于景区企业的资本运作，取得对外融资、产权交易等特殊利益。总之，旅游景区品牌形象的建设，将最终促使我国的旅游企业从形象建设出发，内练素质，外塑形象，提升经营层次，走向品牌化经营的道路，在更激烈的市场竞争中获得优势地位，保持长期的发展活力。

（二）品牌认知

景区品牌形象的认知包括两个方面：一是景区经营企业对景区本身的形象认知；二是游客对景区形象的认知。这两者的认知达到融合时，品牌形象的塑造才能获得最佳的效果。对景区本身的形象认知包括了对景区资源种类、品位、所处区位、交通条件、经营项目、服务质量、管理水平等基础要素的认知，由此得到最基本的形象定位认知。这些基础要素虽不是决定景区品牌形象的核心要素，但却是必不可少的，而且对于特定的景区而言，其中的某些因素会上升为决定性的因素。河南信阳南湾湖景区，不论是水域、岛屿，还是岸边自然风光都属中国北方上乘，但就因游船以次充好、价格高以及食宿卫生差、门票管理混乱等问题，造成了信誉危机，其经济效益尚不到资源远不如自己的河北邯郸京娘湖的 1/2。

随着旅游业的发展，旅游者的旅游需求也不断提升，个性化成为符合旅游者消费偏好和强烈自主性的倾向。个性化的旅游产品不仅表现为各种专题旅游和特种旅游的兴起，还表现为旅游者可以根据不同的喜好，选择适合的旅游项目，进行不同的旅游安排。在世界旅游组织秘书处向该组织第三十九届执委会提交的一份关于全球旅游业发展预测的研究报告中，就预测了旅游产品的变化趋势。它指出，随着个体受到更多的重视，以及在消费者的爱好中旅行被放在更重要的位置，度假旅游、专项旅游、个性化旅游等产品将是发展的趋势。

四、旅游产业由“单一”转向“复合”

中国旅游产业初始发展是以观光旅游产品为切入点的，以中国历史文化为主体的观光性产品的市场垄断曾对中国旅游产业的快速发育发挥了重要作用。然而在经过快速增长期之后，观光产品自身特点决定了中国旅游产业仅靠这一旅游产品难以在国际上形成规模化的发展。转型期的中国旅游业随着市场的成熟和旅游者消费的多样化，在产品形式上表现为由落后、单一的旅游观光产品向满足多种需求的主题产品、观光度假产品等复合产品过渡。能够有效满足相关旅游者的需求，是我国旅游产品从单点支撑向完整配套体系发展的重要标志。

大系统复合策划充分体现了“大旅游”的观念。因而，必须考虑整个系统的运行，着眼于策划对象的整体优化。它既要协调平衡好旅游业的各组成部分，又要通盘考虑旅游业发展和其他有关部门、行业之间的关系，还要研究旅游系统中自然的、技术的、社会的、经济的等诸多因素的相互结合；应运用系统分析方法，对客观旅游系统进行整体性、协调性、系统性的策划；应将各部分有序地、合理地组织起来，使旅游需求和供给系统达到一个最佳的结合点，从而实现区域经济效益、环境效益和社会效益的最优化和可持续化。

旅游市场运作既涉及城市营销、区域营销、旅游地营销、文化营销等，也涉及与当地特色和其他资源特色结合的问题，包括旅游与文化结合、与艺术结合、与娱乐结合、与政治结合、与经济结合等。新乡八里沟景区就是跨行业经营的典范。八里沟景区是北京龙脉集团的分支机构，该集团原以房地产为主业，围绕房地产在京建成一批宾馆、温泉度假村、高尔夫俱乐部、网球俱乐部等度假休闲配套项目，在娱乐业大红大紫的时候，房地产收益也一路攀升，龙脉集团得以有雄厚资本于2002年涉足旅游业，承包经营八里沟景区。八里沟景区原以太行山水作主打品牌，经过3年的运作，该集团总裁刘志豪高屋建瓴地提出：文化是景区的灵魂，景区是文化的载体，没有文化的景区是没有生命力的。该景区围绕这一指导思想，调动各方面力量，搜集、整理八里沟文化，发现在河南乃至全国最有影响力的豫剧《朝阳沟》和八里沟有着不解之缘，于是自2005年5月1日起，八里沟景区通过各种媒体宣传，以及在景区内举办《朝阳沟》戏曲擂台赛等一系列营销活动，使八里《朝阳沟》热潮在一个月内席卷整个河南、河北，取得了轰动的社会效应和巨大的经济效益。八里沟景区跨行业经营，使龙脉集团在短短5年内成为拥有13个分公司或项目部的企业集团，资产达到10亿元人民币。

在危机与机遇并存的时代，旅游业需要站在未来高度，从全局、动态、系统的角度出发，确定旅游业的发展方向，树立跨越式发展观，制定符合自身条件和市场环境及前瞻性的长期、系统和全局性的跨越式发展战略，并要防止短期行为。旅游业应该充分利用自身资源，将内部优势和劣势同外部机遇和威胁进行充分的交叉分析，扬长避短，优化整合，确定能将内部资源与环境机会相匹配的旅游业发展战略构想。该战略构想应体现旅游业主要的经营领域和发展目标，符合国家旅游产业政策，突出核心竞争力的培育、整体竞争优势的发展和持久竞争优势的保持。

中国旅游产业要实现产品的转型，当务之急是要实现旅游资源开发方向的调整。观光旅游的基础是文化差异，文化差异越大，对观光旅游者的吸引力就越大。对度假旅游者来说，却是相反的，文化差异越大，吸引力就越小。世界旅游发展的经验表明，度假旅游往往是在同一个文化圈内进行的，中国度假旅游目的地之所以难以成为国际旅游者的市场，不能不说是与西方客源国之间的文化差异过大有关。因此，中国要想形成一定规模的国际度假旅游市场，旅游目的地按照国际度假习惯进行建设至关重要。

五、旅游产品由“一如既往”到“喜新厌旧”

旅游企业以旅游产品为载体，没有竞争力的旅游产品将对旅游企业的生存构成严重威胁。旅游企业要加强对各项旅游产品的市场潜力分析，保证旅游产品的市场竞争力。旅游产品不能单单理解为旅游地的风景名胜，还应该包括必要的旅游设施、旅游环境、旅游观赏和参与的活动项目等。因此，应在景区服务质量和服务项目上多做文章，多下工夫。大系统复合策划的目的就是要整合旅游资源、旅游市场和旅游机制，按发散性思维创造开放型的旅游发展前景，对旅游活动进行整体规划和控制。要有全新的整体建设，更要有人文和旅游管理的理念。要在保持鲜明地域特征的基础上，促进地区旅游经济发展，带动地区文化和经济的共同繁荣，维护统一的地区形象，保持地区经济文化的协调发展。

国人有个习惯的认识：孩子总是自己的乖。对自己打造的旅游产品，旅游企业百看不厌，这就是缺乏市场理念，违背了人“喜新厌旧”的天然属性。因此，造成了景区只有规划，没有策划，景区旅游项目几十年一成不变的现象，这与“规划是一次的，策划是永远的”著名旅游发展理论相悖。旅游企业是旅游创新的核心和主体。企业以追求利润为目标，是国民经济中最活跃的元素，是技术创新的组织者、投资者。创新成果只有通过企业在市场上运作，才能成为市场上独树一帜的商品，为社会创造效益。迪斯尼的一句著名的口头禅是“永远建不完的迪斯尼”。它长期坚持采用“三三制”，即每年都要淘汰 1/3 的硬件设备，新建 1/3 的新概念项目，每年补充更新娱乐内容和设施，不断给游客新鲜感。可以说，“满足顾客需要”是迪斯尼乐园创新产品的原动力。

因此，必须根据旅游市场需求和旅游业发展的总体战略，不断推出新颖独特的优质旅游产品，促进旅游企业旅游产品结构的调整和升级换代，保持核心竞争优势；

必须树立整体旅游产品观念，从有形旅游产品、核心旅游产品、延伸旅游产品三个层次进行旅游产品创新，提高旅游产品竞争力。只有这样，才能使旅游产品大放光彩，或者延缓其衰落期，最终形成一批国家级精品景区。

六、旅游市场由“一地”转向“多地”

人类的第一需求是生存，生存是创新活动的原动力，生存问题解决之后，人类还有着比生存更高的追求，这就需要市场经济活动。市场经济活动的目的是追求利润，对利润的追求导致竞争，竞争就是创新的直接动力。因此，在现实的市场需求中需要不断创新，在潜在的市场中通过创新来获取利润，依靠创新抢占未来超前的市场。

旅游业应树立市场创新观。随着国内外旅游市场的开放，旅游市场供求格局发生了根本性转变，游客的观念和消费方式在不断更新，这些都将对旅游市场产生重大影响。旅游市场创新的主要目标是开辟新的旅游市场。这就需要加强旅游市场研究，进行超前的旅游市场信息管理，及时掌握国家宏观经济政策和国内外旅游业的发展方向，深入了解游客需求，加大旅游市场调研和旅游市场分析与预测的力度，做好旅游市场细分，站在大旅游市场的格局下确定旅游市场创新的思路，沿着正确的旅游市场创新途径行进，采用恰当的旅游市场创新手段，树立国际大旅游市场的营销观念，合理整合旅游资源，充分利用并尽快适应国内外旅游市场环境。

旅游本身就要求旅游活动不局限于某一个地方和某一区域，具有消费主体趋向于旅游生产地的特性，消费具有流动性。同时，旅游产业是一个外向型的产业，也是一个区域分工和国际分工程度较高的行业，地区与地区之间、国与国之间的关联度极高。尤其是一国居民的国内旅游和出境旅游有了一定程度的发展后，随着客源组织、消费、接待的跨区域化和国际化以及投资的跨区域化和国际化，必然会导致旅游业从一地的经营转向区域化和国际化的经营。旅游者的跨国流动是旅游企业跨国经营的根本动力。投资主体与客源国高度相关是旅游企业跨国经营的重要特征。以旅游饭店业为例，根据国外旅游饭店业发展的一般状况和规律，旅游饭店的布局与旅游者到访的目的地具有极强的关联性。本国的旅游者走到哪里，外资的旅游饭店就建到哪里。因此，对于旅游业这一产业而言，是最具有跨区域化和国际化经营优势的。在中国旅游发展的良好势头下，尤其是我国出境旅游的高速发展为我国民族旅游企业开展跨国经营提供了市场基础。中国的旅游企业应尽快通过自身的努力，或通过组建有实力的企业集团依据中国居民出境旅游的特点在海外设立分支机构，或通过资本扩张的方式迅速展开国际化经营。

从另一方面来看，衡量一个国家是否为世界旅游强国主要基于以下两点：一是从国家层面上，旅游总产出以及在世界旅游经济中的位次名列前茅；二是从企业层面上说，要有一批在世界范围内具有较强竞争力并且能够影响世界旅游产业发展的企业集团。大量跨国公司进入中国市场，为我国的旅游企业，特别是饭店、景区和旅行社等企业管理水平的国际化提升提供了市场机遇。中国旅游市场开放进程也就是我国旅游企业在国内参与国际旅游市场竞争的过程。问题是，在中国旅游发展宏观背景看好的情况下，中国旅游企业要把握有利时机，加快发展，做大做强，使我国的一些旅游企业成为在世界上具有较强竞争力的企业集团。只有这样，中国成为世界旅游强国的目标才能实现。

七、旅游同业由“对手”转向“伙伴”

为了应对加入 WTO 对中国旅游业带来的巨大挑战，旅游业应强化竞争意识，不断提升核心竞争力；同时还要广泛开展同其他地区、国内外实体的合作，包括与竞争对手的合作，通过合作保持旅游业的竞争优势，取长补短，互相支撑。旅游产品的内在特点要求旅游业的发展实施区域联合。区域联合可以实现“景区共存，资源共有，客源共享，市场共建，形象共塑，产品共创”，最后形成利益共同体，实现双赢或多赢目标，以及区域发展的均衡化。地域性的区域合作，可形成发达的旅游区域。旅游业在开展广泛合作的同时，应注意不断提升核心竞争力，这是保持协作竞争的基础。旅游业的竞争日趋激烈，文化性竞争日趋凸显。文化性竞争是高层次的竞争，是旅游业的重要核心竞争力。旅游业在合作的基础上要进行合理的竞争，在竞争中协同发展。

河南栾川养子沟景区多年以来坚持把竞争对手当合作伙伴。虽然在本区域内与其类似的景区有十几家，但其立足于求同存异，以邻为友，与通天峡、鸡冠洞、鼎室山、重渡沟等景区紧密联合，通过统一宣传、统一门票、统一接待等有效措施脱颖而出，在市场的跑道上硬是把资源比它好、投资比它大、设施比它强、开发比它早、牌子比它硬的栾川龙峪湾 AAAA 景区远远地甩在了身后，3 年时间由一个投资不足 10 万元的小山沟发展成为资产达 3 000 万元的生态旅游度假区。可以说养子沟是我国由民营资本开发的投资最小、效益最好、发展最快的景区。

八、旅游服务由“后台”转向“前台”

服务是撬动市场的有力杠杆。俗话说：“金杯银杯不如老百姓的口碑。”游客的口碑是第一宣传形式，也是最重要、最有效的宣传形式，这是成功旅游景区的经验所在。但一些旅游景区往往没有把它和旅游宣传联系起来，有时还带来副作用。河南洛阳东山宾馆高质量的服务水准有口皆碑，它的服务理念已为各类企业争先效仿。究竟是什么原因创造了洛阳东山宾馆的服务神话？奥秘在于“SCSE”，即安全（Safety）、礼貌（Courtesy）、表演（Show）、效率（Efficiency），其内涵可以理解为：首先保证客人舒适安全；其次保证职员彬彬有礼；其三保证宾至如归；最后是在以上三项准则的前提下，保证工作具有高效率。正是由于东山宾馆长期坚持“SCSE”经营理念和服务承诺，才打造了东山宾馆优质、高效、细致的服务水准，赢得了顾客良好的口碑和90%以上的入住率。

安全是最高的服务标准。在任何情况下，保障游客安全是旅游业首要的质量诉求，它直接关系到旅游企业的胜败存亡。河南辉县万仙山景区只注重片面的经济效益，忽视安全，对游客的投诉、媒体的监督、专家的提醒置若罔闻，导致发生重大安全事故，10多名游客乘坐景区滑道时发生碰撞，造成4人重伤、1人死亡的惨剧。事故发生后，万仙山风景区已被关闭，数年心血付之东流。对此事故专家结论是：万仙山不出事故是偶然的，出事故是必然的。因景区管理体制、经营机制都存在诸多问题，此事故就在所难免。

对于员工礼貌方面的要求，新乡京华园景区可谓是细致入微。它要求员工热情、真诚、礼貌、周到地为客人服务。京华园员工的目光必须与游客的目光处于同一水平线上；如果客人是儿童，员工必须面带微笑地蹲下去把商品递到儿童手里。即使是不直接面向游客服务的员工，京华园也十分注重培养其尊重顾客的意识。例如：京华园规定，会计人员在上岗前两三个月的每天早晨上班时要站在大门口对所有进来的客人鞠躬、道谢。

皇城相府将自己的企业旅游主题定位为表演公司，即通过主题公园的娱乐形式为游客提供最高满意度的娱乐和消遣，给游客以欢乐。因此，角色扮演成为皇城相府营造欢乐氛围的重要手段。在皇城相府，员工得到的不仅是一项工作，而是一种角色，是为顾客带来欢乐的角色。在入职培训时，向新员工灌输以下理念：顾客是“贵宾”，群众是“观众”，上班是“表演”，职务是“角色”，制服是“戏装”，上班是“上台表演”，下班是“下台休息”，人事部门是“分角”，办公室是“说戏”等。

这种特殊语言不断强化员工的表演意识，为他们胜任角色扮演奠定了基础。公司里的每个员工都扮演着主人的角色，他们要用热情、真诚、礼貌、周到的服务为客人制造欢乐，具体表现在包括微笑、眼神交流、令人愉悦的行为、特定的角色表演等每一个细节上。

创新是世界发展的永恒主题。人类探索未知事物的强烈欲望是推动创新的永恒动力。如果说人类的永不满足的对美好物质生活和精神生活的追求，是创新活动永不枯竭的源泉，那么创新意识就是创新的种子。只有不好的企业，没有不好的行业；只有不景气的经营，没有不景气的市场。市场无情却有意，关注市场的景区，市场也会关注它，会获得丰厚的回报；漠视市场的景区，市场也会漠视它，只会惨淡经营，亏蚀连连。因此，必须时时着力于旅游创新，只有树立旅游观念、模式、品牌、产业、产品、市场创新的理念以及旅游同业合作、旅游服务创新的科学旅游发展观，才能为景区发展注入勃勃生机，才能与世界旅游业接轨，才能顺应经济社会发展大潮，才能迎来我国旅游业的大发展。

旅游贵在创新

《孙子兵法》是我国也是世界上最早、最完整、最卓越的军事理论著作，是中华民族数千年灿烂文明长河中，令世界叹为观止的闪烁着哲学睿智与真理光芒的文化瑰宝。《孙子兵法》为世界第一“兵学经典”，一直为世人所推崇，已在世界范围内广泛传播，其影响涉及军事、哲学、政治、经济、文化、教育等诸多领域。

《孙子兵法》说：“势者，因利而制权也。”大意是：军事上要造势，在瞬息万变的战争中要善于抓住有利时机采取恰当的应变行动。自古以来，世间万物“穷则变，变则通，通则达”。纵观天下，成功者无不是“因利制权”的实践者和受益者，从春秋时期为光复故国而卧薪尝胆的越王勾践，到实施社会革新、一统江山的秦始皇；从前苏联开拓者、马列主义理论的集大成者列宁，到新中国缔造者、20 世纪 70 年代世界社会主义阵营中的领袖人物毛泽东。1918 年布尔什维克刚刚执政时，德国和俄国之间的战争尚未停止，为了首先巩固内部，列宁不顾众多同事的反对，坚持批准与德国签订布列斯特和约，割让了大片领土。“以土地换和平”政策为苏联赢得宝贵的喘息时机，得以集中精力发展经济，强国强军，为后来卫国战争胜利打下良好基础。毛泽东不顾全世界社会主义国家的反对，不顾丢掉自己竖起的反对帝国主义的旗帜，不顾失去全世界众多的粉丝，依然与帝国主义的首脑国——美国和好，令人大惑不解，岂不知毛泽东深谙“两害相权取其轻”之哲理。中国 20 世纪 60 年代，一直奉行最强硬的既反帝又反修的四面出击的战略，在珍宝岛事件发生后，毛泽东一贯的反美立场迅速发生了改变。原因很简单，因为他清楚地知道，如果不联合美国，中国很可能会成为苏联核打击的目标。为了中国自身的安全，必须迅速与美国接近和对话。而这对于那些一直以中国为世界革命中心的各国革命党来说，显然是一次致命的打击，本来中国的战略是鼓动世界上所有革命党来反帝的，现在中国自己却与帝国主义搞到了一起去了，怎么理解？当时阿尔巴尼亚就公开站出来反对中国向美帝国主义妥协，正在与美国作战的越南人对此也深大不满。但是，毛泽东力排众议，仍旧坚持向美国妥协。要知道，向美国妥协，不光是牺牲了过去的革命原则，牺牲了许多左派朋友，还不得不在一定程度上牺牲了我们过去一向坚持的一个重要前提条件，那就是要解决台湾问题。当时我们与美国的谈判，在台湾问题上明显地作了让步，以至于至今美国仍旧与台湾保持着某种特殊关系，仍旧在向台湾出售武器。执政党处理外交问题时需要着重于现实利益的考虑，而很难简单地坚持意识形态立场或革命口号,这是一个很能说明问题的例子。没有毛泽东的“因利制权”，哪有如今的盛世中国。

商场如战场，《孙子兵法》备受商界青睐，日本企业家将其奉为商战至宝，美国商人视其为“金科玉律”。《孙子兵法》是伟大的商战博弈论，故可为现代商战所用。《孙子兵法》中“上兵伐谋”的战略思想、“五事七计”的决策思想、不战而胜的“全胜”思想、“因利制权”的“权变”思想，则是现代商战的制胜法宝。

《孙子兵法》适用于商战，同样适用于旅游。当今的中国旅游景区达两万之多，其中高效益者20%，中效益者30%，微效益者30%，亏损者20%。利差原因何在？笔者多年调研，发现皆因一字所致，就是“权”字。权：权变之举。制权，即采取应变行动。《荀子·议兵》对此也有佐证：“权不可预设，变不可先图，与时迁移，随物变化。”景区效益的高、中、微、亏对应“变”的大、中、小、无。变者有益，大变大益，小变小益，不变无益。美国迪斯尼乐园每年都在以“三三制”淘汰、革新、变换着，在20世纪90年代其年效益竟超过我国西部六省的旅游企业效益总和。微利、亏损的旅游企业错在哪里呢？错就错在观念和认识上，它们固执地认为旅游仅仅是为游客提供游山玩水的环境与条件。

“沉舟侧畔千帆过，病树前头万木春”。世界上的万物都在变，各行各业都在变，人们的消费水平、欣赏标准都在变，只有傻子在以不变应万变。鲁迅先生说：“爱情要时时更新。”爱情尚需如此，况旅游乎？试问谁愿意对一种环境反复体验，谁愿意对一种风景反复观看，谁愿意对一种语言反复倾听。面对相同的市场、相同的消费群体始终提供相同的产品，面对如雨后春笋般成长起来的雷同景区，其结果只有一个——就是反复出现“低效—高效—低效—亏损”的尴尬局面。洛阳如此，南京如此，秦皇岛如此，衡山如此，青海湖如此，太阳岛如此，龙门石窟如此，鸡公山如此……试问：我们的旅游业究竟还能承受得起多少个这样的“如此”？

旅游是一种特殊的产品，其不同于日常消费品，用完了还得用；不同于饭店、理发馆、洗衣店等，顾客可以反复消费。旅游是一种情感消费产品，可多可少，可有可无，并非必需品。因此，旅游产品必须权衡利弊，与时俱进，常变常新。变是永恒的法则，墨守成规，故步自封，只有死路一条。

竞争需要创新，创新需要人才。旅游业的竞争也不会游离于人类竞争的普世法则之外，这就是旅游业的竞争归根结底属于人才竞争。人才竞争的归结点是理念竞争，理念竞争的归结点是文化竞争。“我劝天公重抖擞，不拘一格降人才”，人才在哪里？人才在文化里，人才在知识里，哪里有文化，哪里有知识，哪里就有人才，我们就应该到哪里找人才。旅游是文化的载体，文化是旅游的灵魂，旅游失去文化将形若瘪三，味同嚼蜡；旅游注入文化将锦上添花，顾盼生辉。愿中国所有的旅游城市、旅游景区通过求才、求知、求变，达到求财、求效、求名。旅游界同人们，不要再犹豫，不要再徘徊，早求早受益，晚求晚受益，不求不受益。

旅游规划三元论及新观念

旅游规划其狭义的概念是包括旅游发展规划、旅游项目设置、客源市场开发在内的旅游策划。这是旅游规划的主题与核心。其规划的形式特点是以文字、数字、图表为主的描述、分析、论证、设想。然而，过去的实践结果和未来的社会需求告诉我们，仅有这种旅游策划是不够的，必须要把设想计划落实在有形的空间形体和有阶段的时间范围上，这就需要有更为具体的时空规划以及对应于单体项目的设计，需要以景观规划设计专业的规划设计图纸为主。此外，除了客源，在近年旅游规划中，大家都无法回避旅游地生态环境保护和旅游景观环境创造这两大问题；同时，除了经济产业的问题，游憩心理行为和旅游地时空形态格局正在成为旅游规划理论研究的重点。

一、旅游规划的三元论

基于以上思考，新时代的中国旅游规划，在实践深度上，要从宏观的策划细化到时空规划、单体设计；在实践内容上，要从以客源市场为主扩展到生态环保、美景创造；在理论研究上，要从产业经济延伸到游客心理行为、时空形态格局。现代旅游规划如同传统的旅游规划，其根本目的仍然是为旅游者创造时间与空间的差异感、文化与历史的新奇感、生理与心理上的满足感。现代旅游规划自始至终都应以此为核心和最终目标。

中国旅游规划反映了旅游业发展三个层面的需求：一是景观时空层面的需求，包括区域、总体、景区、景点的时间与空间上的布局、设计；二是旅游活动及文化层面需求，即人们行为活动和与之相应的经营运作的规划需求，包括孕育于旅游环境之中的历史、风情、习俗等人文因素；三是环境、生态、资源层面需求，即生态环境大地景观的规划需求，包括对土地、地形、水体、动植物、气候、光照等人文与自然资源的调查、分析、评估、规划、保护等。以上需求构成了旅游规划的三元体系，与之相对应，现代旅游规划的内容同样具备三元体系，即：以“景观”规划为核心的群体旅游行为和心理规划及项目经营，以“文化”规划为核心的优美旅游人文环境形象创造，以“生态”规划为核心的旅游环境生态保护。简而言之，景观、文化、生态就是现代旅游规划的三个元素。

旅游规划必须侧重于“景观”、“文化”、“生态”三个方面。一是“旅游”的规划，其核心是对旅游资源（分为自然天成和人为创造的两类）、游客行为和心理及项目的经营运作，对这些进行揣摩、分析、设定、预测，统称策划；二是“景观”的规划，又称风景园林规划，其核心是对旅游项目、游客活动、设施建设这三者进行空间布局、时间分期、设计构建，统称规划；三是“生态”的规划，其核心是对旅游区、旅游地的自然环境与因旅游开发建设而可能造成的影响进行识别、分析、保护等规划。无论是区域旅游发展规划，还是旅游地的项目策划，抑或是旅游地修建性详细规划，虽然规模、层次、深度各不相同，但都必须将这三方面作为基本内容予以考量，只是三方面的侧重、深度有所不同而已。纵览世界上旅游规划的经典案例，无一不是具有时代风格和现代意识的成功之作，无不饱含着这三个方面的刻意追求和深思熟虑。

旅游规划在层面、重点、阶段、支撑专业等方面也都具有三元特征。旅游规划的三个层面：区域—景区—景点；旅游规划的三个重点：资源（区域上）—布局（总体上）—选择（景点与项目策划）；旅游规划的三个阶段：发展策划（阶段 1）—总体规划（阶段 2）—详细规划（阶段 3）；旅游规划的全过程：策划—规划设计—营销；旅游规划的支撑学科领域：旅游游憩学、景观园林（包括建筑、规划、园林）、环境艺术。

根据旅游规划三元论，可以区分三种极具发展潜力的旅游规划流派：一是以旅游策划为核心，重在大众行为和心理景观策划的游憩流派；二是以景观规划和环境艺术设计为核心，重在空间规划布局与景点设计的景观流派；三是以旅游资源、环境生态保护利用为核心，重在自然生态的生态流派。这三种流派代表着现代旅游规划学科领域的发展方向。对于处于起步阶段的中国旅游规划来说，提出旅游三元论的目的就是要解决旅游规划的定向问题，寻求符合中国国情的旅游规划发展方向。

二、旅游规划学科领域的新观念

尽管在过去 20 年中，国内旅游规划依托经济发展规划、城市总体规划、风景园林规划等相邻学科专业的研究与实践，已得到长足的发展，然而，从与国际接轨的角度说，这一学科领域目前尚处于形成初期，姑且称之为“生成期”，正在经历着最为关键的结构确立、反馈调整、转变重组。在学术上，一是受到中国旅游界、风景园林界、建筑规划界的影响；二是受到国际旅游学科专业的推动。在社会实践上，一方面，迅速发展的旅游市场需求为该学科专业研究提供了广阔的发展空间；另一方面，鱼目混珠、外行多于内行的状况导致专业实践成果缺乏原创，“克隆”国内外旅游景观实例成风，水平难以提高。对此，首先需要在学科专业上形成正确的观念，这是解决生成期该学科专业“定性”问题的基本出发点。

这种观念的形成包含两层含义：一是指原旅游管理学科关注重点的转移和范围的扩展，即从后期管理运营转移到先期开发建设，从单一传统专业扩展为综合交叉的现代专业；二是指随之而来的学科核心内容的转变，即从以项目策划为核心的旅游规划转移到包括项目策划等多种元素构成的以旅游规划三元素为核心的综合旅游规划。

在中国旅游界，这种新观念的形成已经具备客观条件，这就是近年迅速扩展的旅游规划市场需求及其工程实践。与过去 20 年的实践相比，旅游规划项目的种类、规模和工作深度均已大大扩展。例如：在许多城市发展规划中，旅游发展规划已从总体规划中的专项规划中分离出来，而作为一项相对独立的规划。又如：近年兴起的城市绿地系统规划、城市景观风貌规划、滨水区规划设计、街道景观设计、城市广场规划设计、交通道路景观规划设计、旅游度假区规划设计等项目都在不同规模层面上与旅游规划相互交织。此外，随着国外高水平旅游规划理论的推介和国内旅游规划院所日趋国际化的旅游规划操作，学科领域新概念的形成及与国际接轨的实践操作已开始深入人心且势在必行。

实景演出　天堂还是陷阱

近年来，“印象文化”成为中国旅游文化发展的独特现象。曾几何时，有景点必演实景剧，但凡实景剧必称之“印象”，“实景演出”俨然成为旅游文化再造之天堂。自2004年张艺谋在桂林阳朔策划了规模宏大的山水实景剧《印象·刘三姐》后，“实景演出”便一发而不可收，诸如《印象·丽江》、《印象·西湖》、《印象·海南岛》、《印象·井冈山》、《印象·大红袍》、《印象·武隆》、《印象·雪山》、《印象·长城》、《印象·泰山》、《禅宗少林》、《东京梦华》、《天骄·成吉思汗》等，在全国掀起阵阵波澜。日前，又一部总投资两亿元的大型实景剧作品《希夷之大理》，在云南大理举行奠基仪式；又有王潮歌担纲主创的《××× 与 ××》、《×× 盛世》、《水韵 ××》等近10部“实景演出”在河南各地运筹中；另有近300部“实景演出”在全国各地策划中……

旅游经营者们为何对实景剧情有独钟？“实景演出”能否对旅游文化作最完美的诠释？笔者进行了一些调查，感触良多。

一、“实景演出”之雷同化

在曾经上演过“印象”剧的地方，主导者和主创者大都认为：在旅游经营上必须推陈出新，有所突破，唯有如此，才能在竞争激烈的旅游市场中抢占先机，吸引游客。作为一场文化盛宴，“实景演出”不仅仅是一场演出，它的重要意义还在于把政府的先导性投资、综合扶持与企业投入的优质资本、管理模式等结合起来，把开发山水景观大舞台与拉动旅游和相关产业、保护生态环境以及形成旅游经济、社会、文化、生态等多方面的综合效益结合起来。但是，作为市场主体的游客是怎么看待的呢？曾经观看过多部“印象”剧的观众认为：这些演出无论是经营模式还是演出内容，大多雷同，了无新意。

（一）大腕效应

“实景演出”多由国内知名导演执导，以吸引各界关注。地方政府和投资者欲利用名人效应打造热点项目，迅速扩大景区知名度，取得相应的收益。

（二）重磅出击

“实景演出”投资额动辄上亿元，如《印象·刘三姐》总投资近1亿元，《印象·丽江》总投资达2.5亿元，《希夷之大理》投资近2亿元，《禅宗少林》投资1.35亿元，《东京梦华》投资1.3亿元，《君山追梦》总投资1.4亿元。

（三）人海战术

从以清丽的漓江为舞台、峻峭的山峰为背景，经典山歌、漓江渔火和民族风情交错融合的《印象·刘三姐》，到蓝天、白云、雪山和巨石交相辉映的《印象·丽江》……“印象”系列如出一辙：宏大的舞台背景，后现代的艺术构想，众多的群众演员，穿插民俗民情民歌。

盲目的模仿，失掉了自我，丢掉了特色，弄得不伦不类，不土不洋。以《禅宗少林》为例：《印象·刘三姐》中渔民的劳动场面，在《禅宗少林》里演绎成谷场的劳动场面；《印象·刘三姐》中水面上漂荡着月亮，到了《禅宗少林》中变成了升起的月亮；《印象·刘三姐》中出现的一头水牛，到了《禅宗少林》里变成了一群羊；《印象·刘三姐》中一群身穿壮族服饰光鲜亮丽的姑娘，到了《禅宗少林》里面变成闪亮登场的武僧……也许《禅宗少林》早就有此创意，但是新鲜感总是来自最初的实践者。《东京梦华》沙场点兵中，若借用知名度极高、亲和力极强的《穆桂英挂帅》豫剧唱腔，不一味地“歌”下去，或许会更能引起观众的共鸣，更能凸显当地特色文化魅力。

二、“实景演出”之误区

（一）“实景演出”≠旅游印象

打造“实景演出”的初衷是向外界展示本土文化的魅力，通过一种引人入胜的文化元素，提升旅游文化品位，带动地方经济的发展。但问题是，一台实景演出就能将旅游的品牌推介出去吗？一场几个小时的实景演出能容纳当地旅游的全部文化内涵吗？

不可否认，实景剧运用了舞台、灯光、影视技术等现代化的声光电手段，对自然空间作了超现实的诠释，这的确是一个突破。但从另一个侧面看，各个旅游区如果都以同样的手法去打造，可能会造成程式化和空心化。旅游的文化特色是在长期的历史发展进程中，通过人为与自然的选择积淀形成的，是历史演变的浓缩。文化创意可以轰轰烈烈，但更重要的是培育内在厚重的人文底蕴。从《印象·刘三姐》到《印象·丽江》、《印象·西湖》、《印象·武隆》、《禅宗少林》、《印象·泰山》等，这些“印象”实景演出不仅对旅游自然生态环境和文化遗产造成不同程度的破坏，还极有可能误导人们对当地旅游文化的理解，造成管窥之见，甚至扭曲旅游景区的文化形象。

（二）实景演出≠旅游盛宴

可以预见的是，今后拿着钱砸向实景演出的景区还会接连不断出现。据不完全统计，中国目前已经上马和准备上马实景演出的城市有300多个。在这数百个实景演出项目中，张艺谋的印象系列可以说是凤毛麟角，同时也是空前绝后的。除了张艺谋的作品以外，由于投资规模的局限和制作团队实力的参差不齐，大量的实景演出项目中再没有一个脱颖而出而形成影响与口碑的。从这个意义上说，尽管张艺谋开启并且带动了中国的实景演出市场，但是这个市场从来没有真正做大过。在调查中笔者了解到，“实景演出”投资上亿元，每场演出费用在10万元人民币左右，每张票均价100多元，这意味着每场观众必须达到1 000人，才能支付演出成本，而实际上多数“实景演出”每场观众尚不足400人。如此惨淡经营，猴年马月才能够收回成本？现在，除《印象·刘三姐》、《长恨歌》外，多数“实景演出”在经历短期的红火后，就开始没落，举步维艰，或吹灯拔蜡（《天下峨眉》等已停止演出），或半死不活（《禅宗少林》等时停时演），或蛤蟆垫桌腿——硬撑（《印象·西湖》、《东京梦华》等）。

不是每一个地方都适宜搞大型演出，更不是每个地方都适宜搞露天实景演出，正如《印象·刘三姐》总策划梅帅元所言：“不是每个地方都有足够的文化资源。”各地想要挤上实景演出这趟快车，先得考量自身的文化条件。单就演出质量而言，粗制滥造是最大的问题。很多景区所谓的实景演出无非是为其旅游表演贴了个冠冕堂皇的标签，推出来的依旧是一台稍作粉饰的文艺汇演或陈年剧目，缺少新意和艺术性。恰如一盘回锅翻炒的过夜剩菜，既缺少营养，又丧失了色香味，这是大多数实景演出的致命伤。如自称耗费巨资1.4亿元打造的《××追梦》实景演出，观众直言：“无非是一台花钱亵渎其主题文化、破坏其生态环境的常规演出而已。”

在实景演出大红大紫的背后，主创者应清醒地认识到演艺旅游是品牌经济，是一项在资源、艺术和技术方面都投入巨大的繁杂工程。尤其需要注意的是，随着“实景剧”的增多，游客的口味会越来越多样，策划者应该与时俱进，为此类演出注入更多、更新、更深的内涵，需要精细的策划和精准的市场定位。专家指出，演艺旅游属于投入高、回报慢的商业模式，需要相当数量的外来游客支撑。一家旅行社负责人表示，在搞实景山水演出时，应该充分考虑到当地的交通、住宿、餐饮等基础设施。业内人士建议，搞实景演出必须抓住游客的兴趣点。如果只是盲目地上马，却没有足够的客源，或者无法为游客提供基础性的服务，只能变成本地人的自娱自乐。

张艺谋多年的合作伙伴张伟平接受记者采访时，意味深长地讲了这样一段话：“奥运会后，张艺谋拍片整体的创作思路有了改变，不再迷恋形式的东西。他最大的改变是特别关注内容，之前是形式大于内容，现在是内容远大于形式。所以说现在不能跟他提人海战术，一提他烦，因为真是做到底了。”由此看来，“实景演出”创作第一人已经厌倦了这种旅游运作模式，可步其后尘者还在乐此不疲地跟风。请问：各地大型实景演出投入上亿元搞一台实景歌舞剧，是不是劳民伤财？会不会引发当地的生态、环境等问题？这种注重形式、缺乏内涵、入不敷出、破坏生态的泡沫式“闹剧”究竟还能撑多久？实景剧到底是天堂，还是陷阱？

三、旅游营销应另辟蹊径，出奇制胜

“实景演出”作为一种新生事物正方兴未艾，它融人文景观和自然景观于一体，体现了人文与自然的和谐，实现了对传统演出的突破，确实在初期给人以清风扑面的新鲜感，尤其是张艺谋的开山之作《印象·刘三姐》。但越是时令性的东西越不保鲜，越容易变质变味。这种超大规模的印象艺术就是一柄双刃剑，其轰动效应固然巨大，但负面作用也不可低估。国人喜欢跟风，模仿能力极强，发现好点的东西就趋之若鹜，以至于出现各种“山寨版”的仿制品。在经济建设中，我们屡屡重蹈覆辙，一些地方已经品尝了破坏生态酿成的苦酒。在文化建设中，也出现过 20 世纪“主题公园热”的现象，3 000 多个“主题公园”中的 80%无果而终，1 000 多亿元的资金被套牢，教训惨痛。实景演出已经出现泛滥趋势，会不会像“主题公园热”那样，开始时一哄而上，最终无人问津？在各种令人眼花缭乱的旅游营销策略和缺乏主旋律却又雷同的旅游模式中，我们应该重新审视和思考：旅游是否真的站在了正确的起点上？是否在走一条正确的发展路子？

《孙子兵法》曰：“战胜不复，而应形于无穷。”大意是说，别人用过的招虽然已经验证能打胜仗，但不宜重复，应幻化于无穷。从旅游创新的角度讲，盲目地跟风，一味地照搬、克隆与复制他人的旅游文化创意项目，势必造成资源与财力的巨大浪费，游客对这种东西只会感到索然无味。如果把这些钱用于规划和保护本地历史文化遗产，用于传承和弘扬那些行将消失的传统文化，从而夯实本地旅游资源基础，而不是做表面文章和政绩工程，搞一些急功近利和杀鸡取卵的蠢事，或许会更好一些。

笔者认为，全方位、多角度地建设和提升旅游文化是提高旅游竞争力的有效途径。旅游文化关键是特色，需要立足自身的文化特色，追求不同的发展目标。旅游营销应体现出差异化，找准旅游定位，利用现有资源优势，挖掘旅游品牌的核心价值，采取相应的营销策略，打造自己的卖点。实景演出也是如此，没有鲜明的地方文化特色的实景演出是没有生命力的。笔者建议，对旅游文化传统路径进行改造升级，把民俗、节日和庆典等非物质文化元素融入到旅游中去，提高人们的参与性，以此来增加旅游的竞争力和影响力，保持长久不衰的魅力，而不是照猫画虎、铺天盖地地去搞实景演出。

综上所述，实景演出未必是天堂，天上掉下来的未必是馅饼，但一旦塌陷却必是陷阱，是无底洞。

品牌篇

旅◦游◦品◦牌◦观

- 旅游可以有名无实，绝不可以有实无名。
- 好品牌给公众传递亲和力、美誉度和好形象。
- 不想当将军的士兵不是好士兵，不想创 5A 的景区不是好景区。
- 大品牌大发展，小品牌小发展，没品牌难发展。

旅游区国家质量“A化”标准

1A卫生，2A方便，3A舒适，4A完善，5A文化。

品牌传播的四大要素

品牌传播的主体定位——我是谁，
品牌传播的对象研究——对谁说，
品牌传播的渠道分析——怎么说，
品牌传播的内容辨别——说什么。

品牌之爆破力

4A景区品牌引爆区域观光，5A景区品牌引爆世界休闲，国家旅游度假区品牌引爆全球度假。

5A景区之地标

5A景区＝生态地＋环保地＋理念先进地＋安居乐业地。

5A品牌之正能量

凝聚干群向心力，集聚发展创造力，积聚景区吸引力。

5A景区品牌效应

大美5A，有口皆碑；4A不计其数，5A屈指可数；4A图热闹，5A赚钞票。

谈旅游品牌效应

品牌经营指企业针对市场需求的基本态势，以企业理念为核心，以品牌为手段，通过品牌营销、品牌推广、品牌资产管理等各种经营方式以实现企业利润最大化的最终目标。首先，品牌经营能赢得忠诚顾客，形成差异化竞争优势；其次，品牌经营可以加速集团化扩张，形成产业聚合优势。品牌经营是旅游企业加速扩张的重要手段，它可以摆脱地域限制，以品牌拓展旅游发展空间、扩张市场规模，从而促进旅游企业走上快速扩张、规模经营的道路。

旅游企业品牌经营的第一步是建设景区品牌。所谓景区品牌，是指为了赢得游客忠诚，造就竞争优势，从旅游企业全面的运作中产生的自我认知和旅游者识别的形象系统，它将景区产品和服务以及文化与环境的商品化结合起来，是旅游企业由内至外的综合建设。

景区品牌形象包括两个方面：一是景区经营企业对景区本身的形象认知；二是游客对景区形象的认知。这两者的认知达到融合时，品牌形象的塑造才能获得最佳的效果。对景区本身的形象认知包括了对景区资源种类、品位、所处区位、交通条件、经营项目、服务质量、管理水平等基础要素的认知，由此得到最基本的形象认知。这些基础要素虽不是决定景区品牌形象的核心要素，但也是不可或缺的，而且对于特定的景区而言，其中的某些因素会上升为决定性的因素。

首先，从最显著的功能层面而言，旅游景区品牌形象存在的价值在于促进客户的实际购买，产生持久的知名度、美誉度和满意度，最终达到品牌忠诚。这里的“客户”，既包括旅游者，也包括代理商、旅行社或其他代理者；而旅游景区的“品牌忠诚”，也有异于实物产品的“品牌忠诚”，它包括游客的重游率、更多的人均消费和良好的口碑，以及代理商的反复购买和主动宣传，等等。消费者对景区品牌的忠诚大大降低了他们在选择旅游目的地时的不确定性，减少了决策成本的付出；景区不仅能以此扩大销售规模，还可提升自身的市场地位和竞争能力，这便是品牌形象给景区经营企业带来的直接回报。

其次，再深入一层思考，在景区经营企业的其他相关经营领域，品牌形象还可延伸其价值，促进企业的多元化发展，使主营以外的产品分享品牌形象的利益，迅速获得市场认可。若品牌能成功转化为名牌，更有利于景区经营企业的资本运作，取得对外融资、产权交易等特殊利益。

品牌的重要作用在迪斯尼乐园得到充分验证，迪斯尼总公司通过管理模式、经营理念、商标品牌等无形资产的转让和特许使用这一方式迅速实现集团扩张，它成功地建设、运营了东京迪斯尼乐园、巴黎迪斯尼乐园、香港迪斯尼乐园等。品牌经营促进产业链延伸，形成了迪斯尼公司多元化经营优势。迪斯尼乐园借用其品牌在顾客心目中的形象、声誉，将迪斯尼品牌运用于主题产品，消费者出于对迪斯尼品牌的信任与偏好会将这种品牌忠诚延伸到新的产品中去，增加了新产品取得市场成功的机会，从而促进了公司迅速形成产品多元化或产业多元化经营格局。迪斯尼乐园与影视媒体企业、玩具商、服装商等合作开发一系列拥有固定主题的产品，包括主题卡通人物、主题玩具、主题服饰、家用电器等。这给迪斯尼乐园带来了丰厚利润，在迪斯尼公司的收入中主题公园本身的收入只占约 20%，而品牌产品销售收入所占比例却高达一半左右。

总之，景区品牌形象的建设对于旅游业尤为重要。它将最终促使我国的景区经营企业从形象建设出发，内练素质，提升经营层次，走向品牌化经营的道路，在更为激烈的市场竞争中获得优势地位，保持长期的发展活力。

略论 5A 景区创建方法

国家 5A 级旅游景区是目前我国旅游区等级的最高级，其观赏游憩价值、历史文化科学价值、珍稀和奇特程度、规模与丰度、完整性、知名度、美誉度、市场辐射力、主题强化度等都体现了世界品位。因此，5A 级旅游景区创建是一项艰巨的工作，必须合理解读，端正认识，扎实工作，走科学创建之路。

一、5A 景区是品牌建设的需要

最近，在《销售与市场》杂志上，看到一篇题为《药企还有品牌这根稻草》的文章。文章就医药企业的同质化竞争问题指出："蓝海并不存在，或者转瞬即逝，所有企业都躲不开竞争，只是竞争层级各有不同。全球医药企业基本都处在三个层级的竞争形态当中，即：研发、价格与营销、品牌。每个层级的玩法不同，收益规模不同，境界也不同。"文章特别提到了品牌问题，认为："品牌建设与传播就是'攻心为上'的竞争战略，要抓住品牌这根稻草。企业竞争最终要落脚到品牌化运作，更给力地参与到市场竞争中。"

读完文章，感触良多，不禁拍案叫绝。我国的旅游市场何尝不是如此？中国游客选择旅游目的地主要看重当地的基础设施、特色景观和宜人的气候。无论是重视体验、喜欢呼朋唤友出行的北京人，还是理性消费、要清楚自己花多少钱买了多少东西的上海人，抑或是讲究吃好、住好、很实际的广东人，以及林林总总的世界各国游客，总体的消费偏好是喜欢去著名的地方、舒适的地方、服务完善的地方、有文化内涵的地方。这就存在一个品牌问题。

我国旅游区质量等级标准是：1A 卫生，2A 方便，3A 舒适，4A 完善，5A 文化。文化是旅游的灵魂，以文化为核心的 5A 标志着最高级别的品牌。从游客观赏角度说 5A 的标准为"五看"，即：想看、可看、好看、耐看、反复看。这样说来，当然是品牌越高，游客越多，效益越好。

纵观古今中外成败史，从拿破仑到希特勒，从项羽到蒋介石，所有的失败者不是被敌人打败了，而是被自己打败了。究其原因，是自己的观念出了问题。由此说来，在旅游发展的道路上，旅游景区必须避免同质化竞争，不断升级自己的品牌，否则就会落入自己打败自己的历史怪圈。也许眼前的2A、3A、4A景区还能勉强生存，但残酷的市场竞争要求必须一直往前走，向5A的目标迈进。“逆水行舟，不进则退”，在众多景区加紧升5A的大潮中，如果安于现状、裹足不前，必将会被历史的洪流所湮没，会将数千万甚至数亿元的投资付诸东流。拿破仑曾说：“不想当将军的士兵不是好士兵”，在旅游界也可以这样说：“不想创5A的景区不是好景区。”

二、5A级景区创建方法

（一）解读评审标准，为创建定向

国家景区评定委员会制定的《服务质量与环境质量评分细则》总分为1 000分，5A级旅游景区必须达到950分；《景观质量评分细则》总分为100分，5A级旅游景区必须达到90分；《游客意见评分细则》总分为100分，5A级旅游景区必须达到90分。其中《服务质量与环境质量评分细则》包括旅游交通、游览、旅游安全、卫生、邮电服务、旅游购物、综合管理、资源与环境的维护8个大项，共216个评分点。这就要求我们从战略层面上，由“做大、做强”向“做细、做精”转变；在景区共建上，从旅游交通、游览、安全、卫生、邮电、购物、管理、资源与环境的维护八个方面进行全面规范；在具体实施中，要围绕“一个宗旨（以人为本）、两个特色（生态自然性、地质独特性）、三项条件（可进入性、可舒适性、可观赏性）”，以科学发展观统领旅游业的发展，引导全国的旅游景区向国际化、标准化方向发展。

（二）提高品牌意识，为创建增值

5A级景区更注重景区的人性化和细节化，为此相关规定围绕为游客营造舒适优美的旅游环境，制定了许多富有内涵的细则：一是特色性。公共休息设施要求特色突出，有艺术感和文化气息。二是文化性。文化性是“5A标准”出现的新词汇，既要求提升景区整体文化层次，又要求营造特色文化氛围。三是以人为本。“以人为本”的理念是5A景区的精髓，必须高度重视游客意见，扎实做好游客意见调查工作，务必保证游客意见反馈的客观性、便捷性和有效性。

在创建工作中要反对两个方面的倾向：一种是跳板心态，把创建5A级旅游景区，当作增加收入的跳板；另一种是应付心态，为申报而申报。

（三）提升规划质量，为创建立标

“细则一”明确了规划的分量，二级分值达到了25分，这肯定了规划工作的重要性和规划成果的严肃性。鉴于此，确定创建工作之初，委托专业规划设计机构进行专项提升规划编制，就显得尤为重要。然而，在实际操作过程中，“规划先行”很难实现，其困难体现在以下两个方面：一是很多实际工作者不理解规划的真正意义；二是在规划实施过程中，相关部门经常会不得已地部分，甚至完全置规划内容于不顾，肆意变更科学的规划设计方案。正是由于这两方面的原因导致一些景区到目前为止还没有编制景区专项规划，景区旅游开发处于无规可依、无章可循的窘境；还有一些景区虽然编制了专项规划，但并未真正遵照执行。尤其是当前的“景区城市化”成为不少旅游景区的通病，这也是最违背5A景区标准的顽疾。

（四）加强基本建设，为创建加码

创建过程中总分值370分，游客中心、游步道、垃圾箱、厕所以及标志系统5项占总分的18.3%,足以看出5个项目的重要性。如果这5项中有任何一项成为软肋，旅游景区是不可能申报成功的。

1. 完善游客中心功能

游客中心70分，其信息咨询服务功能必须方便游客旅行。此外，它还具有宣传展示、客房代订、票务、救援、受理投诉、购物等功能。尤其是其宣传展示功能，在网络化时代，完全可以超越景区的地域概念，通过网络直接和全球联通；而3D导游、虚拟景区等新技术的运用，更能让其效果倍增。

2. 突出游步道特色

游步道20分。“游”以游步道为载体，在任何旅游景区，游憩行为与游步道发生联系的时间最长，而且，游步道改善的投资并不大，所以游步道的设计应当渗入生态系统保护理念，完整地结合标识系统的改造，充分尊重并统一利用原生态文化，采用生态环保材料，这样加分效果将会非常明显。此外，游步道的舒适性和艺术性能够使游客的消费心理预期得到极大满足，将会直接影响游客的总体印象评价。

3. 垃圾箱要布局合理

垃圾箱20分。游客在景区与垃圾箱打交道的频率，远远高于电信、通信、邮电、供水等其他基础设施。垃圾箱要强调文化性和艺术性，注意科学布局。而且要根据容量测算结果，实现垃圾箱的布局与游客容量、使用频率相一致，避免出现垃圾箱使用失衡的情况。

4. 提升旅游厕所品质

厕所是最为直观、给游客印象最为深刻，也是最为重要的一个评价因素，因此要严格按照《GB/T18973-2003》的要求，全部达到三星级以上标准，从而极大地提升厕所的品质。为此要做到以下四点：一是体现文化特色；二是注重保持良好的卫生状况；三是务必根据游客容量，科学估算、合理安排厕所密度；四是强调人性化服务，对特殊人群的需求要有合理的考虑。

5. 建立健全旅游标识

旅游标识方面，一是与其相关的评定项目分值达 49 分；二是三大细则中，与旅游标识直接相关的内容总分值达到 195 分。在设计上，除了要符合国家相关标准外，还需要做到以下几点：一是结合景观环境；二是体现人与自然的和谐；三是体现当地景区独特的人文关怀；四是材料的经久耐用。

6. 合理开发利用资源

在开发过程中，应注意以下几点：一是民族、地域特色的凸显；二是传统文化、现代文明与自然风光的协调；三是兼顾经济效益、生态效益和社会效益，避免过度开发。

（五）扩大营销网络，为创建造势

"旅游景区宣传" 35 分。作为二级指标，其分值不多，但难度不小。虽然旅游景区都提高了对营销的重视，准备在申报 5A 级的旅游景区中大力宣传，但要得力、得法。比如在央视播放宣传片，仅得 5 分。在评定项目的三级指标中，"通过国际互联网宣传" 分值达到 21 分。通常建设一个多语种动态网站，投资额一两百万元，日常维护成本并不高。因此，正确认识传统媒体营销方式与现代互联网营销的作用，是景区宣传评定项目分值提高与旅游景区提升的关键所在。

实际上，伴随受众分流，与代价高昂的传统营销方式相比，价廉质优的互联网事件营销有着明显的优势。因此，应加强与一些联合营销平台的合作，保证"电子商务"（30 分）全额拿分。在进行网络事件营销时，既要重视营销策划本身的创意，也要恰当地选择营销时机，注重营销效果。要确定旅游景区的营销模式、营销战略、营销定位和营销路径，选择合理的营销时机、渠道、载体和方法，制订长期营销策略和近期行动计划。

（六）完善服务体系，为创建增色

"旅游购物" 50 分。完善景区服务体系是成功创建 5A 的有效保障。随着旅游市场竞争的日益激烈，周到的服务措施、良好的服务设施、规范的服务内容、一流的服务质量将成为景区傲立于市场的法宝。服务软硬件要在让游客满意、让游客感动等方面下足工夫，真正提高景区服务品质。购物场所的设计应高度重视环境、气氛、服务内容、地方特色和文化主题的协调，超越单纯的购物需求，追求精神层面的满足。其实，“旅游购物”作为一级指标，只有 4 个子列项，硬件环境提升并不难，关键在于服务质量的管控，为此，应强化对员工服务意识和服务技能的培训，促使员工更好地适应本职工作，提供更优质的服务。

（七）强化运管机制，为创建增力

一是完善规章制度，整合管理力量，加强综合治理工作，健全旅游投诉机制，为广大游客提供规范、快捷的投诉处理服务；二是大力推进电子商务建设，扩大服务范围，提高服务效率；三是引入竞争机制，通过推行经营权与所有权的分离，实现景区管理权责的明晰化，为景区参与市场竞争释压，确保企业拥有较大的自主决策权；四是景区应完全融入市场，并按照现代企业的机制运行。

现代旅游产品需注入十大现代元素

任何产业都要依托一定的产品形式，通过营销最终创造价值。旅游产业也不例外，资源的优势要转化为经济的优势，关键在于能否形成消费者接受、市场认可的产品。所谓旅游产品，从需求角度表现为旅游者在旅游活动中获得的全部经历体验，从供给角度表现为商家在一次旅游消费中提供的全部商品和服务的总和。旅游产品可以简要概括为：资源＋设施＋服务。旅游产品按功能可细分为饭店产品、旅行社产品、景区产品等，也可按类型分为观光产品、度假产品、专项产品等。

一、当前旅游产品存在的问题

旅游产品是比较复杂的产品，既有一般服务产品的共性——无形性、不可储存性、不可移动性、生产与消费的同步性，同时又有特殊性——产品的消费过程是一种主观的体验；产品的不流动而消费者流动；产品须由多项子产品组合；是为满足生活基本需求之外更高层次需求的产品，是弹性较大的软需求产品。旅游产品的构成涵盖了吃、住、行、游、购、娱六要素各环节，是一种综合性、复合型的产品。产品的形成跨部门跨行业，涉及面多，关联度广。旅游业作为依附性的产业，产业的边界模糊，可以说是靠产品聚集产业。有产品则形成相关的上下游企业，构成产业链。未形成产品，企业则各行其道，各为其主，产业处于松散状态。从这个意义上讲，旅游产品是旅游产业的核心。但是，当前，很多的旅游景区产品内容、形式常年不变，没有创新，制约了旅游的发展。

（一）资源的类同化导致产品的同质化

由于个性的缺失难以形成有特色的产品，极易被复制克隆，难以摆脱低层次、低水平的竞争。

（二）资源的利用深度不足，资源形态未深加工为产品形态

只能形成初级产品，等同于靠廉价出售资源。

（三）未能形成产品体系

既缺少主打产品，又缺少衍生产品和伴生产品，产品的谱系和延伸不足。

（四）许多产品的规划设计市场认可度低

概念性的产品停留在理念上、规划中，未能转化为市场形态的产品。

（五）传统的旅游产品面临着产品的生命周期

旅游产品大多为一次性消费，重游率低。

二、现代旅游产品需要注入现代元素

旅游的需求不断升温，旅游消费者日益成熟，许多传统的旅游产品已显得不相适应而受到越来越大的挑战。现代旅游呼唤现代旅游产品，现代旅游产品需要注入现代元素，即实现旅游产品的“十化”。

（一）体验化

经济社会的发展趋势正由产品经济、服务经济向体验经济演进。旅游业本质上是以出售体验和经历为主要产品，应是能率先跨入体验经济的产业之一。因此，在产品的设计上应该以资源为舞台，以环境为背景，以文化为内涵，以设施为载体，以服务为支撑，为旅游消费者制造独特的体验和经历。旅游产品的价值在于能为游客提供特殊的经历和体验，通过调动人们的视觉、味觉、嗅觉、听觉、触觉，从而使人们获得身心愉悦的感觉和感受。缺少体验设计的产品将是不合时宜的、落伍的产品。

（二）休闲化

许多专家断言旅游正面临由观光型向度假型转化升级的机遇。似乎度假是比观光更高层次、更高阶段的旅游。其实不然，观光旅游也有高档低档之分，度假也有短期长期、廉价高端之别。观光也是人们选择的度假方式之一。在大众旅游时代，

观光旅游产品在相当时期内仍会处于难以替代的主导地位。观光与度假高低优劣之辩，其实是个伪问题。现代旅游问题的症结在于不论观光还是度假，人们都期望赋予更多休闲的内涵。旅游消费正日渐成熟，人们已不满足于走马观花到此一游式的旅游，换个环境放松身心已经成为旅游的主要诉求。传统的标准化、格式化、流水作业式的旅游产品令人感到乏味疲惫。新一代旅游产品要求更休闲化，注重休闲设施、休闲活动、休闲空间的布局配置，强调体验参与，讲究环境的营造和氛围的设计。

（三）生活化

旅游将成为人们生活方式的重要组成部分。旅游就是旅行中的生活，是换个环境的生活。现代旅游者更青睐融入生活元素、生活气息、生活情趣的产品。人们期望不仅观景、观光，而且能观察生活，甚至能有异地生活的经历。在观光中观察生活，在度假中体验生活，在休闲中品味生活。因此，现代旅游产品在设计中要注重社会生活资源的挖掘。集市、家庭、社区、幼儿园、学校、监狱、婚俗、村落、农事等，皆可作为旅游资源深度利用整合组成产品。浓郁的生活元素已成为现代旅游产品中不可或缺的部件。

（四）参与化

传统的旅游产品模式是以景观为中心设计，以观光为主线展开，人们被有组织地计划安排，被动地消费产品。旅游消费者的成熟使消费心理、消费行为发生变化。人们已不再满足于被动地接受程式化的产品，希望主动地参与产品的设计和生产的全过程，注重参与过程中的感受和体验。旅游者的参与、社区的参与、与自然和人文交流互动的程度，成为旅游产品的重要品质。

（五）原真化

早期投资旅游，被业内人士调侃为：造庙＋造谣。搞些人造景观仿古建筑；找些点子高手策划，或捕风捉影或无中生有编排故事传说；制造些人造节庆炒作一把。其中并不乏屡试不爽的成功案例。如今时代变了，人们已开始厌倦缺少生活渊源和文脉根基、缺少原真性的旅游产品。在旅游产品规划开发中少些大拆大建、修旧如旧的假古董，少些陈列式、展示式的假文化，少些商业化、表演化的伪民俗，少些人工化、公园化的人造景观。现代旅游者更倾心于真山真水、真史真迹、活的文化、真实的生活，更珍惜以自己的视角获得真实体验、真实的经历。

（六）精致化

旅游市场趋于成熟的标志，是市场的细分和消费的分层。需求的分层和细分必然要求产品的精致化、管理的精细化。人们已难以接受粗制滥造的产品和粗放的经营管理。旅游产品精品化已成为产品换代、提升品质的重要手段。国外的不少旅游产品从资源的禀赋上并不及我们，但注重设计的细节、服务的细节、管理的细节、细部的雕琢，产出的效应效果大不一样。所谓关键就在细节中，细节决定成败，细节构筑完美，细节产出精品。

（七）乡土化

资源的同质化导致产品的类同化的现象普遍存在。专家们开出了特色化、个性化、差异化竞争的药方。但在市场条件下，由于信息不对称与不完整，个体的理性选择往往导致集体的非理性。尽管标新立异追求产品的新、奇、特，但雷同化的重复现象仍难以避免，并成为竞争的常态。商业化社会使一切趋于同化，但地域文化是不可替代的，一方水土养一方人。愈是乡土的愈是个性的，愈是本土的愈有特色。快速城市化的进程，使人们的压迫感更甚，渴望返璞归真来抚平内心的焦躁不安。呼唤现代的旅游产品更多地融入地域的乡村民俗、怀旧的节事、农事农活、家乡菜等乡土化的素材。

（八）娱乐化

一切都被娱乐化了，旅游产品也不例外。其实旅游也不过是一种娱乐方式。旅游产品的主要功能是为了放松身心，享受生活，追求快乐，愉悦自我，因此在旅游产品的设计中也应引入经济学的快乐指数的概念。旅游产品以所能提供的愉悦程度，使消费者物有所值。不少专家把旅游产品的文化性抬到不恰当的地位，赋予深重的文化内涵和教益功能。在大众旅游时代，主流的旅游产品并不宜精英化，成为老式文化人的产品。旅游产品不必有太多的文化负重和道德说教，对于旅游产品设计而言，只有能卖钱的文化才是有价值的，才能成为产品的素材。旅游能给人们带来快乐、制造欢乐就是一种文化。旅游只不过是为了在资讯爆炸的时代缓解人们工作生活的压力、供人们暂时逃避的轻松愉快的娱乐方式，不应被老百姓讥为“要生气，看足球；要受罪，去旅游”的笑柄。

（九）生态化

为了迎合需求，许多地方纷纷打出生态旅游的招牌，推出了众多的生态旅游产品，但大多名不副实，只不过是种营销的诉求。生态与旅游其实是一对互为依存的矛盾。按权威生态专家的说法，大规模的旅游活动无疑会导致一场生态灾难。生态旅游产品是以独特的生态资源为吸引物、不影响环境、严格限制流量、控制约束游人行为的专项的小众旅游产品，并非可以到处都投资遍地开花的大众旅游产品。对现代旅游而言，更重要的是如何使产品生态化，包括资源规划开发生态化、旅游管理生态化、旅游设施生态化、旅游行为生态化、旅游生态知识普及、旅游服务生态化……旅游产品的生态化，是当前大有可为的重要课题，既为游人展现爱护自然、回馈生态的爱心提供了渠道，又可成为把旅游塑造成为环境友好型产业的提升路径。

（十）自主化

旅游的方式正发生变化，从团队主导型转向散客主导型，传统的旅游方式趋向自主、自组、自助式，旅游产品的主导权逐步转向消费者。人们不愿被动接受定型的标准化的产品，追求更能体现个性化、多样化、自由化的旅游，更倾向于自己做主、自行组合、自由行动的产品。传统的旅游方式生成的产品，市场份额会逐步缩小，主要为自理能力弱的人群所接受。旅游产品是由吃、住、行、游、购、娱等各项子产品组合而成。在旅游产品的设计上，既要考虑各子产品的相对独立，形成菜单式模块，又要使各子产品能够自由拼装、无缝连接。充分考虑为自助旅游服务的自驾车营地、汽车旅馆、宿营地、引导标志系统等相关服务和设施的配置，使旅游者能自主便捷地计划设计、组合组装中意的旅游产品。

观念的更新、消费的升级，推动旅游业的转型和旅游产品的更新换代。新的旅游产品的设计需要注入现代元素，以引导和适应新的旅游观念、旅游方式、消费模式。传统的旅游产品也只有通过注入现代元素来创新提升，才能延伸产品的生命周期。旅游产品的核心价值是能吸引人、留住人、留下钱，这才是硬道理。作为一种组合集成的产品，并非盲目地堆砌罗列各项时尚元素就能包装出现代色彩。只有因地制宜选择适合自身的市场认可的有效元素进行注入，才能具备现代产品的特征，成为值得人们期待的旅游产品。

营销篇

旅∘游∘营∘销∘观

- 一般商品卖一次，旅游产品卖 N 次。
- 营销不是低俗的忽悠，营销之“忽悠”= 洗脑 + 换脑。
- 苹果公司理念：在客户的快乐体验中，摸走客户的钱才是最好的营销模式。
- 旅游营销策略：服务模式差异化，服务传播实体化，服务协调一致化，服务延伸制度化。

旅游主题形象定位与设计

时下，人们对于形象的依赖已经成为一种生存常态。社会学认为，现代社会里人们生活在一个信息虚拟的世界之中，消费者的观念不同程度地带上了情感消费或者形象消费的特点，其最基本的心理和行为特征就是形象导向思维和形象消费模式，即越来越依靠主观感觉认知购买产品。旅游产品也不例外．研究证明，旅游主题形象既是旅游主体对自身的理解和诠释，也是旅游者对旅游主体的感知。旅游形象对于旅游的选择和后续活动起着非常重要的作用。旅游形象是基于旅游主体的资源禀赋和产品特色，按照市场性原则，综合运用各种形象定位原则、方法及现代传媒手段，构建的包含旅游理念、语言、标志、视觉、行为、服务等方面的印象体系，而旅游主题形象更偏重于理念和语言，优秀的旅游主题形象更是对旅游发展有起死回生之功效。

早在 20 世纪 70 年代，城市旅游作为重要的旅游主体就进入了形象驱动时代，作为现代城市旅游发展的战略武器和竞争工具，鲜明独特的形象成为旅游城市吸引旅游者的关键因素。国际上著名的旅游城市无不具有特色鲜明的旅游主题形象，例如，维也纳的形象定位是“世界音乐之都”，纽约被冠以“万象之都”的美名，威尼斯以“浪漫水都”誉满天下。这些形象会在旅游者脑海中迅速出现一个概念，甚至浮现一幅画面，并因为这种感知而触发旅游动机，由此而形成旅游经济。

由于旅游产业具有综合性、辐射性、带动性特点，使得其内涵与外延难以厘清，以致旅游形象所代表的不仅仅是旅游景点和景区，而是一个城市、一个区域乃至一个国家，也就是说，旅游形象是一个系统化观念，整个城市或国家都受惠于旅游形象的传播。例如，当我们去感知北京的时候，首先呈现在脑海中的便是天安门、长城、故宫等标志性景观，说上海必说东方明珠和外滩，接着便是京味、海派等一系列丰满的文化符号。对于泰国，我们会想到帕堤亚；谈到金字塔会想到埃及，谈到凯旋门会想到巴黎。可见旅游景区形象定位在很大程度上是跟国家或城市形象联系在一起的，也可以说，在我们潜意识里是通过旅游形象而定位国家或城市形象。这也是笔者在上面开始谈论旅游主题形象时，直接切入国家或城市，而没有首先谈旅游景区或景点的一个原因。

随着旅游业的发展，旅游供给市场分类更加明细化，旅游竞争愈演愈烈。根据国际经验，在经济危机时期，旅游救市是制胜法宝；而在注意力经济时代，形象塑造早已形成注意力经济。与之相适应，旅游景区的竞争形态正经历从资源竞争、产品竞争到形象竞争的升级转型。形象就是生产力，谁亮出了新牌，谁就赢得了市场。在旅游革命新形势下，我国以区域旅游主题形象塑造为开端的大旅游开发正进入历史性高潮，注意力经济以巨大的能量受到业界的追捧，而这种注意力就是主题形象的能动表现。大至一个国家、一个地区、一个城市，小至一个旅游区、一个景点，包括主题公园、度假区、保护区、风景区等，不管是旅游优势区域，还是旅游弱势区域，都必须将形象定位、设计和塑造放在第一位，铸就自己的旅游形象和品牌，进而满足从开发到营销的符合生态、景观、人文、消费取向的各种需求，让旅游时刻处于给力状态。

一、旅游主题形象的定位原则

主题形象是旅游区的生命，主题形象的定位是旅游的核心问题，可以说，旅游主体之间的竞争在某种程度上就是旅游形象的竞争，一个特色鲜明的主题可以形成较长时间的竞争优势。旅游主题形象定位有其自身的规律，必须遵循一定的原则。在此，笔者归纳为资源主导性、市场导向性、游客取向性和品位类比性四个原则。

（一）资源主导性原则

资源主导性原则主要立足于旅游资源的特色评价和文化主题的挖掘与提炼，反映旅游主体的特征。旅游主题形象应反映旅游地的文脉、地脉和资源特色，其中文脉包括旅游地的历史文化、社会经济、民俗风情等特征，地脉包括地质地貌、气象气候、土壤水文等自然环境特征，亦即客观、准确、全面地体现旅游主体的资源特色。旅游资源具有复杂性、特色性和相对稳定性的特点，这是旅游形象定位的主要依据和重要基础，据此可以将旅游主题形象定位的资源主导性原则分为三种方式，即综合型定位、特色性定位和多元化定位。

1. 综合型定位

在很多旅游城市，特别是在一些国际大都市，其旅游形象影响因子之间相对比较平衡，众多的资源要素都比较优越，因而在城市形象定位总体选择上不能顾此失彼，需要采取一种兼容性、概念化定位，这种方式就是城市旅游形象的综合型定位，比如，中国香港的“动感之都”、巴黎的“浪漫之都”、曼谷的“天使之城”。此类城市旅游形象定位没有一个明确的具象，而是用一种高度抽象的概念来界定这个城市的旅游特点，以达到高屋建瓴、包容万象的效果。

综合型定位是一种普遍采用的旅游主体形象设计类型，主要适用于国家、地区或较大的城市，亦即文化元素比较宽泛的区域。当然，综合型定位并非不要特色，只是在选择城市旅游形象定位点时，更具概括性，进而从更高层面体现城市的旅游特色。“动感之都”隐含着中国香港的活力与快节奏特点；“浪漫之都”烘托了巴黎香水、美人、时装、红酒的浪漫氛围；“天使之城”曼谷的全称是“天使的城市、美玉的宝库、无法征服之地、宏大的城都、至高的皇家居住地和大王宫、轮回转世神灵的庇护地和居住地”。云南九乡采用比附性方法以及综合型与特色性并用原则，推出“七彩云南，精彩九乡”的广告语，既衬托了“七彩云南”的大景致，又突出了“精彩九乡”的特色，较好地体现了九乡以溶洞景观为主，集自然风光、人文景观、民族风情于一体的综合性风貌。以上形象定位本身就包含众多特色。综合定位必须注意与地域文脉相承，如果定义不准，或太窄，就会觉得有所缺憾；反之，如果定位过于宽泛，容易指向不明，引发歧义。

2. 特色性定位

虽然综合型定位具有概括性强、包含内容广的优点，但对于绝大多数中小型旅游城市并不适用。中小城市创建名城的有效途径是发挥独特优势，塑造有特色的城市文化，这就需要特色性定位。特色性定位是以影响城市和景区旅游形象中最重要、最具吸引力的要素为重点进行的主题形象定位，特点要明显、具体、突出，让旅游者一目了然。例如，意大利威尼斯——浪漫水都，奥地利维也纳——音乐之都，美国拉斯维加斯——赌城，英国威尔士——城堡之乡，园林之城——苏州，新疆吐鲁番火焰山——红红火火火焰山，都反映了自己的亮点。南通的广告语为“追江赶海到南通”，凸显了江之尾、海之头这一地理特色，突出了独特的江海资源。“别在沙滩垒古堡玩，请到德国来看真的吧”、“阳光普照西班牙”都是运用了特色性定位原则。

特色性定位有其负面作用，需要慎用，这种定位方式是针对特有的游客群体的，一旦锁定了某一特色，也就意味着忽略了其他旅游资源，失去了很大部分没有这方面需求的游客。例如，某景区拥有深厚的文化底蕴和世界级资源，却简单地定位为“保平安”，尽管迎合了国内某些游客的单一求平安取向，却忽略了多元性文化与雄伟自然景观，可谓“捡了芝麻，丢了西瓜”。有些地方随便冠以“××之乡”、“××之城”、“××之都”之类的名号，从游客取向看，如果资源特色不突出，在形象上有以小欺大之嫌，在市场上有挂千漏万之失。作为区域旅游主题形象，它的塑造周期是相对较长的，如果弹性不足，则容易制约短期目标的实现与特定市场的拓展。

3. 多元化定位

多元化定位即兼顾旅游主体的众多旅游元素，介于综合性定位与特色化定位之间的一种定位方式，它既注重综合化，又注重特色化，一般包含两个以上的资源特色。例如：苏格兰的“花格子呢和威士忌之乡”，突尼斯的“空气、阳光、海水浴”，南宁的“绿城寻歌壮乡情”，重庆的“山城、雾都”，兰州的“黄河明珠、山水城市、丝路重镇、水车之都”，淄博的“齐国故都、聊斋故里、足球故乡、陶瓷名城”，都精准地概括了旅游地的特色。

多元化定位原则要注意不能以偏概全，例如，山东的“走近孔子，扬帆青岛”，就放弃了该省许多优秀资源，远不如“好客山东”这一综合性定位来得实在。另外，多元化定位有时可能有不同的形象主题语。如：新加坡——尽情享受，难以忘怀；新亚洲，新加坡，新感觉。新加坡——说得完，玩不完。这是从旅游主题的不同侧面和角度进行的全方位审视。

（二）市场导向性原则

市场导向性原则主要顺应现代旅游发展趋势，找准市场感应点，确定旅游主体的发展方向。旅游市场需求是多种多样的，即使同一区域在不同时期也是不同的，因此，必须考虑主要目标市场状况及需求偏好，根据市场导向的动态性和相对性灵活掌握，力求对目标市场的潜在旅游者“投其所好”。据此，旅游形象可以围绕旅游主题形象这一中心，针对市场需求特征、热点、主流和趋势作适当调整：一是空间上的；二是时间上的。这种调整首先要保持主题的统一性和相对稳定性；其次要被旅游区及当地人所认可、感情上接受。因为旅游区及其所在地的人对其性质、特征认识得最具体、最直观、最全面而深刻，他们的认可在很大程度上表示主题定位符合实际。市场导向性原则有两种形象定位方式。

1. 分区域

分区域定位是一种多维度定位，是按照本地、外地、国内、国外等不同目标市场分别设定旅游形象。例如，纽约的“我爱纽约，万都之都”、瑞士的“世界的公园”、马来西亚的“亚洲魅力所在”、泰国的“缤纷异放，精彩之邦”都是针对全球市场；韩国的“开心胜地，好客邻邦”显然是针对邻国；越南下龙湾的“海上桂林”则是直接针对中国市场；深圳的“畅游深圳，了解中国”是定位于中国对外窗口而面向世界的；江西省旅游形象对外为“世界瓷都、白鹤王国”，对内则为“红色摇篮、绿色家园”；河北的“彩环京津，休闲河北”明显是定位于京津两大目标市场。以上形象定位，在确保一个明确主题形象的同时，留足了空间，有利于不同分众市场的形象语或广告语的设定。

分区域定位也有劣势。例如：南方某城市的“天天是春天”，这一分区域定位过于偏重北方市场，而忽略了南方市场和国外市场，必须要用多元化定位来弥补。分区域定位原则适用于较多特色、较大区域的旅游主体。反之，明明一个很差、很小的景区，非得攀大，结果景区品级、交通条件等都达不到，搞个世界性的定位会贻笑大方。佛冈的城市定位就极好地回避了这一问题。佛冈是广州附近的小县城，其“更近，更爽，更给力”的形象定位明显是主打广州市，这对区域比较小的城市和品位较低的景区具有现实的借鉴意义。

2. 分时段

有些旅游地的形象主题要与时俱进，根据不同时期的市场需求及其变化对主体旅游产品、项目性质作必要的调整。这就要求在深挖景区的传统与个性的同时，兼顾景区的现实处境和未来发展，使旅游宣传口号既能延续景区的文化链条，又能巩固景区的市场影响，还能引领景区主题的深化完善。例如，中国香港的旅游形象由20世纪的“万象之都”调整为“动感之都”，广告用语也变为“香港，爱在此，乐在此”，反映了20世纪的繁华气象、充满机会与活力的都市形象以及如今好客、魅力无限的时代特征；北京原是“东方古都，长城故乡”的多元化定位，通常的广告语是“不到长城非好汉”，但在2008年奥运期间却面向世界游客适时推出了“新北京，新奥运”的综合化形象定位；新版海南形象紧扣国际旅游岛定位，进一步诠释为“阳光海南，度假天堂”，其“海南深呼吸”的旅游宣传口号则极贴切地迎合了游客渴望回归自然、放松身心的心理感受。

分阶段形象定位原则应注意两点：其一，形象变化是相对的，是小动大不动，主体旅游产品、项目性质、特征可以根据市场需求和变化进行必要的调整，但绝不是变化越快越好、越多越好。其二，分阶段形象定位需富含时代气息，适合大众感知口味，讲究时尚感，以有效地展现旅游地形象，与目标市场那些最为活跃的旅游消费群体实现有效沟通。个别地方由于策划工作不到位，频繁变换主题形象，往往一个形象还没有为大众广为接受，又有新的提法出来了，使旅游者如坠云雾之中，无所适从。这极不利于形象传播。主题形象是由旅游资源和产品决定的,要相对稳定。一旦推出，就要力争嵌入大众心里，形成一个固定的理念和意象，吸引并稳固特有的游客群体。

（三）游客取向性原则

游客取向性原则主要契合于游客体验和感受不同文化背景生活方式的理念，突出旅游主题的性质。传统旅游的形象定位很大程度上源于资源导向，现代旅游则更趋向于游客取向，满足不同的个性化需求。正是基于繁多的游客取向和旅游理念，才产生了多种旅游项目和方式，因而决定了不同的主题形象定位。游客取向性原则应顺应旅游发展趋势，侧重于旅游内容和游客感受，并以特定消费群体为诉求对象设定主题形象和专题服务项目，打造旅游品牌，来获得目标消费群的认同。这一原则有利于增进消费者的归属感和优越感，使其产生“量身定做”的感觉。由于不同群体以及同一群体在不同时期的旅游需求不同，因而决定了形象定位的动态性和相对性。例如：英国的“伦敦是儿童的世界”针对的是儿童；埃及的“历史的金库”针对的是历史爱好者；国内近几年兴起的主题公园、部分景区推出的七夕之旅等，也是针对特定人群定位的。

运用这一原则有两种做法：一是为适应市场而调整形象；二是主动变更形象引导市场。在实践中，要主动把握市场，敢为人先，主动出击。像深圳华侨城“锦绣中华”的开发，由于抢占先机而赢得了市场，同时带动了中国主题公园的开发热潮。关于不同游客群体的旅游取向有很多种，由此也产生了不同的旅游文化主题，并设定了不同的旅游形象。例如：

①祈福。贺喜之州——贺州；灵山九华，福佑天下。

②休闲。宜居宜良，度假天堂——云南宜良；成都——休闲之都。

③宗教。大德盈江——云南盈江；佛教禅宗发祥地——常德。

④猎奇。丹霞山——千古奇观阴阳石，万代风流丹霞山；九乡石林，滇游之魂。

⑤修学。绩溪龙川——木雕艺术博物馆。

⑥原生态。草长莺飞，美丽草堰——江苏草堰；新西兰——百分百纯正新西兰。

⑦爱情。鲁迅故里沈园——千年爱情，不老沈园；一拜天地，二拜“高唐”——山东高唐。

⑧寻古。关中文物最韩城；最后的帝陵，最美的风景——清西陵。

⑨风水文化。浙江金华——风水金华。

⑩购物。浙江义乌——小商品的海洋，购物者的天堂。

⑪赏花。福建漳州——水仙花的故乡；国花牡丹城——洛阳。

⑫寻根问祖。广东江门——侨乡山水风情画；黄皮肤祖庭——湖北黄陂。

⑬阳光度假。海南——阳光海南，度假天堂；舞阳——与太阳共舞。

⑭养生。普洱——妙曼普洱，养生天堂。

⑮红色旅游。老山兰，麻栗坡绿——云南麻栗坡；江西——红色摇篮，绿色家园。

⑯山水。浙江——诗画江南，山水浙江；山水大爱——阿勒泰。

⑰故里游。天津——津门故里，故里寻踪。

⑱武术。河南登封——中国少林武术之乡。

⑲刺激体验。宁夏沙坡头——沙都（滑沙、羊皮筏、沙漠冲浪）。

⑳茶文化。游武夷山，品大红袍。

根据游客取向性原则定位主题形象，旅游地文化内容必须集中、丰富、突出，不能“挂羊头，卖狗肉”，为搞旅游找噱头。如某城市的旅游主题形象定位为“龙城”，其境内只不过有一个恐龙园而已，然而龙是中华民族的图腾标志，龙文化是华夏文化的重要内容，非常饱满丰厚；国内的恐龙遗址很多，称为“龙城”的城市也很多，此地只为其一，且该城也并非知名文化名城，缺少以龙为主题的文化底蕴。这是典型的偷换概念，盛名之下，其实难副。该城市并没有站在旅游者需求的角度去思考，从而使自身的理解与旅游者对旅游地的感知出现了严重的不对称，最终因为争议而不了了之，游客不买账，市场不认可。

（四）品位类比性原则

品位类比性原则主要考虑如何更直接地给予游客一个直观感受，反映旅游主体的地位和品质。类比设计法是指通过与竞争对手的客观比较来定位形象，是一种标榜自我、排挤对手的策略。在实际操作中，要设法改变在旅游者心目中的固有形象，扬长避短，确立自己突出的形象定位。对于得天独厚、无与伦比的资源，可采用至尊型、唯一性、第一位的领先性定位原则，但绝对领先的旅游目的地毕竟是少数，大量的旅游区可能要依据市场属性采用比附性和特色性定位原则。

1. 至尊型

独一无二的、罕见的资源都是至尊无比的，是极品，是形象定位的最高境界。这类旅游地几乎不通过营销就可以形成旺盛的旅游市场。例如，首都北京，在国民心里是万众向往之地；对于国外，尤其在全球开始关注中国的新时代，更是举世瞩目。由于这类资源具备独特品质和强大的文化支柱，因而在定位上必然要彰显大气和自信，有时甚至是不需要考虑形象定位的。例如，桂林的“桂林山水甲天下”；西藏的“世界屋脊，神奇西藏”；泰山的“五岳独尊”。

2. 唯一性

唯一性资源堪称上品，仅次于至尊型资源。独有的、排他性的、不可替代的资源往往是富有特色的，也是吸引人的，很容易博得注意力。例如，鸟巢、故宫、少林寺、丽江等，都是世界上绝无仅有的旅游产品，处于绝对的垄断地位。承德避暑山庄的品牌唯一性在于“形貌如中华成一统，名胜集全国于一园，文化融华夏五千年”，其“盛景说天下”的广告语最高明之处，在于淋漓尽致地体现了集中华传统文化之大成的文化符号内涵，“盛景”不是胜景，是说避暑山庄名景云集，盛大集会；“说天下”向游客揭示的是一个理念，游山庄，即游华夏，尽显大气，既存贴切，又有内涵。温州市雁荡山的“寰中绝胜，梦回雁荡”，侧重了“绝”字招牌，已是宣传雁荡美景的最响亮口号。安徽天堂寨的“华东最后一片原始森林”也注重了“最后”这一唯一性卖点。

3. 第一位

在众多同质化的资源中能够占据第一位是不可多得的。第一位是根据旅游者各种不同的标准和属性建立形象阶梯、通过对资源进行分析比较后确定的领先位置。杭州西湖“天下湖，看西湖”的形象定位，瞬间传达给游客的是世界第一湖的品牌形象。这种第一品牌形象，使西湖永远有别于其他湖泊，“第一印象”会永远根植在游客的脑海里。再如：千岛湖的“天下第一秀水”、平遥的“华夏第一古县城”。

有的景区为了吸引市场注意，在旅游宣传形象设计上不惜建立市场区隔，抬高自己，贬低对手，不仅不能达到应有的宣传效果，反而失去了自身的特点和优势。适度提升和点化本无可厚非，但如果过于目空一切、言过其实，则无疑触犯了广告文案设计中的基本禁忌。例如，对于“感受黄山，天下无山”，网友早有非议，尽管此语出自“黄山归来不看岳”，但此广告“太焦躁、太狂妄、太没有品位，也与中国和谐文化背道而驰”，使得各山岳景区不服，游客不满。三山五岳各有千秋、各领风骚，游客各有所需、各有所爱，怎能以一概之？这样的形象设计毫无意义。

4. 比附性

能够与较高级别的同质化资源并驾齐驱当然是不错的选择。比附法就是借壳上市、借船出海，通过比拟名牌、借用著名景区的市场影响来设计和传播旅游形象。比附性定位避开第一位，抢占第二位，看似退而求其次，实际是以退为进。例如，三亚定位为“东方夏威夷”，由于与美国夏威夷形成区位间隔，尽管在各方面都不可比拟，但对东半球游客仍很有诱惑性；苏州乐园的“迪斯尼太远，去苏州乐园”，由于迪斯尼乐园在中国的稀缺性和知名度，对国内游客是相当有吸引力的；宁夏的“塞上江南，神奇宁夏”是双面性的定位，对江南说塞上风光，对江北说江南水乡，两面买好，没有遗漏；腾冲的“中国的北海道”则借北海道的知名度，传播了温泉的自然特色，南方游客不用跑到北边去，国内的游客不用跑到国外去。

比附性定位方式应注意三点：其一，确实具备攀附的条件和特色，切忌乱学乱仿。现实中很多中小城市竞相模仿国际旅游大城市定位，动辄打出“东方 ××”、“小上海”、“小洞庭”之类的名号，或以小攀大，或以次充好，甚至无中生有，不切实际，大而空，虚而假，往往“画虎不成反类犬”。例如：“肇庆山水美如画，堪称东方日内瓦。”日内瓦是一个国际性城市、文化艺术中心，集中了联合国日内瓦总部、国际红十字会等国际机构，历史悠久、宽容、恬然中透着古朴、典雅、凝重，勃朗峰白雪皑皑，莱蒙湖烟波浩渺，人工美与自然美相映生辉，无与伦比；但肇庆山水、文化与之有天壤之别，这样的定位显得不伦不类。其二，已经出名的旅游景区和具有独特风格的旅游景区不宜采用比附法，以免让自己失去品牌、降低格调。我国景区现有旅游形象设计和宣传口号中，经常见到低劣的攀依附会现象，这是没有自信、缺乏创见的表现。例如：长白山的“南有亚龙湾，北有长白山”就有自我矮化的意味，长白山为什么去傍海南？这是《海南日报》关于这则广告做的新闻标题，海南人都觉得意外。这则旅游形象设计忽视了自身传统，淡化了对自己个性的肯定和尊重，而意图套用或抄袭他人的创意来展现自己，无疑模糊了景区的形象，降低了景区的品位，使其丧失长远的影响力和感召力。其三，与比附对象的空间距离不可太近，因为这种设计方法属于区域性定位，目的是吸引远离比附对象的游客，在这种情势下，如果“霸王硬上弓”，就是自取其辱。如泰山周围有数个号称“小泰山”的景区，纯属当地人自娱自乐，没有任何价值。

综上所述，旅游主体或注重资源主导，或注重市场导向，或注重游客取向，都要分出个品级，也就是融合众多元素形成定位，给游客一个明确的评价。有的直接表现在字面上，有的则嵌入字义里，表现为隐性。例如：北京的“东方古都，长城故乡”是一个全方位的形象定位，包含了“古都、长城”两大人文景观因素，面向国外市场和钟爱中国文化的游客，并对东西方古都作了比较，同时也突出了长城的至尊、古老和伟大。

二、旅游主题形象及广告语设计方法

谈主题形象不得不提及广告语。在前面论述旅游主题形象的定位原则时，已或多或少地谈及了旅游广告用语。旅游广告用语亦即宣传口号，作为旅游主题形象的衍生品和最佳传播载体，在旅游规划和营销实践中的重要性日益凸显。广告语作为整合营销传播的一部分，必须采取恰当的策划方法，系统性地整合品牌设计元素与形象标识，达到感性和理性的融合，并在营销时机、旅游资源、景区产品、细分市场的互动分析中，凝练景区的特色和风貌，然后运用富有冲击力的语言表达出来。广告语反映了旅游地对自身的理解，同时通过信息传达，也反映了受众的感知。广告语可使人在短时间内产生形象化的联想，因而对品牌、形象、行为的传播十分重要。

主题形象和广告语是共存共生的，广告用语建立在主题形象之上，并成为旅游主题形象的最关键部分，因此，它不可能游离于形象定位之外，而应该涵盖属于这个景区主题形象的相关信息，否则便无法“落地”。目前，旅游界对旅游形象定位和广告用语设计有所混淆，很多时候被等同了。有时主题形象用语可以直接拿来作为宣传口号，这确实说明了二者的相通之处，但这并不是说二者可以相互代替。二者的区别在于：其一，前者有内在的文化底蕴，可以表现为语言、图案、标示等；而广告用语具有形象的质感，更侧重于用一个相对稳定的概念界定特征描述，它可以是具象的，也可以是抽象的，在内容上需要传达一定的信息量，但同时又是一个感性化的超短文本，在形式上只表现为语言。其二，前者更侧重资源特色，而后者尤其需要以所处的发展阶段和市场变化为依据，以拉近旅游主体和市场的距离，故更侧重于游客感受，讲究语言的冲击力。其三，前者讲究语言的严谨与精准，而后者讲究语言的口语化和语感。

旅游主题形象及广告用语的设计必须遵循前述定位原则，客观、准确、全面地表现出旅游资源的性质特征，既要考虑资源导向，又要考虑市场导向，从游客需求出发，向游客传递一种信息，即通过到旅游目的地的旅游，游客将获得一种什么样的感受与体验。

（一）依托法

依托设计法是依托效应来塑造旅游主题形象的方法。名人、名句、著名事物、权威评价等本身就有较好的传播深度和可信度，稍加改进或直接采取“拿来主义”，即可收到很好的形象宣传效果。

1. 名人效应

旅游实践中依托名人效应设计的主题形象很多。例如：印度——探索圣雄甘地的生平；曲阜——孔子故里，东方圣城；诸暨——西施故里，美丽诸暨；富阳——富春山水，孙权故里；莆田——妈祖故乡，福建莆田。天津盘山的“早知有盘山，何必下江南”的形象设计借助了乾隆皇帝的威名，乾隆第一次巡幸盘山就发出了如此的感叹。临沂马髻山成功借用岳飞风波亭遇害后在一个雷电交加的雨夜，天马行空、魂归马髻山的民间传说，将“马髻山”更名为天马岛，从而使天马岛旅游一发而不可收。

2. 文化效应

古往今来流传的名句很多，有古诗，有名言，有民谚俚语，例如：“上有天堂，下有苏杭”、“新疆是个好地方”是广为流传的名句；安徽天柱山的“天柱一峰擎日月；洞门千仞锁云雷”直接套用了白居易的诗句；八达岭长城则套用了毛泽东的“不到长城非好汉”诗句；“烟花水都，诗画扬州”借用的是孟浩然的“烟花三月下扬州”；“登泰山而小天下”则是孔子的名言。

好莱坞电影《阿凡达》轰动全球后，张家界借此推出“阿凡达的故乡，神仙居住的乐园”主题形象，好莱坞电影《阿凡达》借用了张家界的一个如梦似幻的场景，张家界却由此拓宽了自己的形象，正所谓“出于此，还于此，升于此”。

河南登封市利用少林寺的名气，定位为“中国少林武术之乡”。开封的清明上河园本身就发端于《清明上河图》这幅名画。在景观上依照张择端《清明上河图》按1:1比例建设，在表演、体验、服务等方面，都有明显的“宋文化”的痕迹，以此立体地构筑了清园完整的宋文化主题公园形象，确立了“一朝步入画卷，一日梦回千年”的形象理念，使得理念、视觉、行为得到完美统一。

3. 权威效应

一些权威机构的权威评价对旅游主体的宣传效果是巨大的，一些景区形象直接由此设计，简单易行，立竿见影。例如：联合国最佳人居奖“烟台——最佳人居城市”；公众评选的“最具幸福感的城市——杭州”；联合国教科文组织评选的“西递宏村——世界遗产，世外桃源”。

（二）逆向法

个别景区不具备唯一性，第一、第二没得争，效应也没得依托，干脆采用逆向法，反其道而行之，负负得正，目的就是出名。逆向法是从心理上突破常规，打破消费者一般思维模式，以相反的内容和形式来塑造旅游形象，同时搭建一个新的易于为旅游者接受的心理形象平台。逆向法运用在旅游领域，就是避开与强有力竞争者直接对抗，设计和提供目前旅游市场上没有的特色旅游产品。它所强调和宣传的定位对象一般是消费者心中第一形象的对立面，正所谓剑走偏锋，歪打正着。这种设计方法可以在被其他旅游景区遗忘的市场角落，迅速站稳脚跟，于夹缝中求生存，并能在旅游者心目中较快树立良好的形象。例如：河南林虑山风景区以“暑天山上看冰堆，冬天峡谷观桃花”的奇特景观征服市场；宁夏镇北堡影视城推出的主题定位是避开繁华，“出售荒凉”；加拿大的广告用语是“越往北，越使你感到温暖”。

（三）文饰法

文饰法就是采用游客取向性定位原则，用文化渲染烘托主题形象，即通过挖掘资源特色，赋以文化主题，形成文化品牌，目的是使产品、品牌在消费者心中占据一个新的位置，形成一个新的概念，甚至造成一种新的思维定式，以获得消费者的认同，使其产生旅游欲望。这种方法不仅可以大大提高品牌的品位，而且可以使品牌形象更加独具特色。例如：衡山的寿文化、黄帝故里的根文化、武当山的太极文化。湖北荆州的“楚国古都，三国名城”主打三国文化；江西鹰潭的“华夏道都”主打道教文化；“龙在中国，根在西安”强调的是华夏文化发源地；“丝绸之路起点——西安”反映的是丝绸之路文化。少林寺的形象设计在国外造成了少林武术就等于中国功夫的错觉，基本将武术文化和少林等同了，进而形成了中国功夫的概念，其轰动效应无可比拟。

（四）悬念法

不少旅游区为吸引游客，故意设定悬念性的形象，作为广告噱头增加了神秘感。例如：海南五指山——不登五指山，不算到海南；济南灵岩寺直接借用古语“登泰山不游灵岩不成其游也”；澳大利亚——最真一面，在澳大利亚见；葡萄牙——如今人们都想去葡萄牙，你知道为什么吗？日本人干脆直接说“发现日本”。

这一形象设计方法不能滥用，否则会弄巧成拙。比较典型的是庐山的形象设计：山顶景区称“不到三叠泉，不算庐山客”；山南的秀峰景区称“庐山之美在山南，山南之美数秀峰”；太乙景区打出“登庐山不到太乙村，只算半个游山人”；石门涧则称“不到石门涧，难识庐山面”，凡此种种，借用的当然是“不识庐山真面目，只缘身在此山中”这一名句，但是这些相互矛盾的旅游宣传口号往往使游客不知所措、无所适从。

（五）释义法

有些景区名称带有特定的意义，往往可以通过释义法诠释某种理念，概括特定形象，这正注解了景区名称。例如：“黄山——黄帝之山”，既从字义延展开来，又契合了轩辕文化发源地以及黄帝在黄山布道之说；福州——福山福水福州游，则昭示了求福的文化特性。类似的还有：中国五千年“德”文化发祥地——德山；景德镇——景象万千，德广无垠，镇动世界；张家界——境界张家界，止于神奇；高邮市——天下第一邮（游）；徐州云龙湖——云中龙，城中湖。

（六）谐趣法

有些景区在诠释其自身含义之外，为增加传播力，还借用谐音进一步突出景区的主题形象。例如：山西——晋善晋美，既借助了“尽”的谐音，又突出了大善大美之意。再如：四川广元——广结良缘；钦州——亲亲钦州，亲和之都；抚平困顿之旅——河北阜平；足以撼动世界——韩城；宜宾旅游最宜宾；风景独好，荟萃会昌——湖北会昌；温岭——中国温馨之岭；中国洋县——洋洋大观；行在阳光下——荥阳；井陉，景真行——河北井陉。

三、旅游形象及广告语的语言设计特点

旅游地形象的提炼和界面意象毕竟是抽象的，在宣示给大众的过程中必须是旅

游者易于接受的，尤其是广告用语，因此在一定设计原则和设计方法下，还要考虑旅游形象语言的设计特点。一个语言设计有特色、有品位、朗朗上口、韵味十足的旅游形象往往能产生神奇的广告效果，对旅游目的地的形象塑造与传播具有十分重要的作用。

（一）个性化语言

在进行旅游形象广告语设计时，要在充分进行地方性研究和受众调查的基础上，提炼反映地方特色与个性的形象元素并融入到宣传口号之中，其表述必须有特色、有新意、易识别，最忌简单比附和套用。这就产生一个新问题，易识别往往就容易被复制，所以还要与难替代性结合，因此，语言设计务必要抓住特质，运用特殊的语言来区分。例如：九寨沟——童话世界，人间天堂。“童话”和“天堂”概念极贴切地诠释了景区的特色意境和游客的惬意感受，彰显了景区个性。绍兴——梦幻水乡，人文绍兴。作为首批联合国人居奖城市、著名水乡、桥乡，“梦幻水乡”名不虚传；作为首批中国历史文化名城、著名酒乡和书法之乡，拥有诸多名人故居和文化遗迹，在江南城市中“人文绍兴”可谓实至名归。

相反，国内不少旅游区盲目攀附巴黎“浪漫之都”的形象语言设计，嵌入“浪漫”词汇的比比皆是，诸如“浪漫之城”、“浪漫之都”，等等，出现大量雷同，沽名钓誉不说，即便果真浪漫，也不必人人趋之若鹜，处处拾人牙慧，显得极没情趣、俗不可耐。“浪漫”有多种表现形式，不同景区各有各的“浪漫”，像上面所说的童话、梦幻；再如：绚丽、风流、逍遥、激情，等等，为什么就不能契合自己的特质，换个新颖的说法？

（二）通俗化语言

旅游本质上是一种休闲，不能过多将历史考辨带进旅游，应努力用最浅易、最通俗的语言方式传达最明确的形象信息。在旅游形象设计中应该使用易懂、易记的语言，将历史变得时尚化，让文化变得生动化，通过旅游释放自己、放松心情，不能故弄玄虚，尤其不要使用典故和比较生僻的语汇。例如：“想到了就去，普陀山”，这句广告语最大的特点就是采用了口语化的语言风格，易于人们接受和记忆，也易于口头传播，朗朗上口，明明白白。这种简约而不简单、通俗而不庸俗的口号式语言，可以让不同类型的受众在轻松、愉悦的状态下完成多频度、多层次传播，产生极好的口碑影响力。

通俗化语言设计需要注意两点：一是力避晦涩难懂。例如：汕头——海滨邹鲁，美食之乡。“邹鲁”二字较为晦涩，太过斯文，意指孟子和孔子的诞生地邹国和鲁国，喻指此地深受儒家文化熏染，乃礼仪之邦，但是，试问普通游客有几人晓得邹鲁？如果再靠诠释或别人解释，岂不费劲！为什么不一次说明白？二是要释放正能量，宣传美，升华美，创造美，用词要有格调，通俗绝不是庸俗和粗俗，更不能媚俗。例如：前几年出现的“一座叫春的城市”、“我靠重庆，凉城利川”，虽然使两地一夜之间声名鹊起，但喧嚣过后便是沉寂。对于此类庸俗的语言，人们往往一笑了之，至于笑过之后对于春城和凉城留下什么印象，旅游效应如何，没人说得清。再如：一些旅游区迎合部分旅游者的心理，大肆宣传本地如何有灵气，定位为“幸运之地”、“转运之城”等，宣扬什么“×× 人来了回去就升官发财”、“治好了久治不愈的病”等，这有媚俗之嫌。还有就是一些地方故意诱导旅游者去观赏、联想一些不健康的事物，专注于猎艳、猎奇，并编排出五花八门、荒诞不经的故事，这些宣传给人的感受是粗俗的，让人感到别扭、不自在。

（三）精准化语言

主题形象广告语宜简练、准确，忌哗众取宠、空洞无味；既然是说给公众听，就要表达透彻，以获得广泛认同和接受，不能产生根本性的歧义，让人听了如坠云里雾中。例如：浙江的旅游主题形象是“诗话江南，山水浙江”，浙江以山水见长，悠长的人文历史画卷让如诗如画的江南锦上添花。这一语言设计对浙江形象特征的概括比较客观、准确和全面。大理一年四季风景如画，有许多名胜古迹，但以“下关风、上关花、苍山雪、洱海月”四景最为著名，其“风花雪月”的形象定位，使用了浓缩化语言，准确洗练，干脆利索，且别具诱惑。“文化千岛，生态贵州”，也恰如其分地反映了贵州的原生态的民族文化风俗及和谐自然的人文生态环境。

相反，“魅力周庄，时尚周庄”的形象定位则显得笼统空泛，语焉不详，没有体现出景区的特色和风貌，既不能使没去过景区的人产生生动活泼的审美联想，又不能让去过的人记起江南水乡的特点，产生从具象到意象的二次审美，从而丧失了旅游形象的基本功用。“精彩湖南，浪漫潇湘”的语言特点也有这个弊端。“魅力、时尚、精彩、浪漫”的具象是什么，从何说起？不知所云。再如：有些地方动辄冠以“×× 之乡”、“×× 之城”、“×× 之都”，其实，在资源特色上，“乡、城、都”的概念是不一样的，所谓“乡”，应是淳朴的、相对集中的、有民间基础的；所谓“城”，应是悠久的、普遍的、有文化传承的；所谓“都”，应是高层次的、大规模的、有深厚文化底蕴的，然而此类特点在这些地方是否相符？上述宣传俯拾皆是，不能不说是旅游主题形象定位与设计的败笔，旅游者实地感受后往往大呼后悔，有识之士则嗤之以鼻。

（四）梦幻化语言

国人很容易陷入历史的自恋，历史学者进入旅游领域，往往将本来很休闲的旅游变得沉重、生硬和僵化。旅游者不是不追求历史的真实，在旅游的环境和语境中，更希望历史、文化的表达是轻松的。张艺谋“印象系列”的盛行说明在旅游者心中，希望得到的不仅有知识，还有情感；不仅有具象，还有抽象；不仅有结果，还有过程；不仅有实景，还有感受。这便要求在旅游形象表达方面，关注诗性的发挥，注重发散性思维，以自由随性的方式设计形象，以诗化的语言传达美感，使人产生美好的联想。人说乌镇“晴不如阴，阴不如雨，雨不如夜”，在暮色苍茫、灯火阑珊时坐上乌篷船，在哗啦哗啦的桨声中，看着两岸的迷人夜色缓缓从身边掠过，时光似乎停下了脚步，仿佛进入梦乡。这就是物我两忘、天人合一的美妙意境。“来过，便不曾离开——乌镇印象”，给人的印象是美妙的，有种梦幻的感觉，可以使人忘掉自我、皈依自然。这句广告词堪称描述“中国最后的枕水之乡”的神来之笔。

（五）感性化语言

感性化语言重在感召性，意在用极富感情色彩的语言触及游客的心动点。一句感性的、时尚的、回味无穷的旅游形象广告语，往往能引起无尽的遐想，产生意想不到的感召力，使游客产生出游的冲动。休闲时代，感性化语言尤其吻合旅游者的心境，当然，这要反映旅游需求的热点、主流与趋势。这方面不乏经典范例。例如：瑞典——瑞典是奇妙的，即使在冬天；加拿大魁北克——感觉如此不同；中国台湾——台湾能触动你的心；香格里拉——心之旅，风之行。再举普陀山的例子：“想到了就去，普陀山”，除了其通俗的语言风格，还包含着特别的意蕴，“想到了就去”是一种逍遥、洒脱的情怀，是一种想得开、放得下的境界，无拘无束，逍遥自在。什么时候想到了，背起行囊就走，多么惬意和超脱，正好折射出观音文化中圆通、自在的精髓理念。

（六）诱惑化语言

诱惑美在许多成功的广告中体现得淋漓尽致，诱惑化语言所追求的不是单纯的物质需要，而是上升到了感情层面，与感性化语言比，不止是让人心动，而是让人心颤。诱惑化语言在于它触动、刺激甚至激发受众内心深处的情感，包括乡情、亲情、爱情、友情等，撩动人们心灵的琴弦，引起受众情感上的共鸣，从而实现促销的目的。例如：“您不曾见过的泰国”是谜一样的诱惑；“伊春，森林里的故事……”是梦幻般的诱惑；“到南非来，你可以得到意料之外的享受”和“成都——一座来了就不想离开的城市”是解不开的诱惑；“意大利——一座露天博物馆”、“横店影视城——

每天都有新发现”和“旅游到曲阜，胜读十年书”是求知的诱惑；避暑山庄的“皇帝的选择”是尊贵荣华的诱惑；“来嘉兴看南湖，送一个古镇”是利益的诱惑；“钦州——红荔枝，白海豚，绿钦州”近乎赤裸裸的色诱；“留下西溪只为你”简直就是专为你设的诱局了。这些诱惑必须破解，非去不可。

（七）艺术化语言

“红花需要绿叶配”，好的主题形象还需要艺术化的语言来表达，旅游地形象广告语最终需要通过各种媒介向受众传播。基于此，旅游形象的广告语设计在赋予文化内涵的同时，还要运用多种修辞手法和技巧，增加艺术色彩和审美情趣，形成浓缩的语言、精辟的文字和绝妙的组合，使广告语简洁、生动、凝练、优雅、新颖，具有感染力和吸引力，表现出均衡美、联系美、含蓄美、简洁美、繁复美、韵律美。语言的艺术化还可以使主题形象及广告语产生特有的文学价值和独特的艺术魅力。

1. 均衡美

均衡美是美学的基本原则之一，建筑、绘画、音乐、舞蹈都追求均衡美。均衡，也是语言艺术的基本原则之一，广告语中均衡美尤为重要。

（1）以对仗表现对称美

形象和广告语中并列对仗形式最为常见，由于上下两句的音节字数相等，布局匀称，念起来上口，具有优美的节奏和韵律。例如：世界的重庆，永远的三峡；云上金顶，天下峨眉；避暑之都，休闲胜地——中国贵阳；威海——拥抱碧海蓝天，体验渔家风情；拜水都江堰，问道青城山。

（2）以排比表现整齐美

排比结构相同，句意相类，句式整齐且富有气势，给人以整齐划一的美感。例如：法国——浪漫之都，魅力国度，优雅之邦；成都——成功之都，多彩之都，美食之都；魏都、钧都、花都——中国许昌；新赣州，新旅游，新感受；一山、一水、一圣人——山东。

2. 联系美

联系是美学的一个基本原则，也是语言美的一个基本原则。形象及广告语如果单纯地就事论事，就会显得平淡寡味，缺乏艺术感染力；如果与有意义或相似的事物联系起来，而且联系得自然、合理、巧妙，就会产生联系美。产生联系美的手段主要有比喻、比拟、比照、夸张等。

（1）运用比喻表现联系美

本体和喻体具有相似性，自然就会有某种联系。例如：美国夏威夷——太平洋中的十字路口，十字路口一般都是诱人的，何况是在连接东西方、南北通达的大洋中，如此独特的地域环境，在人生的十字路口走上一遭，必然有所启示。“上有天堂，下有苏杭”，这是流传千古、妇孺皆知的名句，天堂可望而不可即，既然人间有天堂，怎能不向往？

（2）运用比拟表现联系美

拟体和被拟体如果联想奇特，就对游客产生吸引力。例如：天津——“一部中国近代史的教科书”，通过教科书的比拟起码宣示了以下几个意思：一是醇厚的历史和文化氛围；二是典范与纯正；三是近现代独有；四是可以慢慢品读，增加知识，慢生活恰恰是现代人所崇尚的。“阿拉斯加，一见倾心”，阿拉斯加被拟人化了，像一个热情的、火辣辣的女子，你会毫无顾忌地爱上她。“夏威夷是微笑的群岛，这里阳光灿烂”，阳光下的一切都是美好的，整个海岛都在对着你微笑，如此灿烂、妩媚，足可打动人心。

（3）运用比照表现联系美

通过比较、对照突出主题形象，产生联系美。例如：“七彩云南，精彩九乡”——云南九乡；“古有清明上河图，今有杭州白马湖”是古为今用的比较；三亚的“不是夏威夷，胜似夏威夷”是洋为中用的比较；土耳其的“不是欧罗巴，胜似欧罗巴”强调的是土耳其虽在亚洲，却是欧洲的桥头堡。再如：宁波的“东方商埠，时尚水都”和青岛的“海上都市，欧亚风情”比照的是东西方欧亚文化及海陆特色；日照的“游山登五岳，赏海去日照”则通过与近邻泰山的比照，直接将“山”、“水”两种不同文化元素联系起来，借用“仁者乐山，智者乐水”之意，撬动泰山游客，取得联动效应，成就人生仁智之美。

（4）运用夸张表现联系美

一般来说，广告语或多或少都带有夸张色彩，只是夸张的方式和程度有所不同。当把旅游主题夸大成某一事物时便产生了联系美。例如：好莱坞宇宙城公园的“让游人进入侏罗纪时代”。1.5 亿～ 2 亿年前的侏罗纪时代发生过一些重大的地质、生物事件，恐龙统治着世界，这句广告词令人好奇、充满诱惑，虽然侏罗纪无论如何是无法复制的，然而这种夸张却让人欣然接受。宾夕法尼亚州的“地球上最甜的地方”，有那么甜吗？以至于整个土地都那么甜，无非是盛产巧克力，然而这种夸张手法极好地突出了地方特色与风物。

3. 含蓄美

“水中花，雾中月”是种朦胧美。形象语言要言犹未尽，欲说还休，但必须让旅游者一点就透，绝不能一头雾水。例如：瑞士——上月球之前先来瑞士一游。此句并没有说瑞士如何神奇瑰丽，但有月球衬托着，既淡定又含蓄，令人遐思。黑龙江——中国的 COOL（酷）省。此语以冷峻、时尚、神秘、浪漫、精彩、现代、开放的语境，表现特有的冷酷之美。“COOL（酷）”省有特殊的含义：从气候看，黑龙江夏季爽，爽得惬意；冬季酷，酷在冰雪之美、之奇、之乐。从时尚上看，黑龙江充满活力，是中国与欧洲时尚融合之地，引领时尚潮流。这句广告词言有尽而意无穷，给游客留下了充分的想象空间，体现了含蓄美。

4. 简洁美

古人作文讲究“疏密”。刘勰《文心雕龙》说：“句有可削，足见其疏；字不得减，乃知其密。”所谓“疏”，就是简洁；“密”，就是繁复。疏密皆美，只要恰如其分，契合主题形象的特点。文字简洁就显得凝练厚重，言简意赅。好的广告语言常常是字斟句酌的，有时力求字少，乃至一字传神，这样才能显出简洁美。如：古都——西安；重庆——非去不可；青海——大美青海；上海，精彩每一天；南京，博爱之都；佛罗里达，与众不同；新西兰，这里本来就是一个世界。

5. 繁复美

单瓣的桃花有种简约美、纯洁美，但多瓣的桃花显得雍容华贵，是一种繁复美。为了强调主题、突出重点，有时就要用墨如泼、极度渲染。例如：乐山——乐山，乐水，乐在其中；瑞士——世界的公园，瑞士、瑞士，还是瑞士。用反复的手法连用三个“瑞士”，一唱三叹，同样具有繁复美。

6. 回环美

有些广告语句式排列讲究，用回环的手法展现了特有的节奏，给人留下深刻的印象。例如：世界之窗——您给我一天，我给您一个世界；宋城——给我一天，还你千年；乐山——佛是一座山，山是一座佛；黄山——天地之美，美在黄山；人生有梦，梦圆徽州；新疆富蕴——来富蕴，福运来；贵阳——避暑之都、森林之城，城中有山、山中有城。河南栾川鸡冠洞景区的著名景点“情侣石”的形象广告语是“千年一吻，一吻千年”，既有主题的意蕴美，又有语言的回环美。该景点的形象设计者将拥抱为一体的两块石笋定名为“一吻千年”，将两块即将上下连为一体的石乳和石笋——“天地之和”升华为“天作之合”，更名为“千年一吻”，通过移花接木，化平庸为神奇，使该景区从“不温不火”到“一吻爆棚”。

7. 韵律美

表现韵律美，可以使用结构相同的一组整句。如：青岛——心随帆动，驶向成功；贵州——多彩贵州，醉美之旅。以上两组合辙押韵，读来抑扬顿挫、韵味十足。整句与散句各有所长，正如金兆梓所言：“偶句之妙在凝重，奇句之长在流利。”因此，可以使用结构不同、长短不一的散句，以使语言多彩多姿、富于变化，只要适应语意的需要，即可收到异曲同工之妙。例如：瑞典——是奇妙的，即使是冬季；承德——游承德，皇帝的选择；内蒙古——自然、纯洁、浪漫，圆您梦中情结。

谈旅游产品的营销策略

（讲座）

旅游企业的经营不仅仅局限于开发好的产品，以及确定具有竞争力的价格，还必须与旅游消费者进行沟通和交流。沟通的内容和方式已成为影响企业营销效果的关键因素。所谓的旅游营销是指将有关旅游目的地、旅游企业及旅游产品的信息，通过各种宣传方式，传递给旅游产品的潜在消费者，从而对他们的购买行为产生影响，并形成市场上对自身产品有益的连锁反应的活动。由此可见，营销的实质就是要实现旅游营销者与旅游产品潜在购买者之间的信息沟通。

在激烈的市场竞争中，企业要生存、要发展，就必须善于运用营销策略。对于旅游企业而言尤其如此，因为旅游产品的非物质性、不可储存性、季节性等特点，决定了营销在旅游业的经营策略中占有更重要的地位。根据营销的主体不同，可以将旅游营销分为目的地营销和旅游企业营销两类。目的地营销的主要目的在于宣传本地区的整体形象，而不是具体的旅游产品，这项工作一般由目的地行政部门或旅游组织来开展；旅游企业的营销致力于宣传产品及企业自身形象，主要由各旅游企业来完成。由于营销的重点不同，所采取的策略也不相同。

一、旅游营销

（一）旅游营销的作用

由于营销的实质在于买卖双方之间的信息沟通，因此对于旅游企业而言，营销的主要任务就是通过各种不同的营销手段，向旅游者传递旅游产品所能带来利益的信息，从而诱发购买行为的发生。旅游营销的作用如下：

1. 提供旅游信息，创造旅游需求

潜在旅游者通过旅游企业向其提供的信息，了解、熟悉旅游地或旅游企业何种旅游产品以及在何种条件下能够满足其需求，进而作出购买决策。此外，成功的旅游营销活动不仅可以诱发需求，而且可以创造需求，即吸引旅游者购买过去没有消费过的新产品。前些年，我国的旅游宣传资料在国外很少见，许多欧美人到日本和东南亚去旅游，而不选择中国，对来中国旅游持观望态度。如今在开放政策的指导下，通过各方面的大力宣传和营销，来华旅游的欧美客人愈来愈多，这正是诱发和创造需求的体现。

2. 突出产品特点，增强竞争优势

以无形服务为特征的同类旅游产品差别不甚明显，营销就是要增加旅游产品对旅游者的吸引力，通过对某些差别信息的强化传递和对细微差别的强调，使潜在消费者认识到，何种产品更能够带给自己实际需要的特殊效用和利益，以此形成对某种旅游产品的购买偏好。因此，旅游营销是传播旅游产品特色的主要手段，能够对不同产品或服务特色起到聚焦放大的效果。强化营销活动对处于激烈市场竞争之下的旅游企业而言，无疑会大大增强其竞争力。

3. 稳定产品营销，提高经济效益

由于旅游产品的季节性需求差别较大，通常会导致产品营销出现较大的波动，这对企业的经营活动非常不利。但由于这种波动是客观存在的，不易消除，因而企业只有通过经营和营销活动，使负面影响减少到最低程度。旅游企业可以通过经营多种旅游产品，并对其进行大规模的宣传与营销活动，做到“淡季不淡”，在稳定营销的基础上使自身的经营活动得以开展。

4. 树立良好形象，强化市场地位

旅游市场中不确定因素很多，一旦出现有碍于旅游目的地或旅游企业发展的因素时，往往可以通过一定的正向宣传营销手段，改变对自身的消极印象，重塑自身的有利形象，从而稳定甚至恢复其市场份额。成功的旅游营销活动往往可以塑造热情友好、服务周到等人性化的旅游服务形象，进而赢得更多潜在消费者的厚爱。

旅游市场的高度竞争以及旅游产品的无形性和产销同一性特点，使得营销在旅游市场营销中，比在其他有形产品的营销中发挥出更加突出、更加重要的作用。在开展营销活动时，应适当选择营销工具，以形成营销工具的最佳组合。同时还要使这种营销策略同营销组合策略中的其他因素相协调，进而形成企业有效的整体营销战略。

（二）旅游营销工具与营销组合

对于旅游目的地或旅游企业来说，随着市场竞争的加剧，单一的营销方式是难以争取到客源的。实际上，在旅游营销中用来传递信息的手段多种多样，旅游营销人员通常将广告、营销促进、人员营销以及公共关系等多种营销形式有机地结合起来，形成一个完整的营销组合，以获得最佳的营销效果。这些营销工具各有各的特点，在何种环境条件下选择何种营销工具以更好地发挥其作用，是市场营销活动中需要解决的重要问题。传统营销工具主要包括：营销印刷品、广告、人员营销、直接邮寄等。这四种营销工具虽然比较陈旧，但目前仍在旅游市场营销活动中发挥着不可忽视的作用。信息社会信息沟通方式发生了重大的变革，旅游营销活动也受到这场革命的影响，出现了一些新的营销手段，比如网络营销、展览会、公共关系、联合营销等，这些新的营销工具的出现加强了旅游企业与旅游市场的联系，使工作效率和生活质量都有了很大程度的提高；与此同时，它也强化了市场竞争，使旅游企业之间的竞争在这些新的营销手段的影响下进入了一个更高的阶段。在以下各节中将对广告、营销促进、公共关系与公共宣传、人员营销四个主要的营销工具分别作介绍。

二、旅游广告

（一）旅游广告概述

广告是由明确的发起者，通过支付一定费用，用一种非人员的沟通方式，对产品、服务或某项行动的意见和想法等的介绍。广告可以借助各种各样的媒体，因此可分为电视广告、报纸广告、杂志广告、广播广告、户外广告（灯箱、条幅、广告牌）、流动媒体广告、网络广告、POP（卖点广告）、DM（直接邮寄广告）、宣传品广告（手册、音像资料、文化衫），等等。

广告的特点非常鲜明，它是一种高度公开的信息沟通方式，它向顾客提供的是选择性信息，因此允许营销者多次重复这一信息，也允许购买者接受和比较竞争者的各种信息。人们在广告中运用的声音、色彩、图像等艺术化的技术手段，具有很强的表现力、感染力和吸引力。发展旅游业离不开广告宣传，这种广告宣传不仅需要通过广播电视、报纸杂志等多种媒体，而且还应走向街头巷尾，使其深入人心。

（二）广告的分类

按照广告不同的目的，可将其分为三种类型：通知型、说服型和提醒型。

1. 通知型广告

在旅游产品市场开拓的初始阶段，经常通过通知型广告将信息传递给潜在顾客。这类广告又可分为两种情况：一是宣传旅游目的地或旅游企业的市场地位，以及为旅游者采取的便利性措施，从而树立良好的市场形象。二是将新的旅游线路、服务项目等旅游新产品向市场告知，提出某项产品的若干新用途，或者通知市场有关价格的变化情况，以刺激潜在顾客的初步需求。以饭店为例，通知型广告可以促发初级需求，如开业广告；也可以用来产生即时的反响，如通知市场有关饭店新增添产品和服务的信息、价格的变化；还可以纠正消费者错误的印象，树立饭店的企业形象，缩短消费者和饭店之间的距离等。通知型广告以短期效应为目标，多用于营销。

2. 说服型广告

说服型广告在竞争阶段十分重要，当本企业产品与同类旅游产品展开激烈竞争时，往往需要通过说服型广告强化顾客对产品特性的理解，影响顾客的购买决策，从而建立企业的品牌优势。这类广告又可分为两种情况：一是突出本企业产品的优势和独特的价值，激发旅游者的选择性需求，鼓励其购买本企业产品，这是“进攻型”广告；二是“防守型”广告，目的是改变旅游者对本企业产品的不利印象，削弱竞争对手的广告效果。以饭店为例，说服型广告的目的是向一个特定的细分市场宣传饭店的优势或某一项产品，以中期效应为目标。这类广告既可以为饭店塑造形象或突出格调，也可以用来对整修过的饭店进行重新定位。它通过表现饭店的特色和优势，说明能比竞争对手提供更多的物有所值的产品与服务。对于现有顾客来说，这类广告巩固了他们的信心，使他们相信继续购买该饭店产品是明智的选择，从而建立对某一特定品牌选择性的需求和偏好。

3. 提醒型广告

当产品进入成熟期，有必要时刻提醒消费者保持对本企业产品的记忆，以获得尽可能高的知名度。通过提醒型广告，适时提醒旅游消费者记住购买的时机和地点，或者提醒顾客可能在不久的将来需要此产品，以此来促使有意向购买者完成购买行为，刺激老顾客重复消费。对于饭店消费者而言，提醒型广告可以达到的目的之一，就是可以使顾客在需要的时候，关于这个饭店的信息便能在脑海中出现；或者，即使在淡季也能促使消费者记住它，以保持最高的知名度。比如，上海华亭宾馆刊登的客房优惠营销广告具有鲜明的主题（夏季超级、豪华房间 78 美元）以及明晰的优惠条款和两幅关于商务活动与休闲活动场景的画面。这些都起到了有效的提醒作用。

（三）广告决策的程序

通常情况下，广告的制作都是由专业广告公司完成的。为了节省费用以及取得更好的营销效果，旅游企业通常要将自己的广告活动策划好。旅游营销人员在制订广告计划时，必须作出五项重要决策。

1. 确定目标

之所以要确定广告的目标，是要达到两个目的：一是提高产品在旅游消费者和旅游中间商中的知名度，进而增加营销量；二是为广告效果的评价确立一个标准，以此衡量广告在创意、制作等方面的成败。从总体上来说，广告产生两方面的效果：其一是营销额的变化；其二是消费者对产品的熟悉、偏好等心理层次上的变化。因此单纯将营销效果作为可衡量的广告目标不太合适，还要考虑到心理效果的某些指标。通常旅游企业确定的广告营销目标有以下几种：倡导一种观念（“青春”、“健康”、“回归自然”、“寄情山水”等），彰显一种特点（“高贵典雅”、“物美价廉”等），树立一种形象（“蒸蒸日上”、“诚实可信”）等。

2. 广告预算

确定了广告目标后，旅游企业就可以着手制定广告预算。旅游广告预算主要包括市场调研费、广告设计费、广告制作费、广告媒体租金、广告公司代理费、广告机构办公费以及员工工资等。常用的广告预算方法包括：营销比例法（按照去年和本年度计划的营销额以一定的百分比进行预算）、营销单位法（以每件产品或每条路线来分摊广告费）、竞争对抗法（参照竞争对手的广告费用来决定本企业的广告预算，以保持在广告宣传中处于平等或优势地位）、能力支付法（根据企业的财务能力来确定广告预算）。旅游企业需要根据自身的情况，综合考虑各种因素，灵活地采取适当的方法进行广告预算。

3. 信息决策

广告信息决策就是要设计所要传递给消费者的广告信息。由于广告的时间和空间是有限的，因此在广告中传递的信息也是有限的。如果在有限的广告时间和空间里填满了信息，会给人以混乱的感觉。在这种情况下，只突出宣传一个关键信息，效果会更好。因此所选择的信息必须有吸引力、独特性和可信性，这样才能在顾客当中引起好的反响。对信息的选择除了要考虑广告目标之外，还要考虑企业面对的目标市场，充分了解到目标市场对何种信息最感兴趣，以及目标市场对信息的反应如何等。广告要力求向消费者传送真实可信、打动人心的信息。

4. 媒体选择

媒体的选择至关重要，因为各类媒体在送达率、效率、形象价值、费用等方面互有差异。广告策划人在选择媒体时应考虑以下因素：目标受众接触媒体的习惯、广告信息的特点、产品特点和费用高低等。比如，电视的送达率比杂志高，收视群体范围大。在电视上做广告是一种昂贵但非常有效的大众营销方法。此外，旅游广告必须有针对性。针对特定目标市场的宣传营销必须使用针对这些市场的专门出版物做广告：在以消费者为对象的杂志和报纸上刊登广告，以吸引大众旅游者；在以旅游批发商和其他旅游行业组织为对象的旅游行业出版物上做广告，来吸引旅游中间商。针对的对象不同，广告的信息内容也应有差异。旅游广告必须主题鲜明，广告的主题、口号和画面等都要体现出旅游目的地以及企业的形象和吸引力。广告用词必须上口、好记，才能引起公众的注意并便于记忆。在广告的主题上可以强调旅游产品的多样性，突出旅游目的地和旅游者的交流性，显示旅游目的地的特色，展示旅游目的地的悠久历史，体现旅游目的地的时代精神，揭示旅游目的地的神秘色彩。广告只有在被消费者看到、听到并对其心理产生影响时，才能发挥作用，因此，在选择媒体时最应关注的就是广告如何尽可能地被人们看见和听到。

以旅游服务业为例，旅游服务业中常用的媒体有：印刷媒体、广播、电视、互联网，户外交通运输场所招贴画、灯箱，以及展览会等。选用什么样的媒体最恰当、最有效率，是由信息的发布意图、要传递的信息类型和传达的市场所决定的。

5. 效果评价

如前所述，广告效果分为营销效果和心理效果两方面，因此，对广告效果的测定也应从这两方面进行。判定广告的沟通效果可以在事前或事后通过问卷调查来进行，对于营销效果的测试，通常采用历史分析法和实验法来判定。广告效果的评估不是一个孤立的阶段，而是要随时对广告的效果进行监控，并根据环境的变化作出相应的调整。比如，竞争对手此时加强了营销攻势，就应适当地加大广告的密度；如果广告已经提前取得了预期的效果，就可以适当减小营销力度以节约成本。

三、旅游产品营销促进

（一）营销促进概念

营销促进，又称营销推广，是指旅游企业运用各种短期诱因，鼓励旅游消费者购买或营销队伍出售旅游产品的营销活动。由于大多数旅游企业存在着高固定成本的特性，它们往往通过营销促进来提高边际营销。此外，随着旅游消费者可选择的目的地数量的增加，企业之间的竞争逐渐加剧，差异化和成本领先的战略难以在短期内奏效，再加上广告成本上升、效果下降，因此增强了对营销促进的要求。

由于营销促进是短期的带有馈赠性质或鼓励性质的营销方法，从长期来看，并不一定能使营销取得很大的改观，但在短期内，它往往比广告更能有效促进营销量的增加。广告通常用于为某种产品创造一种形象，使消费者对产品产生认同感，而营销促进的目标则是为寻求营销额的即时反应而设计的。广告使产品通过某种比较去竞争，而营销促进则使本企业产品在特定时间和地点与其他产品有显著差别，因此，营销促进与广告营销在目的、手段和效果上都有明显区别。在实际工作中，如果能将二者结合使用，则比单独重复运用某种工具的效果会好得多。

（二）营销促进的作用

营销促进以其特有的优势和不可替代的作用，成为众多旅游经营者选用的营销手段。营销促进的作用主要表现在四个方面。

1. 营销促进可以促使新产品快速进入市场

在产品投入初期，消费者对其没有足够的认识和了解，此时可以通过一些必要的营销措施，例如特价优惠旅游、新旧产品搭配出售等，促使消费者试用产品，以期对新产品作出积极的反应和表现出强烈的购买兴趣。因此，这种方式可以在短期内把旅游新产品打入市场。

2. 营销促进可以增加消费，提高营销额

旅游企业通过向中间商提供批量折扣、购买馈赠、交易补贴等优惠措施，劝诱其更多地购买本企业产品。与此同时，向旅游者提供折扣、抽奖、赠品等激励措施，来提高旅游者对本企业产品的关注与兴趣，从而增加旅游产品的消费，提高营销额。

3. 营销促进可以有效地抵御和击败竞争者的营销活动

营销促进常常是针对竞争者的经营展开的，在竞争对手发起大规模的营销活动时，本企业若不及时采取有效的措施，极有可能失去已占有的市场份额。在这种情况下，企业可以给予顾客比竞争对手更优惠的价格，给予中间商更多的折扣，以此稳定和扩大自己的消费购买群体，有效地对抗竞争。

4. 营销促进能够带动本企业其他产品的营销

旅游企业通过各种优惠措施，可以促进企业其他产品的营销，从而提高整体产品的营销额。例如，饭店对标准间的营销活动，常常也能带动餐饮和套房的营销。实践证明营销促进是一项行之有效的营销方式。

营销促进对于短期内增加产品营销非常奏效，但它的作用是有限度的，通常不能建立起顾客对本企业产品的忠诚度，也不能拯救一个市场定位不当的产品。因此要适当评价营销促进的作用并根据实际情况灵活运用。

（三）营销促进的方式

营销促进有许多方式，根据营销对象的不同可以分为：

1. 针对旅游者的营销促进活动

如赠送样品或纪念品、优惠券，减价、累积积分、抽奖、设立俱乐部等，其目的在于吸引新顾客、留住老顾客。

2. 针对产业市场的营销促进活动

如政府、机构、航空公司等的营销促进活动。包括折扣、累积积分、赠品、会员制、特殊服务等，目的是与其建立长期稳定的顾客关系。

3. 针对旅游中间商的营销促进活动

如购买折让、免费奖励、推广津贴、营销奖励、营销竞赛、提供宣传品等，其目的在于扩大旅游产品同顾客之间的沟通渠道。

4. 针对营销人员的营销促进活动

包括红利、营销竞赛、营销集会等，目的是调动营销人员的营销积极性。

（四）营销促进的策划程序

在旅游营销促进中，必须首先策划营销促进方案，然后实施和控制此方案，最后对结果进行评估。具体说来，可以遵循以下五个步骤。

1. 确立营销促进目标

旅游企业营销促进目标，是由基本的营销目标导出的。因此，在总体上要受到旅游企业营销目标的制约，是这一总目标在营销策略方面的具体化。营销促进的目标必须随目标市场类型的变化而变化，企业应针对不同类型的目标市场，拟定不同的营销促进特定目标。一般说来，营销促进的具体目标包括：鼓励潜在顾客购买、抵制竞争对手的营销影响、鼓励旅游中间商推广新产品，以及刺激营销人员扩大营销等。

2. 选择营销促进方式

营销促进目标一旦确定，就需要选择实现目标的手段和措施。如前文所述，不同的营销促进方式针对不同的营销对象，每种方式都有其各自的特点和适用范围。一个营销促进目标可以由一种方式实现，也可以由多种方式优化组合实现。在选择具体方式时要充分考虑营销目标、市场类型、竞争状况以及成本效益等因素。具体来说，营销方式包括折扣营销、礼品营销、季节性营销、反季节性营销、名人公关营销、公益营销、让利营销、返现金营销、服务营销、限时营销，等等。

3. 制订营销促进方案

一般来说，制订一个完整的营销促进方案需要包括以下几方面内容：其一，要确定营销促进活动的规模。如果要取得营销的成功，一定程度的物质刺激是必需的，因此，企业首先要确定准备拿出多少经费和人力进行营销激励。其二，选择营销促进对象。营销主要目标范围控制的大小将直接影响到营销效果，比如，营销是以旅游者为主，还是以中间商和营销人员为主。其三，决定营销促进媒介。即用什么途径向营销对象传递信息，途径不同所需费用不同，信息传达范围也不同。其四，选择营销时间。营销时间过短或过长都不合适，前者造成一部分顾客无法及时购买，后者会引起开支过大和降低刺激购买的力度。其五，提出营销预算。即根据所选用的营销工具的使用情况，预测出营销促进活动所需的总费用，通常有两种方法：一种是先确定营销促进方式，然后再计算其费用；另一种是根据习惯，确定在一定时期的各营销预算费占总营销预算的比例。

4. 营销促进方案的实施与控制

在营销促进活动中，要随时注意和监测市场的反应，在营销范围、强度、频率和重点方面，及时进行必要的调整，保证对营销方案实施的有效控制。为此，企业要对整个营销活动进行周密的策划和组织，并事先做好应付突发性事件的准备和安排。

5. 营销促进效果评估

效果的评估包括对短期效果和长期效果的评估，而对于营销促进来说，短期营销量的变化幅度是衡量营销促进的最好依据。因此，最普遍的方法是把营销之前、营销期间和营销之后的营销情况进行对比，结合市场份额的变化，分析营销的效果。另一种较常用的做法是进行市场调查，以便了解此次营销活动对消费者和中间商购买行为的影响程度。

四、公共关系与公共宣传

（一）公共关系概念

公共关系是以公众为对象、以沟通为手段，来发展企业与社会、公众之间的良好关系，从而树立企业良好形象的活动。公关营销的具体形式包括新闻发布会、名人公关、演讲公关、展览演示、会议研讨等。旅游作为一种高层次的消费活动和审美活动，使得旅游业很容易受到国家或地区形象的影响。旅游产品的综合性，使得其生产需要全社会的配合。同时，旅游产品的无形性以及生产与消费的同一性特点，使旅游质量只有在消费之后才能得到验证，因此很容易受到公共宣传的影响，由此决定了旅游公共关系对旅游行业和企业发展的重要意义。

（二）公共关系的对象及种类

旅游公共关系的对象可以是社会公众，也可以是新闻界。针对社会公众的公共关系活动包括参与社区活动，承担一定的社会责任；与有关机构建立友好关系；提高顾客服务质量，妥善处理投诉；通过内部出版物与员工沟通，增强员工的自豪感和凝聚力等。由于人们普遍倾向于认为新闻报道比广告更具客观性，因此，旅游企业应尽力和新闻界建立并维持长期的友好关系，及时向新闻媒介提供具有报道价值的信息，使企业在无形中获得公众的好感。

按照不同的活动方式，可以将公共关系分为以下五种类型：一是宣传型公共关系，即通过各种媒体和手段向社会公众宣传、展示企业的发展成就与公益形象，具有主导性与时效性强的特点；二是服务型公共关系，即通过为顾客提供高质量的服务，赢得公众的好感，从而提高企业形象；三是交际型公共关系，即通过人与人之间的直接交往，达到联络感情、协调关系的目的，从而为旅游企业建立良好的人际关系奠定基础；四是社会型公共关系，即通过举办各种赞助或公益活动来开展公共关系，目的是塑造企业的良好形象，提高企业的信誉度和知名度；五是征询型公共关系，即通过采集顾客的反馈信息、进行民意测验等方式，不断完善企业在社会公众中的形象。另外，根据组织与环境的适应关系，公共关系活动还可分为建设型、防御型、进攻型、维系型、矫正型五种类型。由于旅游市场的波动性较大，因此，旅游企业应特别重视矫正型和进攻型的公关活动。例如，1986 年墨西哥发生大地震，旅游业受到重创。墨西哥政府耗费巨资请美国公关专家策划了墨西哥形象全球推广活动，随着公共活动的成功开展，仅用一个多月时间墨西哥的旅游人数竟然超过了地震前的人数，这正是矫正型公共关系所起的重要作用。

（三）公共宣传决策

旅游企业可以利用宣传来介绍新的旅游目的地、旅游线路、新的产品品牌等，从而打开市场并逐步扩大市场份额。知名度低的旅游目的地或企业可以通过公共宣传引起公众的注意，以提高企业的知名度。当某种产品的市场需求和营销量下降时，企业可以利用公共宣传来恢复人们对该产品的兴趣。进行公共宣传决策主要包括以下几个步骤：

1. 确定公共宣传的目标

公共宣传的最终目标仍是营销，具体来说包括：扩大企业和产品的知名度；增加营销信息的可信度；节约营销费用；激励中间商和营销人员等。

2. 确定公共宣传的内容

旅游企业通常运用两种方法来选择公共宣传的内容：一是寻找产品相关方面有新闻价值的素材，这是旅游者所关心的焦点问题；二是利用企业庆典、展览会、新闻发布会等各种活动创造新闻，这需要独特的创意和构思。至于宣传的内容必须是目标市场为作出决定所需要了解的信息，要避免模棱两可的信息。在发布新闻之前一定要认真核实，失实的新闻报道会引起误会，甚至产生负面影响。

3. 实施公共宣传计划

利用各种活动进行公共宣传时，必须在事前进行周密的筹划，以保证公关活动的顺利进行。在编制营销材料时，必须确定这些材料的数量、类型及其分发渠道。

一般说来，营销材料分为基本营销材料和综合性宣传营销材料，其中基本营销材料包括景点宣传册、单页宣传材料、高质量的宣传画、营销手册、旅游杂志、旅游地图、新闻夹、电视风光片、光盘、MTV，等等；而综合性宣传营销材料又可细分为一般性材料（旅游手册、城市和旅游景点地图、单页游览介绍、宣传画、旅游活动大事记）、旅游指南（餐饮指南、购物指南、步行旅游地图、明信片、景点介绍册、张贴画）、旅游出版物（营销手册、新闻夹、旅游夹、旅游通讯）以及专用营销材料（景点介绍光盘或录像片、目的地互联网主页）。

4. 评价公共宣传的效果

衡量公共宣传的效果，可以通过几个因素来综合评定，包括旅游者和旅游目的地公众对旅游企业和旅游产品的态度、企业与产品在社会上的知名度的变化以及营销额与利润的变化。需要注意的是，如果将公共宣传和其他营销工具一起使用，则很难区分哪部分是公共宣传的效果。

五、人员营销

（一）人员营销的概念及特点

所谓人员营销，是指通过营销人员与购买者的直接沟通来达成交易，以促进和扩大营销量的活动。也就是说，人员营销是营销人员帮助和说服购买者购买某种商品或服务的过程。这是一种传统的营销方式，也是现代旅游企业的一种重要的营销手段。

人员营销有着广告和宣传等其他营销形式无法比拟的优势。首先它具有很强的针对性，因为营销人员的目标较为明确，无效劳动少，但对营销人员的营销能力要求很高，且人员营销成本高；其次，它具有较大的灵活性，营销人员在营销过程中可以根据旅游者对产品及营销方法的反应，立即改变营销陈述和营销方法，以最终促成交易；再次，人员营销具有双向沟通、反馈及时的特点，有利于旅游者同营销人员建立良好的关系。

（二）人员营销的作用及方式

旅游人员营销是所有营销手段中唯一利用人员进行的最直接的营销活动，它以其特有的优势成为旅游营销活动的重要组成部分。

1. 信息沟通

营销人员通过与客户和潜在客户进行面对面的交谈，向他们介绍自己的产品，并提供咨询服务，以达到将本企业和产品的信息有效传递给客源市场的目的。此外，营销人员最容易获取第一手的市场信息，包括旅游者的需求和竞争对手的策略等。这些信息反馈回来，为企业制定和调整营销策略提供了依据。

2. 产品营销

营销人员不仅将产品出售给顾客，还在一定权限范围内处理一些类似于旅行线路、产品价格等技术问题。因此，在客源市场，营销人员被看作是旅游企业的代表，对产品营销起着很大的促进作用。

3. 提供服务

营销人员在营销产品的同时，还要免费向旅游消费者提供咨询、技术协作和售后服务等各种服务项目。

4. 协调工作

在营销过程中，营销人员作为旅游企业与顾客之间的信息交流的纽带，协调两者之间的关系。

5. 开拓市场

除了与原有客户保持良好的关系以外，营销人员还要随时寻找新客户，以便不断扩大市场面。

旅游人员营销属于直接营销，根据营销的方式不同，可以分为走访营销、营业营销、会议营销、小组营销、电话营销、导购营销、书面营销等。每种方式都有其各自的优点和缺点，旅游企业应根据自身特点和市场状况加以灵活运用。根据营销的对象不同，可以分为个人营销和组织营销。个人营销主要是针对旅游消费者，而组织营销针对各种类型的组织，例如旅游产品的分销商或代理商。

（三）旅游人员营销的过程及内容

旅游人员营销过程可以分为营销前的准备工作、营销工作和后续工作三个主要部分。各个部分又有不同的具体工作需要完成。

1. 准备工作

（1）确定营销目标

有些人把人员营销活动的目的简单地归结为促使顾客购买自己的产品，这种认识存在一定的偏差。其实还有向市场传递信息、与顾客建立良好关系、激励旅游中间商等目的。因此要根据自身的需要确定一个或几个目的作为营销活动的目标，以此为基础确定营销的具体方式。

（2）寻找目标顾客

营销人员需要通过各种渠道，了解现实和潜在旅游消费者的需求、支付能力，从而筛选出有接近价值的目标顾客，以便集中精力进行营销，提高成交比例。

（3）接近前准备

营销人员在进行营销之前，必须尽可能多地了解目标顾客的情况，选择接近方式，拟定营销时间，准备好营销材料，预测营销中可能出现的问题。

2. 营销工作

（1）约见工作

营销人员与目标顾客约见的方法有很多，例如书信、电话、登门留言，等等。与顾客约见时应注意两点：一是要约定确切的拜访时间，二是要约定拜访的时间长度。尽量不要使用“大概”、“可能”等含混的表达方式。目的是使顾客更好地了解自己，便于双方感情的沟通。

（2）营销面谈

营销人员经过事先约见，就能与目标顾客进行洽谈。营销人员需要利用各种面谈方法和技巧，向顾客传递旅游企业及产品信息，强化顾客的购买欲望。对于顾客提出的关于产品、价格或服务等方面的异议，营销人员应采取不同的策略和方法说服顾客，促成交易的发生。

（3）成交

成交作为面谈的继续，是整个营销工作的最终目标。在营销中最难的事情，就是如何处理顾客的拒绝。营销人员必须事先找到顾客提出拒绝的理由，才能有的放矢，有针对性地采取措施来对待顾客的拒绝。营销人员应密切注意成交信号，采取有效措施，帮助消费者作出最后选择，完成交易。

3. 后续工作

交易的完成并不意味着营销工作的结束，要让顾客满意，并使他们继续购买，后续工作是必不可少的。要着眼于企业的长远利益，努力与顾客建立和保持良好的关系，建立消费者对产品的信任感和忠诚度，利用游客的间接宣传争取更多的新顾客。另外，营销人员要对整个营销过程进行反省，以纠正自己在营销过程中的失误，从而提高营销能力，为今后的营销成功创造条件。

（四）旅游企业对人员营销的管理

概括来说，旅游企业对人员营销的管理，包括营销队伍的设计和营销队伍的管理两部分。其中，营销队伍的设计主要包括以下工作内容：首先要确定营销队伍的目标，包括了解顾客情况、向客户营销、寻找新客户、加强与客户的联系、进行市场调查等；然后，确定人员营销的策略，也就是说，在什么时间、以什么方式、向哪些顾客营销；随后要确定营销队伍的结构、规模和报酬。对营销队伍的管理主要涉及人力资源管理的若干问题，具体包括招聘优秀的营销人员、对营销人员进行培训和指导、对营销人员进行适当的激励以及对营销人员的考评等。企业只有拥有一支出色的营销队伍，才能更好地发挥其产品优势，突出企业特色。营销队伍的设计与管理对于成功的人员营销策略具有决定性的作用。

六、旅游营销组合策略

（一）市场营销的具体方式

1. 展销团

针对旅游中间商和媒体，介绍新产品以提高知名度。

2. 交易会

针对旅行社、媒体和顾客，营销新产品以提高知名度。

3. 庆典

针对媒体和游客，介绍新产品以提高知名度。

4. 网络宣传

针对游客、中间商和媒体，通过互联网介绍、营销产品。

5. 广告

针对游客、中间商和媒体，通过广播、电视、报纸、杂志介绍产品。

6. 公众营销及场馆营销

在主要市场的公众场合，针对游客和媒体进行直接营销。

7. 特邀媒体

对象为媒体从业人员，包括旅游撰稿人、图片记者、电台播音员、电视从业人员、电台节目主持人，通过邀请媒体代表进行实地考察来提高知名度，向公众介绍旅游地情况、旅游产品和景点。

8. 特邀团组来访

对象为旅游中间商和旅游协会的高级官员，通过邀请他们来旅游目的地实地考察，使他们了解详细的情况，并将考察的旅游目的地列入自己开发的旅游项目中。

（二）影响营销工具选择的因素

对于同一个营销目标而言，使用不同的营销工具会产生不同的效果。造成这种差别的主要原因在于不同的营销方法适用于不同的营销目标。因此，在费用一定的情况下，选择能够产生最大效果的营销工具，对旅游企业而言尤其重要。

旅游目的地或旅游企业在制定营销组合策略时，需要考虑很多因素，包括企业特征、营销目标、目标市场、产品所处的生命周期阶段等。

1. 企业特征

企业特征主要指企业的规模、资金、实力、市场覆盖率等，各旅游企业在这些方面的不同决定了营销组合的差别。如果企业规模小、资金有限且致力于某一细分市场，则营销组合应以人员营销为主；反之，如果企业实力强、资金雄厚且目标市场广泛，此时应选择广告宣传为主要营销手段。

2. 营销目标

不同的旅游目的地或企业，甚至是同一个目的地或企业，在不同时期都有其特定的营销目标。根据旅游企业经营活动的需要，营销活动的目标可分为长期和短期两类目标。从短期来看，企业通过营销策划，最直接最显著的效果就是提高客源量、人均旅游人次和人均旅游消费额。从企业的长期发展来看，旅游营销有七种基本目标：即增加旅游市场营销额；拓展新的市场；发展新的游客；培养和强化游客的忠诚度；增加及扩大旅游产品的价值；提高公众的兴趣；争取旅行社及其他中间商的支持以及创建良好的旅游形象。因此，在选择营销手段时，要使不同的营销目标与不同的营销组合相契合。比如，企业如果以增加营销量这一短期目标作为现阶段的营销目标，就应增加在广告和营销促进方面的投入；如果以树立企业形象为营销目标，公共关系和公共宣传就应成为主要的营销手段。

3. 目标市场

目标市场对营销工具的选择起着决定性的作用，不同的目标市场要采用不同的营销组合。如果定位于老人或妇女细分市场，且又相对集中在某个城市或地区，这时可采用以人员营销为主的营销组合；如果目标市场的旅游者有以家庭或个人为单位的，并且分布较广，则应采用以广告为主的营销组合；如果以旅游经营机构为营销对象，就需要分析这些机构所关心的利益，以便最大限度地调动其积极性。综上所述，旅游企业应根据不同的市场特征来策划不同的营销组合，如果目标市场不明确，必定会极大地削弱营销活动的效果。比如对于年龄偏大且受教育程度较低的目标顾客，显然不适合通过互联网对其开展营销活动。

4. 产品所处生命周期阶段

旅游产品在不同的生命周期阶段，需要采取不同的营销组合。若产品处于投入期，通过广告和宣传可以迅速扩大产品知名度，营销促进则可鼓励顾客对产品的尝试性购买。在成长期应以广告和人员营销为主，而营销促进可相对减少。成熟期的产品拥有稳定的客源，因此人员营销和营销促进会在此时发挥主要作用，同时采用提醒式广告。在衰退期里，企业应把营销规模降到最低限度，主要发挥提醒式广告的作用，同时适当采用营销促进。

5. 市场竞争

旅游企业的很多营销活动都是视竞争对手的活动而定的，因此要密切关注竞争者的营销动向。比如，某个竞争对手已经开始通过办展览来进行营销，如果本企业要取得更好的营销效果，就必须投入更多的精力使自己的展览办得更好，或者也可以避开竞争对手的策略，而选择其他营销工具来进行更有效的营销活动。

（三）旅游营销决策

营销策划决策通常包括六个步骤：营销策划市场诊断、营销目标制定、营销策略设计、营销活动策划、营销活动实施和营销效果评估。这里重点介绍旅游营销策略。

营销策略是对营销对象、营销投入、营销方法和营销效果进行科学的选择、配置和评价的系统化过程。它建立在旅游产品、价格、营销渠道策略之上，同时又反过来影响其他三者的选择与实施。

1. 推拉式策略

推拉式策略是指利用营销人员与中间商营销，将产品推入营销渠道，在营销渠道中，每一环节都会推动下一环节，强化购买动机。这种策略应该以人员营销为主，辅之以营销促进和公关活动。推拉式策略是指直接针对大众旅游者、花费大量的资金从事广告及消费者营销活动，以增加对产品的需求。这种策略以广告宣传和营销促进为主，以公关活动为辅。旅游企业应根据实际情况兼顾这两种策略，达到最好的营销效果。

2. 创造需求策略

创造需求策略指旅游企业可以根据自身特点和优势，举办一些特色旅游项目，以期在原有市场需求的基础上，引导现实和潜在旅游消费者购买本企业产品，从而诱发和创造旅游需求。在这种策略中，企业可采用以广告为主、以人员营销为辅的方法吸引客源。

3. 锥形辐射策略

这种策略是指旅游目的地或企业，将拥有的多种旅游产品排成锥形阵容，通过以最具优势、最有吸引力的拳头产品作为开路先锋，迅速攻入目标市场，从而带动其他产品的推介，层层推出丰富多彩的旅游产品，比如白云山就是嵩县旅游集群的锥尖。

再谈旅游营销管理策略

旅游业是好客产业，它所体现的经典服务文化内涵，更是一向为服务管理和营销专家所推崇。随着经济社会的迅速发展，人们的休闲时间逐步增加，消费支配能力持续增强，感情生活需求日趋多样化，旅游业已成为快速增长的产业，也成为营销学研究的一个重点领域。现代旅游企业面临着严峻的竞争挑战，如何进一步提升服务品质，更有效地推广服务产品，真正满足旅游消费者日益多样化的消费需求成为一个不容忽视的课题。

经过多年的探索和实践，国内大多数旅游企业已自觉地完成其营销模式由产品导向型向服务导向型的战略转移。在此，笔者将部分成功旅游企业的营销管理经验总结和归纳为“四大策略”。

一、服务模式策略：差异化服务

换位思考，从顾客出发，提供顾客所需服务产品，无疑是旅游业服务营销的核心。在旅游实践中，服务产品与顾客需求之间的关系是复合型的、多层面的、差异化的。

（一）同一时间地点，不同的客人有不同的服务需求

如同一餐厅中客人对背景音乐的选择，国内客人喜欢通俗流行音乐，而欧美客人偏向舒缓的古典音乐。即使同一人群中，不同文化、年龄的人服务需求也是不同的。

（二）不同时间地点，同一客人的服务需求侧重点不同

如旅游者白天需要新奇刺激的活动项目，夜间则需要舒适安静的环境。即使同一时间在不同的心境下服务需求侧重点也是不同的。

另外，随着经济技术的发展和时代的演进，服务产品在质和量两个层面都在不断升级换代。旅游服务仅仅靠严格管理、规范操作已不能获得顾客的认同，唯有针

对性的服务才能打动顾客。然而这种个性化的定制服务要花费较大的服务成本，因此需要在顾客满意与企业效益之间寻求一个最佳结合点，这种服务模式就是规范与非规范结合的服务差异化，即以规范服务为主，满足多数顾客的共性需求，确保服务质量的基本稳定；以非规范性服务为辅，满足顾客的个性化需求，从而显示企业具有特殊吸引力的服务特色。例如，在地区宏观的服务差异上，1990 年国际假日酒店集团在全球不同地区分别推出了旅馆型、快捷型、艺苑皇冠型、度假地型、庭院型不同档次和风格的酒店系列，满足了不同地区、不同层次消费群体的差异化需求。而在微观的个人服务差异化方面，努力使客人因感受到尊重而感动，如酒店客房部特地为某位过胖客人用两个标准床拼装一个大床的超常服务。所有这些服务差异化的事例，都体现了针对不同对象发自内心的灵活的创造性的服务艺术。

二、服务传播策略：实体化显示

服务产品所具有的不可感知性特征，虽然在一定程度上妨碍了旅游企业有效地推广服务产品，但顾客仍可通过对服务环境中有形实物的感知，形成对旅游服务企业的印象及服务产品质量的认知和评价。例如，初次光临某餐厅的顾客在进入之前，通过餐厅外观、招牌标志等先获得一个初步印象，若感觉尚好则进入。而餐厅内部的装潢、餐具洁净程度及服务员的礼仪态度，则直接影响着其消费信心。因此旅游服务企业若善于借助服务过程中可直接传达服务特色及内涵的有形展示手段，将大大有利于服务产品的营销推广。

服务过程中的实体化显示要素和相应的措施主要有：

（一）服务的环境与气氛要素

它们通常在顾客的最低期望之内，并被顾客默认为构成服务产品内涵的必要组成部分，其存在不会使顾客感到特殊的兴奋与惊喜，但若缺少则会降低顾客对服务的兴趣，挫伤顾客对服务的消费信心，如餐厅的清洁卫生、航班的安全准点等。一般旅游企业可通过严格的规范管理确保顾客对此的基本需求，但若在一定程度上适当超越顾客的期望，将提高顾客对服务的满意感。

（二）服务的设计要素

它们通常用于改善服务的包装，使产品的功能更突出，增加服务的附加值，以建立可感知的、赏心悦目的服务形象，例如，酒店建筑外观的独特造型，以及企业统一的服务形象标识系统（CIS）等。企业应力求确定与自身服务内涵对应一致的独特醒目的形象。麦当劳快餐在此方面是一个成功的典范，门前巨大的金黄色“M”标志引人注目，餐厅内部柔和简洁的色调体现出其快捷卫生、欢快亲切的服务文化特色。

（三）服务的社交要素

它们指服务场所内一切参与及影响服务生产的人，包括服务人员、顾客及其他人士。总的来讲，社交要素对顾客的影响远较其他两类要素显著，因为顾客可由此直接判断员工的反应性、处理顾客要求的诚意，以及企业是否值得依赖。并且，由于从众心理，服务场所内其他顾客的评价也会影响顾客的消费期望和干扰对服务质量的判断。值得注意的是在以上三类实体显示中，改进服务社交要素所需的投资相对较低，它只需提供基本的实物，如工作制服，并通过相应的服务培训，便可取得明显满意的收效。

三、服务协调策略：一致化营销

旅游企业的传统营销，实质是针对企业外部顾客的外部营销。内容包括营销调研、产品设计与开发、产品定价、广告促销与人员营销等。其重要功能之一就是通过促销方式向顾客承诺，使其消除对服务产品的风险感并激发其消费期望。然而更深入的研究表明，顾客对服务的最终评价不仅取决于实际的服务水平，关键还在于对许诺的服务与实际提供的服务进行对照，只有当两者一致或后者超过前者水平时，才会使顾客获得服务的满意感。若对外营销人员仅从眼前营销业绩出发，以超越企业实际服务能力的过高承诺迎合顾客，将会诱导顾客过高的服务期望，引发顾客的抱怨与不满，最终损害企业声誉。

因此，全面意义上的旅游企业服务营销应涵盖外部顾客与内部员工两大方面。员工是服务的核心，在服务接触的过程中员工与顾客的互动直接影响着顾客对服务的评价。针对企业内部员工而进行的内部营销，正是基于“员工是企业的第一顾客，赢得员工才能真正赢得顾客”的营销理念，通过内部工作的设计去真正满足员工的需求，再通过员工发自内心的真诚服务表现去感染顾客。由此可见，协调的内部营销是外部营销成功的前提。旅游业的内部营销主体是以营销人员为辅助的企业管理层，客体是员工。内容包括：员工的招募、培训、服务设计和员工激励及内外部营销沟通与协调制度。

四、服务延伸策略：制度化管理

美国哈佛商业研究报告表明，多次光临的顾客比初次登门者可为企业带来70% ～ 80%的利润；固定的顾客每增加 1%，企业的利润则相应增加 25%左右。对于强烈依赖顾客消费的旅游业而言，稳定而忠诚的顾客群无疑是企业的宝贵财富。忠诚的顾客给予企业的利益表现在三个方面：重复购买次数多，为企业积累了可观的利润；对服务价格的变动承受力强，能接受和认同企业的价格调整；对服务中的失误和事故持宽容态度。

因此，为了培育外围固定的消费群，一些旅游企业开始在传统的面对面服务、一次性成交的基础上，对服务的内涵加以开发和延伸，为顾客提供更完备周到的售后服务和跟踪服务，将原本分散独立的顾客加以整体管理。这种顾客管理的服务营销体系近年来在酒店业中得到了广泛的应用，例如：对顾客期望的引导、顾客消费行为的管理（以便更好地在消费中与服务人员配合）、顾客档案的管理（以便针对性地提供个性化服务）、顾客意见的跟踪、顾客间社会关系的管理等。通过这些系统化的顾客管理措施，将分散的顾客结合成与企业保持紧密联系的社会网络，并且不断强化其品牌忠诚度。这将大大有利于旅游服务产品的营销传播，最终使企业赢得市场中宝贵的顾客资源。

旅游“四吹”正解

中国的景区大致可分为四类：第一类是绝品，像九寨沟、武当山、少林寺等，这些是有唯一性和排他性的，从某种意义上讲不用做任何的宣传，只要口口相传就可以解决营销问题，正应了一句俗语：“金杯银杯不如人们的口碑。”这些景区完全是人满为患的，收益颇丰，且不用丝毫的营销成本，可谓旅游营销的最佳境界。第二类是精品，像太湖、刘公岛、云台山、天山等。第三类是上品，第四类是凡品。凡品姑且不议，“麻袋上绣花——底子差”，非上流功夫营销不可。关于上品，是说品相还不错，有点潜质，或者说比一般的好了点，但又不特别突出，开发好了，脱颖而出；开发不好，泯为凡品也。这种景观不但要宣传，还要通过“吹”来大宣传、猛宣传。游客为什么要来旅游？多为慕“名”而来，可见这个“名”是何等的重要。哈尔滨的“太阳岛”闻名遐迩，可去过的人都说不怎么样，那就是一首叫《太阳岛上》的歌把它唱红的。阿里山出名，歌曲《阿里山的姑娘》更出名，近年阿里山旅游风头正劲，全仗“阿里山的姑娘美如水，阿里山的小伙壮如山”的歌词，也是唱出来的。归来者说：不去会后悔，去了会更后悔。其实，“唱功”何尝不是一种“吹功”？

景区是一个区域性品牌，旅游消费的最大特点是不可体验性、不可替代性，只有游历之后才能感觉到好不好。在这个过程中，必须要大力宣传，去促销。但是如何去宣传？如何去打造一个景区？最有效的方式就是“敢吹、会吹、大吹、猛吹”。

一、“敢吹”

“敢吹”是指定位的深度。敢吹的前提必须有底蕴和特色，然后就是敢为人先的气势和魄力。所谓敢吹亦即有胆量、有自信、有雄心。千岛湖换了好几轮广告宣传用语，诸如：“中国最美丽的湖泊”、“环境旅游县”等，唯有“到千岛湖，用农夫山泉洗澡”这个概念影响力最大，深入人心，一点即爆，一爆即火。听说山东有个莱芜，前几年才从泰安市分出去成为地级市，本名不见经传，但短短几年，经济发展已超越泰安，旅游资源本无法与泰安比，可是莱芜敢吹，喊出的口号是“要想爬泰山，请到莱芜来”，“美国有个好莱坞，中国有个好莱芜”。可泰山明明在泰安嘛。这种移花接木、暗度陈仓之术，立竿见影，促进了旅游发展。

二、“会吹”

“会吹”是指挖掘的角度。一定要小题大做，歪题正做，粗题精做。“会吹”要在“会”字上下工夫，要从角度、丰度、尺度、比度、跨度、高度等各个方面寻找旅游市场感兴趣的话题和卖点，善作谋划，出奇制胜，以新代旧，以特代新，吹得让人信服，让人舒服。比如，冯巩曾说自己是相声界二胡拉得最好的，二胡界相声说得最好的。此番怪论，虽带有戏谑成分，但有角度，有尺度，有高度，不惹人生厌，让人叹服。再说千岛湖，据我了解，在国内号称“千岛”的湖泊不下五六个，宁夏、江西、广东都有。湖泊的人文和历史厚重感不是很强，且具有一定的景观同质性，而独有浙江千岛湖旅游“风景这边独好”。细究起来，它并不具备一定的独特性、排他性和唯一性，何也？这就是它的宣传效应，会营销，会“吹”。因而，我们完全可以就某一点特色小题大做，进一步说就是怎么挖掘，怎么做成大文章。

三、“大吹”

“大吹”是指营销的高度。“大吹”之精髓是一个“大”字，对于游览天下“最大”、“最久”、“最高”、“最美”的景区，游客无不夸下海口，引以为傲。于是，有了“中国最大的寺庙”、“中国最大的大佛”、“中国最大的瀑布”、“亚洲最高的瀑布”、“中国最大的游船”、“中国最大的脚印”……不论大也罢，高也罢，沾“最”即灵，一“最”解千愁，景区不再忧。但此“大”非彼“大”，可能不是传统理念中实实在在的最大，而是“来源于生活，高于生活”，是平凡中见伟大。此“大”也许是特指某一层面的，如历史层面、文化层面、知名度层面、局部特点层面等，但确确实实的是见微知著，以小见大，彰显了某种特色与文化。这种旅游规划让游客豁然顿悟，回味无穷，确实感到不枉花钱，不虚此行。这种以小搏大、以巧斗拙、以奇制胜之“吹”，利于景区效益提升，利于游客身心愉悦，何乐而不为？

四、“猛吹”

“猛吹”是指推广的频度。“猛吹”之精髓在于一个“猛”字。既然“敢吹、会吹、大吹”，就要一鼓作气地“猛吹”，吹他个人仰马翻，吹他个天崩地裂，绝不可以半途而废，前功尽弃。须知道，不猛吹，你的“大”、你的“高”、你的第一谁也不知晓，就像一个人先天禀赋不高，后天就要加倍努力，仅仅站在家门口吆喝，只有左右邻居知道，但如果你通过大媒体大宣传、猛宣传就可以家喻户晓，先声夺人，取得先发制人的效果。所谓“大媒体”是指面向中国的、面向世界的，面向大众的媒体；所谓“大宣传”是指宣传媒体集群之大、内容涵盖之大、受众群体之大、影响力之大。乔家大院原是中国明清大院中最小的大院，20 年前因一部电影《大红灯笼高高挂》成了中国保持原貌最好、知名度最高的大院，一部电视剧《乔家大院》又使它成为中国古建大院中游客最多、门票收入最高的大院。一部电影一部电视剧，近 30 年的持续宣传，使游客对乔家大院耳熟能详、念念不忘，旅游效应如何不火？所谓先发制人是指，当今社会已由“大鱼吃小鱼”变为“快鱼吃慢鱼”的时代，智者就是要抢占高峰，捷足先登。比方说，江西有一个地方号称是“中国最美乡村”，是不是它最美？暂且不论，但它先喊了，几年以后大家也都默认了。这让中国好多著名的古村落悔之晚矣。总之，天天吹，月月吹，年年吹，坚持不懈地吹，定能把自己的品牌吹得更响、更高、更大！

旅游要敢吹、会吹、大吹、猛吹，一吹即灵。当然，这种吹不是胡吹，更不是“吹”代表一切，关键还是景区的质量和实力，离开景区实力的瞎吹和乱吹，必然是舍本逐末，事倍功半。

淄博旅游营销策略刍议

——从二、三线旅游目的地谈起

中国旅游业经过20年的发展，出现了明显的三级分化：火爆的旅游目的地称为一线；已有一定的知名度，但还未火爆起来的旅游目的地称为二线；有良好旅游资源，也有了初步开发，但还未有知名度的旅游目的地称为三线。二、三线旅游目的地急需解决客源增长、产业做大的问题。这就需要研究二、三线地区如何做旅游营销，从而厘清营销思路，选准营销途径，用好营销资金。二、三线旅游目的地特征有三：即有资源无品牌，有旅游没规模，有产业缺龙头。这是因为二、三线地区的旅游资源多缺乏一线旅游目的地的品牌号召力，即便有世界级的资源也比一线地区的“软”，而且缺少“世界遗产”类公认的品牌优势，因而难以成为远程客源目的地。这些地区的旅游客源逐步形成，但规模不大，客源不稳定，长期不温不火，对产业的带动性还没有显现出来。

一、淄博旅游资源评估

淄博是中华民族古代文化的发祥地之一，历史悠久，文化灿烂。早期文化经历了北辛文化、大汶口文化、龙山文化三个阶段。悠久的历史，为淄博留下了大量的文物古迹，临淄区及其周围地带，因文物古迹浩繁，被誉为“地下博物馆”。齐文化是中华文化的重要组成部分，淄博市临淄区为齐文化的发祥地，太古太昊伏羲氏在临淄兴起。临淄又是五帝之一的颛顼高阳氏的故墟，古帝少昊、爽鸠氏、薄姑氏、姜姓逢伯陵氏族等部落亦聚居于此。周朝建立后，周武王把首席功臣姜尚分封至此，建立了齐国，临淄作为齐地的政治、经济、文化中心达上千年，被誉为“海内名都”。春秋战国时期，临淄作为享有“春秋五霸之首，战国七雄之冠”之称的齐国的都城达800多年。秦始皇将全国划为36个郡，临淄为齐郡郡治。西汉前期仍“钜于长安”。

姜太公、齐桓公、齐威王、管仲、孙武、晏婴、田单、司马穰苴等名君贤相、英帅良将，不仅创建了“临淄之中七万户，临淄之途，车毂击，人肩摩，连衽成帷，举袂成幕，挥汗如雨，家敦而富，志高而扬”的东方名都，也创造了一部雄壮曲折的齐地历史，在中国的历史舞台上有着举足轻重的地位。

清代文豪蒲松龄的巨著《聊斋志异》以其博大精深的文化内涵越来越受到国内外的关注，淄川区蒲家庄也成为一个风光优美、宛若仙居的聊斋文化旅游区。电视连续剧《聊斋》、《大染房》的播出勾起国人对淄博的向往。2004 年世界足球协会主席布拉特在纪念足球协会成立 50 周年大会上宣布“世界足球起源在中国淄博临淄”，从而夯实了淄博为“世界足球发源地”之说。世界足球发源地、世界短篇小说之王蒲松龄这两个旅游文化主题应该说是世界级的。但由于诸多原因，淄博的旅游还没有像泰山、云台山、九寨沟那样火爆起来，正如本文开篇所说，属于二线旅游目的地。现在的淄博可谓满地珍珠无项链，满天星星无月亮。要改变这种现状，应着重研究旅游营销策略。

二、淄博旅游营销策略

（一）整合资源：正“源”先固本，因“市”而利导

观念创新是一切创新的先导和源泉。旅游业的观念创新，就是要打破旅游业在计划经济下长期形成的错误、僵化的既定看法和思维模式，树立新概念和新构想，使之更能适应和领先于内外环境变化，更有效地利用资源。旅游业只有不断地进行观念创新，才能获得稳定、持续的发展。制约旅游业发展的因素众多，但关键因素是观念问题。旅游业发展中应坚持“思路决定出路，观念就是财富”的思想，只有摆脱思维定式，突破落后意识，实施观念创新，才能促进旅游业的跨越式发展。

1. 挖掘资源，适应市场

资源是产品的基础，是营销的前提。二线地区对自己的旅游资源首先要有客观认识，不拔高，不贬低。自身的资源价值要放到全省、全国甚至全世界的大格局中去评估。其次要坚持市场优先，反对资源优先。市场优先的标志是产品的有效需求，主要有两个检验标准：一个是能否“成团”，标志着二线地区的旅游产品是否为市场接受；另一个是能否做到“散客天天发”（散客拼团），标志着二线地区的旅游产品是否成熟。

2. 整合资源，打造产品

没有产品就无从营销。那么什么是产品？产品有哪些特性呢？资源不等于产品，

单一的要素在多数情况下也不等同于产品，即便能独立成为产品（例如酒店属于“住”的要素，一晚的住宿就可以是一个产品），其市场也极为有限，只有经过整合才有卖点。旅游产品是六大要素加上服务（向导服务、讲解服务、接待服务等）的综合体。旅游产品的特性是“卖线不卖点”，这就决定了旅游产品不能按行政区划设计，更不能区区、县县都推“精品”。二线地区的单一景点绝对达不到黄山、峨眉山那样的吸引力，必须靠整合成为线性产品以增加吸引力。之所以要整合资源，还有一个理由：旅游景区之间争夺客源的竞争很激烈，尤其是客源不足的二线景区，往往各自吹嘘，因此需要政府出面，协调各景区资源的配置，平衡各景区的利益，避免景区各自为政，相互诋毁。

3. 优化资源，丰富内涵

一个二线地区的旅游产业要上规模，需要三至五年的时间，这是形成产品、培育市场所必需的。现在往往是急功近利，不按市场规律运作，甚至混淆市场营销主体，一哄而上。推出旅游产品需要给游客一个非来不可的理由，这就要在不急于求成的前提下，循序渐进。要提前两三年就开始“编故事”、“讲故事”。聊斋城景区建设的规模和档次都堪称一流，聊斋有很多故事可说、可演义，不需要编。但如此高品位的资源，我们没利用好，聊斋城已建成两三年，其旅游营销仍没跟聊斋故事有机地结合在一起，实在可惜。

（二）强化营销：好风凭借力，送我上青云

1. 借媒体之力，广而告之

媒体广告是由明确的发起者通过支付一定费用，用一种非人员的沟通方式，对产品、服务或某项行动的意见和想法的推介。

广告的特点非常鲜明，它是一种高度公开的信息沟通方式，它向顾客提供的是选择性信息，因此允许销售者多次重复这一信息，也允许购买者接受和比较竞争者的各种信息。人们在广告中运用声音、色彩、图像等艺术化的技术手段，具有很强的表现力、感染力和吸引力。发展旅游业离不开广告宣传，这种广告宣传不仅需要通过广播电视、报纸杂志、网络媒体等多种方式，而且还应走向街头巷尾，使其深入人心。

（1）广告宣传的方式

通知型广告。在旅游产品市场开拓的初始阶段，经常通过通知型广告将信息传递给潜在顾客。这类广告又可分为两种情况：一是宣传旅游目的地或旅游企业的市场地位，以及为旅游者采取的便利性措施，从而树立良好的市场形象；二是将新的旅游线路、服务项目等旅游新产品向市场告知，提出某项产品的若干新用途，或者

通知市场有关价格的变化情况，以刺激潜在顾客的初步需求。以饭店为例，通知型广告可以促发初级需求；旅游资源广告可以产生即时的投资效应。

说服型广告。说服型广告在竞争阶段十分重要，当本企业产品与同类旅游产品展开激烈竞争时，往往需要通过说服型广告，强化顾客对产品特性的理解，影响顾客的购买决策，从而建立企业的品牌优势。这类广告又可分为两种情况：一是突出本企业产品的优势和独特的价值，激发旅游者的选择性需求，鼓励其购买本企业产品，这是“进攻型”广告；二是“防守型”广告，目的是改变旅游者对本企业产品的不利印象，削弱竞争对手的广告效果。以景区为例，说服型广告的目的是向一个特定的细分市场宣传景区的优势或某一项产品，以中期效应为目标。这类广告既可以为景区塑造形象或突出格调，也可以用来对开发过的景区进行重新定位。它通过表现景区的特色和优势，说明能比竞争对手提供更多的物有所值的产品与服务。对于现有游客来说，这类广告巩固了他们的信心，使他们相信到该景区旅游是明智的选择，从而建立对旅游选择性的需求和偏好。

提醒型广告。当产品进入成熟期，有必要时刻提醒消费者保持对本企业产品的记忆，以获得尽可能高的知名度。通过提醒型广告，适时提醒旅游消费者记住购买的时机和地点，或者提醒顾客可能在不久的将来需要此产品，以此来促使意欲购买者完成购买行为，刺激老顾客重复消费。

（2）广告决策的程序

通常情况下，广告的制作都是由专业广告公司完成的。为了节省费用以及取得更好的促销效果，旅游企业通常要将自己的广告活动策划好。旅游营销人员在制订广告计划时必须作出三个重要决策。

确定目标。之所以要确定广告的目标，是要提高产品在旅游消费者和旅游中间商心中的知名度，进而增加销售量。

信息决策。广告信息决策就是设计所要发送给消费者的广告信息。由于广告的时间和空间是有限的，因此在广告中传递的信息也是有限的，在有限的广告时间和空间里填满了信息，反而给人以混乱的感觉。在这种情况下，如果只突出宣传一个关键信息，效果会更好。

媒体选择。媒体的选择至关重要，因为各类媒体在送达率、效率、形象价值、费用等方面都有差异。科学实验证明，人们对听到的信息只能记住35%，看到的只能记住45%，同时看到、听到的能记住60%，而在第一时间里看到、听到的能记住85%。

事实上，没有哪一种媒体与某个景区的目标细分市场是丝丝入扣的，因而使用多个媒体联合才能均衡地覆盖不同群体。所以，在宣传促销上要有新突破，坚持“三取消，四借助”。“三取消”是：取消轰轰烈烈、地毯式的宣传，取消支离破碎、东拼西凑式的宣传，取消没有认真策划、随意性的宣传；“四借助”是：借助主流媒体，借助网络力量，借助节庆活动，借助名人效应。当今社会主流媒体是宣传推介第一推动力，必须把宣传重点放在主流媒体上，中央电视台、人民日报、新华社、大众日报、山东电视台等是影响最大、效果最好的媒体。

2. 借旅行社之力，推而广之

旅行社的业务主体是运作团队。既然旅行社是专业做市场、推产品的，当然要利用这支力量。因为团队支撑旅游，团队旅游又带动散客旅游。

为了突破客源量增长缓慢的局面，首要的是邀请一批旅行社老总帮助诊断、踩线，提出客源尽快大幅度增长的思路。还有必要在主要客源地物色有品牌、有网络的重点旅行社作为营销总代理。这相当于把当地旅游的营销阵地前移到客源地，比起依靠当地旅行社守株待兔式的外联更见效。将各景区的优惠政策打包交给总代理或拨出部分营销经费直接用于总代理，建立当地旅游的收客体系，首先覆盖全省，再通过组团社的同行网络逐步向省外扩展。借旅行社之力时，要注意以利益引导旅行社推介自己。在组团过程中，向客人推介哪里，不推介哪里，组团社是可以大做文章的。面对众多二线景区，组团社具有很大的选择余地，往往首先向客人推介的是能赚钱的景区，而不一定是资源最好的景区。另一方面，组团社营销新产品也是有成本、花精力的。所以二线地区给组团社的利益，实质上是对组团社营销成本和精力的补偿。

3. 借促销之力，营而销之

旅游企业的经营不仅仅局限于开发好的产品，以及制定具有竞争力的价格，还必须与旅游消费者进行沟通和交流。沟通的内容以及方式已成为影响企业营销效果的关键因素。所谓的旅游促销是指将有关旅游目的地、旅游企业及旅游产品的信息，通过各种宣传方式，传递给旅游产品的潜在消费者，从而对人们的购买行为产生影响，并形成市场上对自身产品有益的连锁反应的活动。由此可见，促销的实质就是要实现旅游营销者与旅游产品潜在购买者之间的信息沟通。

在激烈的市场竞争中，企业要生存、要发展，就必须善于运用促销策略。对于旅游企业而言尤其如此，因为旅游产品的非物质性、不可储存性、季节性等特点，决定了促销在旅游业的营销策略中占有更重要的地位。根据促销的主体不同，可以将旅游促销分为目的地促销和旅游企业促销两类。目的地促销的主要目的在于宣传本地区的整体形象，而不是具体的旅游产品，这项工作一般由目的地行政部门或旅游组织来开展；旅游企业的促销应致力于宣传产品及企业自身形象。由于促销的重点不同，所采取的策略也不尽相同。

4. 旅游促销的作用

由于促销的实质在于买卖双方之间的信息沟通，因此对于旅游企业而言，促销的主要任务，就是通过各种不同的促销手段，向旅游者传递旅游产品所能带来利益的信息，从而达到诱发购买行为的发生的目的。旅游促销所起到的具体作用如下：

提供旅游信息，创造旅游需求。潜在旅游者通过旅游企业向其提供的信息，了解、熟悉旅游地或旅游企业何种旅游产品以及在何种条件下能够满足其需求，进而作出购买决策。此外，成功的旅游促销活动不仅可以诱发需求，而且可以创造需求，即吸引旅游者购买过去没有消费过的新产品。前些年，我国的旅游宣传资料在国外很少见，许多欧美人到日本和东南亚去旅游，而不选择中国，对来中国旅游持观望态度。如今在进一步开放政策的指导下，通过各方面的大力宣传和促销，来华旅游的欧美客人愈来愈多，这正是诱发和创造需求的体现。

突出产品特点，增强竞争优势。以无形服务为特征的同类旅游产品差别不甚明显，促销就是要增加旅游产品对旅游者的吸引力，通过对某些差别信息的强化传递和对细微差别的强调，使潜在消费者认识到，何种产品更能够带给自己实际需要的特殊效用和利益，以此形成对某种旅游产品的购买偏好。因此，旅游促销是传播旅游产品特色的主要手段，能够对不同具体产品或服务特色起到聚焦放大的效果。强化促销活动对处于激烈市场竞争之下的旅游企业而言，无疑会大大增强其竞争力。

稳定产品销售，提高经济效益。由于旅游产品的季节性需求差别较大，通常会导致产品销售出现较大的波动，这对企业的经营活动非常不利。但由于这种波动是客观存在的，不易消除，企业只有通过经营和营销活动，使负面影响减少到最低程度。旅游企业可以通过经营多种旅游产品，并对其进行大规模的宣传与促销活动，做到“淡季不淡”，在稳定销售的基础上使自身的经营活动得以发展。

树立良好形象，强化市场地位。旅游市场中不确定因素很多，一旦出现有碍于旅游目的地或旅游企业发展的因素时，往往可以通过一定的正面宣传促销手段，改变对自身的消极印象，重塑自身的有利形象，从而稳定甚至恢复其市场份额。成功的旅游促销活动往往可以塑造热情友好、服务周到以及人性化的旅游服务形象，进而赢得更多潜在消费者的厚爱。

5. 借有限财力，巧而化之

营销经费不足不可怕，可怕的是没思路。二线地区要改变传统营销方式，既不能与一线城市比财力，又不能像一线景区那样靠知名度打天下。在经费有限的情况下，首先应该做的是营销规划，具体提出不同市场、不同时期如何扩张客源的措施。2005 年在《中国旅游报》等媒体推介下，“西峡经验”备受人们关注，西峡经验是什么？西峡经验就是在旅游方面政府给政策、社会给投资，借助宣传，走向市场；

借助市场，扩大投资。开发前期，政府部门通过媒体宣传、市场推介，让游客、财团、投资者都知道需投入的旅游资源及开发前景，全县各相关职能部门，全力以赴服务旅游投资与开发，以饱满的热情、便捷的服务、宽松的环境在第一时间内满足投资者的要求。其全县的各景区建设，全部是民营资本和外资投入。在营销经费使用上应注意以下几个方面：

（1）编印资料要看对象

二线地区的营销经费有相当一部分用于编印资料，但往往偏重景区介绍，忽略了能带来视觉冲击力的招贴画和旅游口号。

（2）旅游节庆要讲效益

不少二线地区每年都花很多财力、人力策划旅游节庆，但多数是看起来热闹，后续效果不佳；或者在当地热闹而在目标客源地反响不大；或者接待人数不少，但真正自己掏钱的游客不多。其原因在于各地政府往往满足于塑形象、造声势，或者目的是搭建招商引资的舞台。如果搞旅游节庆出于重接待、重形象，当然热闹一阵也就可以了；如果要重旅游、重效益，则必须理顺组织游客的渠道，不仅能在节庆期间输送客源，而且能持续发团。

（3）营销经费要合理分配

“黄金分割三七定律”是从现代旅游营销实践中总结出的规律。就旅游企业而言，不论是景区、酒店，还是旅行社，注重的是营销自己的产品和服务，而不是塑造城市形象，经济上它们也没有能力这样做。所以，政府的旅游营销经费无疑应当主要用于形象宣传。但问题并不在此，而在于要把握好形象塑造与产品营销的“黄金分割”。经验和实践都证明：政府的营销经费以 2/3 作形象宣传，另外 1/3 用于产品宣传，并且与旅行社的组团活动紧密结合，才能达到事半功倍的效果。

（三）打造品牌：蹴鞠共聊斋，日月同辉映

垄断出暴利，这是市场无情的规律。为了获得巨额利润，掌握创新产品的企业要千方百计地维护垄断地位。如河南焦作的云台山，不论是生态资源还是人文资源，都无法和云南石林、湖南的张家界相比较。2002 年笔者参与策划的“焦作山水”品牌，在中国旅游业捷足先登，抢滩市场，使其他山水景区无法再用。在 2004 年 2 月 13 日法国巴黎召开的联合国教科文组织会议上，中国的 8 家国家地质公园被列入世界地质公园网络名录中，云台山远远排在了石林、张家界的前面，成为首批世界地质公园，被誉为“地质服务于人民的最佳典范”，由此可见打造品牌的重要性。

淄博的足球文化和蒲学文化均以其各自的权威性、排他性、唯一性在全世界体育界、文学史上占据着垄断地位。笔者认为淄博的世界足球发源地品牌应独立于众

多的高品位景区，作为“头牌”精心打造。足球运动是目前世界上开展得最广泛、影响最大、参与群体最多、深受人们喜爱的运动项目，有“世界第一运动”、“运动之王”之称。足球岂止能成就一个企业，甚至可以成就一个城市、一个地区。

1. 让足球成为山东旅游业的太阳

“足球起源于中国”，这一历史事实已经得到国际足联认可，“中国是世界足球运动的诞生地”已是不争的历史研究结论。2004 年 5 月 8 日，国际足联主席布拉特前往吉隆坡参加亚足联成立 50 周年庆典活动，在接见中国代表团时明确表示，经过专家考证，足球运动起源于中国，并向中国足协颁发了“足球运动起源于中国”的象征性奖杯。他希望，借 2004 年在中国举行的亚洲杯足球赛之机隆重宣传这一概念。

史载，足球运动最早、最明确的历史诞生地是中国的临淄。《史记》和《战国策》最早记录了足球运动的情况。作为正史的《史记》，在《苏秦列传》中记载：“齐地方二千余里……临淄甚富而实，其民无不吹竽、鼓瑟、弹琴、击筑、斗鸡、走犬、六博、蹴鞠者。”《战国策·齐策》中有着与此相同的记载。《汉书·枚乘传》云：“鞠，以韦（皮）为之。”唐代的颜师古在《汉书注》中说：鞠是用皮做成，中间塞以毛发，成为圆球，用脚蹴蹋以为戏乐。

从史料中我们不难看出，在齐宣王（公元前 319 年—公元前 301 年在位）时期的齐国故都临淄，蹴鞠已发展成一种成熟的游乐方式，而且在民间广为盛行。由此我们可以断定：在距今 2 300 多年前或更早的一段历史时期，在临淄，足球活动就已广泛开展。蹴鞠已发展成一种民间盛行的体育和娱乐活动项目。随着战国时期“合纵连横”形势的发展变化，蹴鞠逐渐向列国传播。齐楚合纵抗秦时蹴鞠就流传到了齐楚两国边境地区，这对曾在齐国境内的刘邦故乡沛县产生过重要影响。南朝吴均在他的《边城将》中就留下了“临淄重蹴鞠，曲城好击刺”的诗句，既说明了蹴鞠与临淄的关系，又反映了临淄蹴鞠对后代和其他地区的影响。

在齐地的考古发掘中，发现了大量西汉时期的画像石刻，其中有一幅画像石刻，非常逼真、形象、全面地再现了司马迁在《史记》中对当时临淄城蹴鞠场景的描绘。这幅画像石刻的拓片现陈列于临淄历史博物馆。国家体委体育文史工作会和中国足球协会编著的《中国足球运动史》（1993 年 6 月武汉出版社）在第一章《中国古代足球的起源》中写道：“距今 2 300 年前，在山东齐国的首都临淄城，七万户居民中有不少人爱踢球，司马迁所著的《史记》对此有所记述。”

再者，春秋时期的“管仲改革”实行军政合一的体制，只有齐国最有可能出现这种军事训练项目并使之走向民间。汉代的蹴鞠比赛是六人制，与齐国底层的军事行政编制“五”（五人）、“轨”（五家）有渊源关系。根据专家考证：最初的蹴鞠比赛是伍长或轨长率领五人参加，故为六人制。另外，司马迁在《史记·扁鹊仓公列传》

中有关于西汉时临淄名医淳于意“诊籍”（世界最早的病历）的记载。“诊籍”中记录了“安陵里公乘”项处患重病不遵医嘱、外出蹴鞠不治身亡的病例。可以说，项处是世界上有史可查的第一个狂热球迷，而临淄人淳于意在无意中做了世界上最早关于球迷的记录。这是临淄为足球最早起源地的有力旁证。这种研究和论断历史的方法给我们以深深的启迪。我们认为，春秋战国时期，特别是通过管仲改革实现富国强兵以后，齐国是富冠海内的泱泱东方大国，发达的经济和百姓殷实的生活使“蹴鞠”这一运动的诞生及其在民间的流行成为顺理成章的事情，而“蹴鞠”这一运动的诞生和在民间的盛行，也佐证了史书中对古齐国经济、社会状况的记述，这是符合历史事实和历史规律的。古临淄作为足球运动的发源地、形成地和最早的足球城当之无愧。

战国以后足球的发展脉络，始终是以“蹴鞠”为源头并逐渐发展、繁荣，直至最后暗弱的，临淄作为最明确的足球运动起源地和最早的足球城的历史事实非常清晰。

故都临淄创造了光辉、灿烂的齐文化，是国务院命名的国家级历史文化名城。随着齐文化研究的不断深入，临淄与足球发源地的渊源关系越来越明显地凸显了出来。把临淄古代“蹴鞠”定位为“足球起源”，充分表现了淄博市捷足先登、抢占世界制高点的雄才大略。这是淄博市时任领导献给中华民族的一份厚礼、留给淄博子孙后代的宝贵财富。眼下淄博市政府应继续扩大战果，做足、做大足球文章，规划建设高标准的足球博物馆，复原古齐都“蹴鞠”的风俗场景，建设世界一流的足球场，经常举办大型国际足球邀请赛，将足球发源地打造为山东旅游的太阳，不仅将足球视为一项体育运动，而且当作一项文化事业和无形资产来研究、开发和利用。一个篮球运动居然能带动河南济源市的旅游产业，那么，一个足球发源地、一个现代化足球城，何愁不能带动淄博乃至整个山东的旅游。通过足球推动山东的旅游是淄博对历史和国家利益高度负责的体现，也是淄博谋求发展的机遇。淄博应担负起这一神圣的历史重任。

2. 让聊斋成为淄博旅游业的月亮

对蒲松龄及其《聊斋志异》的研究，作为一门专学，学界称之为“蒲学”。“蒲学”与“红学”、“理学”齐名于文史领域。蒲松龄及其《聊斋志异》不仅在中国文学史上占有重要地位，而且是世界文学宝库中的一大瑰宝，《聊斋志异》现已被译为英、法、德、日、俄等二十多种文字。

蒲学在世界上影响极其深远，在亚洲更是广为人知。早在日本明治时代，《聊斋志异》就已被译为日文广为流传。古往今来，一代代的日本学者坚持不懈地对蒲学进行着研究，从不同的角度，提出了立论新颖的见解，《聊斋志异》对日本文学的发展产生了无可估量的影响。半个世纪以前，当日本发动罪恶的侵华战争时，军国主义统治者在日本国内施行高压政策，颁布了国家总动员法。为加强对思想和言论的监督和控制，对报纸杂志和出版物进行严格检查，所有的文化艺术和新闻报道中均充斥了支持战争的内容。即便形势如此严峻，当时的日本电台仍允许播放《聊斋志异》的评书演播节目，它成为当时的日本人民难得的一种精神享受。日本著名评书艺人东野英治郎先生曾是当时的播讲人，日本友人忆起当时的情景说："收音机中传出东野先生的滑稽而富于风趣的声音，那些穿墙透壁、钻山跃岭、从天而降的鬼魂神仙的形象仿佛真的浮现在眼前。东野英治郎先生讲得绘声绘色，具有很强的模仿力，模仿神仙像神仙，模仿鬼魂像鬼魂，他的声音偶然传入耳郭，便能打动我们的心灵，听众情不自禁地被他带进了虚无缥缈的仙境之中。"当时，日本正处于战火硝烟之中，随战争而来的是饥饿和社会的动荡不安，对挣扎于困苦之中的日本国民来说，东野英治郎播讲的《聊斋志异》起到了对侵华战争的反战宣传效果。

从古到今，从小到老，凡受汉民族文化影响的地域，"你也说聊斋，我也说聊斋"，可以说《聊斋志异》是一部在全国最普及的名著。在中国有人不知道淄博，但没有人不知道聊斋的。如能将聊斋充分包装、策划、打造成活聊斋，聊斋城必将成为淄博旅游中众星所拱的月亮，从而使淄博的旅游景区更加璀璨夺目。

（四）以商助旅：栽下梧桐树，引得凤凰来

决策是项目之父，策划是项目的成功之母，资金是完成项目的保证，向市场要资金是市场经济下的新融资渠道。中国旅游企业直接进入资本市场融资，通过产业资源的配置，以低成本的合作或重组，实现企业的跨越式发展，战略联盟或集团化经营的趋势已初见端倪。

只要是引人注目的、有发展前景的、有人气的项目和活动，就不是你找资金，而是资金找你。近期，关于大型活动企业赞助的新闻不绝于耳：就在几个月前，"北京2008年奥运会赞助商"计划启动，家用电器、乳制品、旅游接待、啤酒、方便食品等十多个赞助类别有机会奥运淘金；此外，索尼不惜血本支付3.05亿美元成为2007—2014年的FIFA赛事主要赞助商之一；中国移动、美特斯邦威和德尔惠三家赞助商买断了周杰伦2005北京演唱会的所有门票；中石化、深圳观澜湖高尔夫球会和联想集团挤进财富论坛的赞助商名单，成为黄金赞助商和供应商。即便是在世界小姐这样的选秀中，游弋在商业链上的赞助企业也达30多家。纷纷扰扰的现实无时无刻不在提醒我们一个不容忽略的事实——赞助活动日益深入体育、演出、节庆、会展等社会、经济和文化领域，正在成为现代社会无处不在的一种商业形式，成为这些领域市场化、产业化的重要环节。

目前，体育赞助已经成为各类赞助中最主要的部分。据资料显示，全世界体育

赞助占企业赞助总额的74%。1896年的首届现代奥林匹克运动会，以发行纪念邮票的形式完成了比赛资金的筹集，这可以说是体育赞助的最早形式。自美国洛杉矶奥运会建立起来的商业赞助模式沿用至今，目前奥运会的TOP赞助计划（奥林匹克全球合作伙伴赞助计划）可以说是全世界最高级别的赞助计划。

在国外，很多大型活动的资金来源主要依靠广告收入、赞助收入和政府投入。其中，企业赞助是一项重要支持。例如，EDS（电子数据系统）公司致力于提升企业形象，对英国阿伦德尔（Arundel）艺术节进行赞助；又如南澳大利亚的美酒嘉年华通过电视台的赞助广告进行促销。企业赞助已经成为大型活动重要的资金筹措方式，大型企业每天几乎都要收到大量寻求赞助的信函，而大型企业通常都有赞助方面的资金预算和筛选标准，也通常会与特定活动举办机构保持长期的战略合作关系。此外，政府、部门以及其他机构也可以参加赞助活动，地方政府可以通过批准、投资基础设施建设来支持某些节庆活动，旨在追求更广泛的社会效益。

在国内，“旅游节庆活动”特指那些在20世纪80年代以来，以发展旅游为名义，在传统基础上结合现代城市精神而创办的一系列节庆活动。这些节庆活动在发展初期多由地方政府和旅游部门联合推动，随着知名度不断提升和政府资金难以为继，目前正面临从政府单一筹资渠道向多元筹资渠道的转变。目前一些节庆活动已经开始了比较成功的市场化筹资尝试，例如青岛国际啤酒节、广西南宁民歌节、大连国际服装节、昆明旅游节等。这些节庆活动目前在收入来源上要依靠企业赞助、广告费用、摊位出租、门票收入、政府资金等多元渠道。就我国目前大型活动赞助现状来说，主要集中在体育赛事、文化演出等方面，针对旅游节庆活动的赞助比较少。这一方面与我国企业对赞助的认识有关，也与我国旅游节庆活动的影响力有关。

赞助商开发的关键环节，首先是加强旅游项目的策划和专业化管理，提高节庆的吸引力和规模。特别是要扩大旅游节庆活动的参与群体，使之具有更广泛的基础，明确旅游节庆活动的市场指向性。在市场经济下，具有市场号召力的节庆活动自然会受到赞助商的青睐。其次，视政府为赞助商。要界定公益赞助和商业赞助范围的不同，毕竟商业赞助并不能覆盖所有的文化活动领域，很多以群众文化休闲为特征的旅游节庆活动需要政府等公共部门支持。对政府在旅游节庆中的要求和权益进行合理定位。政府可以选择不同类别、不同地区的节庆活动进行赞助，以体现政策导向和公益性，保持文化的多样性。而对可以市场化的内容，要积极开发企业赞助。第三，保护无形资产。对已经有一定知名度和影响力的节庆活动，应该对其无形资产进行评估和保护。无形资产是节庆寻求赞助的基础。前两年闹得沸沸扬扬的南宁民歌节的“大地飞歌”注册商标之争为所有节庆经营者敲响了警钟，如果不对辛辛苦苦积攒的无形资产寻求法律保护，节庆品牌将面临被瓜分的危险。许多城市旅游节庆招商中也暴露出类似问题，旅游项目指定供应商面临那些“自封”供应商的竞争，旅游节庆的吉祥物、标志被滥用，赞助商的权益受到侵害。这些行为降低了节庆品质，侵害了赞助商权益，只有通过法律的途径才能得到彻底解决。目前关于体育活动赞助法律法规相对较多，旅游节庆活动赞助还无法可依。《中华人民共和国体育法》第35条规定：“在中国境内举办的重大体育竞赛，其名称、徽记、旗帜及吉祥物等标志按照国家规定予以保护。”这不仅使寻求赞助的体育组织有了与赞助商交换的资本，也确保了赞助商得到一系列回报的合法权益。第四，提高赞助商开发技巧。通过培育中介服务企业，完善旅游节庆活动的商业开发水平。目前我国旅游项目中介服务企业如策划公司、经纪公司、咨询公司、市场调查公司、评估公司已经有所发展，通过寻求这些企业的专业化服务，可以进行节庆市场细分、节庆赞助商研究、节庆赞助商业计划制订、节庆活动影响评估的专项工作，使得赞助商意识到旅游节庆的商业价值，也使得旅游节庆活动整合自身资源，更好地满足赞助商的需求。

“是金子终究要发光”，但必须潜心挖掘，精心打磨。蹴鞠、聊斋这两块埋藏在淄博沃土中的金子，已经受到了人们的关注，淄博人能用自己的才智在今天复活这一历史事实，打造出淄博旅游的夺目之光、希望之光、未来之光，这是对历史和未来，对古人、今人和后人都负责的一件光耀千古、彪炳史册的大事、喜事和幸事！

发展篇

旅○游○发○展○观

旅游之“气度”

旅游可以在发展上聚士气，在市场上聚人气，在经济上聚财气。

5A 景区创建“六论”

无用论：愚昧的井底之蛙；驳无用论，发展与时俱进。
神话论：畏惧地妄自菲薄；斥神话论，倡导敢为人先。
跃进论：狂热地大干快上；戒跃进论，叫停一蹴而就。
捷径论：投机的歪门邪道；贬捷径论，避免事倍功半。
豪华论：摆阔地堆金叠玉；反豪华论，引导科学规划。
好快论：科学地低投高效；挺好快论，追求多快好省。

旅○游○发○展○观

5A 品牌之加减乘除

加缺项，减违项，乘效益，除隐患。

释义：

加缺项，即进一步整合资源，挖掘文化内涵，扬己之长，彰显特色；减违项，即摒弃与景区主题不适应、不相容、不协调、容易产生疏离感的建筑设施和景观，优化环境，保护生态，避己之短，重塑或升华文化主题；乘效益，即通过创意策划和规划开发，提高景区品质，使人气陡升，声名显著，效益翻番，进而实现产业联动，产生乘数效应；除隐患，即通过树立科学发展观，创建 5A 品牌，富民富商，优化环境，促进社会稳定和谐，经济可持续发展。

旅◦游◦发◦展◦观

旅游发展的决定因素

厚度决定高度，高度决定广度，广度决定气度，气度决定格局；
思路决定出路，定位决定地位，差异决定特色，文化决定主题。

释义：

景区文化底蕴的厚度决定定位的高度，从而决定其影响力，广泛的影响力决定其唯我独尊的大气与霸气，也决定了旅游大格局。想到才能做到，优秀的创意基于景区的差异性和深厚的文化内涵，以及景区敢为天下先的创新意识和独特的定位，这些也决定了景区的发展方向、潜力和效益，甚至命运。

旅◦游◦发◦展◦观

旅游发展之大张旗鼓

大刀阔斧搞旅游，张扬个性创品牌，旗帜鲜明创5A，鼓瑟吹笙迎嘉宾。

释义：

大好河山，大有作为，以大智大勇定发展大计，绘大蓝图，创大格局，做大旅游。张扬个性，张大其词，创特色，创唯一，创品牌。好风凭借力，送我上青天。旗帜鲜明地创5A，促三产，带一产，转二产，带动经济社会大发展。美丽中国，5A领先。“我有嘉宾，鼓瑟吹笙”。

旅◦游◦发◦展◦观

旅游发展之八度修炼

高度、深度、广度、气度、难度、速度、普度、百度。

释义：

旅游发展从社会演变上说，是城市化发展的捷径；从社会和谐发展深度上说，是安定团结的黏合剂；从经济影响的广度上说，产业可以由一景辐射到一县，形成县域化大旅游格局；从景区定位的高度与文化主题的气度上说，可以升华文化内涵，提高形象，形成发展核心动力；从景区创建难度上说，创业多艰，不经历风雨难见彩虹；从发展速度上说，应抢占先机，以快制慢，勇立潮头，一万年太久只争朝夕；从长远发展上看，旅游功在当世，利在千秋，可以普度众生，泽被后世；从营销角度上说，百度推广，榜上有名，声名鹊起，远播天下。

旅游发展纵横谈

旅游是整个社会、经济、文化发展的产物，并随着它们的发展而发展，同时会反过来限制或促进社会、经济、文化生活发展的内容、逗度和规模。可以说，旅游及其衍生的诸种关系或范畴，受到多因素制约，具有多重性，产生和发挥着多种功能。认识并研究旅游，不能仅从经济的角度，还必须从社会经济文化相关联发展的综合角度进行分析。

一、古代旅行和现代旅游

（一）古代旅行的形式与性质

从历史上看，旅游出自于旅行，是后者的分支与发展，可谓青出于蓝而胜于蓝也！旅行这一概念由旅演化而来。旅的本意为寄，原说蔬菜之类不因播种而生，称为野生或旅生；后来它被用来说明人的一种活动，意为在外做客。在外做客，一要行走，离开家乡到外地去，就是旅行；二要寄居，因路途遥远或其他缘故暂居他乡，称作旅居。而旅行在途和寄居他乡的人，都叫做旅客。

旅行有多种形式。在各个时代，因战争引起的人口大流动式的旅行，实际是流浪与逃命。至于帝王将相的出巡、出访、狩猎式的旅行则是权威的显示和奢侈生活的外露。古代士农工商民众的旅行，大体分为两种类型：一为经商而远行；二为考察山川与风俗，主要是文人所为。我国历代著名诗人及李时珍、徐霞客等学者都有过范围大小、时间长短不同的旅行。这种旅行是纯文化性的。因此，古代的旅行，实际包括了旅游。然而，旅游不能与旅行画等号。旅游是以游览为目的的旅行，旅行除包括旅游之外，在古代还有僧人外出求法，文人外出求学赶考，香客外出敬香拜佛求菩萨保佑等。

旅行一开始就是一种社会活动，是人类社会发展的产物。人类是社会性的动物，它在全球各地开发，在全球各地繁衍，自然需要在彼此之间进行沟通和联系，需要一些人外出旅行。徒步旅行这种古老的联系沟通方式，反过来又促进了人类的发展、社会的进步。

旅行最早也是一种经济性活动，是经济发展的产物，它促进了人类经济的发展。旅行一出现还带有文化活动的性质，是文化发展的产物。任何人如果缺乏最起码的文化知识，缺乏最初级的精神追求，缺乏最基本的发展欲望，不论其拥有物质财富多寡，是绝不会出外旅行、自讨苦吃的。

旅行（尤其是文人学者的旅游）丰富了人们的知识，增长了人们的才干，交流了彼此的经验和思想，传播了历代的文明，从而也促进了人类文化的发展。

（二）现代旅游的产生与发展

旅游从旅行中分离出来并发展成一种独立的社会活动是近代的事情，而且是从欧洲开始的。欧洲经过 5 至 15 世纪黑暗的中世纪统治，到 15、16 世纪在地中海沿岸的一些城市出现了资本主义的萌芽；经商致富的欲望推动了海外探险和冒险活动的发展；亚洲次大陆特别是美洲新大陆的发现，促进了海上贸易、海外掠夺、贩卖黑奴和疯狂的移民活动；科学和技术的重大成就，蒸汽机的发明和运用所引发出的产业革命，以及火车的运行和远洋轮船的通航……迅速打破了各国的封闭状态，将世界各地联结成为一个真正的整体。在此背景下，以游览为目的的专门的旅游便从旅行中独立出来，发展开来。

首先，以参加商品交易和博览会为主的商业旅游率先兴起。接着，以工业资本家为首的新兴资产阶级经常或定期外出休假、休养、游玩，到各个风光秀丽的地方去寻欢作乐，使旅游在更大的范围展开。其后，欧美一些国家的普通工商业者、自由职业者以及破了产的农民和失业工人，为资本主义的大发展、商品的大流动所裹胁，不由自主地在一些城市甚至在一些国家之间奔走，逐步转入旅游的旋涡之中。

在上述过程中，急剧发展的餐馆、旅馆、咖啡馆、旅行社，以及交通运输、邮局通信等，乘机推波助澜，到 20 世纪末期，在欧美一些主要国家出现了旅游高潮。两次世界大战的相继爆发，以及其间 30 年代西方特大经济危机的发生极大地给旅游泼了冷水。可是，“二战”后逐步得到恢复，并以更大的势头发展起来。50 年代起，旅游进入一个新的阶段，形成一种无处不在的世界性潮流，可称之为现代旅游。现代旅游的特点：第一，它既不同于古代封建社会王公贵族的出访出巡，也不同于早期西方资产阶级外出寻欢作乐。它是全世界包括各阶级、各阶层的外出观光游览、休养娱乐。虽然时至今日，仍有许多国家的平民（尤其是第三世界国家的平民）极少有条件和机会参加观光游览，但是社会主义国家的广大工人、农民和其他普通劳动者，则早已加入了世界性的旅游大军。

其次，除了古代已经萌生、近代迅速发展的专务旅游（政府官员的公务旅游、企业经理的商务旅游和文人学者的专业旅游）外，还有广大工薪劳动者的业余旅游（下班之后的市内旅游、周末和节日的近区旅游、带薪假期的远方旅游）。而且，劳动者的业余旅游比专务旅游发展得更快，在整个旅游中所占的比重也越来越大，正在成为世界性旅游的主导。

第三，由前述两点所决定，现代旅游与古代、近代旅游有着本质的不同。广大劳动者的业余旅游，绝不是剥削阶级的挥霍浪费、奢侈糜烂的举动，也不是毫无意义的虚度光阴，亦不是孤立意义的简单消遣，而是具有极为丰富的内涵和积极意义的社会活动、经济活动与文化活动。

二、旅游需求与旅游消费

（一）旅游需求的综合性与特性

作为万物之灵长的人类，与其他动物的根本区别之一在于，其从事任何活动都是有目的有意识的，都是由某种动机所支配的。

根据马克思、恩格斯创立的历史唯物主义的观点，人类的需求动机与社会活动的关系是：人要生存，需要消费生存资料，一种强烈的欲望驱使他们必须从事生存资料的生产活动；人要发展，需要消费发展资料，就产生出一种奋进向上、显示和提高自己才能的欲望，并促使他们从事教育和科学技术的发展活动；人还要享受，需要消费享受资料，就滋生某种追求享乐、追求美好的欲望，就出现了观光、欣赏、游玩、娱乐等活动及为这些活动服务的活动。

关于旅游动机与旅游行为的关系，旅游动机先于旅游行为。旅游动机是多重性的。各个人的旅游动机因时代和社会制度的性质不同，以及人们的社会地位的不同，而相去甚远。不同的旅游动机，又都受客观存在的人类的需求所支配。人的需求也是多重性的。按照马克思、恩格斯的理论，人类的需求分为生存需求、发展需求和享受需求三个方面。依据美国心理学家马斯洛的说法，人们的需要分为五个层次——生理需要、安全需要、归属与爱（或社会交往）的需要、尊重（自尊和求得他人尊重）的需要，以及自我实现的需要。

旅游需求是对什么需要的追求呢？旅游需求中既有生存需要又有享受需要，既有基本需要又有发展需要，既有物质需要又有精神文化需要，既有生理需要又有心理需要。但是，在众多需要中，现代旅游所追求的基本的主导的需要，不是生存的生理的物质的需要，而是发展的享受的心理的精神的需要；是在生理、生存的物质需要得到基本满足（基本保证）之后所产生的对人类古代文明和现代文明在精神上的执着追求。所以可以说，现代旅游需求，在本质上是一种精神需求、文化需求。

（二）旅游消费的内容与方式

旅游消费不仅反过来促进和推动旅游商品生产与供应的扩大，还能加速社会思想的交流，加速人类文明的进程。

旅游消费是旅游者个人的消费。旅游消费不过是旅游需求的外化和满足，旅游需求的多重性决定了旅游消费也是多重性的。劳动群众的旅游在内容上同一般生活消费一样，首先是物质生活资料的消费，最主要的是生活必需品的消费、饮食与住房的消费，穿的问题一般不在旅游中考虑，但行的问题突出，现代旅游尤其是远游不能步行，必须以各种现代化交通工具来满足。

旅游消费与日常生活消费不同之处在于，旅游消费特别着重精神性消费、心理消费、发展和享受的消费，因为每个游客都有“大饱眼福”、“充实头脑”的欲望。要有可游之处、可玩之处、可观之处、可求知之处、可娱乐之处。旅游消费在构成上不仅有物质资料，还有精神性资料和各种劳务性服务，而贯穿其中的最主要的内容是精神性的消费与享受。

这类消费在方式上也是独特的，用一句话来概括就是：旅游消费是游客利用自己的空闲时间，掏出生活中的余钱，去租借外地游乐的空间，以换取心理上（及生理上）最大的快乐与满足。这种消费有如古代神话传说中的神仙一般。

旅游消费的这种特殊性质、内容和方式，不仅对旅游者产生了非常良好的效果，也产生了积极的社会效应。这也是旅游对人类社会发展的一种新的开拓与贡献。

三、旅游活动与旅游市场

（一）旅游活动参与者的广泛性

旅游消费是在旅游活动中实现的。为了满足人们的旅游需求欲望，就要进行旅游活动；在旅游活动中人们消费各种旅游资料，从而实现了旅游追求的目的。

在当今世界有着各种各样的社会活动，如生产、营销、服务、教育、考察、研究、文艺、体育、卫生、保健、绿化、社交以及各种管理活动……受行业职业及其他主客观条件的限制，一个人还不能参加所有这些社会活动，但有一种社会活动是所有人都必须参加的又能够参加的，这就是旅游活动。

人人都必须参加旅游活动，这是由人的社会性和社会的一体性决定的。人从来就是社会性的动物，可是在漫长的历史岁月中，人又被割裂分散在若干区块之内，定居在小家庭中，彼此交往甚少，联系甚疏，人类社会实际上长期处于松散的联盟之中。

社会逐步发展，人们之间增加联系的要求越来越迫切，同时也不断创造条件增强人们之间的交往。现代世界贸易和国际分工的发展以及国际经济一体化的出现，彻底打破了国家之间隔离封闭的状态，使人类社会真正成为一个有机的整体，社会化了的人们，不能再终身只参加某一项社会活动，而必须尽可能参加多项社会活动。尤其是必须参加不受行业、职业等狭隘分工限制的共同性活动，外出旅游就是这种性质的社会活动。旅游活动之所以是人人都能够参加的社会活动，是因为它既不要求具有特殊的才能，又不要求经过特殊的训练。只要有一定的社会保障、经济能力和闲暇时间，人人都可以加入旅游活动的行列。

我国普通劳动者解决温饱之后，在社会主义制度保障下，都有一定的余钱和空闲时间，又都有轻松乐观、发展自我、充实自我和实现自我的强烈要求。因此，20世纪80年代以来人们争相参加旅游活动，旅游活动在我国也越来越成为一种普遍性的社会活动，可以这样说，社会经济文化越发展，参加旅游活动的人就越多；或者说，旅游活动越普及，就说明经济文化的发展速度越快、效果越佳。不论一个地区、一个国家，还是全球，都是如此。这就是旅游活动与社会发展的辩证法。

由于旅游需求和旅游消费具有多重属性，旅游活动的内容是综合而又特殊的。旅游活动的存在和发展，包含了其他各项社会活动的部分内容——旅游活动把生产、经营、管理、教育、文化、科学、交通、通信、卫生、体育、娱乐等各种活动作为发展的必要条件和一定的内容。旅游活动在本质上是一种文化性的社会活动，在主体上是一种精神发展与享受的活动。

旅游活动的主体是广大游客，在游客中队伍最大的是普通劳动者。普通劳动者利用自己的空暇时间，自觉自愿地冲破狭小天地的束缚，走出个人的生活环境。旅游活动是旅游者对人类精神文明全面特殊的享受活动。

人类的旅游活动在范围和规模上有不断拓宽扩大的趋势：古代少数人的旅行探险，带动了越来越多的后继者，踏出了一条无边境、无国界的旅游之路，形成现代国际性、全民性、独立而庞大的社会活动；今后还会有更多的人参与进来。旅游活动的项目和形式也在日益丰富和多样：探索、考古、览胜、观景、休养、娱乐、狩猎、垂钓、节日旅游、商务旅游、公务旅游、结婚旅游、家庭旅游、个人旅游、结伴旅游、团体旅游、会务旅游层出不穷；今后还将有更多的旅游项目和形式被创造出来。旅游活动的环境和条件也在日臻健全和完善。从某种意义上讲，商品经济的迅猛发展不仅改造了人类社会及其经济与文化，也创造了现代化旅游活动，建立和扩大了旅游市场。

（二）旅游市场与一般商品市场的异同

在旅游活动中，游客是如何取得旅游消费资料实现旅游需求的目的的呢？时代不同，经济条件不同，其方式也就大相径庭。像唐僧到印度取经的途中，任何景物都是自由观赏的，不受任何限制；连他们师徒一行的食住都是靠徒弟化缘乞讨及施主施舍来满足的，这是典型的自然经济的产物。

除旅途中饮食住宿要付费外，旅游地及观赏游乐的场所也必须付费。社会主义的经济是有计划的商品经济，在我国旅游热点、热线及其他旅游场所旅游，也必须通过旅游市场的交易来实现。

什么是旅游市场？简单说，它是旅游活动得以正常进行的交易场所。一方面，旅游活动场所也如商品市场一样，有各种物质商品的现货交易（销售与购物），有商品交换关系的发生，有买卖双方经济利益关系的摩擦与协调。从这方面看，旅游市场可以说是整个社会商品市场的一部分。另一方面，旅游市场与商品市场存在着根本的区别，它不是原来意义的商品市场，包含着与商品市场根本不同的内容，只是借用或沿用了市场的概念与形式，是商品市场的演化或变性。

在旅游市场上，的确存在着类似于商品交易的买卖双方。游客在旅游活动场所为了进行以游览娱乐为目的的旅游消费，必须以买方的身份出现并支付一定量的货币去换取旅游消费资料；而旅游经营者（尤其是旅行社）也必须以卖方的身份出现，向游客供应他们需要的旅游消费资料，收取一定量货币，从而获得利益。但是，这种交易活动在内容上，主要不是供游客直接消费的物质产品，或者说供游客吃住用行的物质资料不是他们要购买的主要对象，同样也不是旅行社等经营者销售的主要对象。

游客购买的和旅行社销售的主要是供观赏游乐的特殊的文化性、精神性消费资料（包括自然景物、历史文物和民情风俗等）；而物质性的消费资料只是作为保证旅游顺利进行所不可缺少的条件或手段，却不是目的物本身。再者，严格地说，旅游市场的交易不是买卖而是租借，因为游客不可能将他们观赏的景物风情买走搬走，也不改变所有权，仅仅能暂时租借来供观赏娱乐消遣而已。如果要把旅游市场交易的主要对象也说成是“买卖”，那不过是具有特殊含义的“卖空买空”：买者不能占有实物（如风景），卖者也没有失去销售物（如旅游地）。这一交易双方甚至连“买卖”的契约凭证都不签订。所以，这是一种“空买空卖”。然而，旅游市场上的交易，决不同于投机商在股票市场上的“买空卖空”，也决非梦幻者的虚构，而是一种客观实在的具有多重意义的行为。因为旅游交易双方都各得其所，彼此受益：游客得到旅游需求的精神满足，充实和实现了人生价值；旅行社等经营者得到了经济收益，以用来进一步发展旅游经营或其他事业。

在旅游市场上也会出现类似于商品市场上的买方或卖方市场。由于特种旅游资源具有稀缺性、地域性、季节性以及独有性，各旅游地又有明显的差异性和不可替代性，从而形成了旅游资源的独占性和旅游经营的垄断性，即任何旅游点的经营都为某个或某几个经营者所垄断，而不允许其他经营者涉足。因此，很容易形成旅游卖方市场。例如，当某地某种独特新奇的旅游资源或项目被挖掘开发出来之后，旋即成为新的旅游热点、热线，游客蜂拥而至，那时就出现一种旅游卖方市场。

但从长时期及发展趋势来看，世界各地的游乐地越来越多，不同游乐地的经营竞争也愈来愈激烈，游客选择的余地也就日益扩大，旅游买方市场所占优势日益突出。

四、旅游商品与旅游服务

（一）旅游商品的本质与特征

常识表明，有交易市场必有可供交易的商品；在旅游市场形成的同时，亦有供交易的旅游商品。由于旅游的多重属性，使旅游商品呈现复杂性，也使人们对旅游商品的含义、内容和特征出现相左的意见。

一种意见认为，旅游商品是供旅游者购买和消费的各种物质产品，包括小、中、大三个范围：小范围一般指旅游者从商品柜台上买走的商品；中范围是加上旅游者就地消费的一些商品；大范围是再加上旅游者行住所使用的其他商品。笔者反对将“阳光、海滩、空气”、“文化遗产、名胜古迹、风土人情”看作是旅游商品。这种意见用经济学观点分析无疑是正确的，但忽视了旅游学（或旅游经济学）的本质特征，而过分强调了一般商品的共性和物质性，否定了旅游商品的特殊性和文化性。

客观地说，这种意见所述的是一般商品而不是旅游商品，最多只能说是旅行途中的商品，在任何地方都买得到，并不是游客所追求的特殊商品。该意见认为，自然景物没有凝结人类的劳动就没有价值，因此不能成为商品。事实上，游览地的自然景物并非没有凝结人类的劳动，它有前人劳动的凝结，尤其有旅游经营开发者所付出的劳动；即使如空气、阳光完全不必花费人的劳动，但开发旅游区是凝结了人类劳动的，对游客来说亦有某种健身爽心价值，因此，他们到此一游所支付的一定量货币也是值得的。至于风土人情，更不能用经济学的商品价值论去解释。它们虽是纯文化现象，但在商品经济高度发展的今天也商品化了，象文艺表演具有票房价值一样，旅游者为了分享、体验异国他乡风俗习惯，情愿支付一定量的货币。

另一种意见认为，旅游商品是旅游者购买旅游活动过程中所需要的商品和服务的总和，以旅游者人次来综合表现一个单位的旅游商品，而不是旅游者购买的一种具体物品、某种单项服务，仅是相对一次旅游活动的综合概念。这种意见是从旅游商品的特殊性来考察的，比前者的认识前进了一步，但也存在着一些问题：未从旅游活动中的主体（游客）出发，也没从旅游活动双方（旅游者与旅游业经营者）的全体来立论，而是仅从旅行社的经营者立场来考虑问题，难免以偏概全；旅游者是旅游商品的消费者而绝不是旅游商品本身，以旅游者人次来表示旅游商品极不合适；把旅游商品的具体性和实在性抽象掉，将游客购买的一件件具体物品排除在旅游商品之外，使旅游商品成为一种虚无的不可琢磨的东西，所谓的“总和”也难以成立；将旅游服务直接纳入旅游商品的范畴，也欠缺说服力。

还有一种意见把商品划分为基本的和非基本的两部分，认为宿食游乐交通是任何游客都必需的且伸缩性较小的基本旅游商品，而购物医疗服务和修理服务等在不同旅游者中需求的差异性大、选择性较强，故为非基本旅游商品。该意见还在大多数分析场合将所谓的非基本旅游商品排除在外，仅仅分析基本旅游商品的特性，并把它的特性当作全体旅游商品的特性。此种意见虽有些许合理的正确的成分，然而在总体上理由是不够充分的。

正确的标准应该是旅游需求的基本构成和旅游消费的基本功能。旅游需求的基本构成是交往、尊重、发展、享受和实现人生价值。凡能满足这些基本需求的东西都是基本旅游商品，如风土人情、历史文化、自然景物和健身及疗养场所等。旅游消费的基本功能是扩大视野、增加知识、强健体魄、陶冶情操、交流情感，凡是能够满足旅游消费这些功能的东西都是基本旅游商品，如名胜古迹、奇山异峰、瀑布岩洞、温泉海滩、民族歌舞、诗文书画等。

笔者认为，凡通过交换用来满足旅游者需要的劳动产品，都叫做旅游商品。由于旅游商品包括的内容极为复杂，同非旅游商品比较，它具有以下特征：

1. 层次性

由于旅游需求的层次性及旅游商品具有不同的消费价值，决定了旅游商品具有明显的层次结构：①核心层，用来满足最主要旅游需求动机的劳动产品，如独特的风光、景物、文物、名胜、古迹、风俗、人情、娱乐设施等。②中间层，用来满足一般旅游需求动机的劳动产品，如旅游地纪念品、艺术珍器、名优产品、土特产品、休养疗养健身设施用品等。③外环层，用来满足旅游者日常生活需要、生理生存需要的劳动产品，如：餐饮、住宿、交通等方面的设施和产品。

2. 配套性

任何旅游地的旅游商品都必须包括上述三个层次，成龙配套，互相补充，不可或缺。

3. 区域性

各地旅游商品一般都有本地特色，与别处有明显的差异，别处也很难替代。

4. 季节性

旅游活动受自然气候与工作节律的制约显示季节性。旅游商品（尤其是自然景物）也有季节性，因此出现了避暑山庄、避寒胜地等季节性强的商品。

（二）旅游服务的内涵及功能

笔者认为风土人情属于文化精神性旅游商品，属于旅游商品的核心部分，而不属于旅游服务。

旅游服务是专门为游客在旅游过程中提供的服务，其主要内容包括“食住行娱”中提供的服务（不是指供游客消费的物质性产品），即在供应这些方面的产品时，旅游企业应提供的服务。

五、旅游开发与旅游战略

（一）旅游特色的挖掘与创新

旅游不仅是人类的一项重要而特殊的社会文化活动，还是一项特殊而重要的产业，是一种具有高附加值和高收益值的产业。

在我国，人们通常把旅游业称为一种事业，属于非生产部门，不创造价值，只是实现产业部门所创造的价值。这是一种将旅游经营活动仅仅看成是服务活动的狭隘观点，与客观存在的旅游业所包括的内容极不相符。事实上，旅游业是一种综合性经营的行业，不仅包括旅游服务业，也包括旅游生产业、旅游地建筑业、旅游加工业、旅游种植业、旅游养殖企、旅游工艺业、旅游交通业、旅游商业、旅游餐饮业、旅馆业、游乐业，以及旅游科研、教育、文化、卫生、体育、保健和其他旅游服务业。如此丰富的内涵，用服务性事业的概念无论如何是总括不了的。

在国外，人们普遍将旅游业称为一种工业、无烟工业，即与高耗能工业不同的、含义更宽的综合产业，这是很有道理的。据联合国开发计划署 1990 年 2 月出版的《世界发展》杂志说，目前石油是世界最大的出口产品，到 20 世纪末旅游将成为第一大出口产品。另据 1988 年年初在布鲁塞尔召开的国际旅游会议认为，到 1992 年旅游业将成为世界第一大工业，石油和汽车工业将退居第二位和第三位。

旅游业如此重要，怎样迅速地发展呢？关键在于克服一切陈旧观念的束缚，像发展其他产业一样去大力发展它。

1. 旅游业的发展，要克服资源优势论的观点

应投入大量劳动进行生产性开发。旅游业的发展，有赖于开发出能吸引游客的旅游资源和旅游商品，特别是文化性、精神性消费的旅游商品。由于旅游商品的特殊性，决定了并不是任何资源都能吸引人，能吸引人的资源需要人去发现、挖掘；挖掘出来后也不能一劳永逸，还要不断整理、修缮、维护、提高。用马克思主义的观点来说，把旅游资源变为旅游商品，必须进行生产和再生产。吃资源、吃老本的思想是绝对经营不好旅游业的。

2. 旅游业的发展，要克服单一经营观点

要进行综合性开发和配套建设。一种能吸引人的特殊的旅游资源发现开发出来后，如马王堆古墓女尸、灰汤温泉，仅仅只有一座陈列馆，或一座温泉疗养院，游客仅能观赏享用到唯一的旅游商品，他们只会一瞥而过，实在可惜。正确的经营思路应该是以一种独特的旅游资源为主，进行综合开发和配套建设，开辟多种游乐观赏项目，让它发挥多方面的旅游功能，其经济效益和社会效益必然成倍提高。

3. 旅游业的发展，要克服单纯服务性经营的观点

应大力发展有当地特色的各种旅游商品——纪念品、工艺品、字画、古籍、土特产品、种植与养殖产品等。如此一来，旅游业可带动百业发展，百业发展又丰富了旅游商品和旅游经营的范围与内容，整个经济活动都可以长盛不衰。

4. 旅游业的发展，要克服只注意外延型扩大再生产的观点

从我国国情出发，应把重点放在内涵型旅游扩大再生产上。依据本地资源特点，合理投资，使旅游设施的高中低档结构合理化，提高综合功能，多开拓一些新的旅游项目，开展与附近旅游景区的协作，建立配套合理的旅游网络，必将能更好地发挥旅游地的作用。

（二）旅游支柱产业战略

随着社会经济文化的大发展，现代旅游业也在不断地迅速发展，世界上的就业人员中 16 个就有 1 个在旅游业工作；在被调查的 200 个国家和地区中，大部分国家的旅游税收都高于取自农业、冶金、电子工业和其他工业收入的税收。正因为旅游业如此迅速发展及其在国民经济、社会就业、财政收入中占有如此重要的地位，所以许多国家（包括小国和大国）都确立了发展旅游业的战略目标和措施。

重视旅游业，大力发展旅游业，对任何国家各种产业的发展以至整个社会经济文化的发展，所起的促进作用是巨大的。因此，大力发展旅游事业也是一种立国之道，是实现社会经济发展总体战略的突破口和战略措施。日本人深津真澄的文章说，中国现在正在掀起一股观光热，有名的观光胜地到处挤满了世界各地的观光者，国内的观光者也络绎不绝。

所谓旅游支柱产业的发展，就是大力发展国际旅游（不是国内旅游），将国外游客引进来（不是组织公民到国外旅游），供给他们各种旅游商品，以赚取他们的外汇，再用这些外汇收入去发展现代化建设。这比以低价出口大宗初级产品所得的收入要大得多、省事得多。首先，要学会利用各种有利的时机，利用国内的重大节日、庆祝日、纪念日和在我国举行的重大国际活动（如世界性的运动会、博览会、交易会），进行广泛的宣传活动，大造舆论，以招徕和吸引游客。在现代国际社会中，没有多途径、多形式和有效的舆论传播工作，再好的旅游资源也不会为世人所知，国际游客是不会自动上门，更不会蜂拥而至的。旅游的宣传舆论工作做得好，可以迅速提高我国在国际上的知名度和美誉度，紧紧抓住国际游客的旅游心理把他们吸引到我国来。其次，旅游业及与之相关的各行业的各项二作，都要准备充分、安排得当、协调一致。交通、住宿、餐饮、导游、通信以及安全工作等，都要注意提高服务质量，彻底改变国外游客认为我国服务质量差的观点。另外，旅游商品的价格及服务性收费，也应当合理和适当优惠，使它们同样具有吸引力，国外流行的减价及赠送回程机票、车船票的办法，对我们有启示意义。特别需要注意的是，不应乱提价、乱收费，这种影响极坏的做法应该坚决制止。

中国旅游业发展的十大不匹配

随着中国经济的快速发展，人们的生活水平迅速提高，中国旅游业在世界旅游发展潮流、国家政策导向、地方经济发展要求和市场消费需求等诸多因素刺激下，在短短的20年内走完了发达国家200年所走过的历程，旅游人数和收入连创新高，旅游方式也由单纯的观光旅游转变为观光旅游和休闲旅游并行，作为旅游接待主体的景区，其品质得到大幅度提升。但受旅游观念、管理体制、管理水平、局部利益等因素影响，在旅游规划编制、项目实施、景区提升、宣传推介、服务完善以及各种特色旅游方面出现不匹配、不协调和不平衡的情况，形成现阶段“中国式旅游”的十大痼疾。

一、旅游规划，编制与实施不匹配

旅游工作千头万绪，规划是最重要的基础性工作。规划决定全局，影响战略。规划的领先，是最大的领先；规划的失误，是最大的失误；规划的浪费，是最大的浪费。规划就是生产力，更是竞争力。

（一）《旅游规划通则》实施的积极作用

近些年来，规划和标准化是旅游行业颇为流行的做法。旅游发展规划的编制在国内已经盛行了许多年。2003年，国家旅游标准委员会还专门制定了《旅游规划通则》，国家发改委也要求有关部门和地方政府编制中长期的旅游产业发展规划，甚至有无规划成为政府是否对一些开发项目给予支持的前提。尤其是在“十一五”计划出台前后，各种各样的单项规划如乡村旅游规划、红色旅游规划、生态旅游规划、人文旅游规划等都相继出台。一些地方原来做的一些规划，随着时间的推移和主管领导的更替，又在做规划修编或制定新的规划。在旅游标准化方面，中国经历了将近20年的发展历程，在旅游标准、机构设置上走到了世界的前列。在一些领域的标准设计方面做到了将国际经验与中国实践相结合，在一些领域则大胆创新，处于世界领先地位。这些旅游专业和专项标准的制定和实施，在规范旅游业发展、改善服务质量和管理水平等方面发挥着积极的作用。

（二）规划与实施不搭配的负面影响

无论是规划还是标准，都要注意一个度的把握，使其促进而不是妨碍行业的发展。就旅游发展规划而言，国内存在着明显的过泛、过滥现象。

1. 为规划而规划，实用性差

一些地方政府为了做规划而做规划，致使多数旅游规划没有真正实施，甚至从一开始就没有准备认真实施。一些规划编制单位，要么草率从事，东拼西凑，简单复制；要么绞尽脑汁，玩弄辞藻，故弄玄虚，做出来的旅游规划根本不可能实施。每年各地编制相关规划投入惊人，而实际效果堪忧。国家旅游主管部门由于没有及时采取有效措施，无形中助长了上述现象的蔓延。

2. 流于同质化，失去特色

就标准而言，国内也出现了一些形式化的苗头。有些旅游新业态和活动，其本身就是一种创新，需要多样化，没有必要过早地推行标准化。比如，经济型酒店、家庭旅游、遗产饭店、超豪华饭店、度假村等，特色是这些住宿设施的灵魂，没有必要整齐划一。像乡村旅游、民俗旅游等新产品，多样化是其生命，制定过于僵硬的标准，反而使之失去了吸引力。

（三）规划编制如何实施对接

实践证明，一流旅游必须有一流规划，一流规划来自一流专家。规划工作应做到以下几点：

1. 适时、适度规划

在旅游业发展初期，规划和标准是旅游发展的基础，制定规划是为了避免偏离方向，避免重复失误；而当旅游业相对成熟时，重要的是引导创新，鼓励创造，满足多种市场需求。

2. 实事求是地规划

避免形式化，不要在促进市场经济深化的同时还推崇一些计划经济色彩很浓的管理手段，用传统的思维方式来限制体制、机制创新。

3. 避免行政指令式规划

旅游规划关系到一个旅游景点景区科学合理的布局，其重要性不言而喻。旅游规划具有很强的专业性，领导干部并非一定就是专家，一旦长官意志决定旅游规划，就会导致规划的产品因“先天不足”而“后天失调”，最终甚至会“中途夭折”。再则，“铁打的衙门流水的官”，更换一任领导就弃旧图新，或者就更换一次规划，规划的稳定性因此会丧失殆尽。

4. 避免走过场式规划

旅游规划最大的忌讳就是：“纸上画画，墙上挂挂，不抵领导一句话”，“一个官儿一个令，前任建了后任拆。”

5. 坚持规划的人性化和科学化

在设计理念上注意体现人文关怀，注重为未来发展留足空间；在规划过程中坚持广泛听取和采纳群众意见的原则，由各方面专家共同研究制定。

6. 保障规划的权威性

“规划一张图，建设一盘棋，管理一条龙”。规划即法，执法如山。规划一旦确定就要有铁的手腕保证有效实施，要给旅游规划上个“保险”，戴上法律“护身符”，依法保护旅游规划不受长官意志的干扰和侵害，确保规划的前瞻性、科学性和权威性。

二、旅游项目，投资与建设不匹配

作为全球性朝阳产业，旅游业已经成为投资热点。改革开放以来，我国旅游业获得了长足发展，主要有两大亮点：一是旅游投资规模迅速扩大；二是旅游投资主体基本实现了多元化。但在快速发展的过程中，旅游投资也出现许多投资与发展建设不匹配的情况，这对我国旅游业的可持续发展构成极大威胁。这种不匹配主要有三个误区。

（一）观念的误区

主要表现在招商引资过度倚重地方政府的优惠政策，忽略投资环境的综合改善。不少省市为吸引外来投资，大力推出自行制定的优惠政策，诸如降低企业所得税、土地税甚至减免税收等，把经济发展搞成了优惠政策竞赛。不可否认，优惠政策对招商引资有特殊作用，但在改革开放的今天，单纯依靠优惠政策来谋求发展，实在是陷入了一个观念上的误区。因为政策优惠已经从20世纪80年代初仅对沿海开放地区的单边优惠逐步过渡为现在不分地域、一视同仁的普惠制。优惠政策已不再是一种稀缺资源，它的吸引力大大减弱。这种经济投资误区也冲击了旅游投资。目前，对于成熟的投资商来说，规范胜于优惠，环境重于政策。

（二）结构的误区

主要表现在旅游投资方向的四重四轻。

1. 重旅游服务业投入，轻旅游资源的开发和保护

由于旅游资源的外在性特征，作为我国旅游业投资主体的国企、外资以及个人往往只考虑经济效益，而忽视了社会效益、生态效益等。旅游宾馆、饭店、旅行社、交通部门等都积极利用旅游资源，却不关心旅游资源的建设、开发和保护，从而出现了不合理的利益分配格局。

2. 重旅游接待服务设施建设，轻旅游基础设施建设

由于旅游基础设施项目投入资金量大、投资回报期长、难以在短时间内形成投资—增值—再投资的资金循环，资金紧张的局面得不到缓解，一般投资者在投资方向上倾向于旅游接待服务设施，长期以来，基建资金主要来源于国家投资。随着我国旅游业的迅速发展，基础设施建设明显滞后，许多风景区甚至还存在可进入性差、如厕难等问题。

3. 重食宿设施建设，轻其他基本服务设施投入

在旅游接待服务设施建设上，投资主要集中于旅游饭店业。其他领域，如旅游工艺品生产、旅游新产品开发等投资严重不足，甚至被忽视。食宿设施建设中，又重视旅游高档食宿的建设，忽视中低档食宿设施的建设；重视星级饭店的建设，忽视家庭旅馆、宿营地、青年旅馆等特色饭店的发展。所有这些，均造成了旅游接待设施不配套、不平衡和不完善。住宿设施建设投入过分超前，而在行、游、购、娱等方面却不能满足游客的需要，这也是我国旅游者人均逗留天数少、人均旅游消费低，以及旅游业效益提高与游客数量增长不成正比的原因之一。

4. 重短期经济效益，轻资源长远开发

旅游资源开发利用程度低，景区景点开发单位规模小，特别是民营企业进入旅游业的投资通常数额不大，规模较小，一般都投资单个独立景点，很少进行旅游区成片开发。由于投资旅游业的门槛相对较低，投资者的资金障碍较小，正符合了“小投资，短回收，高回报”的投机者心态。由于投资的不平衡，许多景点景区开发内容单调、观赏性差、参与项目少、创新创意少、盲目跟风多。特别是那些对旅游业发展影响较大的项目，一直无人问津，严重影响旅游业的发展后劲。

（三）决策的误区

目前，许多投资主体看到了旅游产业良好的发展前景，并受“旅游业是低投入，高产出行业”观念的误导，在未进行严格的项目可行性论证的情况下，就匆匆涉足旅游业。由于各旅游管理部门未普遍建立与旅游投资活动相适应的投资管理机制和市场引导机制，加上旅游投资多头管理、缺乏统一规划以及地方保护主义等情况，导致旅游投资失控、失衡和失误。许多地方、部门和企业出于对自身利益的考虑，盲目争投资、上项目，造成了旅游项目低水平重复建设的局面。20 世纪 80 年代的酒店建设热、90 年代的人造景观热以及最近出现的低层次生态观光园建设热等就是其中的典型代表。投资决策的不科学，造成了资金和旅游资源的巨大浪费，诱发一系列的短期行为，破坏了旅游景区的自然景观和人文景观。

当下，分析和纠正我国旅游投资过程中存在的偏差，正确引导旅游投资方向，优化旅游投资结构，促进旅游产业与资本市场的有效结合，推动旅游行业资金科学运作，让投入产出呈良性循环态势，对于旅游产业的可持续发展有着重要的现实意义。

三、旅游文化，载体与灵魂不匹配

众所周知，旅游是文化的载体，文化是旅游的灵魂，无魂之躯的生命力是短暂的。从市场角度看，旅游经济的“卖点”主要在于文化，旅游经济开发必须兼顾文化发展。因为中国很多地区都将旅游作为支柱产业、重点产业或先导产业，因此，旅游要获得可持续发展，必须充分考虑文化因素，文化是旅游发展的必然选择。

（一）文化之于旅游的重要性

旅游对象无外乎自然景观和人文景观。据有关统计分析，我国旅游以自然景观为观赏对象的约占 65%，以人文景观为观赏对象的约占 35%。文物古迹等人文景观的引人入胜之处，当然在于它所蕴含的精神和文化元素，这一点毋庸讳言。从表面上看，以自然景观为观赏对象的旅游与文化之间好像关系不大，实则不然。

1. 真正让人向往的景区，必有丰富的文化内涵

举凡著名的风景旅游胜地，大都经过名人赏识，也是他们把那些浑然天成的胜境转述给世人，并通过后人不断地发掘这些自然景观的魅力，才能引来无数游人驻足流连。我国许多自然保护区虽然以自然景观为主，但是也同样有深厚的文化内涵。如武陵源，陶渊明的《桃花源记》中那位发现世外桃源的“武陵渔人”，给许多人留下了对武陵源最初的或许也是最深刻的印象。只看到它茂密的林木覆盖和清新的空气、潺潺的流水显然是肤浅的，众多文人墨客留下的千古名篇才是无数游人走近它、欣赏它的根本原因。如果无人赏识，那些良辰美景只能自生自灭而已，正如杜甫《宿府》诗云：“永夜角声悲自语，中天夜色好谁看？”更多在常人看来平凡普通的景物，

经诗人咏赞后顿成人间仙境。

2. 良好的文化环境是旅游发展的助推器

时间积淀才能形成历史，历史积淀才能形成文化。文化环境中有一部分是通过历史长期积淀而成的，如当地人民的生活方式、风俗习惯等，另一部分则是刻意营造的。绝大多数旅游开发的成功经验表明，后者须以前者为基础。例如，奥地利的施普雷森林，政府规定在森林保护区内只能从事手工耕作、人力交通运输。许多地方政府规定自然保护区现代化宾馆酒店只能按照当地传统建筑风格来营建。这些做法都是很有远见卓识的。只有这样，才能突出旅游地的文化特色，树立风格独特的旅游目的地形象。很难想象，所有的风景名胜区如果都是模式单一的希尔顿饭店、麦当劳餐厅，能够将万里之遥的游客吸引到自己身边来吗？

3. 文化资源是旅游资源最重要的组成部分

中国有悠久的文化传统，古代诗人、艺术家、思想家、哲学家、政治家、军事家大都喜好游历，周穆王远游西域，秦始皇封禅泰山，李白“一生好入名山游”，杜甫“读万卷书，行万里路”……几乎所有的名山大川都留下了先贤们的足迹。遍布全国名山的摩崖石刻，构成了中国独具一格的旅游文化资源。可以说，没有以“紫竹观音”为代表的石刻艺术的大足，没有北魏以来的石室经卷、壁画、造像的敦煌，没有道观林立的武当山，没有佛寺遍布的峨眉山，没有具有少数民族风情的西双版纳，这些地方自身旅游价值都将锐减。文化遗产分为有形文化遗产与无形文化遗产，前者如文物古迹，后者如民俗民情、民族民间艺术、神话传奇，两者都是旅游资源不可或缺的组成部分。

（二）景区欠缺文化内涵

目前我国的不少新建景区所欠缺的恰恰就是文化内涵。有的缺乏对自身文化的深层次挖掘，蜻蜓点水，浅尝辄止，以至于文化主题无特色，抓了芝麻丢了西瓜。如河南栾川县的多数景区普遍缺少文化灵魂，文化元素分散、有星无月、整合不足、没有亮点。作为景区文化听得见、看得着的载体，最直接地体现在文化氛围和形象定位两个范畴上，更具体地说就是导游词和宣传口号。这两个问题让游客在外部的识别和内部的感知上很容易留下一个挥之不去的印象。在企业形象的树立以及产品优点的凸显上，导游词和景区形象定位口号起着至关重要的作用。出现的问题主要有：

1. 导游词和时代的发展不同步

中国旅游经过 20 多年的快速发展，根据市场的要求景区环境不断发生着变换，从 3A 到 4A、从 4A 到 5A，可谓是日新月异。但令人遗憾的是，最最重要的导游词却如老和尚念经般一成不变，即使有变，也只有量的变化，而无质的变化。即便是名优景区，其导游词也索然乏味。游客在景区感受到的只是“填鸭式”的满堂灌，了解到的仅是通过导游平铺直叙的冰山一角，而并不能在欢歌笑语的互动中，使游客对景区的人文、生态产生立体的感悟和探索。可惜、可悲、可叹！可惜的是，导游词使许多风景如画的景区美中不足；可悲的是，导游词令文化厚重的景区恹恹沉睡；可叹的是，中国“导游词革命”仍未引起业界领导的高度重视。

“景区美不美，全靠导游一张嘴”。在有限的时间和空间内，游客体验到的快感只能从导游口中获得，而这只能是景区的冰山一角，更多的精彩、更多的文化内涵和厚重的历史只能是浮光掠影，无从洞悉。

可见，导游词是旅游产品极为重要的一部分，导游词具有强大的吸引力、感召力和拉动力，导游词的优劣影响着景区的对内诠释和对外形象。但是，中国旅游发展至今，导游词仍置于被人遗忘的角落。

旅游是什么？旅游不是对政治、历史、军事、考古、地理、地质、科研、文化、生态、自然的研讨，而是通过对这些方面的感性认识，让游客在度假休闲中心情愉悦，在谈笑风生中品味人生，在津津乐道中消费金钱与时间，从而换来一个好心情、好体魄、好憧憬，同时也为景区换来一个好口碑、好效益。在此目标下，导游词应跳出对景点的政治、历史、军事、考古、地质、科研、文化、生态的宣讲之误区，让游客用耳朵看书，身临其境学历史。这种体验式的学习必然会收到事半功倍的效果。

2. 景区形象定位口号与内涵不契合

旅游市场的促销形象就是旅游目的地的“模样”，而宣传口号则是其“外衣”。如何量体裁衣，如何设计口号、组合包装和促销形象，对于有效开发产品和市场促销，从而使产业发展长盛不衰，具有一定的现实意义。旅游景区的口号大体存在以下问题：一是没有口号，缺少载体。有些地方至今尚未形成统一的旅游宣传口号，而没有口号也就少了一个能有效、集中、生动地展示本地旅游形象的载体，使得各种促销活动的效果大打折扣。最明显的后果是，开发之时产品建设缺乏通盘考虑，冲突、重复等时有发生；促销之时容易迷失方向甚至迷失自我；竞争之时容易自乱阵脚，导致卖者无借口，买者无理由。二是内容模糊，容易混淆。个别景区虽有反映整体旅游形象的口号，但内容表述含糊不清。或一味求全，使之成为本地资源情况总汇，优劣好坏都往里装；或落入俗套，过于简洁粗糙，有与没有一个样，难以形成记忆定位和形象定位，如“天下第一 ×××”、“中国第一 ×××”之类的口号。三是盲目照搬，丧失特色。这是一个最为突出的问题。一些地方甘愿步人后尘，人云亦云，直接套用别的景区的促销口号，或移花接木，而将自身特色丢到一边。例如，广东省根据其特定背景（即本省居民消费水平较高，可通过大量货币在全省范围内的流动刺激市场）提出了“广东人游广东”促销口号后，全国上下“×× 人游××”一时铺天盖地。而多数地方与广东相比，条件尚未成熟，用这一口号在本地“穷兄弟”中再折腾，也没效果。更可笑的是，小到方圆寥寥数公里的县区亦不甘落后，照搬口号。从贸易的角度看，外地人是真正带来市场繁荣的力量，居民在县一级小范围的流动，某种意义上不是旅游，而是走家串户，是自家钱从左口袋换到右口袋，而不会带来口号设计者所期望的经济增长。相反，吸引外地发达地区尤其是周边人群前来旅游，对活跃市场显得更为现实。

口号设计总体分为一次性节庆活动口号、年度性专题口号和全面性、长效性口号三大类。这三类口号设计有共性，也各有其特殊要求。就共性而言，包括五个要素：一是总括。要能够高度概括和浓缩当地的资源特色，充分展示和体现复合多样的旅游形象，不要厚此薄彼、遗漏特色。这是一条高标准，需要策划单位摸清本地旅游资源家底，透彻而深刻地理解并领会其丰厚的内涵，使“总括”做到不是简单地相加与堆砌，而是有机地组合。二是艺术。要注意运用美学手法进行艺术加工，尤其是适当的艺术抽象，使口号源于现实又高于现实，以营造引人入胜、令人心驰神往的意境，使人产生优美的联想，或如诗美景，或淳朴风情，或悠远史事，要体现文化品位，通过适当的夸张手法，要么洋到家，要么土得掉渣。三是简洁。宣传口号要在艺术化的基础上，形成优美的韵律，让人读来朗朗上口，易于理解、记忆和传播，绝无赘语。四是统一。要形成动态的、具有延续性的系列宣传口号，不宜盲目追求一次到位和一劳永逸。在国家整体宣传口号的统领下，各省（区、市）要结合实际，筹划形成各具特色的促销口号，最终形成一个层次鲜明、上下衔接、互为补充、彼此诠释的旅游宣传口号体系。特别要谨防相互脱节甚至相互拆台、以邻为壑。五是点题。促销口号要注意突出主题，即特色鲜明，优势突出，产生画龙点睛的效果，不能含糊其辞，模棱两可。要通过“点题”，带动人们对本地旅游业的联想，并在客源市场上形成准确牢靠的形象定位，真正达到过目不忘、深入人心。

四、旅游品牌，塑造与管理不匹配

世界已经进入了品牌营销时代。营销主导经济，品牌主宰世界，而中国旅游业，至今还停留在促销时代。品牌时代文化的转型从单纯观光到行、住、食、游、购、娱等旅游综合需求，再到今天对文化需求的大幅增加，从发展过程来看，这是时代发展的必然。经济的发展推动教育事业的发展，教育事业的发展促进文化素质的提高。这就要求旅游业的品牌文化也要与时俱进，适应时代的发展，为游客提供更多的文化享受。因此，顺应品牌时代的潮流趋势，锐意创新，创建“以人为本”的旅游哲学思想体系，以品牌架构起产品与消费者心灵对话的桥梁，以品牌文化的感召力量，共赴自然与人的心灵之约，创建天人合一的和谐旅游空间，将是旅游业增强核心竞争力及取得旅游经济可持续发展的终极王道。

（一）品牌管理的思想误区

时下，旅游界十分流行“品牌打造”这一词汇，也不断出现“打造品牌”的大手笔，但却很少强调“品牌经营”或“品牌管理”。相对于产品经营时代，能够提出“品牌打造”的概念并采取相应的行动已属一种进步。但片面强调“品牌打造”，容易使旅游企业陷入经营误区，即片面追求品牌效应所带来的市场份额和销售量，将知名度视为品牌的核心内容，而忽视品牌的长期建设，导致经营短期结果。因此，忽视品牌管理，单一追捧对品牌经营管理缺乏深刻认识的“品牌打造”，是不符合长期经济效益原则的，更无益于旅游业的长远发展。几年来，尽管一些企业和地方在旅游品牌建设中做了大量工作，但大多没有对旅游品牌经营进行科学规划。闭门造车加长官意志，导致工作脱离实际和品牌发展随意性强、连续性差以及缺乏科学论证，造成品牌有名无牌，有牌无品。

（二）品牌管理的流弊

眼下，由于观念错误导致品牌建设和管理出现失误。

1. 品牌战略盲目化

建设“中国优秀旅游城市”、“中国最佳旅游城市”、“历史文化名城”、“园林城市”、“卫生城市”、“森林城市”，“打造成世界一流旅游目的地”，“建设成世界知名旅游目的地”，已经成了各地政府发展旅游的标准化战略模式，战略的盲目化导致各个城市旅游营销发展千篇一律，缺乏独特的城市个性和城市魅力，更加缺乏城市品牌的影响力和生命力。个别城市甚至出现同时拥有“中国优秀旅游城市”、“历史文化名城”、“园林城市”、“卫生城市”、“森林城市”等多个称号，而当地旅游产业发展却非常缓慢的局面。

2. 旅游品牌空心化

主要表现在品牌单纯的符号化，有广泛的知名度，却没有个性化的内涵，缺乏美誉度和吸引力，品牌定位及核心理念同质化严重，目标受众对品牌的认知和认同与其知名度严重不对称。这是因为对品牌资产没有一个持续的创新性提升，只靠空洞的宣传支持，继而导致信用过期或创新能力减弱，最终影响后续的交易，导致品牌空心化。泰山作为五岳之首和世界文化、自然、地质多重遗产，有着悠久的历史和观光、研究价值，然而随着新营销环境的改变，景区陷入了前所未有的品牌营销迷茫和困局之中，面临着景区品牌严重老化、品牌形象提升乏力、核心竞争力下降的局面。

（三）如何进行品牌管理

品牌管理着眼于企业长远发展的利益，最终目标是形成“品牌资产”。只有能够形成资产的品牌才会具备可持续价值，而品牌形成资产的一个基本前提，就是具备使用和运作的持久性。品牌管理是一个动态的过程，是一个周而复始的循环过程。品牌在这个过程中不断修正、完善和提升，从而创造出更大的品牌价值。可以说，旅游品牌的经营管理过程就是旅游品牌资产的动态累积过程。品牌经营的着眼点并非品牌本身，不是为塑造品牌而塑造品牌，而是立足于长远发展的管理。作为一个管理过程，应关注多个方面：从结构上看，对构成品牌的各个要素要统筹安排，使其协调发展；从操作流程看，品牌经营的操作过程是一个环环相扣、彼此关联的完整系统，必须经过若干步骤和阶段。做企业形象时，专注企业形象；做产品时，突出产品优势。等市场成熟时，两者要齐头并进。不将旅游品牌经营视为一个完整的系统工程，不将旅游品牌经营作为一项科学的管理工作，是很难取得实际效果的，必将在激烈的竞争中败下阵来。

五、旅游推介，媒介与市场不匹配

（一）旅游促销同质化，与市场脱节

为了加大推介宣传，各地竞相举办名目繁多的旅游节，由于缺乏品牌化的包装和策划，旅游节成了大杂烩，最终沦为“官员台上坐，客户打游击，媒体走过场”的局面。旅游业的促销，从“老三篇”（导游图、宣传册、录像带）到“新三篇”（交易会、推介会、DVD），不知是恋旧还是无奈，就是这些有限的促销手段，“年年岁岁花相似，岁岁年年人相同”，缺乏形式创新，更缺乏内容创新。这种以不变应万变的促销，早已没有了昔日的威力，成为食之无味、弃之可惜的鸡肋。一个投入上百万甚至几百万元巨资举办的旅游节庆活动，往往是玩耍了当地老百姓，风光了出席的官员，冷落了外来客商，忽悠了外地游客。自广西旅游促销大篷车被国家旅游局授予“中国旅游促销第一品牌”后，神州处处大篷车。旅游促销大篷车这种“以特取胜”的促销方式，正在被许多城市和地区克隆和模仿，并且已经演变成大篷车跟风潮，“大篷车”成为随处可见的“大路车”。

（二）旅游商品开发滞后，没有起到宣传媒介的作用

目前，国内旅游市场出现了一个不容忽视的怪现象，一方面旅游景区门票持续涨价，另一方面旅游商品市场发展明显滞后。旅游商品发展滞后直接影响了旅游者的消费质量及旅游业的总收入。专家因此提醒，国内旅游景区、景点的企业应高度重视旅游商品的开发，重视旅游者的购物需求，不要仅仅把眼睛盯在门票收益上。目前，我国旅游商品发展存在的最大问题就是与市场脱节。因此要特别关注旅游商品的设计、生产、销售环节的密切配合，建立灵活的市场机制，快速传递市场信息，规范旅游购物场所，提高旅游诚信服务水平。一是可以借鉴奥运旅游商品开发销售的成功经验，让游客能买到称心如意的旅游商品。二是在旅游商品开发中，要注重旅游商品设计，突出景区本身的风俗、文化、形象等特色，让设计大赛的精品从颁奖的舞台走向市场的舞台。三是要加快旅游商品的生产，无论是高档产品还是低档产品，关键是要找准市场中的人群定位和价格定位，找准商品在市场中的位置，再打造出特色，就能找到生存发展之道。

需要指出的是，旅游商品不仅仅是商品，它还是一种文化传播的载体，也是旅游景区、景点走向市场、宣传自身品牌的重要媒介。通过这些独具特色的旅游商品，传播当地的自然风光、民族文化、风土人情等，让四面八方的游客把景区形象带向四面八方，把小商品做成大产业，让旅游商品成为景区、景点名扬天下的一张旅游“名片”。

六、旅游管理，体制与发展不匹配

在发展旅游的过程中，越来越明显地感受到体制障碍，具体表现为“两个不对接”。

（一）资源优势与产品优势不对接

丰富的旅游资源，往往分属多个部门，部门垄断割据，资源优势得不到整合，不能形成产品优势。风景名胜区、自然保护区等是旅游开发十分重要的依托资源，具有不可再生和不可替代的本质属性，理应保护好、管理好。但由于这些资源的主管部门往往片面强调保护，反对旅游开发，结果“手捧金碗要饭吃”，不能变资源为产品，没有收入，保护好资源也就无从谈起。河南偃师市现有国家级文物保护单位5处，省级以上文物保护单位10处。境内有被史学家命名为“二里头文化”的夏都遗址和中国最早的宫城（即紫禁城）遗址，是迄今为止可以确认的中国最早的夏王

朝都城遗址，是史学界公认的“华夏第一王都”；有被夏商周断代工程确定为夏商断代界标的商城遗址，是华夏文明的重要发源地之一；还有唐朝高僧玄奘和北宋名相吕蒙正的故乡，全国闻名的东汉太学和灵台遗址，吕不韦、田横、杜甫等名人墓冢。如此珍贵稀缺的旅游资源，在旅游市场上却杳然遁迹，默默无名。这个现象实在是一种旅游资源保护的畸形。

（二）管理职能与产业发展不对接

大旅游、大产业要求旅游业统一规划，资源整合，整体强化。而一些重点景区，旅游管理部门却无法调控。一方面，旅游作为综合性的产业，具有跨地区、跨部门、跨行业的显著特性，迫切需要构建大旅游、大产业、大市场的格局。另一方面，旅游资源又不掌握在旅游局手上，风景名胜区属建设部门，地质公园属土管部门，森林公园和自然保护区属林业部门，水利景区属于水利部门，文保单位属文化、文物部门，寺院道观属宗教部门等。“巧妇难为无米之炊”，旅游局要开展工作，存在着“上下沟通难，横向联系难，产业扩张难，寻求支持难”的现实问题，行业管理优势难以形成产业管理优势。新的旅游时代呼唤新的旅游管理体制，应按照“景区与旅游一体化，产品与市场一体化，开发与保护一体化”的原则，建立责、权、利相统一，人、财、物相匹配，规划、建设、管理相衔接的高效运作机制。另外，旅游部门和建设部门都要从全局出发，以国家利益为重，相互支持，加强沟通，形成合力。

旅游业是综合性和关联性很强的产业，旅游业对其他产业的发展具有明显的推动作用；同时，旅游业对相关行业又具有较强的依托性，旅游业的发展需要得到相关产业的支持。因此，管理体制探索与创新必须由政府主导，政府必须充分发挥主导和协调作用。

七、乡村旅游，产品与村民不匹配

2006 年是国家旅游局确定的“中国乡村旅游年”。乡村旅游成为这一年里全国各地旅游发展中提及频率最多的一个话题，也是最为关注的一个领域。当年，国家旅游局发布了《关于促进农村旅游发展的指导意见》，举办了“全国乡村旅游现场会”，与世界旅游组织等国际机构在贵州举办了“2006 中国乡村旅游国际论坛”，全国政协、中央党校以及国家相关部委、科研机构和省市有关部门等先后组织了多种方式的调查和研讨活动。

乡村旅游的发展是中国旅游业发展过程中的一个重要里程碑。“农家乐”成为乡村旅游发展的典型形式，并作为一个特殊的术语写进了中国旅游发展史。从农村来讲，乡村旅游的发展优化了农村经济结构，促进了新农村的建设。从旅游业发展的角度看，它拓展了旅游资源，丰富了旅游产品，刺激了旅游消费。因此，乡村旅游在整体上增强了旅游业的综合效益，有利于促进城乡社会经济的和谐发展。

值得注意的是，目前在乡村旅游发展中存在着一些模糊观念和不良倾向。

（一）乡村旅游概念模糊不清

从目前情况看，对乡村旅游还没有一个明晰的界定，多数人理解为城市之外的旅游活动，有的更单纯地理解为农业旅游（或称之为“农业观光”），把农业活动作为亮点。因此，农村旅游、农业旅游、乡村旅游、农民旅游等概念交叉使用，而“农家乐”的概念，在很多地方，只是接待单位的概念，甚至脱离了“农”，淡化了“家”，因而也谈不上真正的“乐”。

（二）乡村旅游一哄而上

乡村旅游具有邻近城市、回归自然、交通便利、费用较低等特点，因而有特定的吸引力。从另一个角度说，并不是任何乡村都可以发展乡村旅游。但是，一些地方不考虑市场条件，一厢情愿地推出乡村旅游产品，也就很难形成市场规模，无法取得预期效果。

（三）产品与经营模式同质化严重

在一些城市郊区，村村镇镇都打出发展乡村旅游的牌子。但是，所提供的产品和服务以及服务模式大都雷同，简单重复，缺乏特色，形不成独特的吸引力，最后必然导致价格竞争和低水平的比拼。

（四）乡村旅游城市化，农民却被边缘化

在一些地方，虽然出现了不少“农家乐”，但实际上只是城市娱乐休闲设施的整体外迁，“三农”概念中，除了地处农村外，与农业、农民几乎没有太多的关系。尤其是一些大公司，利用土地、房产租赁等方式，经营在城外的休闲娱乐设施，把当地的农民排斥在外，农民并没有在就业和收入等方面得到好处。乡村游应以农村为舞台，由淳朴农民演绎原始或现代农业的特色，挖掘出在城市享受不到的物质精髓和精神核心。

（五）乡村旅游没有列入入境旅游产品开发系列

大家似乎有一个共识，那就是乡村旅游只服务于国内旅游者，而没有更多地从社会文化旅游资源的角度考虑开发入境旅游市场。应当说这是乡村旅游的最大缺憾，也是中国旅游的最大缺憾。中国的大部分城市经过几十年的高速发展，已经流于同质化，城市特色丧失殆尽；而中国乡村的变化备受国际社会关注，且很多独特的华夏民族风情原汁原味地保留在广袤的农村土地上，对国际旅游者具有强大的吸引力和诱惑力，这是乡村旅游基于国际市场的最大卖点。因此，必须努力把这一产品推向国际市场。根据统筹发展与建设和谐社会的要求，在发展乡村旅游的过程中，应当进一步明确以下原则：

1. 乡村旅游的灵魂是乡村，乡村旅游的主要受益者是农民

乡村旅游的主要资源应当是乡村的环境、风貌、文化以及乡村的生产活动、民俗活动等。发展乡村旅游，一定要坚持使当地农民真正从中收益的原则，不应当把他们排斥在外。

2. 乡村旅游不宜过分强调标准化

乡村旅游与城市旅游有着很大的区别。无论是产品开发，还是接待设施和服务方式，都要因地制宜，创造独特的体验，这和城市中的商务旅游有着很大差别。因此，重要的是强调特色、强调体验、强调情感，而不是突出统一，不宜过分强调标准化，尤其是住宿设施、活动方式等，千万不要搞一种形式，尤其是不能套用城市的标准。

（六）农民旅游需求应当予以关注

从总体上来说，中国的城市与农村在经济上还存在很大的差距，越是经济不发达的地区，存在的差距就越大。在相当长的历史时期内，城市为农村提供购物和娱乐服务，而农村为城市提供休闲旅游服务，也仅仅是最近几年的时间。同时也应当注意到，农民的生活水平有了很大改善，农民的旅游需求也在不断增加，但他们的需求并没有引起足够的重视，即使是在乡村旅游开展得比较好的地方，也没有真正考虑如何满足当地和周边地区农民旅游的需求。

八、县域旅游，资源与定位不匹配

国家旅游局提供的资料表明，全国共有近 2 000 个行政县（区）正在以各种方式加快经济与社会发展。其中，相当一部分县区有丰富的特色，并在旅游业发展方面表现出很高的积极性，涌现出一批发展水平领先、旅游景区颇具知名度的县区。与此同时，我国在县域旅游的发展过程中，缺乏科学旅游规划的问题却普遍存在，已编制和正在编制的规划存在着明显的旅游主题空洞无味、目标市场简单、开发项目雷同等问题。

（一）缺乏科学规划，县域旅游形象定位不准

旅游形象是指旅游目的地的旅游活动、旅游产品、旅游服务等在人们心目中形成的总体印象。县域旅游形象规划是旅游总体规划的重要组成部分。县域旅游规划存在很多乱象。

1. 规划不科学

很多地方在发展旅游过程中只靠领导的主观愿望进行开发建设，没有进行系统科学的规划编制工作，一些有规划的也不系统、不配套，有建设规划而无发展规划，有综合规划而无项目规划，有资源开发规划而缺少产品和市场开发规划。盲目实施尚不成熟、欠科学的规划不仅破坏了环境的自然美、和谐美，而且使部分具有较高价值的旅游资源遭到破坏。

2. 规划形象一味求奇

有些地方的规划脱离实际，论证不充分，有片面求“高”、求“洋”、求“奇”等现象。

3. 规划形象不统一

大部分县区在进行旅游规划时，没能打造出统一的旅游宣传形象，缺少能有效、集中、生动地展示本地旅游形象的载体，使各种旅游促销活动的效果大打折扣。

4. 规划形象难以形成记忆定位

个别县区虽有反映整体旅游形象的口号和标志，但表达内容含糊不清、求全求大，成了本地资源情况的总汇，或者过于简单粗糙、笼统难记、缺乏个性，难以在市场上形成记忆定位和形象定位。在项目的开发建设、经营管理或市场开拓上容易产生误区。县域旅游规划在旅游产品形象定位上应明确现有产品与市场的对应程度。

（二）单纯的资源导向开发模式，缺乏市场适应性与竞争力

“资源 + 市场 + 政府”是我国目前比较通行的旅游产品开发模式。在大部分的县域旅游规划中虽然都引入了市场的因素，但其实质还是以旅游资源为导向，主要表现在评价旅游地拥有的资源时，往往只看到自身最为突出和醒目的资源。例如，有一片瀑布，就会想到开发水资源；有一座山，就离不开对山体的保护和开发，而较少考虑区位竞争和目标市场远近等因素，这一现象在县域旅游规划中更为突出。

随着旅游业的发展，人们的旅游倾向趋于多样化、个性化，对于同质型的产品，人们只会选择同区域内最高级别的。如果旅游地的某种资源级别很高，对客源市场有着较高的吸引力，自然是围绕该资源进行产品设计和宣传；如果旅游地的某资源本身不错，但在较近的区域内有着更高级别的同类资源，就应该考虑是否开发这一资源。在资源导向的观念下，往往会作出错误的选择，结果开发的产品无人问津，造成巨大的浪费和破坏。

（三）追求短期利益，破坏区域旅游产业的可持续发展

许多县区在旅游开发中存在这样一种观念，旅游业是无烟工业，不会像其他产业那样对环境造成污染，并且旅游资源是由可再生资源组成的，旅游消耗是“非耗竭性消耗”，所以不必考虑旅游资源的可持续利用问题。在这种错误观念指导下，各地旅游资源开发和旅游基础设施建设以前所未有的速度发展，但缺乏应有的资源环境配套保护措施，从而加快了旅游资源环境的退化速度。另外，旅游局与规划部门之间缺乏信息和技术交流，区域总体规划与旅游规划相脱节，导致旅游点遍地开花、布局不当，甚至有些风景区与工业污染源为邻，加深了对旅游环境的破坏。许多地方在开发旅游资源、发展旅游产业过程中出现了盲目开发　一哄而上的局面，导致旅游资源的严重破坏，虽然短期内为地方财政带来一些收益，但从长远角度分析，这样的开发形成旅游品牌的负面效应，严重破坏了区域旅游形象。

九、生态旅游，引进与现实不匹配

西方是生态旅游的发源地，生态旅游直接导源于西方的环境保护运动，是对传统大众旅游的扬弃。它强调“回归自然”的绿色旅游，强调“可持续发展旅游”，强调生态资源和环境的保护。在这方面，美国国家公园是一个成熟的模本。

中国的生态旅游是20世纪90年代从西方引入的，它引起了学术界广泛的兴趣，并且开始赋予它中国特色。然而，由于在学风、态度、价值观和方法论诸方面存在种种差异，阻滞了生态旅游理论中国化的进程，换句话说，中国旅游理论研究应当在上述几个方面加以改进。

生态旅游在中国的实践，首先得益于国家政策的推动。中国有过保护生态旅游资源的经历，客观上为当今生态旅游的发展提供了有益的借鉴；同时，在实践中，也出现过较为成功的案例，但即使是这类成功案例，违背生态旅游宗旨的倾向也日益明显。这就需要坚持“绿色旅游”和“可持续发展观”，并提出相应的对策。生

态旅游既是一个理论问题，又是一个实践问题。因此，要致力于通过阐述“生态旅游”理论，探索构建国内生态旅游体系。因此对相关案例进行研究评价是重要的，可以提供可操作性的对策，能为发展找到更具体明确的方向。

十、人文旅游，开发与市场不匹配

与丰富的历史文化资源所孕育的巨大潜力和商机相比，我国人文旅游的发展还有很大差距，把人文旅游做大、做强，还需要我们做大量的工作。当前影响发展的最突出，同时又基于各种原因很少正面交锋的问题，就是在人文资源特别是文物资源有效保护和合理开发利用的关系上，不同产业部门之间在认识和实际工作中存在诸多需要协调的问题。由于我国以文物资源为依托的旅游在整个人文旅游中所占的比重很大，因此它已成为人文旅游乃至整个中国旅游业是否健康、快速、持久发展的关键所在。主要表现在以下方面：

（一）存在重开发、轻保护的倾向和急功近利的行为

1. 破坏性问题

我国旅游业开发初期，缺乏科学规划和资源、环境保护意识，局部地区在开发中对资源和环境保护重视不够，措施不力，破坏资源和环境的现象屡有发生，甚至造成了比较严重的破坏。如今，虽然不同产业部门对资源保护的重要性和紧迫性早已达成共识，旅游资源（包括文物）开发建设中的保护问题得到了普遍关注，规划措施逐步强化，但急功近利的倾向还没有完全得到纠正。

2. 商业化问题

一些以文物资源和自然资源为依托的旅游景区的开发，存在人工化、商业化、城市化倾向。很多地方把宾馆（特别是一些主管部门的所谓“培训中心”）、商店、索道及其他现代游乐设施建到核心景区，使得景区内现代化设施、建筑体量过大，破坏了文物古迹和自然风景的真实性和完整性。

3. 高峰期问题

一些重要的文物（包括生态旅游区）景区管理者为了追求经济效益，没有科学地评估和限制客源量，造成游客承载量过大。

（二）人文旅游业发展的体制改革和创新步履维艰

1. 讳疾忌医

对早已形成经营行为的文化旅游业的市场运作规律缺乏研究，片面认为市场运作必然会导致国有资产流失和资源破坏，所以对文化旅游业体制改革讳莫如深。几年来，关于文物（也包括风景区）所有权和经营权分离的争论充分暴露了这个问题，阻止了文化旅游业产业化改革的步伐。

2. 遇事掣肘

行政机构设置过细，部门利益交叉，门户偏见严重，成为影响发展的桎梏。很多地方根据本地实际情况，已经或者正在着手解决这个问题，全国基层机构设置中旅游、文物、园林、风景名胜等相关产业部门合并设立的，目前已不在少数，这样有利于精简机构，也有利于相关产业协调发展。但遗憾的是，有的上级主管部门，不适当地干预地方机构设置，甚至以限制划拨有关经费相要挟。

3. 画地为牢

把行业管理和业务指导视为部门垄断。例如，1999 年国家质量技术监督局颁布了《旅游区（点）质量等级的划分和评定》国家标准，这个标准对旅游景区（点）的建设、管理、服务、安全、资源和环境保护（包括文物保护）等诸多方面，都作了相当严格的细化规定。贯彻这个标准对促进资源开发和保护的良性互动、提高旅游景区在国内外的知名度、加快文化旅游业的发展，有百利而无一害，因此受到了基层文物单位及其他景区单位的普遍欢迎，绝大多数单位参与评比的热情很高。但是，2002 年下半年，全国旅游景区质量等级评定工作刚刚启动，国家文物局等有关部门就在没有说明任何理由的情况下，紧急通知地方基层单位，一律不准参加旅游景区等级评定。这种狭隘性观念和封闭式的管理，不可能形成健康的产业化运作机制，不可能打造出在国内外市场具有竞争能力的名牌产品，也不可能形成有效保护和合理开发的良性机制。

以上对中国旅游业“十大不匹配”的论述，没有作深入剖析，重在提出问题，意在抛砖引玉，引起旅游界同仁的重视，共同关注，群策群力，提出自己的观点和对策。因为这些“不匹配”，内容庞杂，涉及方方面面，不是一朝一夕、一策一略就可以解决的。中国旅游业的和谐发展是一个宏大的命题，是一个渐进的、富有挑战性的过程。旅游业发展风光正好，但任务艰巨。这就要求我们在中国旅游业转型时期，牢牢把握科学发展观，紧跟世界旅游潮流，敢于创新，勇于探索，认真解决存在问题，使中国旅游与世界旅游接轨，把旅游业真正打造成国民经济的支柱产业。

中国自助旅游发展现状与趋势

人们通常按是否需要通过旅行社等旅游代理机构组织安排来划分团队游客与散客，但随着旅游服务机构业态的发展以及旅游中介服务项目的不断丰富，人们自行安排旅游的方式发生了很大变化，在散客市场中有一个群体表现出共同的特征，明显地有别于一般散客，人们将这一群体的旅游行为称为自助旅游。

一、自助旅游的概念

（一）自助旅游的概念

自助旅游是一种时尚的旅游方式，可以表述为：以张扬个性、亲近自然、放松身心为目标，完全自主选择和安排旅游活动，且没有全程导游陪同的一种旅游方式。自助旅游在旅游组织方式和旅游目的方面具有以下三个明显特征：

1. 旅游活动的自主性

包括对旅游目的地和行程的确定、交通方式和食宿标准的选择、游览项目的安排等方面拥有个人自主权。同时，自助旅游还具有很大的灵活性，在旅途中可以根据个人喜好临时调整或改变行程。

2. 旅游目的的时尚性

旅游目的主要以休闲、度假、娱乐、健身、求知、探险和满足个人特殊爱好等消遣性目的为主。

3. 旅游素质的能动性

没有全程领队、导游陪同，在旅途中需要旅游者自己打理一切旅游活动，因此旅游者在拥有自主权的同时，也必须具备一定的素质和旅行经验。

从以上界定可以看出，自助旅游与散客旅游这两个概念有很大程度的交叉，既有重叠，又有明显区别。从旅行的组织方式上看，两者都是自行设计旅游线路、自行安排相应的旅游活动，但自助旅游并不排除通过包括旅行社在内的中介机构进行预订（尤其是交通及住宿设施）。但从旅游目的上看，一般散客的旅游目的涵盖广泛，而自助旅游更侧重纯旅游或消遣性的目的，不包括公务、商务和会议旅游以及由接待单位负责安排的旅游活动，但在出差目的地或途中自行安排的休闲消遣型旅游活动也应视为自助旅游。

（二）自助旅游的类型

目前，自助旅游的类型有多种，可按交通方式、旅游目的、旅行距离、消费等级、旅游活动内容等标准进行分类，本文主要侧重按交通方式和旅游目的来划分。

①按交通方式可分为：自驾车旅游、自行车旅游、徒步旅游等。

②按旅游目的可分为：休闲度假自助游和专业目的自助游两类，而专业目的自助游又包括修学求知自助游、极限探险自助游、特殊兴趣自助游（摄影、登山、滑雪、高尔夫）等。

（三）自助旅游的特点

自助旅游者追求在旅游中的自主性，或张扬个性，或放松身心；与整体旅游市场相比，他们的出游率较高，旅游已成为他们生活中不可或缺的元素；他们大多来自经济发达地区，尤其是大中城市，受教育程度较高。他们在旅游过程中表现出如下特点：

1. 两种类型的自助旅游者

在旅游目的地的选择上两种类型的自助旅游者有明显不同。休闲型自助旅游者多以家庭为单位，或流向以海滨为代表的度假型旅游目的地，或流向城市周边的景区（点），而对城市周边游来说，自驾车旅游是比较流行的交通方式。专业型自助旅游者则追求新开发甚至尚未开发的旅游目的地，尤以西部地区更受青睐。他们在旅游目的地及出游时间的选择上都具有避热倾向，或是避开观光型的热点旅游目的地，或是避开其高峰旅游期、反季节游览热点景观，领略不一般的风景。总之，人头攒动的场面是他们最不愿看到的，这个特点客观上对缓解旅游供求矛盾起到一定作用。

2. 自助旅游者的参与度高，属于深度旅游

由于需要自己安排一切，自助旅游者通常在出行前做充分的准备：收集旅游目的地的旅游资源、当地风土人情等相关信息；设计线路，选定交通工具、查询航班及车次情况；根据预算条件查找相应的住宿设施，进行票务预订。对于自驾车、自行车旅游者来说，必要的装备及路况信息的准备更是必不可少。这种准备工作使旅游者能更全面地了解旅游目的地、而不仅仅是旅游景区（点）的情况。

在旅游过程中，自助旅游者的食、住、行、游、购、娱都更贴近当地人的生活，能更真实地接触当地居民，感受当地的自然、历史、风土人情及社会习俗，其参与度更高。同时他们还能根据自己的喜好，就某一方面或某一主题对目的地进行深度了解。而参加常规旅游团似乎总是与当地人隔得很远，旅游者基本上都是在专门接待旅游者的定点饭店、定点餐厅、定点商店之间活动，就连像民族歌舞、婚俗这样的民俗风情展示也往往带有很强的表演性，甚至演化成变相收费的项目，极易使旅游者与东道居民互生成见，有悖旅游增进交流与理解的宗旨。

3. 在规模、消费偏好方面

与团体旅游相比，自助旅游的出行规模小，同行者志趣相投，更易达成一致；同等规格标准下，比参团旅游花费更高，并体现出特殊的消费心理。

自助旅游者陶醉于精打细算、讨价还价，尤其是对住宿、当地交通等基本要素；但对一些价格弹性较大的产品却显现出不俗的购买力，对“特色”更是格外偏好，比如特色旅游项目、独特的工艺品、地方美食，等等。此外，尽管自助旅游者在旅行过程中费心费力，但满意度依然较高，与之相对应的则是针对旅行社的投诉越来越多，当然，这与自助旅游者投诉无门也有一定关系。

二、自助旅游在中国的发展

（一）中国自助旅游发展的背景

从国际范围来看，20 世纪 60 年代以来，廉价团体旅游和包价旅游是旅行社业务模式发展中的重大突破，它极大地促进了“大众旅游”的发展，对旅游的普及与发展功不可没。然而在随后日益崇尚自我的时代，也正是由于包价旅游的规范化与程式化使得人们不再满足于这种出游方式，越来越多的人开始选择自助旅游（independent travel)，充分实现自己的个性需求，寻求与众不同的旅游体验。同时，交通及其他配套服务设施的发展也使自助旅游更加便捷，自助旅游市场得以迅猛发展，尤其是汽车的普及使驾车自助旅游成为欧美地区最方便、最流行的旅游方式。近年来，自助出境旅游发展非常快，尤其引人关注的是欧美等经济发达地区的旅游者纷纷涌向自然和文化资源丰富的发展中国家以及不发达国家和地区，非洲、亚洲、南美地区成为热点旅游目的地，曾经非常闭塞、穷困的地方也能见到背着过头大包的外国背包旅游者的身影了。

中国自助旅游的发展也受到这类国际自助旅游者的影响，这种探险式的旅游方式与一些中国旅游者所追求的境界不谋而合，因此他们便顺着这些外国背包族的足迹开始了自己的发现之旅并不断将它发扬光大。这对广大的中国旅游者产生了很大的示范效应。在云南虎跳峡，据当地人介绍，最初来旅游的几乎都是背包的外国人，几天都见不到一个中国游客，但近几年来国内背包族也越来越多了，数量大有超过外国旅游者的趋势。

此外，旅游的组织方式一般遵循着这样的发展规律：自助旅游—大众旅游—自助旅游，最初是传统意义的自助旅游，是在旅游业发展的初期阶段中介服务机构缺乏情况下被迫的选择，发展到大众旅游阶段体现了旅游服务社会化的飞跃；第二个自助旅游就是本文所探讨的自助旅游概念，它从大众旅游中分化出来，反映了旅游需求层次的提高。中国旅行社业起步较晚，国内旅游者自行安排旅游是出于无奈，随着旅行社行业结构与目标市场的调整，各旅行社纷纷下大力气开发国内旅游市场，“参团旅游”一度为人们津津乐道。但中国的自助旅游在大众旅游尚未形成规模之前便已迅猛发展起来了，这应该得益于后发展国家在经济发展的很多领域中表现出的“后发效应”。

另外，随着国人的经济条件日益改善，人们对休闲的需求日盛，很多人也具备了一定的旅行经验，交通、住宿等方面的紧张局面也有所缓解，这些都无疑为中国自助旅游的发展提供了客观条件。

（二）近年来中国自助旅游的基本状况

1. 自助旅游市场增长迅猛

由于对自助旅游的概念尚有待进一步廓清，因此尽管散客市场占据着国内市场的极大份额（参团旅游在国内旅游市场中的比重不足10%），目前中国自助旅游市场的规模到底有多大仍很难用量化指标来描述，但可以肯定的是自助旅游正在快速增长。两项对北京、上海、广州、成都四城市所作的调查表明：多数人倾向于选择自助旅游的方式。此外，从各个“旅游黄金周”的盘点评述中，不难发现自助旅游者的队伍在不断壮大，来自各个旅游景区（点）的旅游接待情况报告也印证了这一点。

2. 短程旅行占多数

在自助旅游市场中，家庭休闲游占了相当的份额，而且多为去往周边地区的短程旅游，双休日和公休假日是自驾车短途旅行的出游高峰。据一项对北京、上海、广州三城市749个家庭所作的调查显示：过去半年曾经旅游的被访者表示，最近的一次旅游大多是到所在城市的周边进行短途旅游。从最近一次旅游的目的地看，在曾旅游的84名北京被访者中，到辽宁（大连等）旅游的占12%，到河北（北戴河、秦皇岛、石家庄等）旅游的占27%，到天津的占10%，到山西（五台山、大同、平遥等）的占7%，到山东（曲阜、济南、泰山等）的占8%；在曾旅游的81名上海被访者中，到江苏（苏州、无锡、南京、镇江等）旅游的占22%，到浙江（杭州、宁波、绍兴、千岛湖等）的占 47%，到江西和安徽（庐山、九华山、黄山）的占 9%；在曾旅游的 69 名广州被访者中，在广东省内旅游的占 49%，到广西（桂林、南宁）旅游的占 10%，到湖南的占 6%，到中国香港／中国澳门／中国台湾的占 4%。

3. 自驾车旅游增幅最快

目前，我国城市居民私家车拥有量越来越多，自驾车出游成为有车族首选的出游方式。此外，租车旅游成为自驾车出游的另外一种方式，以北京为例，有驾照无车者超过 100 万人，全市有 80 多家汽车租赁公司，租赁车辆有 3 万多辆，双休日出租情况很好，每逢旅游黄金周更是火爆空前。随着私家车的迅速增加和自助旅游的蓬勃发展，自驾车出游已成为黄金周旅游的一道亮丽风景线。

自驾车旅游多为亲朋好友结伴同行的休闲型家庭旅游，目的地主要是居住城市周边的景区（点）。但也有一些“酷车一族”偏爱长途越野或是驾车探险旅游，汽车俱乐部是他们交流聚会的好去处。

4. 背包族日益受到关注

青年是自助旅游尤其是长途旅行的中坚分子，读万卷书，行万里路以及培养自立精神、了解不同文化、丰富人生体验是他们在旅行中追求的目标。由于他们经常背着大包徒步旅行，因此在国外被称为 backpacker（背包客或背包族）或 trekker（缓慢艰辛的旅行者）、hiker（远足者）；而且他们通常比较节省，有时也被称为 budget traveler（预算节约型旅游者），也正是这个特点使他们一直没有受到国内旅游业的重视。随着背包族队伍的壮大，人们开始更多地关注这一群体。学生族自然是它的主力军。还有一个细分市场——年轻的上班族也开始形成规模，他们多为收入颇丰的白领，经济负担小，消费潜力很大，他们很愿意选择背包旅行这种更自然更环保的方式去亲近自然。

三、自助旅游在中国发展的障碍与困难

近几年来，随着旅游信息、交通住宿设施等的发展，自助旅游者的出行条件大为改善，但依然面临诸多障碍，亟待加以改进完善。

（一）基础设施和接待设施仍然是有碍自助旅游发展的瓶颈

交通运力不足一直是旅游业发展与旅游者出行的制约因素，对自助旅游者来说，出行的难度自然就更大了，尤其困难的是在旅游目的地区域各景点之间缺乏便利的公共交通，这是与团队旅游相比最大的不便之处；旺季住宿设施紧张，而且很多自

助旅游者前往的目的地以及他们选择的住宿设施都缺乏预订网络，很难提前预订房间，有时一些旅游者甚至因此取消了行程。

（二）缺乏实用的自助旅游信息

人们现在查询旅游信息的渠道增多了，如旅游报刊、自助游丛书，电视中的旅游栏目甚至专门的旅游频道，而发展最快的当属网络了：各大门户网站都设有旅游版，旅游网站已逾300家，自助旅游网开始增多，各大旅行社、饭店和一些著名的风景旅游点也纷纷“触网”，旅游信息较之以往也更加丰富。尽管如此，这些信息离自助旅游者的期望尚有差距，在提供的内容和服务方式等方面还有待深化和拓展。如目前网上旅游信息大多是景点的介绍、旅游线路和产品推广、票务预订以及一些自助游记，有关旅游目的地的信息不够全面甚至有时还不够准确，极易误导自助旅游者，而且缺乏综合的交通网络、路况和气象等信息，这些对自己设计新线路的自助旅游者来说非常重要。具有互动性的在线咨询也基本空白。又如一些网站虽开通了酒店预订、机票预订、旅游线路预订、网上拼团等多项服务，但必须“在线预订，离线确认，离线付款”，不便于自助旅游者通过网络预订使自助旅行更轻松便捷。

（三）针对自驾车旅游的配套设施严重不足

相应的配套设施建设远远滞后于自驾车旅游的发展，比如交通和路况信息的及时发布、明确的路标指示、加油站的合理布局与标志指示、汽车旅馆的建设、汽车维修以及紧急救援服务等方面，都有很多问题亟待解决，否则将限制自驾车旅游的发展。深入研究欧美等国在这方面的实践将给我们有益的启示。

此外，人们对自助旅游缺乏足够的认识和重视，政府和行业缺乏相应的激励政策，以及自助旅游者的安全和权益保障乏力，缺乏价格折扣，旅行中支付、取款、使用信用卡等金融服务不够方便等，这些障碍都将影响自助旅游的发展，有待进一步改进。

四、自助旅游在中国的发展趋势

今后，我国自助旅游的发展将呈现出以下三个趋势：

（一）自助旅游将得到更充分的发展

自助旅游的规模将有较大增长，成为主流的旅游方式，在旅游市场中所占比重增大；自助旅游的内容更为多彩，形式也更加多样，自助旅游者们开始谈论像网上结伴、互助旅游这样的新鲜话题并付诸行动；各类自助旅游俱乐部不断涌现，成为自助旅游者们的交流场所和精神家园。

（二）配套设施和中介服务将有极大发展

旅游网站在内容和构架上将有较大调整，旅游信息将更加方便实用，票务、酒店预订及其他旅游电子商务业务将取得突破性进展；出现新的合作方式和商业模式，如华夏旅游网和中国国旅旅行救援中心即将联合推出的“旅游意外与旅游救援保险”，只要注册成为华夏会员即可获得预置有保险金的会员卡，只要在使用前三天通知华夏旅游网，即可获得为期十天的境内游旅游意外与旅游救援保险，此类瞄准自助旅游商机的尝试还将不断涌现，并将对自助旅游的发展产生影响；汽车租赁业将有较大发展，租赁手续和租金押金的结算方面将有所突破，汽车紧急救援服务的发展将使自驾车旅游者免除后顾之忧、轻松上路。此外，由于我国地域广阔、地形差异极大、路况复杂，因此，自助旅游者在远离常住地租车旅游时，往往在租车的同时还配备当地司机，这也就是大家熟知的包车旅游。

（三）中国公民自助出境旅游将有快速增长

越来越多的中国人有了出国旅行的经验、掌握了外语工具、对自己更有信心，而且随团旅游的遗憾也让他们希望尝试自助的方式出国旅游，专门针对出境自助游的网站的出现也说明了人们这方面的需求增强了。另外，从亚洲其他国家的经验来看，举办奥运会、世界杯等这样的国际型重大赛事对主办国居民的出境旅游需求有极大的刺激作用。比如1988年的汉城奥运会对韩国人出境自助旅游来说确实是个里程碑式的事件，奥运会举办前后有大批韩国青年去往其他国家做背包旅游，也正是从那时起，韩国人自助出国旅游成为时尚；而北京2008年奥运会也极大地激发了中国人的民族自信，同时也更渴望走出去了解世界、向世界展示中国人的风采，因此今后的几年里将有更多年轻的中国人背起行囊游历世界。

总之，随着我国经济的发展，各项基础设施及旅游接待设施将更加完善，信息、金融、通信服务更加便利，旅游者出游将能真正实现“轻松自助”；同时，人们的生活水平也将不断提高，旅行经验越来越丰富，也将更加追求自主性、个性化，人们也将认识到这一市场的巨大潜力，因此自助旅游市场发展的空间一定更加广阔。

随着旅游活动的不断开展，旅游者已不满足于简单的观光，而是趋向具有个性化的旅游活动，探险旅游、体验旅游、康体旅游等旅游形式异军突起，旅游者的足迹在不久的将来会深入到洋底，或离开地球遨游太空。因此，对导游服务的要求也同样日趋多样化。面对这种变化，旅行社往往全权委托导游员处理旅游过程中旅游者的各种需求，这样对导游人员的要求也随之提高，程序而又呆板的服务让游客大为失望，个性化而又不失规范的服务大受游客欢迎。高水平的导游服务不仅是一种规范化的服务，还是一种个性化的服务。它要求导游人员必须根据旅游者的个性和不同的旅游需求提供针对性的服务，使不同的旅游者获得更大的心理满足。导游服务的个性化，一方面要求导游员能根据游客的差异、旅游产品的不同，因时、因地、因人而异地提供有针对性的服务；另一方面要求导游员通过不断地学习与实践，发挥自己的优势，形成富有个人风格的导游服务。

县域旅游发展态势与路径初探

“郡县治则天下安”，此语出自司马迁的《史记》。秦始以郡县治天下，以后历代皆承袭郡县制。县域作为我国经济社会中城乡结合最为紧密的基本单元，其发展状况直接关系到改革发展和稳定的大局。发展县域旅游，不仅是新时期县域经济发展的内在要求，也是县域经济结构优化的有效手段，更是县域社会和文化环境提升的重要动力，同时还是旅游大棋局的必走之棋。没有县域旅游经济的快速发展，我国旅游业的全面增长将缺乏后劲和持续性。无农不稳，无工不富，无商不兴，无旅不活，县域旅游发展意义重大，潜力巨大。

一、县域旅游的发展态势探析

1993 年国务院《关于积极发展国内旅游业的意见》发布，中国的县域旅游开始启动；2005 年国家旅游局提出“推出一批县域旅游经济的发展模式”，随后发布《创建旅游强县工作指导意见》，县域旅游进入超常规发展阶段；2007 年国家旅游局评选出全国首批旅游强县，进一步推动了县域旅游发展。经过 20 年的探索实践，不少县域在旅游发展模式上形成了一些新的特点和亮点，对于整个旅游业都有借鉴和指导意义，但也存在一些短板和失误，总体来说有喜有忧，有经验有教训。

（一）县域旅游的多样化发展态势

由于各县区所处地理位置、旅游资源、文化类别、发展程度、交通条件、发展路径等不尽相同，目前我国县域旅游呈现多样化特点。发展较好的区县各有各的计策，大都形成了自己的特色和模式。笔者在此套用“三十六计”，略作分析。

1. 调虎离山：依托大城市，发展农家乐

据统计，截至 2012 年年底全国主打休闲农业和乡村旅游的乡镇有 9 万多个，农家乐有 180 万家，就业人员 2 800 万人，占农村劳动力的 6.9%，接待游客 7.92 亿

人次，直接经济收入达 2 480 亿元。这些农家乐所在县域大都依托大城市发展，依靠市民消费取得收入，其特点是短线游、便捷游、反复游。例如，4 大直辖市附近的区县，由于有大量的市民周末出游，农家乐发展很快。个别有差异化旅游资源的县域成效更佳，2012 年洛阳市周边的栾川县、嵩县、新安县等旅游火爆，其原因有二：一是具备 5A 级景区或丰富的旅游资源；二是受惠于洛阳市，该市推出的市民旅游一卡通，提高了市民出游意愿。据统计，洛阳当年有 7 765 万人次出游，收入 402.7 亿元，人均收入 518 元。2012 年淳安县旅游人次 796 万，收入 70.2 亿元，人均消费 881.25 元，这与其距离杭州近、区域内具备千岛湖这样的优质景观资源有关。

不少地方政府大力扶持县域旅游。广州市推出《农家乐服务质量等级评定办法》，实施“一村一品”发展战略，促进了农民持续增收。成都市作为我国农家乐旅游的发起地之一，在经营和管理方面成绩突出，走出了一条“政府主导，集体运作，农户参与”的农家乐旅游发展之路，直接吸纳农村就业人员，带动了相关产业，形成了农家园林型、花果观赏型、避暑山庄型、花园客栈型、养殖科普型、农事体验型、川西民俗型等多种经营形态。成都郫县农户依靠种植花卉、盆景致富后，成功嫁接出农家旅游业，走出了一条“一、三产业有机结合，农民致富不离土”的新路。

2. 以逸待劳：搭经济快车，发展休闲游

苏州市县域经济发展很快，多年来一直占据着全国百强县的前 5 名。与经济发展同步，苏州实施县域经济与旅游联动战略，着力打造高品位村镇旅游，整合旅游资源，完善基础设施，注入文化内涵，提升旅游品质，打造品牌特色，创建良好的人居环境，推动了区域性旅游业和镇村经济的发展。目前，全国特色景观旅游名镇名村共计 216 个，江苏省有 20 个镇、村入选，数量位居全国第一，其中，苏州有 10 个，占全省的一半。苏州的昆山周庄镇、千灯镇、锦溪镇，吴江同里镇，常熟沙家浜镇，吴中区木渎镇、甪直镇、旺山村，常熟蒋巷村等一批古镇古村以亦古亦新的面貌呈现在世人面前。

苏州水乡古镇已成为人们心灵回归的故乡，多年热度不减。苏州作为著名的旅游城市，县域旅游与经济发展互为依托、协同发展，成为经济和旅游产业链的重要组成部分。

3. 远交近攻：夹缝中求生存，发展中途游

每年夏季是山东旅游高峰，全国各地的游客先到济南、泰山、曲阜游览，然后奔赴青岛、日照、烟台、威海等海滨城市。沂水县处于山东“一山一水一圣人”旅游线向半岛沿海旅游线过渡地段，其生态与溶洞旅游恰恰与济南的泉水资源、泰山的山岳资源、曲阜的人文资源、青岛的海滨资源形成差异化。沂水正确把握旅游的消费趋向和发展规律，选准市场切入点，根据自身的资源条件，创新策划出旅游新型产品，组合成形象鲜明的沂水地质奇观生态游旅游目的地景区，创建了以地质奇观游为主体，以自然生态环境下的地域文化红色旅游、回归自然生态休闲度假游为两翼的三大不同特色的产品集群体系，并梯次开发、分期逐步投放市场。该县旅游靠中途截留客人，做得风生水起。中途游虽然停留时间短，但给沂蒙山腹地增加了人气和财气，一个人口 110 万的县，年接待游客 280 万人次，旅游总收入 20 多亿元，占 GDP 1/8 强，全县每 3 个城镇就业人口中，就有 1 人从事旅游业，有效地带动了当地经济发展。

该县实施“政府主导，科学规划，市场运作，集群发展”的旅游发展战略，把旅游业作为促进县域经济发展的主导产业培育，在规划建设上避免雷同和重复，形成了区域内景区产品的差异与互补，走出了一条“区域整合，优势互补，共塑品牌”的集群式发展之路。

4. 顺手牵羊：依托大景观，发展旅游综合体

长白山是著名旅游风景区，但长白山管委会仅有少量的接待设施，距长白山约 50 多公里的抚松县，发挥地利优势，建立了长白山国家度假区，有酒店、会所、温泉、高尔夫球场、滑雪场、购物小镇、剧院、住宅等，形成了很大的休闲消费中心，实现了观光到休闲的转变。2012 年抚松接待游客 85 万人次，收入 8.65 亿元，人均 1 017 元，高于全国 831 元的水平，这和大量高端游客的到来有很大关系。抚松由此成了长白山大景观的接待度假中心，并带动了相关产业发展。

地处成都市东南郊的锦江区红砂村，依托成都引进花卉龙头企业，不仅仅单纯地种花、卖花，而是培育了以观光、赏花为主题，在花卉的科研、生产、包装、旅游等方面进行全方位深度开发的复合型观光休闲农业产业，形成大的旅游经济综合体。传统意义上的农民转变为现代农业的产业工人，原先破旧的农居变成富有浓郁川西坝子民居特色的“花乡民居”，创出了旅游经济综合体发展模式。

5. 偷梁换柱：全域化旅游，发展集群式产业

河南的贫困县嵩县，借助“5A”景区的概念，移花接木，在全国率先提出“县域景区”的新理念，以旅游融合一产、提升二产、带动三产，农业围绕旅游调整结构开发乡村游，工业围绕旅游开发黄金工业游，林业围绕旅游改善生态，城市建设围绕旅游完善设施，交通围绕旅游上档次，教育围绕旅游开展培训，把整个嵩县打造成一个大的开放的“5A”景区。2012 年“十一”长假期间共接待游客 38 万人次，同比增长 105.46%，实现综合效益 1.52 亿元。“5A 嵩县”体现了理念创新品质，实现了内涵式提升和由点到面的拓展，炒热了市场，赢得了名气，带动了人气，聚敛了财气。

全域化是 2012 年新提出的旅游概念，就是把整个县域作为旅游目的地来建设。

国家旅游局有关领导评价："'5A'嵩县理念是对区域发展的一种深入思考，其具体内容表述清晰，值得肯定。其借助'5A'标准和载体，确立了新的历史时期和发展阶段的新发展战略和布局，毫无疑问是科学发展观的结合点、落脚点，发展方式给老百姓换了一个活法。"与嵩县模式类似的县域还有河南栾川县、江西婺源县、重庆武隆县等。其特点是资源禀赋较高、景点集中、区位独特。

6. 树上开花：特色化旅游，推动文化旅游一体化

定陶县是鲁西经济相对落后的区域，境内没有名山大川，缺乏自然旅游资源，但古文化资源丰富，积淀深厚，景观多样，特色鲜明。为此，该县抓龙头资源，拓文化内涵，以儒商文化、曹文化、汉文化为主体，确立仿山、中华儒商文化园、汉文化、玫瑰镇四个主题文化项目板块，打造儒商朝圣旅游、民俗宗教旅游、汉文化专项旅游三大品牌，树立"先秦天下之中，中华儒商之源"的区域形象，建成了"中国商业文化之都、现代实业家摇篮、四省边界宗教中心"，开拓相应的客源市场，并以城市及相关地带为地标形象区，打造鲜明的区域形象，带动了特色旅游。

国内县域旅游发展模式和特点众多，不可能一一类举。以上几个县区树立了旅游兴县的总体概念和总体战略，形成了非常独特的发展模式。随着旅游的纵深开展，这些地方的产品系列也在逐步完善和深化，并在特定区域、特定时期内，对全国县域旅游的发展起到了很好的导向作用。这几个县的旅游发展模式有一个共同点，就是一开始从观光起步，逐步向精深方面提升，向休闲度假转型，走出了一条可持续发展的路子。

（二）县域旅游发展中的问题

县域旅游发展势头正劲，带来百花齐放、欣欣向荣的气象，但打开窗户，新鲜的空气会进来，苍蝇也会随之进来，一些不可避免的问题由此出现，形成了发展中的误区。

1. 市场总体规模偏小，人均消费低

根据对全国39个发展情况比较好的县的统计，2012年累计旅游收入为2 778.44亿元，纵向比较有很大的增长，有的县同比增长甚至高达30%。但横向比较发现市场规模很小，如同期日本冲绳县的旅游收入是240亿元人民币，接近我们4个县的收入总和；湖北省的旅游收入是2 850亿元，超过39个县的收入总和。从人均消费看，2012年全国旅游总收入为2.57万亿元，国内游29.6亿人次，入境1.33亿人次，两项相加30.93亿人次，人均消费831元，39个县有29个县低于全国平均水平。

2. 旅游规划过于随意，行政代替市场

《旅游法》明确规定，县级以上地方政府应当将旅游业发展纳入国民经济和社会发展规划，组织编制旅游发展规划，县级以上地方政府可以编制重点旅游资源开发利用的专项规划。毋庸置疑，各县区普遍重视旅游，但是，当前的县域发展规划基本上是秉承长官意志，没有规划或乱规划，甚至出现“一个和尚一个磬，一个官儿一个令”的非正常局面，规划多变极不利于县域旅游发展。旅游经济是绿色产业，但要搞好、搞活，最终要靠市场，而不是县长，政府的职责是努力打造一个良好的市场发展环境。

3. 碎片化招商，重复建设

许多地方在旅游建设中出现盲目开发、一哄而上的局面，导致资源严重破坏，虽然短期内为地方财政带来一些收益，但从长远看，区域旅游形象遭到严重破坏。一是沿袭碎片化招商引资的概念，形成小商乱局。年年有小的投资商进来，年年都见到成效，但就是起色不大，这是自乱阵脚，自毁格局。二是近距离、低水平的重复建设时有发生，形成“半拉子”工程，成为一个绕不开的定律。由于很多地方自然环境差不多，地理条件差不多，历史人文环境、生活民俗也都差不多，因而形成旅游品牌的负面效应，致使原本很好的旅游产业变成一块难舍又难留的“鸡肋”。

4. 盲目求大，高成本、低收益

有些县域领导的思维依然停留在以GDP论英雄的时代，招商要大的项目，动则亿元以上，而不问是否符合当地实际，是否有投资回报。河北丰宁满族自治县的燕山大峡谷项目囊括了道路交通、通信电力、狩猎滑雪、温泉休闲、汤河漂流等若干个子项目，开发定位为“中国极限运动基地”、“国际会议中心”、自然风光观光和休闲景区、满族民俗村四大功能。项目投资达到4亿多元，但建成后客流量和销售收入均低于期望水平，投资方未能获得预期收益，休闲度假地产、养老地产、投资地产也未能如期开发。其失败原因：一是周边环境条件不成熟，交通基础设施较差；二是没有把握好旅游资源开发和产业链的联动关系；三是建设成本过大，产品不符合企业盈利需求；四是开发分期不当，投资难以形成良性循环。

5. 景区同质化严重，大都趋于休闲旅游

受传统发展模式的制约，有些县域对项目把握欠缺规划控制，一是单纯就资源说景区，有什么资源，圈起来就建景区，跟着就收门票，形成单一景区、单一主题、单一模式；二是同一区域的县区旅游资源基本类同，且大都是休闲类项目，在某种程度上相互制约。休闲旅游是县域旅游的一个定位，但不是唯一选择。在一个县域不可能花太多的钱去搞大型的休闲设施，而且休闲旅游项目大同小异，很难出彩。

6. 产品结构单一，未形成龙头品牌

景区景点规模较小，配套设施不完善，布局分散，可进入性、可逗留性较差。一是旅游项目设计和开发深度不够，产品单一；二是品牌打造特色不突出，未形成在全国叫得响的龙头产品。由此导致对游客的吸引力和市场竞争力不强，游客在文化娱乐和购物方面的消费很少。这已成为制约旅游业发展的主要瓶颈。

7. 产业链短，基础设施不尽完善

在旅游发展环境建设上缺乏联动性和持久性，不能配套发展。一是单一观光旅游的模式对整个县域经济的拉动不足，旺丁不旺财；二是通往一些乡村旅游目的地的道路较差，景区之间缺乏专门旅游线路和旅游大巴车；三是饮食安全和公共卫生不同程度地存在问题；四是缺乏能够为散客提供医疗保健、旅游指南等综合服务的游客服务中心。这些问题严重影响旅游接待的质量和消费者的满意度，限制了游客的逗留时间和消费。

8. 管理不规范，旅游人才出现短缺

我国旅游业真正发展只有二十几年的时间，并且主要集中于大中型旅游城市，而县域旅游发展策略的提出只是近十几年的事。近几年，多数有旅游资源的县区成立了旅游管理机构，或合署办公，或单一办公；或事业单位，或行政单位；或成立旅游管理委员会，或成立综合管理机构，看似管理主体明确了，管理力度加强了，实则管理不规范，有名无实。县域旅游出现人才荒：一是旅游经营管理人才、市场营销人才和旅游规划人才奇缺；二是从事旅游接待与服务的一线人员的职业化能力、客户服务能力普遍较低。这样的管理模式和人力资源配置导致县域旅游产业的低水平徘徊。

9. 营销套路陈旧，市场开拓不力

整体看，围绕旅游的对外宣传和营销力度太小，方法手段不够丰富，并且难以完全覆盖各种游客群体，远远不能达到旅游业跨越式发展的要求。一是营销意识差；二是创新意识不足；三是主题形象多变；四是旅游口号和主题太过随意，经常变化，使得旅游者找不到感觉，县域旅游形象不能得到有效传播。

二、县域旅游的发展路径探索

要探索县域旅游发展路径，必须了解我国经济社会发展背景，厘清县域旅游发展的起源、定位和方向，然后才能确定县域旅游的主题、市场定位、资源开发与整合渠道以及发展模式。有些地方可能是旅游兴县，通过旅游推动整个县域经济发展；

有些地方可能是旅游活县，通过旅游激发一种活力，带动相关产业，进而推动社会进步。

（一）县域旅游发展起源

中国旅游业走过了一条曲折发展的道路，围绕名山大川、文物古迹，特别是以世界遗产为代表的观光型旅游产品开发已臻成熟。随着人们收入和生活水平的不断提高，休闲度假时代已经到来，从国家政策导向看，开始将发展目光投向自然生态环境优美、具有极大开发潜力的广大农村地区，发展生态旅游已然成为中国旅游业发展的战略方向；从旅游发展阶段看，旅游业转型升级方兴未艾，旅游消费结构正由以观光旅游为主向观光、休闲、度假、健身旅游并重转型，新兴业态不断涌现，发展空间大大拓展。

现代旅游蕴藏着跨越发展的历史机遇。现代旅游就是按照后工业化的视角，挖掘前工业化的资源，形成超工业化的产品。所谓前工业化资源就是农业文明的标志物和文化，县域最大的优势是具有大量的前工业化资源，尤其是工业化发展相对落后的地区。现在沿海经济发达地区基本上已经进入工业化后期，一些大城市、特大城市已经进入了后工业化发展时期。20 世纪 80 年代，我国曾有过是否所有县域都适宜发展旅游的争论，现在似乎已不存在这一问题，因为社会经济发展了，世易时移，人们需求也变化了。正是基于社会发展的要求和县域前工业化资源的利用，县域旅游才有了市场存在，才得以借机发展起来。为鼓励乡村旅游，国家陆续出台了一系列鼓励和扶持政策，从而为县域旅游注入了活力和动力。

（二）县域旅游发展路径

1. 产品转化之路。由观光型产品到休闲生态型产品只是第一步，县域旅游最终要转化为复合型旅游

（1）休闲是县域旅游的基本特征

从资源上分析，县域旅游除少数观光产品外，大都具有休闲特点。资源集中型县区重点发展观光产品，比如九寨沟观光旅游；城市依托型县区主要开发休闲产品，资源多少并不重要，目的就是满足城市人日常生活的高层次需求；文化主题型县区关键是发展深度体验型的产品，山东定陶就是如此；乡村推动型县区主要是发展生活型产品，婺源没有特别突出的山水景观，但是徽州文化培育了非常从容的乡村生活气息。

（2）特色观光和特色休闲臻于成熟

休闲生态旅游不但是世界旅游发展趋势，更是我国旅游业发展方向。首先，生态游是一种品位高、要求高、成本高的旅游模式。就旅游产业发展态势而言，旅游正由观光型向休闲型加速转变，而县域所具备的旅游资源有别于城市，更适合为休闲游提供独特的旅游产品。其次，休闲生态旅游的社会意义大于经济意义。休闲生态旅游倡导的是一种生态文明，有别于其他旅游形式，是通过旅游者对自然生态的体验，感受人与自然的和谐，因此不能仅仅将发展休闲生态旅游的目标放在获得经济利益上。成功的县域旅游模式，如婺源之路、栾川模式、岚皋特色、泰宁路径大都是休闲生态旅游，但这些地方随着旅游的纵深化发展，产品系列在逐步完善和深化，在完成从观光向休闲度假转型后，又形成了特色观光和特色休闲。现在的婺源、泰宁、栾川、岚皋旅游共有特点是生态，但又各有特点，婺源有徽州文化，泰宁有丹霞地貌，栾川有溶洞奇观，岚皋有原始生态。几个县在特定区域、特定时期内对全国县域旅游的发展起到了很大的引领作用，形成了旅游兴县、旅游活县、旅游富县的发展模式。

（3）复合型旅游最适应城市需求

事实上，任何一种资源都要从多个方面来认识，比如山有自然、历史、文化、生态、物产、军事、宗教等多个主题，水亦如此，正所谓“仁者见仁，智者见智”。这种复合型的认识可以引发创意，形成观光、人文、休闲、度假、娱乐、运动、体验等综合性利用的概念和空间，最终培育一种复合的生活型的产品。从观光旅游发展到休闲度假，再到复合型旅游，不是一个非此即彼的关系，是通过观光旅游、休闲旅游、特种旅游、商务旅游四大类产品的转化，打造以某种主题为中心的产品，最终形成复合型发展的格局。如果这种复合型发展的格局臻于成熟，就意味着赚钱的机会越来越多。总体来说，县域旅游强调的是民俗、山水、田园、文化和生活，注重的是原生态、大自然、活文化和真生活，只有构造这样的吸引力，才能适应城市的需求。

2. 资源整合之路。由资源整合向集群发展转变，通过延伸产业链，使旅游开发效益最大化，实现旅游业可持续发展

（1）资源整合战略

旅游业与各类经济要素的结合是极为紧密的，因此要转变旅游观念，树立开放发展观。一方面要研究目标市场和竞争对手，弄清相邻区域的资源禀赋比较优势；另一方面要研究当地县域特色旅游资源的内在潜力，以及旅游六要素食、宿、行、游、购、娱的整体配套供给能力，确定旅游产品、产业发展、目标市场、品牌形象的定位。在此基础上，提出当地区域旅游产业发展的对策、思路和模式，搞好区域资源整合和合作。

（2）集群发展战略

以政府为主导，以企业为主体，以景区为核心，以品牌景点为龙头，实施产业化、集群化、联盟化发展策略，构建特色旅游产品群，提高县域旅游产品的市场竞争力。要根据市场的需求，对当地旅游经济发展潜力及相关的金融、保险、交通、通信等行业进行整体性评估，把潜在的、分散的、孤立的资源优势、交通优势和区位优势等单项优势，整合为旅游产业发展优势，使县域政府、居民、游客和企业在管理、参与和经营旅游活动中获得产业地位，并与目标利益有机统一，进而营造县域旅游经济优势，实现县域旅游可持续发展。

3. 格局转变之路。从“小旅游”逐步向“大旅游”转变，最终形成全县域大旅游格局。这是县域旅游的一个根本性转向

（1）整个县域是一个旅游目的地

县域旅游的核心是要从旅游产业转向旅游目的地，也就是说，要把整个县域当作一个综合性的旅游目的地，而不只是开发几个景区，建设几个宾馆。这样的大规划对应的必然是大的旅游发展和大的旅游管理格局。由此看来，旅游产业规划只能是旅游部门的事，而旅游目的地规划却是政府的事，政府各个部门都有自己的责任。

（2）政府主导和市场主导并行

现在来看，旅游六要素行、游、住、食、购、娱，只是一个“中旅游”的概念，所谓“大旅游”核心要素有二：一是旅游吸引物；二是旅游目的地。所有的资源只要能产生吸引力，就是旅游吸引物，一个县域应该建设成综合的旅游目的地，而不只是一个景区，欠发达地区的县域旅游尤其如此。就目前而言，欠发达县域多数靠特色资源、特种旅游产品来发展，沿袭的是一个特色化发展模式，因此要强调产业型，但发展到一定程度，就转化为社会型，这意味着县域旅游就是一个主体型产业。

4. 科学开发之路。发展县域旅游要政府搭台、市场运作、社会参与，并由资源主导转变为市场主导和政府主导相结合

（1）政府主导与协作发展相结合

在坚持平等互利、和谐协调的原则基础上，建立政府、行业和企业三个层面的合作机制，激发政府能力、社会动力和市场活力，注重旅游市场元素的培育和壮大，形成多元化的旅游投资机制和经营模式，实现旅游资源与投资机制的最优结合。同时，实施极品带动和错位发展战略，整合区域旅游资源，充分利用区域旅游集群外溢效应，发挥政府主导与协调作用，促进县域旅游在区域旅游中协作发展，最终形成区域旅游形象，打造特色旅游品牌。

（2）宏观指导与科学规划相结合

美、英、法、西班牙等旅游发达国家都非常重视政府对旅游的宏观指导作用，严格整体规划，注重可持续发展。我国的县域旅游必须树立科学的发展观，用可持续发展理念和国际先进经验来指导区域旅游发展，设计区域旅游产业定位和整体发展思路，对旅游项目的投资方向和方式、产品开发、建设布局等进行高起点、高标准、高层次的规划，加强对各重点景区、饭店的规划管理，科学安排景点、线路，注重参与性，挖掘乡村旅游产品的生态和文化内涵，改变重设施建设轻环境营造的现象，进行产品的深层次开发，努力使农耕文化与现代文化和谐相融。

（3）差异开发与有效利用相结合

在资源开发方面坚持以下原则：一是少开发，多利用。现在很多地方过于强调开发，搞不好就变成破坏性的建设，或者建设性的破坏。所以要强化利用，这一利用是对现有资源的深度挖掘和全面整合。二是强化软开发，适度硬开发。投资项目不是越大越好，有时投资太大，适得其反。三是强调差异化的开发，就是注重“无中生有，有中生好，好中生优，优中生特”，达到差异化开发、特色化发展的目标。

（4）层次递进与开发有序相结合

项目建设必须坚持“市场分层，产品分级，服务分档，开发分时”的原则。一是市场分层。针对差异化的市场，项目建设必须从市场分层开始。二是产品分级。产品需要分级，不能把每一个项目都定位为国家级项目，甚至世界性项目，有的项目可能就是周边性的，对应的就是周边市场。三是服务分档。农家乐很好，但是现在有一部分客人的需求已经提升了，所以有些地方的农家乐就需要随之提升，可建设一批乡村酒店，来对应中高端的市场。四是开发分时。要按照市场需求研究项目的开发方案，有的项目开发早了就会失败，有的项目开发晚了就会错过市场时机，就像在高速路上超车，超早了会开得更快，超晚了不但会延缓前进速度，还会出危险，所以不能集中开发，而必须待机而变。开发分时是项目成败的一个关键因素。

（5）资源保护与持续发展相结合

美国发展区域生态旅游十分重视开发与管理、经营与教育、赢利与保护的关系，不仅为当地的旅游产业带来丰厚的收益，还使当地的旅游资源得到有效的保护，从而进入一种资源保护与持续发展的良性循环状态。正是基于这种先进的旅游发展理念，美国的区域生态旅游业得以健康发展。

（6）内部管理与外部营销相结合

以政府为主，强化管理与营销：一是引进、培养旅游开发和经营管理人员，提高旅游从业人员素质；二是开展各种形式的生态环境教育和文化传统教育，提高旅游开发者、经营管理者及当地居民的环保意识和文化自豪感，以更好地实现旅游生态、社会文化的可持续发展；三是追求差异性和独特性，深度挖掘旅游资源内涵，塑造特色产品品牌效应，树立市场主题形象，做好营销宣传和市场推广工作，增强市场的感召力、号召力和影响力。

5. 区域合作之路。县区旅游区域合作是未来县域旅游发展的必然趋势，应采取旅游产业群互补发展模式、集群化营销，实现“资源共存，客源共有，市场共建，形象共塑，效益共享，风景共靓”

（1）加强县域与中心城市的联系

确定旅游产业相关领域的支持目标，包括基础设施、产品开发、社会文化思考、旅游区规划、人力资源开发等，特别是加强中心城市和临近区域目标市场的营销，为县域资源、产品、形象、品牌和市场链形发展提供保障。

（2）加强与周边县区的合作

研究临近各县域旅游产业和旅游特色资源的比较优势，将比较优势转化为旅游产业的整体竞争力，在大的旅游产业格局中形成旅游业的整体协调发展。坚决避免一哄而起、恶性竞争和资源浪费。在临近县域合作方面，不乏成功先例。浙江绍兴新昌县和台州市的天台、仙居、临海四县市，共同推出一条旅游线路——“新天仙配”，线路所属四地旅游资源丰富，互补性强，地缘相邻，交通便利，合作非常成功。栾川模式堪称区域合作典范，《栾川宣言》中有这样一段话：“加强县际间旅游合作与交流。克服地区保护主义，加强区域联合，积极为无障碍旅游创造条件。本着实事求是、平等互利的原则，加强旅游项目投资、旅游管理、市场营销、旅游文化开发等方面的互惠合作。以历史文化为线索，以特色旅游产品为内容，以区域交通为纽带，积极开展县际间的旅游合作与交流，推出系列化、精品化、特色化的旅游产品与线路；创新开发多元化产品，构建主题突出、功能互补的县域旅游圈或县际旅游线；建立旅游信息交流机制，为政府、旅游企业和客源地提供安全、可靠、及时、准确的信息，实现信息资源共享；建立互为宣传的促销机制，相互设立广告宣传牌，开办宣传专栏，提高县域旅游的总体吸引力和竞争力。”这是对区域旅游合作的最佳阐释。

大美新疆　大有作为

——在新疆旅游专家咨询委员会成立仪式暨新疆旅游发展座谈会上的讲话

各位领导、各位同人：

大家好！

“人人都说新疆好，新疆是个好地方。”来到新疆，我非常高兴。说起新疆，我是既熟悉又生疏。说熟悉是因为我来过多次，对新疆地市县的规划也做了十几个；说生疏是因为来的次数越多越觉得对新疆知之甚少，认识浅薄，正所谓“学然后知不足”。因为新疆太博大精深了，太高深莫测了，我所了解的新疆只不过是冰山一角。

世界有大国，大国有大疆，新疆有大美。谈新疆旅游不能不用这个“大”字。我们知道，当今信息时代，微博和短信的影响力有时会超过传统媒体。比如时下流行的“我爸是李刚”、“奢侈名酒”，等等，通过现代传媒一夜广众通晓，沸沸扬扬。最近网上有个点击率很高的短信引起我的关注，其内容为“北京人看全国都是基层，上海人看全国都是乡下，东北人看全国都不会忽悠，新疆人看全国都是小地方”，跟以前流传过的“不到北京不知道官小，不到新疆不知道地大”有异曲同工之妙。新疆之大，无可争议。

之所以说这么多，是因为我们新疆之旅游主题定位为“大美”，和青海省出现雷同，但我认为“美”可共享，“大”可不必计较。新疆绝不可“放大抓小”，轻易地让他人取而代之。新疆旅游主题定位和广告宣传应做足“大美新疆”的文章。现就“大美新疆”，论资源，谈拙见。

一、“大”之析

虎行似病，鹰立如眠。李白有一句诗“大贤虎变愚不测，当年颇似寻常人”，大意是说任重道远者能屈伸变化，才华不逞。举上位者，一贯秉承“人无我有，人有我变”，正所谓变幻莫测，标新立异。5月8日、18日《中国旅游报》在10天之内，连续刊登了吐鲁番地委委员牛学兴的两篇文章，一为半版的《对吐鲁番旅游发展的思考》，另一为整版的《从资源高地到发展高地——吐鲁番旅游发展思考》，篇幅之大、时间之短、分量之重，在《中国旅游报》历史上是不多见的，当时我在想：新疆怎么了？吐鲁番怎么了？今天我明白了，新疆在做大文章、大格局、大旅游。

一曰大好河山。额尔齐斯河，中国唯一通向北冰洋的国际河流，一条最清凉的河流，一条能够孕育双胞胎的神水。此河流经可可托海，因此该景区喊响了“可可托海，欢乐开怀”。金山阿尔泰、神山昆仑、如云山、天山，无不如雷贯耳，令人神往。

二曰大有起色。吐鲁番火焰山，子时黑，丑时灰，寅时白，卯时粉，辰时粉红，巳时橘红，午时大红，未时紫红，申时蛋黄，酉时黄，戌时淡黄，亥时紫色，岂止是五光十色？简直是十二分的光彩！完全可以打造“登火焰山，览海底世界，观东方日出”的精品旅游产品。

三曰大开眼界。库斯塔格沙漠，沙不进，绿不退，世界上唯一跟城市零距离接触的沙漠。沙线最美，沙色最好，鬼斧神工，天下一绝。吐鲁番吐峪沟大马扎，堪称中国最保真、最古老和文物最多、最久远的天然档案馆和人体木乃伊科教馆。

四曰大喜过望。将神奇瑰丽的大漠、圣山、奇河、故城与两千年来的华夏文明和异域风情融合在一起，游客怎能不喜出望外、心驰神往、感慨万千？

二、“美”之谈

一曰美不胜收。游览天池、天山、喀纳斯、那拉提、可可托海、吐鲁番、生土故城、万年冰山，一周苦短，半月看不完。美不胜收，来年再游，后年又有新发现。

二曰成人之美。走近那拉提，不用做拉皮。那拉提减少皱纹，使人面色红润，乐享良宵美景。夜幕下的乌鲁木齐，灯火辉煌，人头攒动。天山大峡谷水碧山青，18湖波光粼粼，一湖一色，疑似天上人间。

三曰两全其美。延长旅游时间，留下游客钞票，景区挣钱，游客花钱，得失两不厌。大美新疆，两全其美。

三、“权”之变

子曰：“可与共学，未可与适道；可与适道，未可与立；可与立，未可与权。”可见权衡与变革是成功之王道。在旅游发展大项目支撑上，新疆应在“革新”上做文章。“疆”之大，不可能无疆，但“疆”之新，可绵绵无尽矣！游客出行追求新、奇、特。“新”是世界旅游主题公园之楷模——迪斯尼乐园之命脉，其“三三制”模式贯之始终，每年项目淘汰1/3，保留1/3，备选1/3，从而保证了常来常新，生命之树常青。我之拙见，新疆旅游可打造“一疆五xin”，即日新月异的新疆、隆鑫发达的鑫疆、欣欣向荣的欣疆、温馨如梦的馨疆、令人心驰神往的心疆。

一曰日新月异之新疆。实施“求新、求异”的差异化策略，打造特色化景区，推出最热的火焰山、最冷的可可托海、最长的坎儿井、最短的古国连线、最高的天山（天高）、最低的艾丁湖、最甜的哈密瓜、最苦的良药、最大的生土古城——高昌古城、最少的旅游消费，等等。天山天池、天山大峡谷，一日踏遍两“5A”；吐鲁番地区、乌鲁木齐县，中国西部旅游新高地；阿克苏多浪河，专家公认的“中国最美的水泊景观”。

二曰隆鑫发达之鑫疆。不怕起步晚，就怕起点低；不怕经济落后，就怕观念过时；不怕做不好，就怕想不到；不怕资源差，就怕规划差；不怕深山远，就怕没俊鸟。后来者居上，一鸣能惊人。创新带来品牌，品牌带来效益。新疆终将财富日隆，利国利民，兴旺发达。

三曰欣欣向荣之欣疆。“七五”伤痕已经抚平，民族团结其乐融融。“人心暖了、人气旺了、动力强了、信心足了，求发展、谋富裕、思稳定、盼和谐已经成为新疆的主旋律。”走出去，请进来，到处莺歌燕舞，一派欣欣向荣。

四曰温馨如梦之馨疆。走进梦幻新疆，感受西域风情。高昌成就玄奘西游之伟业，龟兹练就高僧舌战群僧之美名，交河滋润丝路生命，高昌繁荣丝路驿站。

五曰令人心驰神往之心疆。申报世界文化遗产，创建国家5A景区，打造中国旅游新高地和西部旅游目的地。通过大力营销宣传，引领千军万马奔新疆［今年（2012年）5月15日河南与哈密签约50万游客游新疆，6月15日首趟专列700人顺利成行，以后每月2～3列，天天有专厢］。

四、“疆”之安

国家、自治区旅游政策频出，方略已定，多策并举。其一，国家旅游局斥资一亿元支持新疆旅游发展（“十二五”期间每年2 000万元），对发团大设重奖，形成全国旅行社争先恐后发团新疆的有利局面。其二，张春贤书记说：“重新思考，重新认识，重新定位，重新谋划”，再绘“十二五”新蓝图，将旅游业建设成为“调结构，促就业，惠民生”的支柱产业。新疆旅游迎来重大利好。旅游兴疆，边疆可安矣!

一曰多维度定位。世界维度：亚洲大陆地理中心。中国维度：对外旅游大客厅，对内休闲度假幸福家园。西部维度：西部旅游集散地。新疆维度：居民生活质量提高地。

二曰全方位宣传。江山如画美，不独自家醉。饮马长江邀友来，不醉不思归。可以策划有奖征文、大赛等主题活动，让全国人民说新疆、讲新疆、认识新疆、走进新疆，让新疆进军世界旅游市场。

三曰新版《西游记》。出台特色旅游项目：一是大疆无限任驰骋。新疆驾照，中国第一驾照，免费代培，一周拿照。二是入户新疆，财丁兴旺。三是中国的九宝山——永恒的天堂，让两个世界都快乐的地方。

大美新疆，人杰地灵。今天，高朋满座，群英荟萃，有如约而来的中国旅游理论泰斗魏小安先生，以及诸位中国旅游规划顶级专家教授，出谋划策，共商新疆旅游发展大计。我坚信，有新疆自治区党委和新疆自治区政府的英明决策，有新疆旅游局开拓进取、乘势而上、真抓实干的精神，新疆旅游一定会成为世界旅游的新亮点、中国旅游的新高地、西部旅游的集散地、新疆人民的幸福之源。作为受聘专家我将尽心尽力，献计献策，不辱使命，为新疆的旅游腾飞作出应有贡献。

谢谢大家!

管理篇

旅◦游◦管◦理◦观

- 旅游管理的实质是吸引人、留住客、掏出钱。效益是旅游发展的硬道理。
- 旅游以求才、求知、求变，达到求财、求效、求名。
- 有质量就有品牌，有品牌就有市场，有市场就有效益，有效益就有发展。
- 当现实社会的一切被娱乐化后，旅游产品也不例外。

旅◦游◦管◦理◦观

旅游业和服务业的六不同

服务业可面向小众，旅游业须面向大众；
服务业可简单模仿，旅游业须艰难创新；
服务业可一花独放，旅游业须满园春色；
服务业可小打小闹，旅游业须大刀阔斧；
服务业可有体无魂，旅游业须六神有主；
服务业可有品没牌，旅游业须精品名牌。

旅◦游◦管◦理◦观

旅游之精气神

四精：敛精、凝精、固精、壮精。

五气：瑞气、古气、仙气、文气、秀气。

六神：神秘、神奇、神圣、神韵、神采、神往。

释义：

“精”指文化底蕴。敛精就是挖掘文化内涵，凝精就是提炼文化主题，固精就是打造文化特色，壮精就是弘扬文化精神。

“气”指文化特质。瑞气就是祥气、紫气、福气，帝王之气、庙堂之气；古气就是古代遗存、遗址、遗迹；仙气就是佛道等各宗派神话异闻、逸闻、传说；文气就是古今中外名人逸事、逸闻、传奇；秀气就是自然景象、异象、幻象。

“神”指文化印象。文化是旅游的灵魂，旅游借文化以传世、传神。必须有神秘感，堪称神奇、神圣，传递神韵、神采，令人神往。

旅◦游◦管◦理◦观

旅游项目管理五条金律

一个金牌，两个抓手，三个一流，四个满意，五个中心。

释义：

①一个金牌：打造成城市（区域）名片、对外窗口、生态典范、文化精品和特色商品，成为旅游、地产、文化、生态和商业相结合的典范。

②两个抓手：一手抓营销，一手抓招商。

③三个一流：一流规划、一流推广、一流品牌。

④四个满意：政府满意、投资者满意、经营者满意、消费者满意。

⑤五个中心：创建中国乃至亚洲休闲旅游地标，成为观光时尚中心、消费中心、休闲中心、商务中心和娱乐中心。

旅游管理六大误区

随着旅游业的快速发展，受管理者旅游观念、管理水平以及市场环境等因素的影响，旅游管理工作中的一些弊端逐渐暴露出来，尤其是在对旅游资源、旅游规划、旅游投资、旅游品牌、旅游收入和旅游营销的认识上存在着误区。这些问题不解决，势必影响旅游管理水平的提高，制约旅游业的可持续发展。

一、资源误区

对旅游资源认识的不足大体有三个方面。

（一）从无知到无为

旅游资源具有广延性、交叉性、重叠性和依托性。它所包括的人文资源、自然资源和社会资源涵盖方方面面，涉及各行各业。当然，适合开发的旅游资源，需要一定的品位、代表性和相应的条件。今天暂无条件开发的，并不意味着可以无所顾忌地用作他途，否则一旦具备了开发条件就悔之晚矣。时下很多民族地区被归为“消灭”之列的茅草房、黄板房、石板房、杈杈房，本身就蕴含了数千年的民族建筑艺术和特色民俗文化，如果仅仅将其看作是“贫困”的表现形式，而无视它在文化、旅游、民俗、民族建筑等方面的价值，进而有组织地对其进行改造，或听任其模仿城镇化建设，也就等于是对旅游资源的集中性毁灭。这类现象之所以发生在高喊培育旅游支柱产业的民族地区，是因为这些地区对旅游资源缺乏一个全面的认识，仅仅认为好山好水、历史古迹才是旅游资源。这是一种因无知而导致的无所作为，甚至是胡作非为。

长期生活在其中甚至祖祖辈辈都居住于此的人，对周边的景观、风光、环境早就习以为常，正所谓熟视无睹，见惯不惊。甚至有些景观、风光、环境已经被外人广泛推崇并慕名而来时，很多当地人还表现出一种不以为然、莫名其妙的神情。通常所说的“没啥好看的，没啥好玩的，没啥好做的”就是对这种心态生动简明的概括。由于对旅游资源价值判断不准，甚至贬低、忽视旅游资源价值，从而在根本上否定了旅游开发的重要性、必要性和可能性，这种认识早期在普通居民和基层干部中比较常见，现在在深层观念中仍然存在，尽管在表面上已不多见。

（二）把景观当景区

我们的开发者往往从自己的角度出发思考问题，认为自己和身边人都欣赏的东西，大众也一定会欣赏。所以把开发景区等同于造亭台楼阁、植树种花，建设自认为是景观的景观。基于这种认识，开发者往往不重视项目定位和产品卖点，不注重在全国范围内进行横向比较，往往把在全国各地考察看到的东西都搬到项目上，项目最后变成一个似是而非、似曾相识的东西，毫无卖点可言，毫无看点可言。最后，项目在消耗了大量的投资后，在市场上销声匿迹，而本地仅仅多了一个可以散步和练太极拳的场所。

景观是指土地及土地上的空间和物体所构成的综合体，是人的视觉产物，亭台楼阁、水榭长廊、花草树木都叫景观。景观体现为园林化，只能满足视觉功能，给当地百姓提供免费观赏的场地，而不能吸引外来游客产生消费。景区则是概念化和市场化的景观、人文、活动的综合体，满足的是游客吃住行游购娱的多元功能，它必须迎合市场需求，产生旅游消费。这还只是普通景区的定义，一个高品质景区必须具备“三个一”,即唯一、第一和专一。因此,搞旅游开发绝对不只是单纯地造景观，必须在服从景区定位和核心卖点的前提下寓情于景，否则生态植被就是无本之木，小桥流水就是无源之水。旅游就是消费差异性和新奇性，只有建立在差异性和新奇性上的景观才有生命力。我们知道，每个房地产项目都会有景观配套，并且有的造价也很高，景观也很优美，同样有亭台楼阁、小桥流水，但那仅仅是景观，不会成为景区，游客会愿意花钱去参观楼盘吗?

（三）把特点当卖点

有一句话叫“民族的就是世界的”，误导了很多人。世界是丰富多彩、千差万别的，所以特点并不稀罕，世界上有多少个人就会有多少种长相和性格，有多少个地区就会有多少种地域和风俗。哪个城市的历史文化跟别人一样？都不一样，都有差异。如果我们真的认为民族的就是世界的，仅限于本地特色来打造我们的旅游品牌，那就大错特错了，而这恰恰是我们的政府官员发展旅游最容易犯的错误。

举一个简单的例子，市场上有很多种矿泉水，每种水的矿物质含量都不相同，如果我们简单地宣传这是“含钠水”、那是“含钾水”……这能卖得出去吗？肯定卖不动！为什么？因为没有明确地给消费者提供利益和好处。同理，你的城市有北宋古城，我的城市有明代城墙，他的城市有唐代古寺；你的地区有羌族文化，我的地区有藏族民风，他的地区有壮族铜鼓……这是各个地方的特点，但是请问，这些东西跟游客有什么关系呢？他们不是考古学家，他们不是人文学者，凭什么让人家一定要来你这儿？中国的古城、古镇谁没见过？中国的民族风情哪里没有？如果你不研究市场营销，你就搞不懂这个问题。归根结底，发展地方特色文化，还是一个老套的经济文化命题，只有既挖掘本地特色，又充分研究游客，适应市场，按需打造，把特点变成卖点，才能成为市场经济的命题。

不管是旅游景区还是商业产品，必须满足“三个点”的条件：即特点、卖点和买点。所谓特点，指产品要有不同于同类产品的功能；所谓卖点，指产品要有独特的功能利益，能满足人的需求，人们愿意购买；所谓买点，指这个产品的卖点要有消费者愿意花商家预期的钱来购买。20 世纪 80 年代，有一家电视机厂生产出了一个新产品——防摔电视机。这个产品质量不可谓不优，特点不可谓不突出，但是市场波及面很小，销售十分困难。为什么会出现这种局面呢？因为消费者关注的是电视图像质量，而不会特别在意是否禁摔。所以这个新产品只有特点，而没有卖点，因为没有人愿意花钱购买，更缺乏买点，因而是个失败的产品策划。就旅游而言，特点即人无我有的当地特色文化和景观，卖点就是人们愿意掏钱消费的特点。所以说，民族的并不是世界的，只有世界愿意“买单”的才是世界的。

不是所有的特点都是卖点，特别在当前遍地开花、全民营销的阶段，旅游景区面临全国性竞争的时期，就连普通的卖点都难于保证景区的成功，更不要说是你的特点了。随着旅游业的高速发展和市场竞争的加剧，要保证景区的成功和树立城市形象的成功，必须提炼出大卖点，甚至超级卖点，才能使景区和城市成为旅游热点和焦点。

二、规划误区

很多景区和城市建设，只知规划，不识策划，规划进入了行政程序，策划却还在门外徘徊。这是体制原因造成的，直接导致决策不能一如既往地执行。据世界银行估计，“十五”到“十一五”期间，投资决策失误导致的资金浪费损失在 5 000 亿到 6 000 亿元。有理由相信，这其中大部分是策划缺位造成的。这些投资项目都有着包装精美的规划，但往往因为有了规划，就高枕无忧，不去精细化运作，在貌似科学合理的规划指导下，干了不少荒唐事。

政府部门和老板为了开发旅游，只有先做规划，才能报批立项，这是一个行政程序，但是却往往被当成市场程序来走。规划做完，老板和官员们或者为了省钱，或者不知道策划的重要性，直接把规划当策划来指导开发建设和市场营销，其结果可想而知，最后统统归罪于投资决策失误。其实，投资决策失误几乎都可归结为“策划缺位失误”和“策划不到位失误”。顾名思义，“策划”就是“出谋划策”，“规划”就是“按策划规定设计”，“建设”就是“按规划设计建造”。没有规划指导的建设是乱建，没有策划指导的规划是乱划。

“规划规划，墙上挂挂；策划策划，市场说话”。规划看官场说话，策划看市场说话，这就是两者的根本区别。很多旅游开发项目，前期几乎都做过规划，但是政府和老板拿到“规划”之后还是老虎吃天——无从下口，甚至很多基层官员讲：“说实话，这些规划我来编制可能比他们编制得还好！”细细看来，大部分规划就是一个材料收集本。这就相当于把生菜买来、分类洗好，还没有加料烹饪。就程序而言，这些规划只相当于买菜和洗菜，烹调还要靠策划来完成，最后才能将一道美食端上餐桌供消费者品尝。

三、投资误区

（一）投“己”所好

认识到旅游资源开发价值和必要性之后，开发者常常不了解、也不去研究别人如何开发，而是按照自己的想法、认识和喜好来选择、策划项目，进行设计、规划、建设和管理；不是投“其”所好，而是投“己”所好。在此，“其”当然是指市场和游客。结果往往是市场反应平平，旅游者不感兴趣，经济效益和生存状况也就可想而知。更为严重的后果是浪费了资源，破坏了环境，损害了形象和声誉，挫伤了自己和有关方面的积极性。这是在进入开发过程中的低级错误，但至今犯这种低级错误的情况仍比较常见，危害很大。

（二）东施效颦

开发者觉察旅游者对自己想当然开发的项目、产品不感兴趣后，就去学习别人开发的比较成功的项目，一味地模仿别人，将其他旅游区、旅游项目的开发成果照搬照抄过来，或者改头换面加以移植。由于对市场需求状况及其变动趋势和自身的资源特性、比较优势分析不透、把握不准，结果导致低水平的重复建设。新开发的旅游项目和产品未必如开发者所判断、预期的那样获得成功，或者一时取得了比较好的效果，但好景不长。近年来，这种现象在自然和历史文化旅游资源开发中较为普遍，在人文景观和主题公园项目中则比比皆是，诸如峡谷项目、水上游乐项目、漂流项目、滑雪项目、温泉项目等，西游记宫、恐龙园等遍地开花更是典型的反面案例。

（三）低端开发

我国旅游资源大都具有很高的开发品位，但由于规划、策划和开发水平不高，加上资金投入不足，使很大一部分传统观光型景区的文化内涵没有得到深入挖掘，资源品位受到影响，旅游产品开发水平层次偏低。在景区的开发建设中，乱开乱挖，画蛇添足，不注意景区景点与周围环境相协调的现象非常普遍，景区人工化、城镇化的问题比较突出；人造景观低水平、近距离重复建设的现象突出，目前尚未推出科技含量高、对游客具有强烈吸引力的震撼性产品；导游对一些自然景观的解说多东鳞西爪，牵强附会，甚至低级化、庸俗化；旅游纪念品千篇一律，粗制滥造，直接影响了旅游消费水平。

四、品牌误区

创建国家5A级旅游景区是顺应我国旅游形势发展的需要。“十五”期间，国家旅游局提出了“做大、做强”的旅游发展战略，全国各地纷纷把旅游业作为一个重要支柱产业来培育，实施了“政府主导”和“可持续发展”的方略，注重旅游业的带动作用，不断完善旅游产业体系，优化旅游产业结构，全国旅游产业总量和质量都得到了提高。从2000年开始，国家旅游局着手开展A级旅游景区的评定工作，到2005年底，全国共有A级旅游景区2 261个，其中4A级旅游景区671个，总体上，全国旅游景区呈现点多面广的格局，达到了做大做强的目的。“十一五”期间，国家旅游局要求以科学发展观统领旅游业的发展，进一步优化旅游结构，转变旅游经济增长方式，加快旅游精品建设的步伐，推出“世界级旅游精品”，促进旅游要素的协调发展。在战略上，由“做大、做强”向“做细、做精”转变；在具体措施上，走世界级旅游精品建设之路，启动5A级旅游景区试点的建设，优中选优，推选出一批质量过硬、在国际上有竞争力、真正成为标杆的旅游精品，在此基础上，进一步将旅游产品的等级划分标准系统化，并向全国推广。国家5A级旅游景区是新修订的旅游景区质量等级的划分与评定标准，是新增加的景区等级，吸收了国际标准规范，是现行旅游景区中的最高等级。开展国家5A级景区的创建和评定工作，就是在一批资源品位高、开发质量好、市场吸引力强的旅游景区中遴选旅游景区极品，推向国际市场，并引导全国旅游景区向国际化、标准化方向发展。5A级旅游景区是比4A级旅游景区更严格、更具吸引力、更富国际性、更有品牌价值的景区，是精品中的极品，也是非争取不可的旅游桂冠。

5A景区创建工作目标是打造国际生态旅游目的地。这就要求旅游景区在管理保护资源能力、综合经济实力、品牌影响力、可持续发展潜力等方面的综合竞争力最强，要进入同类风景名胜区前列；在接待设施的数量、层次及软件条件、经营管理水平上位居前列，不断满足社会经济的发展需求，不断满足境内外游客的消费需求。这些软、硬件的建设，分解下来就是国家5A级旅游景区评定的基本要素和5A级旅游景区创建工作的具体要求。因此，“5A”创建工作是打造全国综合竞争力最强自然景区的基础性工作，是建设国际生态旅游目的地的有效载体。

国家5A级旅游景区建设的最终目的，就是打造具有世界影响力的旅游精品。因此，创建5A级旅游景区是迈向旅游国际化的重要一步。以“5A”创建为契机，完善景区内部、外部及周边多方面的综合配套建设，将高品质旅游资源提升为优质旅游产品，进一步深化旅游的文化内涵，体现出自己的生态性和特色性；进一步强化“以人为本”的管理思想和服务理念，为中外游客提供优质的旅游环境和服务；进一步发挥旅游资源优势，提升品牌的影响力，扩大旅游市场，推进国际生态旅游目的地建设，尽早实现旅游国际化。

综上所述，5A级旅游景区品牌创建意义重大，影响深远。但是，由于认识不到位，出现了几个思想误区，如不加以疏导和匡正，势必影响景区创优工作，危及旅游业大发展。

（一）5A景区品牌创建无用论

5A品牌代表着景区的形象、信誉和效益。创建5A景区品牌是景区实现从无名到知名、从知名到著名、从国内走向世界的最佳途径。大多数景区，在创办初期，不太注重品牌，没有考虑品牌理念提炼和形象塑造。其实，任何大品牌景区都是从不知名景区走过来的，作为不知名景区，既不能把品牌当作难以企及的奢侈品，也不能把品牌片面理解成广告传播。广告传播只是品牌打造的一个环节和品牌信息传达的一个渠道。所以，非著名景区一样可以成为品牌景区，成为逐鹿市场的黑马。

当前非著名景区的品牌建设存在很大问题，主要是对5A景区品牌的认识过于肤浅。常常有景区老总提问：我们需要做品牌吗？他们认为做5A景区品牌投入巨大、耗费极大，是得不偿失的赌博行为；认为中小景区资源有限，不能创强势品牌，“5A景区品牌是大景区的专用武器”、“5A景区品牌不属于非著名景区”等，几乎成为理论界和景区的共识。未来的竞争环境会更加恶劣，中小型景区必须注重自身品牌的积累和品牌资源的延续保护，特别是注重无形资产包括旅游文化、旅游纪念品等层面的保护和开发。事实上，景区从开始投资建设，就应该关注品牌战略，越早关注品牌，对景区生存发展越有利。否则，如果不想做品牌或者没有打造品牌景区的理念，只有被市场淘汰。

“品牌的载体是文化，文化营销是一个有效的途径。”中小景区的品牌打造要突破品牌瓶颈，在品牌价值的塑造上充分挖掘产品特色和文化，以及注重旅游经营和管理人员的亲和力、游客的参与性、旅游主体与客体情景交融的紧密性等关键性因素。这需要景区在自身品牌的区域文化个性、特色等层面进行充分认识和提炼。在中小型景区突破瓶颈打造品牌方面，要首先考虑定位环节。一般品牌定位包括名称、文化、理念、视觉、目标、服务、推介等，这些基本元素的确定关乎品牌传播的延伸和拓展。

创建5A级品牌可以给旅游景区注入正能量。从国内旅游业发展趋势来看，旅游业作为朝阳产业发展势头十分强劲，已经成为竞争最为激烈的领域之一，这是每一个旅游地区面临的不可回避的严峻挑战。旅游景区间的竞争已愈来愈倾向于综合实力的竞争。从市场营销角度讲，“5A景区牌子”既是形象，又是品质。一提到优秀旅游城市，人们就会自然产生一个清洁卫生、风景宜人、服务功能齐全的印象，一个环境优美、秩序优良、服务优质、礼貌文明的印象。这种印象就是吸引力，就是竞争力。要想在竞争激烈的旅游市场中取得一席之地，必须摒弃品牌无用论思想，树立敢为人先的意识，加快精品景区建设的步伐。

（二）5A景区品牌创建悲观论

“5A”级旅游景区是当今国内衡量各景区软硬件发展水平最权威的金字招牌，在众多“国”字号旅游景区资质中，5A级旅游景区具有评审条件高、公信力强、品牌号召力大、社会认可程度高等特点。正是由于品牌的优势定位，才使各旅游单位景之仰之，趋之若鹜。要想在旅游市场脱颖而出，独占鳌头，创建5A景区是必由之路。但面对激烈的竞争态势和严格的评审条件，部分景区信心不足，产生了畏难和悲观情绪。其实，“5A”级旅游区并非高不可攀，中小型景区要发展壮大，并非只能在5A景区品牌的大门前徘徊，入门并不难，深造也是办得到的。国家旅游局提出5A级旅游景区评定，其主要目的是为了提升我国旅游业的竞争力，不断提高游客满意率，实现游客和景区的双赢。尽管对“5A”级旅游区要求极为苛刻，但对有些无法解决的现实问题，如外围交通不便、大面积拆迁、导游员的素质差和数量少等，只要旅游景区达到相应标准，采取了切实可行的办法，提供了人性化的服务，还是有机会通过验收的，因为名额不定量，评审不是目的，关键是提升旅游区品质。品牌需要长期的灌输和传承，关键是深化对创建5A级旅游景区工作的认识，客观评价自身条件，花大力气找准短板，深入挖掘核心竞争力；同时坚定创建工作的信心，既不能等闲视之，也不可妄自菲薄，要把评审过程当作是旅游品质提升的途径，扎扎实实地进行资源的整合、品牌的创意和内涵的提升，努力突出景区特色，从细节上体现文化性和人文关怀，以获得游客更大的满意。只有这样，才能打造旅游的终极品牌——5A景区。

（三）5A景区品牌创建投机论

在创建工作中，有两种倾向需要引起注意：一种是跳板心态，一些旅游景区把创建5A级旅游景区当作是一个提升门票价格、吸引人气的跳板；另一种是应付心态，在工作任务压力之下，执行人本身时间、精力有限，只能做表面文章，不去着力解决旅游景区存在的实际问题，其原因固然与责任人业务能力有关，但更重要的在于确定创建工作任务时，流于运动化，未能坚持系统规划指导、恰当地安排工作节奏。这两种倾向危害甚大，必须坚决杜绝。创建5A级旅游景区是非常严肃的工作任务，直接关系着旅游区品牌形象的提高和地方社会经济的发展，只有落实好创建工作要求，提升旅游服务品质，才能保证地方财税实现其投资价值，为社会提供更好的旅游服务。

景区整体品质包含文化性、特色性、人性化服务、资源吸引力和市场影响力五个方面，这是旅游景区服务质量评定的主要内容，其中人性化服务是根本。全国旅游景区质量等级评定委员会发布的《服务质量与环境质量评分细则》从旅游品质的八个方面对人性化服务提出了明确要求，这是创建工作的核心和重心，来不得半点懈怠和疏忽，更不能抱有投机心态，试图应付走过场。以人为本的服务宗旨应当贯穿于整个创建工作当中。

五、收入误区

旅游经济收入是多方面的，包括旅游区的各种直接收入，也包括旅游对当地各产业拉动作用所产生的间接经济收入，而有的地方却坚持旅游经济的狭隘论，单纯、片面、一味地注重门票收入，以致落入传统旅游的窠臼，不能站在一定高度去开发旅游。旅游开发就是运用一定的方法将资源转化成可供旅游者消费的旅游项目和产品，优化旅游产品结构就是要解决“旺丁不旺财”，接待多、赢利少的矛盾。“旺丁不旺财”的主要原因在于旅游产品的单一性，纯粹以观光型为主，解决的方法除了拓展现有景区容量、不断开发新景区以外，还应加大对非观光产品的开发，调整和完善旅游产品的结构，倡导多样化的旅游选择。

由于旅游资源与旅游产品的直观区别不大，很多人往往将二者等同起来，忽视从资源到产品的开发转化，从而阻碍了旅游开发与发展。到很多地区去进行旅游调研考察，常常遇到的情形是：当地的同志，包括从事旅游工作的党政机关领导者和旅游行业管理部门的负责人，介绍起当地的旅游情况，如数家珍，山水风光如何奇特，历史文化如何丰富，但一到现场实地考察，往往是除了勉强可以通行的一条路以外，什么都没有，更不用说区域内的产业配套、经营管理、接待服务了。很多人纳闷，这么好的景观为什么来旅游的人不多，或者来了人却过不了夜，过了夜却消费少等，特别是与那些发达地区比差距很大，然后非常诚恳地问原因何在、怎么办等。其原因就是没有看到旅游资源与产品的差别，也就根本不可能积极主动地去进行开发转化。旅游资源只是具有旅游吸引力和价值，能够开发成旅游项目和产品，必须通过配套建设、加工包装，才能成为供旅游者方便、舒适地享用的商品。

旅游规划要倡导集约化的发展模式，这既是旅游消费市场的要求，也是加强资源和环境保护的必然选择。科学规划、认真施工、严格环境测评应该是旅游开发的专业性要求，要避免单纯地以新产品迎合市场，而要重在打造精品，在旅游市场上确立精品观念和精品消费、精品赢利的机制；要树立配套和完善的旅游产品意识，不能局限于认为搞旅游就是搞景点开发，搞景点开发就是大兴土木、大搞建设，而要努力进行旅游六大要素的综合配套、整合和完善。

六、营销误区

（一）热衷炒作，吝啬宣传

景区规划、策划、建设到位后，营销基本靠宣传了，这几乎可以说是旅游界的一个既有定式。中国许多中小城市因为财力不济，且缺乏项目包装策划和城市资产运营能力，在旅游宣传方面投入不足，旅游始终搞不上去，只能任由花开花落，自生自灭。现在一讲到旅游宣传促销，首先想到的是新闻炒作，总希望能够不花钱办好事，或者少花钱多办事，很少想到投放广告，总认为广告投入是一种消费，而不是投资，能节约就节约。这事实上是不可能的，天上不会掉馅饼，旅游营销必须要有广告的投入，城市及旅游宣传尤其对主要客源地的宣传是旅游业赖以生存发展的重要手段。据香港旅游协会统计分析，每增加1美元的旅游宣传投资，可增加123

美元的旅游收入。旅游发达国家都十分重视旅游宣传投资，例如美国各州的对外旅游宣传费用都相当可观，2005 年纽约州的宣传费用为 1 060 万美元，佛罗里达州为 980 万美元，夏威夷州为 1 800 万美元。因此，我国中小城市应每年从税收中拨出一部分经费，加强对旅游业的宣传工作；另一方面也可敦促各有关旅游景区支付一定的宣传费用，群策群力，把宣传工作做好。目前国内一线景区招徕一个游客的费用在 5 角钱左右，而香港近年每招徕一位游客的费用是 3 至 5 元港币。花几块钱招徕一个客人，赚的却是数百甚至上千元，这是比投资任何产业都要划算的。可见，目前各级政府旅游主管部门对旅游宣传促销工作的投入是严重不足的。

（二）陈词滥调，自娱自乐

为加强宣传，各地已经持续搞了几十年的“五个一”工程，尽管收效甚微，却还是乐此不疲。所谓“五个一”就是拍一部电影、出一套图书、做一盘光碟、唱一首歌曲、搞一个节会。这是很多城市政府发展旅游的“老五招”，至于政府的学习方式就是考察学习，创新方式就是复制拷贝，这一套“法宝”在政府部门很吃香，几乎新官上任都会用。

市场营销的规律是熟视导致漠视，同样的东西搞多了，人们难免充耳不闻、熟视无睹，这样的宣传惹人生厌，反不如不搞。20 世纪 80 年代郑州、九江各拍了一部电影，一部叫《少林寺》，一部叫《庐山恋》，把这两个旅游城市搞火了。于是全国各个城市开始挖掘自己的文化主题，大搞电影营销，这一套路一玩就是几十年，直到今天还被我们官员奉为至宝，简直不可思议！一部电影带活一个城市，这种成功率有多高？建国 60 年，全国不超过 10 个！这种低概率营销活动却让我们的领导热衷不已，投资决策失误频出。

现在几乎每个城市都有了自己的一套图书、一盘光碟，并且热情地送给来参观的客人，恨不得让人家拿回去精研细读，岂知客人转身就丢了，也不会真有人拿回去看，这两样东西最后的归宿地就是废品收购站。实在是浪费啊！低碳社会了，少制造一些浪费吧。图书和光碟不是不可以做，建议少做几分，尽可能别送客人，在当地给人翻阅和播放一下就发挥最大作用了。至于“一首歌”就别唱了，流传于世的艺术精品是可遇不可求的，不是我们一个行政命令就可以搞出来的！歌曲是有谱的，但靠一首歌带火一个城市，这种想法相当离谱。宿迁 2010 年策划骆马湖景区，借改名“马上湖”进行营销炒作，全国几乎所有主流媒体纷纷报道，甚至全球媒体都参与传播，用当地领导的话讲是“为宿迁和骆马湖的宣传节省了两个亿！”无独有偶，当地政府多年前也曾写了一首歌，叫《清清的骆马湖》，还专门请宋祖英演唱，可有什么用呢？除了当地人，全国有几个人听过这首歌！“马上湖”三个字的轰动效应如此大，何必浪费纳税人的钱。再说旅游节庆活动，还是由政府来办较好。一是可以提升人气，二是可以练兵。但是政府做事喜欢互相攀比，一哄而上，以至于几乎各个城市都有节会，什么桃花节、杨梅节、梨花节、荷花节、文化节……结果大多变成了食之无味、弃之可惜的鸡肋，并且滋生了一批迎合领导口味、从中牟利的节会操办者，把本应用在策划、规划和营销上的经费挥霍一空，最后导致当地旅游项目“失血而死”。这类节会的主要消费者是当地四乡八镇的老百姓，这是典型的自娱自乐，这种囿于本区域内的活动能推动旅游吗？“五个一”工程对旅游发展来讲只是辅助手段，绝不是必要手段和重要手段，这种单纯依靠“五个一”工程的宣传活动只能把旅游引向歧路。

（三）推介不力，宣传缺位

就推介会和旅游展销会来讲，要解决的也只能是组团社和接团社的对接问题，可这种推介仅仅局限于业内人士，在社会公众中的影响是非常有限的。打个比喻，这就像在树下接桃子（组团社）和收桃子（接团社）的问题，而种桃子和打桃子的事往往被忽略了。这种推介只能促进旅游城市或旅游景区之间的合作交流与互利，派发资料也非常有限，根本不能左右游客的出游意向，也难以对卖方市场的客源结构产生大的影响，且要耗费大量的人力、物力和财力，事倍功半。只有配合电视、报纸等公众媒体的大力宣传，尤其是众多主流媒体在一段时间内的集中报道，才能使旅游目的地的特色资源在游客中产生广泛的影响（好比种桃子或打桃子）。这犹如一支配合地面作战、能在重要客源地获取“制空权”而进行地毯式轰炸的空军部队，可以直接促成游客的出游，会对卖方市场的客源结构产生决定性影响，事半功倍。

现在参加旅游交易会，更多的是为了完成一种任务，而不是为了推介，缺观众，缺目标游客。更多的旅游交易会开幕式就是闭幕式，最后发财的就是捡垃圾的，有的是负面效果，而且景区越大，品牌越大，负面效果就越大。假如有一个全国性的旅游交易会，昆明没有去，丽江没有去，人家可能就会想，昆明和丽江是否有什么问题？这个交易会怎么没有参加呢？这就是负面效果。所以，各地的旅游交易会到底是谁在喝彩，到底达到了什么目的，确实值得深思。

（四）境外促销，无的放矢

行为盲目，实乃旅游宣传促销之大忌。现在时兴到境外去促销，有一个境外的旅游商直言不讳地问我：你们不远万里花上几十万、上百万元，带着几十斤、几百斤的资料来促销旅游，有什么效果没有？我无语。当然可以开阔眼界，除此之外还有什么？是否达到了营销的目的呢？只有你知我知，最后总结报告知。结果是那些沉重的资料，懒得有人带回来，大多丢在了酒店客房的垃圾桶里。如果把这些钱集中起来做一个网站，通过网络营销，恐怕效果会更好一些，既省钱省力，又形象生动，而且丰富多彩，还随时可以更新。当然，如果只为朋友见见面，喝杯酒，加深加深感情，这样的目的还是可以达到的；可是，大老远只为喝杯酒，所付出的成本实在是太高了点。

境外促销目标市场的盲目性问题亟待解决。目标市场本来在美国，却跑到德国去了，岂不是南辕北辙，徒劳无功！国家旅游局的统计资料表明，日本、韩国、俄罗斯多年以来一直是我国的第一、第二和第三大客源国。显然，我们的对外营销首先要紧紧盯住以上几个国家的主要客源，只有把这些国家的工夫做足了，拥有了足够的份额，才可以依次去做其他周边国家和发达国家的市场。促销活动的盲目性，主要表现如下：一是把旅游促销当“填空”，专去没去过的地方。许多单位搞促销不是往目标市场跑，而是往决策者或工作人员人生经历的空白点跑，根本不在意效果和回报。二是把旅游促销当旅游，专去好玩的地方。旅游宣传促销本应去重要客源地，而许多地方却反其道而行之，哪里好玩去哪里搞促销。有的省市年年搞所谓“旅游万里行”，耗资巨大，一看其行程，多是旅游目的地——名义上是宣传促销、考察，实质是公费旅游。三是把旅游促销当福利待遇，谁没去过让谁去。虽然旅游宣传促销并不像搞技术有非常强的专业性，但也是一门学问，总得有些专业知识，不是谁都可以去做的。可是，我们一些单位总是把外出搞促销当作一种福利和待遇，局长们往欧美跑，处长们往日韩跑，科长们往全国跑，谁没去过就谁去跑。结果境外促销，促销了别人，促全了自己。

（五）跟风宣传，不计效果

旅游促销大篷车之风从广西开始，然后刮遍全国，一时间跟风而上，到处是旅游促销大篷车。最后总结的结果是大同小异：走了多少城市，拜访了多少市长，发放了多少资料等。到底吸引了多少游客？不甚了了。搞旅游工作，第一是宣传，第二是宣传，第三还是宣传！而宣传可以凭借的最佳平台无外乎是报纸、电视、网络等公众媒体。可如今，我们许多旅游人在旅游宣传促销中热衷于把钱花在各种推介会、展销会、大篷车、“万里行”上面。我不是说推介会、展销会、大篷车、“万里行”就不可以搞，但它毕竟不是旅游宣传促销最直接、最有效的手段，如果明知不可行而为之，就只能说是方法不当甚至动机不纯了。显而易见，一次推介会、展销会、大篷车、“万里行”，即便出动100人，每人可以向100人做宣传，受众也只不过1万人；而随便选择一家客源地的主流媒体，比如选择几家大报，哪家不在百万份以上，如果将目的地的特色资源在几家主流媒体同时进行宣传，那覆盖面定是铺天盖地，家喻户晓。在旅游宣传促销工作中，忽略和低估媒体的力量和作用，而去搞类似的跟风宣传，无异于舍本逐末，其结果只能是得不偿失。

另外，同一个目标市场是用不着反复去对接的。许多旅游营销者往往盯住一个客源地年年去开推介会，甚至一年去几次，弄得接待方都不胜其烦。究其原因，无外乎是对旅游营销的目的研究不明确，或者旅游营销方法不多，不知通过什么途径来实现目标。

旅游营销就其目的而言，是要通过有效的营销实现“三多”：即多点儿旅行社为其组团，多点儿媒体为其宣传，多点儿信息让人传播。通过宣传提高旅游产品在游客或目标群体中的知名度和美誉度，从而左右游客的出游心态，最终实现多点儿人来旅游，从而改变游客结构，增加接待总量，增加旅游收入。岂不知，如果没人做种桃子和打桃子的工作的话，那么接桃子的人（组团社）也是没有积极性的。因此，在旅游营销的过程中，务必重视宣传前的规划与策划工作。

旅游服务、创新和营销

——从迪斯尼乐园经营意识谈起

在旅游经营管理方面，迪斯尼乐园有许多值得借鉴的经验，其高超的服务意识、创新意识和营销意识决定了超常的发展势头，带来巨大的经济效益和社会效应。

一、服务意识

在空前发达的市场经济社会，并非旅游产品好就可以一劳永逸，坐等滚滚财源。产品是基础，而旅游服务则是成败的关键。可以说，当今社会已逐渐完成了从卖产品到卖服务的转变。服务意识是每个旅游经营者必须重视的理念性问题。

在迪斯尼乐园，员工的目光必须与顾客的目光处于同一水平线上。如果客人是儿童，员工必须面带微笑地蹲下去把商品递到儿童手里。迪斯尼乐园规定在客人游玩的区域是不准送货的，货物通道全部设在地下，游客绝不会看到运货车进出迪斯尼乐园。为了不打扰游客游玩，迪斯尼不设寻人呼叫。即使是不直接对游客服务的员工，迪斯尼也十分注重培养其尊重顾客的意识，例如迪斯尼规定会计人员在上岗前两三个月的每天早上上班时都要站在大门口对所有进来的客人鞠躬、道谢。

对于员工礼貌方面的要求，迪斯尼乐园可谓做到了细致入微。它要求员工热情、真诚、礼貌、周到地为客人服务。国内一些旅游景区也非常注意服务细节。如：皇城相府将自己的企业定位为表演公司，即通过主题公园的娱乐形式为游客提供最高满意度的娱乐和消遣，给游客以欢乐。在皇城相府，员工得到的不仅是一项工作，而且是一种角色，是为顾客带来欢乐的角色。角色扮演也是清明上河园营造欢乐氛围的重要手段。在入职培训时，新员工会学习清明上河园的语言：顾客是“贵宾”；群众是“观众”；上班是“表演”；职务是“角色”；制服是“戏装”；上班是“上台表演”；下班是“下台休息”；人事部门是“分派角色部门”等。这种特殊语言不断强化员工的表演意识，为其以后胜任角色扮演奠定了基础。公园里的每个员工都扮演着主人的角色，他们要用热情、真诚、礼貌、周到的服务为客人制造欢乐。具体表现在服务行为上，包括微笑、眼神交流、令人愉悦的行为、特定的角色表演等每一个细节。栾川重渡沟的成功奥秘在于不让一个游客受委屈，哪怕只有一次。其不断追求服务精细化，游览车会把游客从停车场送到售票处；景区入口处会有不同的代步工具供不同需求的游客选用，童车、轮椅、电动轻便车等一应俱全。

河南洛阳东山宾馆作为旅游服务企业，其高质量的服务水准有口皆碑，它的服务理念与水准已成为各类企业争先效仿的榜样。究竟是什么塑造了洛阳东山宾馆的服务神话？奥秘在于“SCSE”，即安全（Safety）、礼貌（Courtesy）、表演（Show）、效率（Efficiency），其内涵可以理解为：首先保证客人舒适安全；其次保证职员彬彬有礼；第三是保证宾至如归；最后是在满足以上三项准则的前提下保证工作具有高效率。正是由于东山宾馆长期坚持的“SCSE”经营理念和服务承诺在全体员工中的有效落实，才打造了东山宾馆优质、高效、细致的服务水准，赢得了顾客良好的口碑效应和较高的重游率。

细节性的服务使以上旅游企业的服务日臻完美。在任何情况下，保障游客安全是旅游业服务质量的首要价值诉求，其直接关系到旅游企业的胜败存亡。河南辉县万仙山景区只注重经济效益，忽视安全问题，导致发生安全事故。事故发生后，万仙山风景区被关闭，造成重大影响。

二、创新意识

人类对未知的探索包括两个层面：第一个层面是对客观事物的辨认，从辨认身边的植物是不是可食用开始，发展到辨认 100 亿光年之外的天体是不是类星体，这种辨认绵延千万年并将一直延续下去；第二个层面是对因果关系的探索，从古人的“础润而雨”到最先进的数字化生存，都是对事物因果的认识的成果。这里要特别强调的是，在对某一种事物的辨认中可能导致发现新事物；在对某一事物有了一种解释之后，可能引发对这一事物原有理解的质疑或否定，从而启动探索的没有尽头的长链。没有功利目的的探索可以转变为有功利目的的创新。

创新是发展永恒的主题。人类探索未知事物的强烈欲望是推动创新的永恒动力。旅游创新也是如此。只有根据旅游目标市场的需求变化不断创新产品与服务，才能尽可能地延长其生命周期。

“满足顾客需要”是迪斯尼乐园创新产品的原动力。迪斯尼有一个著名的口号是“永远建不完的迪斯尼”，它长期坚持采用“三三制”，即每年都要淘汰1/3的硬件设备，更新娱乐内容1/3，新建1/3的新概念项目，不断给游客新鲜感。为了准确把握游客需求的动态，公司内部专门设置了调查统计部、信访部、信息中心，每年要开展数百项市场调查和咨询项目来分析游客需求动态变化，并把研究成果提供给各职能部门。迪斯尼的理念是：“把握游客需求动态的积极意义在于及时掌握游客的满意度、价值评价要素和及时纠偏，从中找到迪斯尼创新发展的关键点。”

旅游企业是旅游创新的核心和主体。企业以追求利润为目标，是国民经济中最活跃的元素，是技术创新的组织者、投资者。创新成果只有通过企业在市场上的运作，才能成为在市场上独树一帜的商品，为社会创造效益。

三、营销意识

迪斯尼乐园在营销管理方面独具特色，它首先强调企业对员工的“内部营销”，然后才是企业对消费者的“外部营销”。迪斯尼以内部营销管理为员工营造“享受工作，快乐工作”的工作氛围，以激励员工。

迪斯尼乐园在新员工的入职培训中，包括学习如何真正认识自己在为顾客制造欢乐的“表演”中扮演着一个关键角色。正是迪斯尼乐园一贯重视内部营销，努力为员工营造“享受工作，快乐工作”的工作氛围，才造就了快乐的员工为顾客提供快乐服务的良性循环。迪斯尼乐园的员工对企业的忠诚度一直保持在很高的水平上。

在外部营销方面，迪斯尼乐园多样化的营销策略也十分成功。迪斯尼乐园在花费大量资金用于电视、广播、报纸、橱窗等传统宣传媒介的同时，辅之以多样化的营销手段。例如专门推出“迪斯尼梦幻世界”电视节目；利用因特网建立迪斯尼网站，将企业文化作为商业宣传手段，在宣传卡通文化的同时大做商品广告；与已有很高文化影响力的麦当劳和可口可乐联合宣传，在可口可乐饮料罐上做广告；迪斯尼的营销人员频频现身于华南地区的各大购物中心开展“品牌故事教育”活动，2004年8月香港迪斯尼在广州举行了一个梦幻派对现场表演，2005年3月以“睡公主城堡”等12个展位亮相2005广州国际旅游展销会，4月15日至5月8日在深圳、东莞、中山和广州等珠三角城市开展了名为“奇妙之旅”的巡回路演；与当地旅行社合作开展主题营销活动，等等。多样化的营销策略不仅大大提高了迪斯尼乐园的知名度，而且为其带来了大量客源和滚滚财源。

中国旅游业态面面观

随着中国经济的高速发展，人们的生活水平迅速提高，中国旅游业在短短的20年内，走完了世界发达国家200年所走过的路程，景区由几十家骤然发展到两万多家，旅游成了地方政府出政绩、农民脱贫致富的摇钱树，成了城市人时尚前卫的热门消费，同时也成了茶余饭后的热门话题。从表面看，这实在是可喜可贺。面对如火如荼的旅游热潮，我们的领导头脑开始发热，认为旅游就是发展经济的捷径，建景即景，开景即赢。但从实质看，不免令人忧心忡忡。在这里，笔者冒天下之大不韪，泼盆冷水，说句煞风景的话。如果我们静下心来，透过现象看本质，请问：中国旅游业的投入产出比究竟如何？如此风风光光的局面究竟可以持续多久？资源一旦破坏，如何恢复？中国旅游的发展后劲在哪里？

一、三大乱象

（一）一哄而上，盲目开发

此忧多来自于地方政府，邻近地区因发展旅游，经济、仕途、影响力全面提升了。你能搞旅游，我为何不能？于是乎到全国乃至世界各地考察学习，待名山大川游完了，高谈阔论也出来了："旅游有什么？不就是建个大门、修条路，逢山造亭，遇水筑湖，比葫芦画瓢吗？"于是"三拍"工程（一拍胸脯，干；二拍脑袋，悔；三拍屁股，走人）在旅游界轮番上马。

（二）盲人骑瞎马，旅游乱规划

一番瞎折腾后，劳民伤财，得不偿失，旅游开发者幡然醒悟，认识到仅凭蛮干和热情是不行的，盲目发展弊大于利。于是就想到他人成功的经验，无规划不行，从此开始找规划单位吧。

中国的旅游规划业可以说是泥沙俱下、滥竽充数者居多。到目前为止，没有一家旅游规划的高等专业院校，现行的旅游规划单位多是从不同的规划行业衍生过来的。毛泽东在作中国社会各阶层分析时曾说："各种思想无不打上阶级的烙印。"这句话对于旅游规划界同样适用：衍生于城市规划的旅游规划，将景区公园化，公园城市化；衍生于园林规划的，将景区园林化；衍生于地质规划的，将景区地质化；衍生于考古规划的，将景区复古化……这些规划单位的相同点是各按自己的规划模式规划景区，规划产品，往往失之偏颇，易走极端。对于这样的规划，景区投入越大赔钱越多；不同点是把中国景区规划成了山、水、林、庙、城、墓六类，兄弟姐妹多，模具就六个。

"男怕干错行，女怕嫁错郎，旅游最怕规划帮倒忙。"旅游资源不等于产品，旅游产品不等于商品。一些旅游资源若不规划、不开发，还有原生态价值，一旦病急乱投医，请了低水平的或不负责任的规划单位，就会身陷泥潭，不能自拔，越陷越深。河南中牟县 1999 年倾全县之力投资 3 000 多万元，在官渡之战的旧址上，按某规划单位的规划方案修建了一座似庙非庙、似公园非公园的官渡景区，如今 10 年过去了，非但没有效益，反而每年还要负担 500 多万元的利息、人员工资、维护费和土地占用费等，令中牟县财政年年吃紧、叫苦不迭。

（三）图一劳永逸，重品牌轻品质

2007 年以来，随着国家旅游局对 5A 景区评选的影响力日益增加，很多地方政府和景区对此品牌梦寐以求，在创建工作中不惜人力、物力、财力，面上的工作都做得很好，可一旦验收合格、拿到牌子后就疏于管理、放任自流了。河北白洋淀景区，被评为 5A 景区后认为"船到码头车到站，马放南山刀入库"，该松口气了，于是就出现了景区管理混乱现象：游客找不到景区大门；售票大厅各个景点售票者对游客围追堵截兜售联票、通票；景区地面上纸屑、烟头比比皆是，道路破损失修；餐饮和船老大联手宰客，一个原本 0.5 元的玉米饼竟售价 5 元，普通一盘菜售价都在 38 元以上，如此等等，严重败坏了景区形象。山西的五台山景区，星级厕所紧锁不开，导游大多请不到。

二、三大怪圈

旅游界不正常的现象，直接影响旅游开发建设效果，落入三大怪圈，给旅游业发展造成损失。当事者深陷其内，盲目乐观，使旅游景区误入歧途。

（一）资源多的不如资源少的

纵观世界旅游发展史，旅游资源丰富地区往往是旅游市场不发达地区，旅游资源枯竭地区往往也是旅游经济高收入地区。美国的旅游资源稀少，跟埃及、中国比有天壤之别，但其旅游收入 2005 年达万亿美元，分别为埃及的 167 倍、中国的 13 倍。从中国旅游发展现状看，香港的旅游资源跟山西、河南的相比，无论是历史底蕴，还是山水禀赋都不可同日而语，但其 2005 年的旅游收入为 918 亿港元，分别为山西的 4 倍、河南的 1.7 倍；深圳是个发展不到 30 年的新兴城市，2005 年的旅游收入也达到 400 亿人民币，分别为洛阳、开封这两个有千年历史文化古都的 4 倍和 8 倍。

（二）起步早的不如起步晚的

20 世纪 80 年代末，中国旅游业发展尚处于起步阶段，老景区凭借先天优势，捷足先登，一时游人如织，异常火爆。近年来随着休闲旅游的异军突起，这些老景区在一个个花样翻新、生机盎然的新景区面前，如明日黄花，逐渐被边缘化，退到了时代舞台的第二、三线。至今已有百年开发历史的鸡公山，1902 至 1903 年美国传教士李立生、施道格两次登山，尔后在西文报纸上大肆宣扬鸡公山景色幽雅，气候凉爽，适宜避暑。之后，在华西方人士纷至沓来，历经几十年的营造，鸡公山变成了一座繁华的山城，列为中国四大避暑胜地之一，但该景区 2005 年的旅游门票收入不到 1 000 万元。而焦作云台山 20 年前还是一个荒芜偏僻的深山野岭，经过仅十几年的建设发展，2005 年门票收入达 1 亿多元，是鸡公山的 10 倍之多。

（三）投入大的不如投资小的

国内许多政府投资的景区，往往是一出笼先声夺人，或者“×× 工程”，或者“×× 战略”，或者“南发展什么，北发展什么……”还要召开“新闻发布会”、“专家研讨会”、“×× 论证会”。然后是所有媒体一齐发通稿：×× 政府投资 × 百万元搞规划，投资 × 千万元或 × 亿元搞景观建设，投资 × 百万元或 × 千万元搞配套设施建设。听起来实在振奋人心，但一年过去了，两年过去了，若干年过去了，这些景区是雷声大，雨点小，涛声依旧，门庭冷落。河北石家庄盘龙山景区、河南内乡宝天曼景区、洛阳老君山景区就是如此。开景影响大，投资力度大，开发时间早，建设周期长，门票收入少，资金回收慢，始终火不起来。与之形成明显反差的一些小景区，却是悄悄地进庄，默默地做事，小投资，大收益，当年投资，当年见效，有道是“边运营边建设，边收益边完善，人民旅游人民办，众人拾柴火焰高”。河南栾川的养子沟景区就是例子，一个三弟兄初期投入几十万元的景区，当年见效

100 多万元，5 年不到年门票收入达 1 000 多万元。究其原因，还是一个体制的问题，不同的体制，有不同的追求；不同的追求，必然产生不同的效果。

三、原因探析

（一）慢半拍，以己之短攻人之长

世界上所有的竞争，说到底还是人的竞争，是人的思维方式和发展理念的竞争，而不是资源多少的竞争。同样的资源有人能开发得淋漓尽致，风生水起；有人却赔得血本全无，一败涂地。俗话说："一招鲜吃遍天。"一个经历南宋半朝的杭州（古临安城），把一个"大宋"概念炒作得沸沸扬扬，有声有色，将一顶千年宋城的桂冠稳稳当当地戴在了自己的头上。反观洛阳，九朝古都还嫌不够，又搬出十三朝古都，甚至十九朝古都，在与西安的争吵中（谁是朝代最多、建都年代最长），抑了自己，扬了别人，眼睁睁看着近邻成为世界级旅游城市。目前，西安仅年接待外宾就以百万计，而洛阳几乎可以归零；西安的咸阳机场年旅客吞吐量以数百万计，而洛阳只有区区六万！作为周、秦、汉、隋、唐之都，西安成了闻名世界的四大古都之一；可作为夏、商、周、汉、魏、晋、隋、唐之都的洛阳，却似被打入冷宫的妃子，落寞孤寂，一蹶不振。

历史上，西安、洛阳其实没有尊贵优劣之分的，但现实是，谈及周、汉、隋、唐，人们就想到西安；提起武则天，就想到西安乾陵的无字碑。洛阳被挡在西安高大的背影后，湮灭在历史尘埃里。其实武则天从当皇后、皇帝直到死的 50 年中，有 48 年是在洛阳度过的。

为什么洛阳总是被人误解、被人冷淡，而西安能够轻易混淆视听、占尽先机呢？其实无非是洛阳在旅游宏观战略上，妄自尊大，只想着自己的厚重，没有踏踏实实地做些主题景区，轰轰烈烈地策划些重大活动。洛阳如龟兔赛跑中的兔子，沉湎于自己的一点优势，沾沾自喜，而不从当下做起，以至于主题形象定位不准，贻误发展良机。西安宣传重点是周、秦、汉、隋、唐，其实西安也就这么一点名堂。洛阳除了"秦"不沾边外（其实西安也是沾了咸阳的光），周、汉、隋、唐有一半的都城在洛阳。但是，既然西安先入为主，周、汉、隋、唐已经成为西安的象征，洛阳再与其争抢，进行同质化宣传，只能是东施效颦、徒劳无功了。

所以，洛阳要稍微调整一下宣传重点，避实就虚，以长搏短，这才是省时省力的好做法。其实洛阳可以夸耀的东西很多：将洛阳牡丹、河图洛书、夏商周等资源整合在一起就有了自己的资源优势；汉魏洛阳城、北魏龙门石窟都是洛阳所独有的；

武周是以洛阳神京为都城的（别费口舌解释什么“两京制”），可以“神京”带出隋唐洛阳城；曹魏、西晋都不定都西安。这些都是西安不可比拟的。

（二）理念陈旧，以冷兵器应对现代战争

旅游位于第三产业的前沿，是处于白热化竞争状态的朝阳行业。产品的时尚、服务的前卫、发展的超前，无一不是市场对旅游业的苛刻要求。市场有铁的法则：销售不对路的产品，永远是消费者冷落的产品。现代社会已不是大鱼吃小鱼，而是快鱼吃慢鱼，巧鱼吃笨鱼。20 世纪末河南省一位学者型旅游管理部门领导，在行业内多次提出其“精辟”论点：“面对竞争激烈的旅游市场，旅游景区应该问自己：你准备好了吗？”就是这个理论害了一大批当时处于热销中的景区，如：鸡公山、石人山、王屋山、五龙口、中岳庙、少林寺、白马寺、龙门石窟等。这些景区遵照此理论，闭门造车，使劲准备，只管低头拉车，不顾抬头看路，不知道人家在如何发展、如何营销，大建 50 年不落后的工程，准备着推出一份自认为是丰盛的大餐给游客。与此同时，一批名不见经传、原不在体制内的景区，例如：焦作云台山（原归岸上乡管理）、青天河（原归水库电厂管理）、栾川重渡沟（原归潭头乡管理），因不是旅游主管部门的帮扶对象，会议和培训就参加得少，“受益”浅。这批旅游业的生力军从实际效益出发，开展看似无章无法的实战，实则将建设、营销、宣传三部曲同时奏响，以新形象、新产品、新特色横空出世，迅速引爆市场，成为旅游业的黑马。这几个景区后来居上，把河南原有的王牌景区、还在“准备着”的景区远远地抛在了身后。

落后就要被动，落后就要挨打，这是铁律。落后的根源在于人，尤其是领导人。领导人的落后观念是景区被市场淡忘的根源。上述体制内的景区多数是由观念落后者统领，即便是换了人，思想观念仍未变，原因是原任领导成了县里主抓旅游的领导。换汤不换药，换药不换药引子，岂不白白误了卿卿性命？

创新是社会发展永恒的主题。现代社会一切都在变，快速地变。顺势者昌，逆势者亡。美国迪斯尼乐园，每年都在以“三三制”适应着市场变化，即对其项目淘汰 1/3，更新 1/3，保留 1/3。而我们国内的旅游景区依然奉行着项目生命力 50 年周期的理论，一个年年都在变，一个 50 年都不变，其不同境况可想而知。

（三）软硬件不匹配，盛名之下其实难副

中国是世界上最讲面子的国家，凡涉及面子的事，都会不遗余力，唯恐落后。在景区申报“世界文化遗产”、“世界地质公园”、“国家重点风景名胜区”、“国家 AAAA 景区”、“国家级旅游城市”之时，从政府到基层上下总动员，调动社会上一

切力量全面参与。项目一旦申报成功，便躺在功劳簿上高枕无忧了。硬件是按标准应付过去了，但充其量也就支撑 2 ～ 3 年，更重要的软件呢？申报时的精兵良将又奔赴了新战场，所剩的仍是外甥打灯——照旧（舅）。景区品牌提升了，由原来的乡县级提升为了省级、国家级、世界级，但管理者却依然如故，既无深造学习，又无另请高明。犹如一个小学教师，执教一所国家一类大学，根本就不匹配，如何教好学生？岂不误人子弟？

南阳内乡某景区 1980 年被批准为河南省第一个自然保护区，1988 年被列为国家级自然保护区，2001 年被联合国教科文组织人与生物圈计划世界生物圈自然保护区协调委员会确定为“世界生物圈保护区”，成为中国 29 个世界生物圈保护区之一。在如此耀眼的光环下，景区经营得怎么样呢？宝天曼景区前后投资过亿元，而门票年收入仅百万元左右，管理成本巨大，入不敷出。新乡某景区是国家 AAAA 级景区、国家地质公园和国家森林公园，但 2005 年该景区发生一死四伤的恶性事件，事过多年，阴霾不散，以至于连年亏损。盛名之下，其实难副。

以上两个景区的落败，人为因素很多。只注重硬件的建设，不注重领导层的选拔任用，其结果只能是投资越大，亏损越多。这两个景区今天改革，明天改制，其实都在挂羊头卖狗肉。宝天曼主要领导对景区遥控指挥，管理不知己，营销不知彼，以 20 世纪的理念管理着（不是经营着）21 世纪的市场。万仙山管理者以村级的水平管理国家级景区，以小农经济的眼光，看待面向世界的现代旅游大市场，焉有不败之理？

值得警醒的是，国有景区的领导是上级领导选拔任命的，是领导所需的，不是市场所需的。景区领导欲登上宝座，保住位置，首要的是让领导满意，而不是让市场满意。这种管理体制可悲可叹！作为景区的上级主管领导能否把自己的喜爱和市场的喜爱相统一呢？

世上怪事多，大都荒诞不经。如果你只看到现象，它就是怪；如果你深究起因，就司空见惯、见怪不怪了。

旅游管理理念的三个偏差

1989年“十一黄金周”期间全国各大小景区游人如织，令景区经营者乐不可支，于是旅游热起来了，各路旅游精英披挂上阵，各显神通，似乎旅游就是发展经济的捷径，建景是景，开景即赢。1995年“十一黄金周”以后，旅游市场逐渐进入理性消费时期，原先的热闹景象如昙花一现，不少景区门可罗雀，这令很多景区的老总百思不得其解。笔者最近在中国旅游策划专家委员会上指出了旅游业发展理念上的三大偏差，现将其中观点进一步阐述如下，或许可以解开业界的诸多疑惑。

一、好人＝能人

近年来，景区的发展态势如雨后春笋，瞬息万变，令人目不暇接，但这种发展过于盲动，有些揠苗助长，违背市场规律。正如张进莹先生的论文《雨后春笋未必是竹》指出的：盲目发展旅游，未必取得效益。

我们知道一个三星级以上的酒店，只拥有一流的设备、优越的地利条件、考究的装修等硬件，以及先进的管理、经营模式等软件是不行的，还要把管理和服务人员送至最先进的酒店进行几个月的培训后，才敢试营业。但一些景区的开景却不是这样做的：建起山门，修通步道，挂起牌子，就是景区了；上岗证一戴，就是服务员；办公桌前一坐，就是总经理了；有些甚至连导游都没有，景区老总兼市场开发、导游服务、企业管理等数职于一身。真是里里外外一把手，岂知坏就坏在“一把手”上。

俗话说：“没有考场外的举人。”但我们一些景区的主管部门就是不信这个“邪”，就要先当举人，再进考场。因此主管部门把政治可靠、为人忠厚的所谓“好人”推到“一把手”的位置上，让不懂旅游的“旅盲”，先当老总，再学旅游。这是典型的因人设岗，而不是因岗设人，却美其名曰：“有多大的胸怀，就有多大的市场。”

什么是胸怀？胸怀是人生的志向和抱负，胸怀是人格的品位和涵养，胸怀是对待世界万物的气量和风度。胸怀从何而来？它不是固有的，不会从娘胎里带出来，更不会从天上掉下来，它来自于学习和实践。这个学习、实践的过程是漫长的，不可能一蹴而就。这个学习过程不可或缺，前期不足后期必须得补，后期的学费可能比前期多得多，因为它要与少则数百万元、多则数千万元的投资相伴而学，而且这种忙里偷闲、摸索性、闭门造车式的学习，学得好可能照猫画虎地要上几下，为景区带来点小利；学糟了，那就是“画虎不成反类犬”，会使景区连本带利付之东流，输个精光。要知道，市场是不以人的意志为转移的，必须按市场规律办事。

旅游是处于改革开放、市场竞争最前沿的产业，旅游业的市场竞争早已白热化。旅游竞争归根到底还是人才的竞争、知识的竞争。所以，景区只有选用知识型人才，选用具有博大胸怀的人才，才能立于不败之地。山西晋城皇城村党支部书记张家胜深谙此理，凭着战略家的胆识，先后高薪聘请博士张全有、研究生李伟，硬是把沦落为“旧农宅”的午亭山村，打造成了全国闻名的“皇城相府”和“东方古城堡”，建成了国家 AAAA 级景区，每年旅游收入达 4 千万元以上。河南清明上河园景区启用硕士生周旭东，得以在废墟上复建了清明上河园，使我国大宋的繁荣昌盛景象再现于大宋首府——开封。龙峪湾、开封府、太昊陵、南湾湖等景区从无变有、由小变大、由弱变强，继而成为全国知名景区的事例，都可证明这一点。

综上所述，笔者认为：景区发展应特事特办，先选特色人，再建特色景。否则，老总平平，景区泛泛，何谈双赢？

二、山水寺庙＝景区

地球的地理结构是三山六水一分田，可见山水并非稀缺资源。但当 1989 至 1990 年旅游业利润以几何级数迅速增长后，一些政府部门和投资者便坐不住了，赶快盘点辖区，突然发现这座山好，那道沟美，这片林森，那道水秀，这庙传说久，那寺道业深……于是，一些景区“旅盲”老总头脑发热，主观臆断，瞎建乱造，山、水、沟、林、寺、庙、观、庵，齐头并进，修凉亭，铺草坪，建停车场，山炸了，树伐了，景乱了。河南豫西某小县景区达 20 多个，令世人称奇；豫南某山有三家景区，都称北武当 ×× 顶，都叫 ×× 山，无序开发，自成一体，只能是互相掣肘，自相残杀。这些人不知该景区在全国、全省、全市有什么特色，处于什么位置，市场认不认，游客来不来，因此造成了景区的先天畸形，运行两年后才发现停车场小了，山门近了，饭店宾馆污染了，步道、厕所、硬化的地面不符合国家 AAAA 级景区的要求了……然后推倒再来，岂知资源已经破坏，环境已经污染，形象已经损害，景区怎么经得起如此的折腾？

拿偏见当特色，拿人情当水平，拿激情当科学，拿资金当实力，拿想象当论证，拿长官意志当经济规律，拿大话当计划、当策划，其结果可想而知。

三、中间商=市场

景区硬件“上去了”，总经理“到位了”，景区开门“营业了”，但随着时间的流逝，景区的收入不像预想的好，于是景区掌门人便到处寻找良药秘方。

有句歇后语：“武大郎放烟火——起点不高。”由于掌门人受知识、阅历、胆识等自身条件所限，致使其辨别“良方”之真谛的水平不高。一是所接触的“良师”才智不济，到了西天，没见到真佛；二是“良师”抱着“同行是冤家”之偏见，只传些皮毛；三是掌门人“拿着鸡毛当令箭”，拿着假货当名牌，中了邪功；四是抱着“投资小，见效快”的错误想法，亦步亦趋，如法炮制，从而误入景区发育不良的窠臼，形成恶性循环，以至于越陷越深，不能自拔。

（一）大降价，多让利

取到“真经”，如获至宝，于是，近交远攻，四处拜访旅行社，但旅行社当仁不让，将景区的门票价格一砍再砍，景区为了聚人气，做形象工程，只好忍痛割爱，杀鸡取卵，门票折扣，让利销售。还将旅行社奉为上宾，热情款待。等到团队来了，还要承担导游、司机及其亲朋好友的门票和食宿费。掌门人看着成群结队到景区的游人，盲目乐观，自鸣得意，殊不知到年底一算账，除去水电费、人员工资、贷款利息、税金等各种开销，自己所剩无几，成了真正的泡沫经济。“一车炭千余斤，换来几多薪？”真是可悲、可叹、可怜。

（二）涨门票，减折扣

眼看着白花花的银子，流入别人口袋，掌门人岂能甘心，于是调整思路，拍马再战。首先是向物价部门申请门票涨价，其次是通知各旅行社减少折扣。可是，门票涨价游客不认，减少折扣旅行社不认。结果是：该上门的不上门了，该组团的不组团了，该宣传的不宣传了。旅行社将绣球又抛向刚刚开发起来的新景区，真是“只见新人笑，不见旧人哭”，见了新人忘旧人。可这一“忘”不要紧，原来红红火火的景区成了打入冷宫的徐娘，色老体衰，门庭冷落，一冷就是数年，有些景区就此一蹶不振，夭折在第二套路上。河南新郑的始祖山、新密的神仙洞等景区就是如此。

（三）有病乱投医

有些景区痛定思痛之后，并没有从自身找原因、发现问题的“病灶”，而是怨天尤人。一曰：“市场变化太快了，投资跟不上”；二曰：“景区老化了，失去了竞争力”；三曰：“政府不支持，体制不顺畅”。君不见远如云冈石窟、黄山，近如开封龙亭、辉县八里沟，因时而变，经久不衰，不等、不靠、不要，立足市场搞开发求发展的辉煌战例，也有一部分国营景区，仗着“瘦死的骆驼比马大”的实力和政府的费用补贴，惨淡经营，虽说吃不饱，但也饿不死。豫西某些原在20世纪80年代就名噪一时的景区，就是这个状况。另一部分小景区，虽收入不多，但人员少，费用小，仍苟延残喘地活着。它们的共同追求是：不求有功，但求无过；不求发展，但求温饱。殊不知，这样下去，用不了多久，就会一无所有。还有一部分景区靠着政府的再投资，再上新项目，再演第一部曲，名曰“再铸辉煌”，岂知不换人，不换思路，就是穿新鞋走老路，结果是恶性循环，重蹈覆辙。

综上所述，三部曲没奏好的原因，就是第一部曲乐手差劲，弦没调准，根基不稳，没把眼光瞄准市场，而是盯着中间商旅行社，有舍本逐末、无的放矢之嫌。

市场的主体是谁？就是旅游的终端消费者——游客。怎样才能得到游客的青睐呢？一句话，就是视游客为上帝。那么，该如何对待上帝呢？

一要真诚。将最上乘、最有特色的“贡品”虔诚地奉献给“上帝”，这份贡品就是景区质量和服务。景区质量不能言过其实，关键是特色，哪怕是“毛芋头”，只要有特色，也能成为贡品。不能使“上帝”高兴而来，扫兴而归。在服务方面不能怠慢、耍弄上帝，更不能让“上帝”受到不公正的待遇。

二要云游。古往今来有成就的名人高僧都离不开云游。云游是什么？云游就是宣传，孔子周游列国14年才将其产品——儒家思想宣传出去。宣传要表白，让“上帝”知晓某地有上等的贡品，感觉应该去看一看，品一品，尝一尝。即便“上帝”一时未能光临，也应该反复祈祷，反复汇报，让贡品潜移默化在上帝心中，一旦有朝一日上帝有了兴致，就会呼朋唤友光临宝地，令景区生辉。

三要善变。适者生存、顺时而变是自然界永恒的法则，也是社会发展的根本所在。就连两个人的爱情都需要保鲜和刺激，更何况高高在上的“上帝”了。若没有新创意和心动点，上帝就可能另找新欢了。所以，景区要持续发展，就要不断地增加新策划、新活动、新项目，并常年云游（宣传），以获得上帝更多的垂爱。

以上三招很灵验，招招鲜。谁这样做了，谁就能独占鳌头，笑看旅游云海沉浮。这些年来，河南的云台山、鸡冠洞和山西的乔家大院这样做了，也都得到了丰厚的回报。这几个景区没有落入俗套，始终坚持找市场，长期云游、祈祷于各路神仙之间，越游越远，越游越大。自第一市场辐射至第二市场、第三市场，不断投入高额的宣传费，让越来越多的上帝通过现代媒体了解这些景区是修身养性、避暑度假的风水宝地，欣然前往。反之，没有高、新人才和理念，再好的景区也枉然，河南的康百万庄园无论是规模、文化、历史影响，还是古建保存完好程度，都要比山西的乔家大院、王家大院、常家庄园高几个档次，可门票收入每年只有几万元而已，而仅河南游客送往山西大院的钞票就要在 6 200 万元以上，真乃天壤之别，令多少有识之士望景兴叹!

景区通过媒体推动市场，市场推动中间商，其结果不是旅行社要游客去某景区，而是游客要让旅行社带着其去某景区。这样，景区运作就进入了良性循环，当旅行社离景区而去时，仍有游客源源不断光临。景区由“找旅行社”到“旅行社找”，此时景区要卖关子了：折扣不能少于八五折,年保证金不能低于 10 万元。门槛高了吗?你不来自有人来。

这就是市场，既无情也有情，对不爱它的人横眉冷对，冷若冰霜；对爱它的人柔情似水，至死不渝。

旅游如人生　把握“六个一”

人生是一盘局，宜善做规划，不可游戏。常言道：一年树木，百年树人。小树成长需要时时斧正，删繁就简；一个人从咿呀学语到耳濡目染，从大人的言传身教到耳提面命，从入学的理想教育到入行的专业选择，再到入职的职业规划，则需要因材施教，因势利导，否则，树要长弯，人要走偏。旅游亦是如此，需要立足长远，总揽全局，精心策划，悉心规划。

一、看准一条路，闯出一片天

人生需要选择。要根据自己的天赋和社会发展方向，以利制权，筛选自己可支配的资源，看准一条适合自己职业发展的路子，大踏步地走下去。清末实业家张謇就是在中国民族资本主义工业发展的黄金时期，果断放弃自己“状元爷”的尊贵，投身于实业救国的浪潮之中，才开创了中国纺织高等教育之先河。

旅游也要根据资源禀赋选择一条适合景区发展之路，将资源变产品，产品变商品，商品变资本，将资本一变二、二变三、三变无穷。峨眉山在变观光旅游为生态旅游之后，显露了勃勃生机，业绩骄人。无独有偶，2002 年国家级贫困县栾川认准只有通过旅游才能甩掉落后贫穷的帽子这条路，在县域内开发了 17 家旅游景区。经过 6 年的艰苦奋斗，于 2008 年真正实现了旅游富商富民富财政，一举成为全国经济百强县之一。栾川县通过抓旅游，使山人变商人、老农变老板、山货变山珍、穷窝变福窝，让农户开上了轿车，住上了新楼，开起了“农家乐”。国家标榜，百姓称赞。“栾川经验”表明：抓旅游就是抓扶贫，抓旅游就是抓就业，抓旅游就是抓交通，抓旅游就是抓缩小城乡差别。

二、跟对一个人，成就一批人

人生需要引领。不仅要看准适合自己发展的道路，还要找准这条道路上的领路人。这个领路人需要“众里寻他千百度”，是给自己带来转机的“贵人”，可能会由潜力股发展到绩优股。红顶商人胡雪岩看准了王有龄，在其事业不顺时积极扶持，最终得到了回报，成为名留青史的大富豪。

旅游要看准重视旅游的领导，晓之以理，动之以情，正如一个省旅游局长所说：“开发旅游先开发领导。”旅游景区的主管跟对了这个领导，旅游发展就会事半功倍，一帆风顺。没有秦玉海，就没有焦作现象，焦作的旅游业跟对了旅游发展的带头人，才使得焦作由煤城转绿城，由资源枯竭到资源活化，山水焕然一新，经济突飞猛进。旅游起到了龙头作用，带动了第三产业迅猛发展，第三产业又促使一、二产业起死回生，创造出著名的“焦作经验”。秦玉海造就了焦作旅游，焦作旅游也成就了秦玉海等一批旅游干部，秦玉海、史丰收、韩耀平等一干人马相继升职，被国家擢升到更重要的岗位上。

三、选对一个相，成就一伟业

人生需要支撑。作为夫妻，互为对象，对象是人生伴侣，这个伴侣就是你身边的参谋，身边的“相”，所以才有“男怕娶错娘，女怕嫁错郎”之说，才有“一个成功的男人身后肯定会有一个伟大的女人”这一至理名言。西汉大辞赋家司马相如处心积虑得到卓文君，才从一个落魄文人成为汉武帝身边的御用红人。

旅游也要选“相”。谋划之士，古今有之。齐国稷下学士有“数百千人”，战国“四君子”养士多达几千人。军有军师，国有国相，关系到一个军队和国家的存亡绝续。刘备选对了相，诸葛亮协助他从寄人篱下成为三分天下有其一的君王；赵构选错了相，秦桧把他送上了不归路，小朝廷偏安一隅。当下，大到国务院的政策智囊团，小到公司的策划部，社会经济的发展把“相”由一个人推到一个部门，由一个国家推到了一个行业，由政治军事层面推到经济文化层面，再到旅游业的规划院、规划所等。对旅游企业而言，选对一个“相”，会像武夷山一样，年收入超过 100 亿元；选错一个“相”，会如微山湖一样，捧着金碗讨饭吃。

四、迈过一道坎，攀上一座峰

人生需要历练。“山重水复疑无路，柳暗花明又一村”。人生有许多坎，迈过坎坷可能就是坦途，就会走出有限的空间，领略到山外精彩的世界，欣赏到“险峰”的“无限风光”和别样的人文情怀，进而走向适合演绎自己人生的大舞台。只有在心理上逾越所谓规矩、条框、礼法、传统之坎，才能战胜自我、超越自我，才能披荆斩棘、拨云见日。走出韶山的毛泽东改变了中国，也改变了世界，成为世界东方永远不落的太阳。邓小平坦然面对“永不”翻案、“靠不住”的定论，历经“三起三落”而不言败，一息尚存，永不放弃，最终保全了自己，挽救了中国，成为一代伟人。而彭德怀却终因没有越过那道“宁折不弯”的坎，而没保护好自己，也没捍卫住真理。

旅游景区的领导者既要跨过自己的人生之坎，还要跨过行政区域的迷障。普通产品和普通服务仅靠当地人反复消费即可，旅游景区作为特殊产品和特殊服务业，必须面向中国，走向世界，让中国百分之几的人、世界百分之零点几的人来看看方可。旅游景区的领导者更要摒弃一贯秉持的错误理念，不要被真实所累、被真实所困、被真实所惑、被真实所诱，要通过规划让真实再现、让真实放大、让真实活化、让真实优化。苏州吴中区委区政府领导高瞻远瞩，打破区域之分，突破苏州园林甲天下的“金丝笼”，投资超百亿打造大山、大水、大园林，从而创建了中国最大的5A景区——苏州环太湖旅游度假区，达到了“山高我为峰”的宽广境界。

五、把握一个度，布好一个局

人生需要进退。人生在世，凡事需适度。君不见“大忠似奸”比比是，“钻石美女”求偶难……这些都是行为过“度”的结果。

旅游，也需适度。先从投资额度说，君不见20世纪数百家西游宫血本无归，本世纪97%的高尔夫球场资不抵债、2 266家4A景区有76%门可罗雀。是景区多了吗？非也，中国景区与旅游人口的比例尚不足发达国家的50%。原因就是没把握好同质化的度，山山水水皆相似，寺寺庙庙无不同。形似不可怕，魂同最可悲。再从内容丰度说，一个“印象刘三姐”出台，百个“印象剧”登台。跟风害人，更害中国人。一本格式化的导游词30年不变，千景一篇，千篇一律。对景区的宣传往往流于什么“南有 ×××，北有 ×××”，什么“集泰山之雄、华山之险、峨眉山之秀、黄山之奇、青城山之幽”等。最后从运作尺度说，一流的资源，二流的人才，三流的理念，四流的开发，活活把一个世界级的资源给糟蹋了。一个小土堆非要硬拉胡扯为“×× 丞相”、“×× 名人”之墓……正如人们流传的“农民做旅游建庙，文人做旅游造谣”，不讲原则，没有分寸，便没有好的结局。因此，做旅游必须适度，只有适度，才是旅游发展的正道。

六、做对一件事，成就一世功

人生需要坚持。认准的事就要一以贯之，永不回头。郑燮有《竹石》诗“咬定青山不放松，立根原在破岩中。千磨万击还坚劲，任尔东西南北风”写得极好。一炮走红、一曲成名者有之，令人艳羡。但成功之人必有成功之处，绝非偶然，实为厚积薄发也。著名学者何新之所以成为现代中国大师级人物，缘于苏联解体前一年的惊世预测。君可知此前他是一位默默无闻的文人，是一位在北大旁听、灶边夜读的穷学生。但他人穷志高，苦学不辍，博览群书，他的成功来自于辛勤努力和智慧，他的研究为中国迎来了价值不可估量的战略主动。宋祖英一曲《小背篓》唱出大明星，小沈阳因《不差钱》钱程似锦，刘翔一跳跨向世界。总之，做对一件事，便可以成就一生美名。

旅游用活动促销，造势成名，行之有效，不胜枚举。“飞机穿越天门山”使张家界名扬海内外，“印象刘三姐”使桂林旅游起死回生，“鸡冠洞热吻大赛”让栾川旅游焕发第二春……可见一个有影响力的策划多么重要。大堡礁全球推广的绝妙策划投入 170 万澳元，却为昆士兰省带来超过 4 000 万澳元的旅游收入、1 亿元的广告效益，既招揽了世界上最优秀的人才，又扩大了知名度，还增加了旅游收入，昆士兰省真可谓“一石三鸟”。

一个国家、一个景区、一个人，总有身处困境的时期。这个关头除了拼搏奋斗，还必须懂得策划的艺术。只有秀出规划的魅力，才能化腐朽为神奇，才能博得精彩，铸就辉煌。

要有所成就，需要看准一条路，跟对一个人，选对一个相，跨过一道坎，把准一个度，做好一件事。这就是本文想带给朋友们的启示。

开发篇

旅◦游◦开◦发◦观

- 旅游产品不求第一，只求唯一。
- 旅游资源不等于旅游产品，旅游产品不等于旅游商品。商品的标准是能否有市场，能否换来货币；旅游亦然。

旅◦游◦开◦发◦观

旅游开发原则

资源依托，市场导向原则；
突出特色，扬长避短原则；
挖掘主题，品牌提升原则；
立足自身，放眼全局原则；
梯次推进，逐步深入原则；
科学开发，有效保护原则。

旅游产品现代元素“十化”特征

原真化，体验化，休闲化，生活化，参与化，精致化，乡土化，娱乐化，生态化，情景化。

旅游筹资“九龙治水”方案

争取国家省市资金扶持——跑钱方案，
加强与金融机构的合作——借钱方案，
加大对外招商引资力度——吸钱方案，
充分利用资本市场融资——融钱方案，
创新模式盘活固定资产——兑钱方案，
挖掘当地群众投资潜力——聚钱方案，
引导工农商业跨行投资——投钱方案，
设立生态旅游发展基金——募钱方案，
加大当地政府投资力度——挤钱方案。

旅◦游◦开◦发◦观

九头引得彩凤来

产品定位有噱头，
移步换景有引头，
稀奇古怪有看头，
导游说笑有说头，
项目互动有玩头，
有机农业有品头，
拓展项目有来头，
休闲度假有兴头，
回味无穷有想头。

旅◦游◦开◦发◦观

规划开发力避三大盲区

盲摸——摸着什么是什么，盲求——求真、求高、求静，盲骑——盲人骑瞎马。

释义：

所谓盲摸，即开发旅游没有规划，侧重资源主导，偏离市场主体，“脚踩西瓜皮，滑到哪里算哪里”，凡事信奉长官意志，远见不足，短视有余，胡乱开发，缺乏科学性。所谓盲求，即一味追求历史真实，为真实所累，不会活化历史，不能体现时尚化、休闲化、体验化的现代旅游元素；一味追求高大全的项目，脱离实际，致使资源无可依托，文化失去根基，市场没有来源，资金缺乏供给；一味追求“阳春白雪”式的项目，不适应大众需求，造成景区主题与市场脱节，门庭冷落。所谓盲骑，指盲摸和盲求造成的恶果，只能是“盲人骑瞎马，夜半临深池”，空耗财力，破坏环境，难见效益，危乎险哉！

旅○游○开○发○观

旅游景区六要素

史、人、文、山、水、绿

释义：

一创史：史是景之根，历史是任人打扮的小姑娘，需要挖掘、整合和升华，使其活色生香。

二读人：人是景之本，以人未知领域和感兴趣的项目引人。

三撰文：文是景之魂，景因文显，文以景传。

四乐山：山是景之体，为山求仙，有仙则名。

五亲水：水是景之韵，为水攀龙，有龙则灵。

六护绿：绿是景之容，容光焕发，神采飞扬。

论旅游资源的整合战略

（讲座）

一、旅游资源概述

旅游资源是发展旅游业的基础和重要组成部分。一个国家或地区旅游业的成功与否，从根本上说，取决于其旅游资源的特色和丰富程度、取决于能否对旅游资源进行恰当的评价和合理开发。

（一）旅游资源的定义

旅游资源有三个方面的属性：首先，旅游资源可以是有形的，也可以是无形的。有形的如自然景观、文物古迹、植物动物、古今建筑，无形的如民族风情、风俗习惯等。其次，旅游资源具有激发旅游者动机的吸引性。这是旅游资源最大的特点，也是旅游资源理论的核心。在现代旅游活动中，作为客体的旅游资源与主体（旅游者）的关系密不可分。西方人将“旅游吸引物”作为旅游资源的代名词，足以说明吸引物功能对于旅游资源的重要性。第三，旅游资源能为旅游业所利用，并由此产生经济效益、社会效益和生态效益。资源属于经济学范畴，其价值就在于能带来经济价值。旅游资源也自然具有资源的一般属性，即开发必能带来经济效益，或存在带来经济效益的可能性。此外，旅游资源具有自身的半公共产品属性以及产业相关性特点，其开发应该兼顾社会效应和生态效应。

因此我们可以将旅游资源的定义界定为：凡能激发旅游者旅游动机，并能产生经济效应、社会效应和生态效应的有形的事物或无形的意境。

（二）旅游资源的基本特征

对于旅游资源基本特征的概括，不同涉及旅游资源的专著都有所论述，且基本相同，这里采用肖星等编写的《旅游资源与开发》中的观点。

1. 多样性和综合性

这是旅游资源最为直观的特征。旅游资源形成的因素是多方面的，多种因素的共同作用，使旅游资源存在于自然和社会的各个方面。旅游资源的这一特点是千差万别的旅游需求推动下的产物，因此能够适应旅游市场不断发展的要求。一个地区的旅游资源种类越多，对旅游者的吸引力就越大。

2. 吸引力的定向性

旅游资源是相对于旅游者而言，不同的旅游资源吸引的旅游者也各不相同，如游乐园吸引的往往是年轻人，而博物馆却是中老年人比较喜爱的场所。

3. 区域性

旅游资源总是分布在一定的地理空间，其形成受特定区域的地理环境要素的制约，又反过来反映着区域环境的特色。这就是旅游资源的区域性。正是旅游资源的地区差异性，导致一地的旅游资源对另一地旅游者形成吸引力，从而形成旅游者的空间移动。旅游资源开发中所讲究的特色原则，就是要求尽最大努力挖掘旅游资源的地方特色，突出特色，吸引游客。

4. 永续性和不可再生性

永续性是指旅游资源具有可以重复使用的特点。与矿产、森林等资源随着人类的不断开发利用会不断减少不同，旅游产品是一种无形产品，旅游者付出一定的金钱所购买到的只是一种经历和感受，而不是旅游资源本身。因此，从理论上讲，旅游资源可以长期甚至是永远地重复使用下去。

但是，正如自然生态平衡和文化遗产容易遭受破坏一样，如果使用不当，旅游资源也会遭受破坏，并且绝大多数的旅游资源都具有难以再生的特点。因此在旅游资源开发的过程中，必须对旅游资源进行科学而有效的保护。

（三）旅游资源的分类

根据不同的目的，按照不同的分类标准，旅游资源有不同的分类方法。

1. 按照旅游资源的基本属性分类

这是目前应用最为广泛的一种分类方法。一般来讲，可以将其分为自然旅游资源和人文旅游资源两大类。但是，由于社会旅游资源在现代旅游发展中起着重要作用以及对它的进一步认识，也有一些学者认为应该将社会旅游资源从人文旅游资源中划分出来，形成了自然旅游资源、人文旅游资源、社会旅游资源的三分法。

2. 按旅游活动的性质分类

根据旅游活动的性质，一般可以分为观赏型旅游资源、运动型旅游资源、疗养型旅游资源、娱乐型旅游资源以及特殊型旅游资源。

3. 按照旅游资源的吸引级别分类

根据旅游资源的风景质量和吸引级别可分为国家级景观旅游资源、省级旅游资源和市（县）级旅游资源。

4. 按旅游资源的市场特征和开发状况分类

按照旅游资源的市场特征和开发状况，可以把旅游资源分为三类：一是潜在旅游资源，是具有一定的游览、观赏价值，但目前尚无力开发的潜在资源，这类资源可以是自然景观、历史遗存或者是独特的吸引物；二是现有的和即将开发的旅游资源，是指已经客观存在的自然、人文社会旅游资源以及市场型旅游资源，其配套的基础设施和服务设施已经比较完善，已经成为当地旅游业发展的主体，抑或是有些资源已经通过可行性论证、对其开发价值取得认证，已经列入规划即将开发的资源；三是市场型旅游资源，这类资源是比较适合市场需求的资源，它可能原本质量不高，但由于某一社会事件使其影响力倍增而成为旅游资源，或者是由于市场需要而创造出来的新的旅游资源，如各类主题公园的建设即是一例。

表　　旅游资源分类

资源种类	景观内容
自然旅游资源	地质旅游资源、地貌旅游资源、气象气候旅游资源、水文旅游资源、生物旅游资源、太空旅游资源
人文旅游资源	历史文化名城旅游资源、古迹旅游资源（含地面和地下的历史遗存、古迹等）、宗教文化旅游资源（含各类宗教建筑、宗教园林、宗教艺术、宗教文化现象等）、交通旅游资源（含古交通以及现代交通旅游资源）、建筑与园林旅游资源（含古代与近现代建筑、园林及现代人造建筑）
社会旅游资源	民俗风情旅游资源、购物旅游资源、城市景观旅游资源、会议旅游资源、商务旅游资源、娱乐旅游资源、体育保健旅游资源

二、旅游资源整合的两种模式

整合各类旅游资源要素，使其形成全新的旅游产品，这是旅游开发走向全面商品化的产物。这种整合具有较强的人工痕迹，但是如果整合得好，充分考虑到市场需求，则会取得很大的成功。

整合各类旅游资源要素，可分为以下两种模式：

（一）白手起家式

即在没有资源依托的情况下，全部是在通过对市场需求把握的基础上，将各种相关的旅游资源按照一定的主题组合在一起，构建一个巨大的旅游产业平台，再进行商业化运作。这种情形以人造主题公园为代表，如迪斯尼乐园和深圳的“世界之窗”、“锦绣中华”以及曾经遍布我国各地的大小西游记宫，另外还有目前运作得比较成功的宋城、北京大兴县农村体验游等。

这类旅游资源的整合，实际上是按照主题对原有的旅游资源进行仿制。通过表演、观光、参与活动和现代科技的包装，让游客身临其境。此外，该类模式成功的关键在于充分利用区位优势，其选址往往要靠近大都市或近郊，通过这个平台带动旅游房地产的开发和主题饭店、主题商业、主题文化产业的建设，形成一个产业集群和主题社区。如深圳在“锦绣中华”、“世界之窗”的带动下，建成的华侨城是一个主题社区，并成为整个深圳房地产业开发最成功的一个地区。反之，如果这种开发不能带来房地产业、商业、文化产业、饭店业的整体发展，不能以公司的现代企业管理方式进行经营管理，其生命周期就不会长久，注定失败。中国 20 世纪八九十年代的人造微缩景观热成功者寥寥，就是一个很好的反面例证。

该模式的旅游资源的整合策划细节，可以借鉴主题公园的策划。

（二）1+1>2 模式

这种模式是以已有的旅游资源为依托，根据市场需求，为了丰富产品结构，与其他类型的旅游资源进行有机整合。这类情形比起第一类模式最大的区别是以已有的资源为基础，本身有生态环境、景观或人文环境作为依托，只要整合的其他类型的资源能与原有的资源融为一体，并且在产品的定位上进行过科学的论证，多半会取得成功。因此，这种整合实际上是原有资源与其他资源的有效对接或叠加，其成功与否，关键是原有资源在其中所占的比重，以及整合进来的资源与原有资源组合后是否增强了原有资源的竞争力。这种整合可实现 1+1>2 的效果。

该模式又可以分为三类。

1. 以强带弱

即以某强势旅游资源为主体，整合其他资源以完善和增强原有资源。这种整合即以某一个原有的旅游资源为基础，为了提升其竞争力，通过市场调研和资源评估，确定欠缺的旅游资源，然后，有目的地选择资源，整合成为一个仍以原旅游资源的主题或特色为基础的新的旅游产品。

位于绍兴城东郊的东湖风景区和吼山风景区以托管经营模式“联姻”，“东湖”以年租金 110 万元租下了吼山风景区的经营权，托管期限为 3 年，从而推出了浙江省旅游景点之间实施托管经营的新模式。以“江南山水大盆景”美誉闻名遐迩的绍兴东湖风景区，新中国成立以来已有数十年的开发经营历史，在景点管理和宣传促销方面积累了较为丰富的经验；而近在咫尺的吼山风景区，则是由越城区皋埠镇政府近几年才开发建设起来的。东湖名气虽不小，地盘却不大；吼山起步较晚，开发空间颇广。东湖与吼山的管理者通过协商，决定在旅游资源保值增值的前提下，以租赁托管方式进行合作，实施旅游资源整合重组，优势互补，互惠互利。东湖租下吼山后，正在推出东湖、吼山旅游联动方案，既倾力装扮东湖美景，又精心策划2001年吼山桃花节活动，使东湖、吼山锦上添花，吸引了更多的中外游客。

2. 强强联合

这种资源整合方式，是在目标市场分析和资源分析的基础上，两个或两个以上的旅游资源为增强整体实力，寻求可以优势互补的资源，然后进行有效整合，从而实现1+1>2的效果。这种联合的关键是互相整合的资源之间，必须要有一定的产品特色或主题方面的互补。

3. 积弱为强

将原先的零散的旅游资源，根据某一个主题整合为一个新的旅游产品。在川东北秦巴山麓，有一个横跨川陕两省、总长约900公里的三角形环线，13个国家级景区（点）、20余个省级景区（点）星罗棋布，点缀其间。这里既有贯古通今的灿烂文化，又有享誉华夏的自然风光，它就是川陕两省三市正在合作开发的黄金线路——川陕旅游黄金三角。

2002年10月中旬，陕西汉中和四川广元、巴中在巴中光雾山风景区签订了《汉中、广元、巴中旅游合作协议》，川陕旅游“黄金三角”的开发正式宣告启动。目前该景区的开发已进入实质性运作阶段。“川陕旅游‘黄金三角’的成功开发，将有力地改变四川旅游格局”，四川省旅游局负责人如是说。长期以来，川西、川南的旅游景区在四川旅游市场上一统天下，而川东北地区丰富的旅游资源却“藏在深山人未识”。事实上，无论是素有“川北门户，蜀门重镇”盛誉的广元，还是位于川陕革命根据地腹心的巴中，抑或是被称为“西北江南”的全国历史文化名城汉中，都有着极为丰富的旅游资源。古蜀剑门关、明月峡古栈道、女皇故里、汉中古汉台、拜将台、武侯墓、巴中光雾山、诺水河、红军故里等著名景区名闻海内外，尤其是巴中市新近开发的诺水河景区，现已探明128个溶洞，洞洞相连，连绵百里，形成地下溶洞群。川陕旅游“黄金三角”的推出，可以连点成线，串线成网，盘活川东北地区丰富的旅游资源。这一旅游线路资源类型广、资源品位高、可游面极宽，游览线路短程开发潜力大。更为独特的是，以秦巴山麓为核心的川陕旅游“黄金三角”处于南北自然分水岭的位置，它融合了北方景区的厚重大气和南方景区的灵秀柔美，在全国旅游界中具有十分独特的地位。业内人士称，跨国、跨地区的旅游合作已经成为当今旅游开发的潮流。今年（2002）5月，川、滇、藏3省区达成协议，共同投资500亿元至800亿元，打造“香格里拉生态旅游区”；川南六城市联手推出“川南之旅”旅游线路；川、黔、渝合作开发西南“黄金三角”生态旅游区。

顺势而动，川陕旅游“黄金三角”的推出正是基于这样一个区域旅游资源整合开发的大背景下。这一“黄金三角”以蜀汉三国文化、红军文化、巴人文化、自然生态为主要产品，以共同包装、共同促销为基本合作方式，力争用2至3年时间打造一个全国知名旅游区。

该区域旅游部门负责人介绍，三市将设立常年办事机构，每年组织一次旅游经济文化交流活动，在资源保护、环境建设、市场开发、旅游文化和经济交流五个方面加强合作，进行整体包装。同时，促成协作片区旅行社、景区共同推出旅游线路，客源互送，利益分享，力争尽快形成生态旅游、三国文化游、红军故里游热潮。

制约川陕旅游“黄金三角”发展的最大瓶颈——交通不便、宣传乏力正逐一得到破解。连通广元和巴中的广巴高速公路前期准备工程已于日前开始启动，连接汉中和巴中的高速公路也在积极争取立项之中。一个新的西部旅游亮点——川陕“黄金三角”呼之欲出。

三、旅游资源整合的具体操作

在上文中我们讨论了旅游资源整合的两个大的模式，或者说是分析框架，在下文中着重介绍旅游资源整合的具体操作过程。

(一) 目标市场分析

资源是否需要整合，以及怎样整合，什么样的资源需要整合，最根本的决定因素是了解旅游需求，否则很难取得成功。因此资源整合的首要步骤是进行目标市场分析。对于目标市场分析，我们已经在前面进行了专门的论述，这里需要指出的是，目标市场主要调查目标是测定目标市场整体规模的变化、结构的变化以及需求结构的变化。在此对我国各类旅游市场的主要特征与未来趋势进行简要的介绍，以作为在旅游资源整合过程中的参考，但具体问题还要具体分析。

1. 国内旅游市场概况

长期以来，我国旅游业是以入境观光旅游为龙头而超常规发展的，由此决定了我国旅游市场的单一观光型结构。根据对20世纪80年代以来国际旅游业发展趋势的观察，发现中国旅游的海外客源市场大体上可以归纳为“三为主，三为辅”的特点，即以港澳台同胞、华侨为主，外国游客为辅；以亚洲为主，欧美为辅；以日、美等西方发达国家为主，周边中等发达国家和发展中国家为辅，且这种格局在近期不会发生明显变化。

从20世纪90年代起，我国接待有组织的海外旅游者的比重开始下滑，而散客比重不断上升，中国旅游业已经出现结构性变化。首先，以入境观光旅游为主的市场向入境观光旅游和观光度假旅游结合的方式转变，这个过程会延续一段时间；其次，单一的旅游观光市场已经被多元化发展所冲击；再次，我国旅游市场已经呈入境旅游、国内旅游、出境旅游三分天下的格局，其中出境的游客主要来自大中城市、经济特区和经济比较发达的地区，且大部分都是第一次出国。

根据国家旅游局的资料，1997年海外过夜旅游者在华人均每天花费135.11美元，总计在华人均花费864.7美元，其费用构成为：长途交通费用占29.27%、游览费用占4.2%、住宿费占17.69%、餐饮费占11.74%、文化娱乐费占4.43%、购物费占19.28%、邮电通信费占3.87%、市内交通费占2.57%、其他费用占6.95%；海外一日游游客在华人均花费40.08美元。这些花费不包括国际交通费和海外旅行社收取的劳务费。在来华过夜旅游者中，首次来华的外国人比重相对较高，占35.6%。海外过夜旅游者的行程以短程为主，游览的城市数以1～3个居多；团体旅游者的平均行程普遍长于散客；从年龄来看，老年游客的行程长于年轻的游客；从出游目的来看，观光度假、宗教朝拜和以科教交流为目的的旅游者的平均行程要长于其他目的的旅游者。海外旅游者在中国省（区、市）之间的流向表现为：在所在的省（区、市）内继续游览；前往北京、上海的流向比例较高；到经济比较发达和旅游资源比较丰富的省（区、市），如到江苏、湖北、广东、广西、云南和陕西等省（区）的比例也比较高。海外旅游者对中国旅游资源的兴趣主要集中在山水风光、文物古迹和民俗风情上，其选择率分别为50.6%、39.6%和27.0%；其次是饮食烹饪、旅游购物和文化艺术。这说明海外旅游者对中国旅游产品的定位仍然集中在观光旅游、文化旅游，而对度假旅游、会展旅游尚未形成明显偏好。但是不同的国家的游客又有不同的偏好。如日本人喜欢羊绒、丝绸，欧美游客由于对中国传统的字画缺乏了解，主要对民间工艺品有较大的兴趣，尤其喜欢丝绸、景泰蓝和刺绣等。在中国的入境旅游市场中，特别是邻近的亚洲国家中，日本、韩国市场占有最为重要的地位。

2. 国内旅游市场的基本特征

中国庞大的人口基数为中国的旅游业提供了相当大的潜在的国内市场。根据1997年国家旅游局的调查，目前我国国内旅游者的特征为：男性占总数的50.4%，略高于女性；25～44岁的占45.3%，以中年为中心；文化水平比较高，其中中专及高中以上学历的游客占总体的67.2%；月收入在1 000～2 000的游客占绝大多数。因此大众旅游产品应是旅游开发的最基本的着眼点。国内游客的出游目的多是属于观光为主，属集观光、度假、探亲、访友为一体的经济实惠型，而其他产品特别是远程度假旅游产品，对于大多数地区来说尚未成熟；多日游占 3/4；游览一个城市的短程旅游者的比重最高，占 89.1%；每次出游的人均花费为 709.6 元。

——旅游市场出现了一些新的发展态势，旅游者出现了新特征，并随着消费者本身的变化以及技术进步、管理技术发展、产品开发和旅游支持条件的变化而变化。

（二）资源调查与评价

1. 旅游资源调查的步骤

旅游资源调查，通常分为三个步骤。

（1）准备阶段

主要包括以下步骤：

①成立调查小组。调查小组由承担旅游资源调查工作的不同部门或单位负责吸收不同管理部门的工作人员、不同学科方向的专业人员以及普通调查人员构成。小组要有一定的组织关系和协调配合机构。

②制订旅游资源调查工作计划。调查的工作计划和方案，由调查小组负责人拟订。包括调查的目的、调查区域的范围、调查对象、主要调查方式、调查工作的时间表、调查精度的要求、调查小组内的人员分工、调查成果的表达方式、投入人力与财力的预算等内容。

③拟定资源分类体系，设计旅游资源调查表及调查问卷。旅游资源分类可以参照本文前面的相关内容。调查问卷的设计要结合调查区域的资源分布、类型和数量等情况，也要根据被调查对象的人口特征，以便于统计分析。

④资料收集与整理。主要是对第一手资料的搜集、整理和分析。据此对被调查区域形成一个基本的印象，并将调查区域划分为若干调查小区，选定调查目标及重点，选取比例尺适中的地图作为地理底图，编制与调查工作计划相配套的野外考察路线图。同时对第一手资料中介绍详尽的旅游资源，可直接填写旅游资源调查表，以便于野外考察比较变化，补充缺漏。

（2）资料和数据收集阶段

这一阶段的主要任务是在准备工作，特别是在第一手资料收集分析的基础上，由调查人员通过各种方法，调查区域内旅游资源，得到详尽的第一手资料。具体的调查方法包括：

①实地勘察。调查人员通过观察、勘察、测量、记录、填绘、摄像等形式，直接接触旅游资源，可以获得宝贵的第一手资料及专业人士较为客观的感性认识，结

果翔实可靠。旅游资源勘察、旅游资源分布图的草图绘制，均在这一阶段完成。因此要求调查者勤于观察、善于发现、及时记录、及时填图、现场录摄、及时总结。

②访问座谈。通过走访当地居民或开座谈会的方式，增加信息收集渠道，为实地勘察提供线索、确定重点，提高勘察的质量和效率。要求预先精心设计询问或讨论的问题，以便于在尽可能短的时间内引导调查对象讲述有关信息，达到调查目的；另外，调查对象应具有代表性。

③问卷调查。可以采取通过行政渠道分发给各个有关部门或个人填写、集中收回的方式，或采取在勘察现场由游客或当地居民填写、分散收回的方式，收集到有关旅游资源、旅游市场的动态信息，对调查结果有重要的参考价值。要求问卷设计合理，分发收回的程序符合问卷调查的规定，以保证结果的有效、合理性。

（3）文件编辑分析阶段

①旅游资源地图的编制。即整理反映旅游资源调查工作过程和工作成果的手绘草图，选取形象直观的图例，将经过编辑的内容转绘到选定的地理底图上，形成旅游资源分布线路图。该图可反映调查区内旅游资源的基本类型及其名称、性质、分布和旅游资源周边的自然、人文环境。

②编写资源调查报告。这是旅游资源调查的综合性成果，总体结构上可以包括以下几个方面：a. 调查地区的旅游环境。包括调查区的位置、行政区划、自然地理特征（地形、水系、气候和气象、动植物等）、交通状况和社会经济概况等。b. 旅游业发展的历史和现状。c. 旅游资源基本类型。这是报告的核心部分，包括旅游资源的类型、名称、分布的位置、规模、形态和特征（可附带素描、照片、录像资料）。d. 旅游资源分布与评价。对调查区内旅游资源作一总体评价，并按照其表现出的属性特征、空间组合特点进行分区，以便于分析和开发利用。e. 旅游资源开发的问题。对调查工作中所发现的关于旅游资源开发利用中可能存在的问题进行总结概括，以引起开发者和管理者的注意，同时须提出相应开发规划的建议。

2. 旅游资源的评价

对于旅游资源的评价方法，可以分为定性评估法和定量评估法，而在实际的操作过程中，定量评估法往往更有可操作性，所以这里主要介绍定量评估法。但这并不意味着定性评估法不重要，而是在实际操作中，要根据实际情况，两者要结合起来考虑。

（1）旅游资源的技术性评价

它是指对旅游资源各要素对于旅游者从事特定旅游活动适宜程度的评估。该方法需要大量的技术性指标的运用，而方法科学与否也在很大程度上决定于指标选取的合适与否。不同的旅游活动所需要的因素是不同的，旅游资源技术性评价，可以就关键的旅游资源因素针对确定的旅游活动进行适宜性评价，也可以就某种旅游活动所要求的各种旅游资源要素的组合状况进行技术性评价，根据资源要素的组合状况来确定这一资源适于从事某种旅游活动的等级。目前比较重要的要素评价包括：

①气候的适宜性评价。气候对所有的户外旅游活动都有影响。气候要素中的温度、湿度会对旅游质量产生影响。

②地形的适宜性评价。一般来说，地形因素对于运动类型的旅游活动是至关重要的，对风景观赏当然也有影响，地形的起伏、陡峭带给旅游者的困难能借助于人工设施来解决，而地形的这种特征本身却能提高风景的美感。各种运动类型的旅游活动，对于地形的倾斜程度都有严格的要求，如滑雪要求的坡度必须在35° 以下。

③资源要素组合的技术性评价。对于不同资源要素组合情况的适宜性等级，不同国家有不同的划分方法，甚至不同的评价者对具体的等级划分都有不一致的意见。即便如此，各种方法之间也有近似的地方，可供我们确定类似标准时借鉴。

（2）旅游资源的综合性评估

旅游资源的综合性评估分为三个部分：选取评估因子、确定各个因子的权重和获得各评估因子的评估值。

①选取评估因子。由于影响旅游资源综合评估值的评估因子在客观上很多，而为了尽量简化评估工作又不出偏差，就必须选择主要的、对旅游资源的价值起决定作用的因子。概括起来主要包括三个方面：资源的丰富程度、可进入性的强弱以及资源所在地的自然、社会和经济条件。我国台湾在进行“风景特定区评鉴”时、楚义芳在对中国大陆观赏型旅游地评估时选取评估因子，三者之间存在着差别说明，在进行具体的操作时要进行具体的选择。

②对各个因子赋予不同的权重，权重的获得一般是通过对专家进行征询。专家征询又可分为直接征询和间接征询两种方法。直接征询是指对专家就评估因子的权重进行征答，然后取所有专家的平均意见为因子权重值；间接征询，则不要求专家给出某个因子的权重数量值，而是要求对各个因子的相对重要程度进行比较，给出定性的结论，然后将结论量化。专家征询的规模以有效回答20人至50人为宜。

③确定各个因子的分值，通过调查问卷或访问的形式加以确定。也可以通过专家征询。

④最后是通过第二步得出的数字与第三步得出的数字相乘后加总得出综合资源数值。

（3）资源整合

根据目标市场的反应、加总得出的数值以及目前同类旅游资源或旅游商品的竞争力状况，对目前旅游资源或产品的竞争力作出评价，确定资源优势以及存在的不足，确定未来发展的方向，并根据发展目标寻找所需整合进来的资源以及确定整合的具体方法。目前具体的整合方法主要有：

①专项旅游产品与旅游线路的整合。专项旅游产品与旅游线路的整合是以旅游产品为链接点，串联形成特色鲜明的旅游线路，推向客源市场。如武汉市的旅游资源整合计划中就将重新整合旅游资源，形成“武汉两江”日游、夜游观光娱乐旅游线，东湖、南湖、墨水湖水上观光娱乐竞技旅游线，木兰湖、后湖湖滨观光度假旅游线，龟山、蛇山、洪山、珞珈山城区山地景观游览线，大军山、小军山、九真山郊区山地景观旅游线，木兰山、木兰川旅游线，白玉山、龙泉山郊区山地景观旅游线，归元寺、长春观、宝通寺等宗教文化旅游线，知音文化旅游线，黄鹤文化、首义文化旅游线，武汉都市风情旅游线，武汉科技文化旅游线等。

②主题旅游产品与旅游景区的整合。主题旅游产品与旅游景区的整合是在空间格局上形成各具特色的旅游区，凸显景区优势。同样以武汉资源整合计划为例，这种整合可以有汉阳宗教文化、知音文化旅游区，武昌黄鹤文化、首义文化旅游区，洪山科技教育文化旅游区，东湖风景名胜旅游区，汉口商贸文化、建筑文化旅游区，黄陂木兰文化旅游区，东西湖农业文化旅游区，以龙泉山、汤逊湖、梁子湖为内涵的江夏山水文化旅游区，“武汉两江”江城文化旅游带等，形成以“两江”为轴线、多极点、组团式武汉区域旅游。

③旅游市场与高层区域的整合。同样以武汉旅游资源整合计划为例，武汉旅游资源的深度开发，将丰富和提高旅游活动层次，有利于武汉由旅游集散地走向旅游目的地的集合。不过这种集合绝不是一蹴而就的，必须通过旅游市场与高层区域的整合才能实现。整合的目标应使武汉成为湖北省旅游网络的中心节点和目的地，成为周边省市、华中地区旅游网络的节点和目的地，成为全国旅游网络中的重要节点。

论旅游产品开发策略

（讲座）

一、旅游产品

由于旅游业本身是综合性产业，不仅涉及第三产业，而且还包括一部分第一和第二产业，这种复杂的行业结构使得旅游产品的性质较为特殊。旅游产品是旅游业存在和发展的基础，旅游产品的品种、数量和质量直接关系到旅游业的兴衰和旅游经济的可持续发展。在旅游市场营销活动中，产品分析是十分重要的内容。准确的产品分析以及相应的营销手段，可以帮助旅游企业更好地实现自己的经营目标。

（一）旅游产品的概念

从供给者角度来说，旅游产品是指旅游经营者凭借一定的旅游资源和旅游设施，为旅游者提供满足其在旅游过程中综合需要的服务。通过旅游产品的生产和销售，旅游企业达到赢利的目的；而从需求者角度来看，旅游产品是指旅游者以货币形式向旅游经营者购买的、一次旅游活动所消费的全部产品和服务的总和。旅游者通过旅游产品的购买与消费，获得心理上和精神上的满足。任何一次旅游活动都是由多种要素组合起来的，包括交通、住宿、景点和其他设施等。因此从这个意义上来讲，旅游产品是指在一次旅游活动中实现，并由一系列单项产品和服务有机组成的综合产品。首先，旅游产品是一个整体概念。它是由多种产品组合而成的综合体。而在旅行中由各旅游企业提供的一间客房、一个座位、一顿美餐都只是整体旅游产品中的单项产品或服务，所以被称为单项旅游产品。每个单项旅游产品都是整体旅游产品的一个组成部分，这些单项旅游产品一般通过旅行社将它们组合起来，形成能满足旅游者各种需要的整体旅游产品。因而，旅游产品有整体旅游产品和单项旅游产品之分。整体旅游产品是旅游者旅游活动中所需要的产品和服务的总和，例如，旅行社推出的一条旅游线路、一个专项旅游项目。而单项旅游产品则主要指旅游目的地的各旅游企业，分别提供的住宿、饮食及交通、游览、娱乐等单方面的产品和服务。

（二）旅游产品的形态

旅游产品的形态是指旅游产品的存在形式和表现类型。第二次世界大战前的传统旅游产品形态，主要有观光旅游产品（以满足旅游者观赏游览自然风光、城市风光、名胜古迹等为目的）、文化旅游产品（以了解旅游目的地文化为目的）、商务旅游产品（以经营洽谈、会晤或交流信息等为目的）、度假旅游产品（以休养和消遣为目的的旅游方式）。如今，这些传统旅游产品依然存在并有所丰富和发展。为了适应旅游者的新需求，又逐渐产生了一些新兴的旅游产品，其中主要有满足旅游者健康需求的康体旅游产品、满足旅游者发展和求知需求的专项旅游产品、满足旅游者享受需求的享受旅游产品和探险旅游产品等。

（三）旅游产品的构成要素

旅游产品的形态主要标志旅游产品存在的形式和表现类型。旅游产品的构成主要反映旅游产品在不同侧面或不同层次的构成内容，旅游产品的构成要素则表明不同存在形态的旅游产品是由不同的内涵性构成要素所组成。一般而言，旅游产品的基本构成要素主要包含旅游吸引物、旅游设施、旅游服务、目的地的可进入性和提供给旅游者的价格五个方面。

1. 旅游吸引物

旅游吸引物是指一切能够吸引旅游者的旅游资源及条件，包括自然景物、人造景物、文化吸引物、社会吸引物等要素。它既是一个地区能否进行旅游开发的先决条件和旅游者选择目的地的决定性因素，也是构成旅游产品的基本要素。旅游吸引物的存在形式，既可以是物质实体，也可能是某个事件、某种现象。它们在很大程度上决定了旅游者的选择并影响到未来旅游者的动机。

2. 旅游设施

旅游设施是完成旅游活动所必须具备的设施、设备和相关的物质条件，是旅游者到达旅游目的地、旅游企业获得收益的基本条件，也是构成旅游产品的必备要素。旅游设施在旅游产品构成中不是确定客源流向的主要因素，但旅游设施不配套则会影响旅游者对旅游吸引物的探寻（如白云山原来的旅游设施就影响了游客对白云山瀑布、森林等吸引物的探索）。一般说来，旅游设施分为专门设施和基础设施两大类。专门设施是指旅游经营者用于直接服务旅游者的凭借物，通常包括游览设施、交通设施、餐饮设施、住宿设施等。基础设施不直接对旅游者提供服务，但它是旅游业乃至旅游目的地赖以生存和发展的基础，包括道路、桥梁、供电、供热、通信、给排水、排污、消防、环境保护和环境卫生等。旅游设施的完备是保证旅游活动顺利开展的基本条件。

3. 旅游服务

旅游服务是旅游产品的核心。旅游者购买并消费旅游产品，除了在餐饮和旅游活动中消耗的少量有形物质产品外，大量的是对接待服务和导游服务的消费。旅游产品之所以能以一种混合体的形态出现，主要是由它的服务性质所决定的。

4. 目的地的可进入性

可进入性是旅游产品构成中的基本因素之一。它不仅是连接旅游产品各组成部分的中心线索，而且是旅游产品能够组合起来的前提性条件，它决定了旅游者到达目的地的费用、速度和便捷性程度。可进入性的具体内容包括交通的通达条件、通信的方便条件、手续的繁简程度以及当地社会的承受能力。

5. 提供给旅游者的价格

它是指提供旅行、住宿和参观景点等一系列服务的费用总和。由于不同目的地的产品多种多样、吸引的细分市场多种多样，因而旅游价格也多种多样。

（四）旅游产品的特点

通过对旅游产品概念的分析，我们可以发现，旅游产品作为一种以服务为主的综合性产品，与我们通常接触的一般物质产品存在着很大的差别。一般物质产品的生产过程是独立于消费过程之外的，而旅游产品的设计组合虽也独立于消费者之外，但其生产只有与消费过程相结合，完成对消费者的服务，才能算生产过程完成。因此，旅游产品除了具有一般服务产品的基本属性外，还具有自己的产品特征。

1. 旅游产品的无形性

虽然旅游产品构成中确有一部分物质产品供应，如客房、餐饮、景点设施等，但它们只是作为生产旅游服务的条件而存在。服务性的产品供应如导游、接待服务、旅游线路、日程、节目的设计编排等占有很大比重，属于构成旅游产品的不可缺少的软件部分。因而，旅游产品的无形性首先表现在旅游产品的主体内容是旅游服务。当旅游者在做旅游目的地的选择时，一般见不到旅游产品的形体，在旅游者心目中只有一个通过媒介宣传和相关渠道介绍所得到的印象。只有当旅游者到达旅游目的地享受到旅游服务时，才能感受到旅游产品的使用价值。旅游产品的无形性要求旅游企业在营销其产品时，要把无形产品有形化，把旅游产品的特征和质量转化成旅游者能看到或感觉到的信息传递给潜在目标市场。在大体相同的旅游基础设施条件下，旅游产品的生产及供应可以具有很大差异，因此旅游产品的深层开发和对市场需求的满足较多地依赖于“软开发”，即无形产品的开发，也就是提高旅游服务的质量和水平。

2. 旅游产品生产与消费的同一性

旅游产品的生产过程，即旅游服务的提供过程，是以旅游者到达旅游目的地消费为前提的。旅游企业借助一定的旅游资源和旅游设施提供旅游服务，旅游者在消费的同时也参与了生产过程，因而旅游产品具有生产与消费的高度同一性。旅游产品只有进入消费过程才能实现其价值。由于旅游产品生产与消费的时空同一性，必须有现场消费的旅游者，旅游产品才开始生产，旅游者一旦离开旅游产品生产立即终止。因此，旅游产品生产不像物质产品生产那样可以暂时贮存起来，旅游产品生产与消费的同一性决定了旅游产品不仅不能贮存，而且一旦旅游消费结束则旅游产品就自然解体，因而是一种最终消费品。

3. 旅游产品的综合性

旅游产品是一个综合性概念，这是由旅游活动的综合性决定的。旅游经营者出售给旅游者的旅游产品，通常是包括食、住、行、游、购、娱在内的产品和服务，因此，旅游产品的综合性表现在它是由多种旅游吸引物、交通设施、住宿餐饮设施、娱乐场地以及多项服务组成的综合性产品。这种综合性既本现为物质产品与服务产品的综合，又体现为旅游资源、基础设施和接待设施的结合。随着旅游者需求的日益多样化，旅游产品所包含的内容也必然更加广泛。这一特征表明，旅游产品作为一种综合性产品，其开发所涉及的因素较复杂，制约条件也较多。因此旅游企业在进行旅游产品生产时必须全面规划，对服务设施、服务项目和内容、服务过程及旅游服务人员等各种有形和无形的内容进行最佳组合，以树立良好的产品形象和企业形象。

4. 旅游产品的不可转移性

有形的物质产品生产出来后经过运输才能到达消费者手中，对有形产品的买卖表现为物质流动和所有权的转移。而无形的旅游产品无法运输，只有依赖于旅游者到达旅游产品生产地，才能实现旅游产品的生产与运输。而且，旅游消费者购买的只是产品的暂时使用权，所有权并不发生转移。旅游产品的这一特点，在一定程度上决定了旅游产品销售和营销活动的内容和重点。旅游企业一方面要大力开展宣传与营销活动，将有关旅游产品的信息快速准确地传递给潜在的旅游市场；另一方面要做好每位旅游者的接待工作，树立优良口碑，从而树立企业的良好形象，促进旅游产品的销售。

5. 旅游产品的替代性

虽然现代社会已经进入大众旅游时代，旅游度假正在成为人们现代生活的必要组成部分，但它毕竟不同于基本物质生活消费，而要受到政治、经济、社会等各方面复杂因素的影响，表现为较高的需求弹性和替代性。首先是旅游产品与其他商品之间存在互相替代关系，旅游产品的价格同其他商品价格的不同变化，会引起旅游产品需求量的变化。其次是旅游产品本身也具有很强的替代性。外出旅游是为了获得一种新鲜的体验。不同的旅游目的地各有各的特点，消费者选择的余地很大，且带有随机性。这就导致不同旅游目的和不同类型的旅游产品相互替代性很强。实践表明，旅游产品的需求价格弹性、需求收入弹性和交叉弹性都比较高，从而使旅游产品经营具有较大风险，同时竞争也很激烈。

6. 旅游产品的后效性

旅游者在实际购买旅游产品之前，根据所获得的相关信息而对产品质量作出预期判断，这是旅游者对旅游产品的期望质量。只有旅游者在完成其旅游活动之后，才能根据实际感受对旅游产品质量作出全面而确切的评价。这是旅游者对旅游产品的经历质量。因此旅游者对旅游产品质量的理解是其期望质量与经历质量相互作用的结果。因此对游客面对面服务的结束并不等于整体营销活动的终结，必须对市场进行跟踪调查，通过分析市场反馈，及时发现旅游产品存在的问题并加以改进。与顾客保持长久的关系才是旅游企业取得营销成功的关键所在。

二、旅游产品生命周期策略

（一）旅游产品生命周期

产品生命周期是指一个产品从它进入市场开始到最后被市场淘汰、退出市场的全部过程。这个过程大体要经历类似人类生命模式的周期性规律，即投入、成长、成熟、衰退的周期性变化。旅游产品亦是如此，也有投入期、成长期、成熟期、衰退期四个阶段的生命周期变化。一条旅游路线、一个旅游活动项目、一个旅游景点、一个旅游地开发、某种类型的饭店或航空公司等，都将经历这一由兴到衰的过程。旅游产品生命周期的各个阶段通常是以接待人数、销售额和所获利润的变化来衡量的。

（二）旅游产品不同生命周期的特点与策略

处于不同生命周期阶段的旅游产品也有着不同的特点，旅游经营者需要对其所经营的产品在市场中所处的位置及发展状况有正确的判断并采取具有针对性的策略。

1. 旅游产品的投入期

在投入期，旅游新产品正式推向旅游市场，具体表现为新的旅游景点、旅游饭店、旅游娱乐设施建成，新的旅游项目或旅游服务推出，新的旅游路线开通等。在这一阶段，旅游产品尚未被旅游者所了解和接受，因此销售量增长缓慢而无规律；旅游企业的接待量很少，投入费用较大，经营单位成本较高；企业为了使旅游者了解和认识产品，需要做大量的广告和促销工作。在这个阶段内，旅游者的购买很多是实验性的，几乎没有重复购买。企业也通常采取试销态度，因而企业往往销售水平低，利润往往很少甚至出现亏损。此时市场上一般还没有同行竞争。

这一阶段的工作重点应该放在对产品的介绍和宣传上，目的在于让旅游消费者了解并熟悉它，进而信赖并购买这种产品。但不应将目光只是放在产品眼前的盈利水平上，应从产品的整个生命周期作出长远的规划。

2. 旅游产品的成长期

在这一阶段，旅游景点、旅游地开发初具规模，旅游设施、旅游服务逐步配套，旅游产品基本定型并形成一定的特色，前期宣传促销开始体现效果。这时，旅游产品在市场上拥有一定知名度，产品销售量迅速增长；旅游者对产品有所熟悉，越来越多的人试验使用这一产品，重复购买的选用者也逐步增多；企业的广告费用相对减少，单位成本大幅度下降，利润迅速上升。其他旅游企业看到产品销售很好，就有可能在利润的吸引下组合相同的产品进入，市场上开始出现竞争。

旅游企业在这一阶段的目标在于尽可能延长成长期的时间，使旅游产品的盈利水平发展到最大。产品的特色和质量是稳定和扩大市场占有率的基础，因此要保持自身产品的特色和质量。同时，要加强促销，使自己的产品及品牌在旅游消费者心目中占据一定地位。

3. 旅游产品的成熟期

在产品的成熟期内，潜在顾客逐步减少，大多属于重复购买的市场。旅游产品的市场需求量已达饱和状态，销售量达到最高点。在前期销售量可能继续增加，中期处于不增不减的平稳状态，后期的销售增长率趋于零，甚至会出现负增长。利润增长也将达到最高点，并有逐渐下降的趋势。很多同类旅游产品都已进入市场，扩大了旅游者对旅游产品的选择范围，市场竞争十分激烈，而且还有来自更新产品的替代性竞争，因此差异化成为竞争的核心。

旅游经营者此时应集中力量改进现有产品，增加产品的附加价值，通过差异化的产品来赢得竞争优势。由于此阶段的竞争异常激烈，因此进行集中性促销以保持和扩大市场，运用灵活的定价策略并实行优惠价格。在销售渠道上，可以由选择性渠道策略向专营性渠道策略发展，进一步疏通销售渠道。同时，通过为中间商培训营销人员、对绩效显著的中间商给予奖励等措施鼓励他们支持企业的产品。

4. 旅游产品的衰退期

旅游产品所处的衰退期一般是指产品的更新换代阶段。在这一阶段，新的旅游产品已进入市场，正在逐渐代替老产品。旅游者或丧失了对老产品的兴趣，或由对新产品的兴趣所取代。原来的产品中，除少数名牌产品外，市场销售量日益下降。市场竞争突出地表现为价格竞争，价格被迫不断下跌，利润迅速减少，甚至出现亏损。在此期间，旅游企业应适当保留尚有利润的项目，或对产品重新进行定位，同时积极进行产品的更新换代。

对以上旅游产品生命周期的规律性分析，具有以下几点意义：一是任何旅游产品都有一个有限的生命，大部分旅游产品都经过一个类似S形的生命周期；二是每个产品生命周期阶段的时间长短因旅游产品不同而不同；三是旅游产品在不同生命周期阶段中，利润高低不同；四是对处于不同生命周期阶段的旅游产品，需采取不同的营销组合策略；五是针对市场需求及时进行旅游产品的更新换代，适时淘汰或更新过时旅游产品以免遭受不应有的损失。

（三）延长旅游产品生命周期策略

由于旅游产品也存在着生命周期，因此旅游企业通过对产品生命周期客观规律的认识，运用各种经营策略，可以延长旅游产品的生命周期，使企业获得最佳效益。

1. 旅游产品改进策略

通过对处于生命周期不同阶段的旅游产品做出某些改进以吸引、保持并扩大旅游市场。产品改进可从旅游产品的质量、功能、形态等几方面进行，如提高服务质量、改进旅游设施和设备、增设新的旅游服务项目、开辟新的旅游景观等。每进行一个方面的产品改进，相当于刺激出一个新的需求热点，从而使旅游产品的成熟阶段得以延长。如西班牙首都马德里市区游，过去主要靠著名的“东方宫”和几个广场等名胜古迹吸引旅游者，后来新增添了“星期日娱乐”项目，每逢星期日上午，在市内六个古董市场出售古董、古玩，供游客观赏和选购，下午则观看斗牛、赛马、足球赛等，使马德里市区对旅游者具有极大的吸引力而经久不衰。

2. 旅游市场开拓策略

为成熟期的旅游产品寻找新的顾客，开发新的市场。具体做法有两种：一是发展旅游产品的新用途。即在原产品功能的基础上开发新的旅游功能用途，使老产品焕发新的生命力。如某度假区在原接待度假游客基础上，开辟健康、娱乐等旅游项目，使其具备新的功能作用而吸引了更多的旅游者。二是开辟新市场。即为原有旅游产品寻找新的使用者，使产品进入新的细分市场。如中国的重点观光旅游产品在欧美主要传统市场上已无大潜力，保持这一产品生命力的有效途径之一，就是为观光旅游产品寻找新的市场，通过开发新加坡、泰国、韩国、马来西亚等市场，使中国观光旅游再度掀起新潮。

3. 旅游产品升级换代策略

延长旅游产品生命周期的一项根本途径是根据市场上出现的新需求，不断地实现旅游产品的升级换代，做好旅游产品开发工作。如对于中国观光旅游产品来说，理想情况是，当第一代观光产品，即以七大旅游城市为中心、散布于部分重点旅游城市的观光产品进入成长期后，就有第二代产品逐步进入开发建设阶段，如增加参与性活动在内的娱乐、观光型产品的出现。这样第一代观光产品进入成熟期后，第二代观光产品就进入了成长期，依此类推，使观光产品的生命周期得以延长。

4. 旅游市场营销组合策略

旅游市场营销组合策略，是对产品、促销、流通渠道和定价这四个因素的组合加以合理的改进和重组，以刺激销售量的回升。如提供更多的服务项目，改变分销渠道，增加直销，增加广告，或在价格上加以调整等，以刺激销售量，吸引更多的旅游者。

三、旅游产品组合策略

一切营销活动的目的都是为了向旅游者提供一定的旅游产品，从而满足旅游者在旅游过程中的需要。然而要实现这一目的，就要解决这样一个关键性的问题，即应向旅游者提供什么样的旅游产品。要想在旅游市场竞争中获胜，靠单一的旅游产品是做不到的。旅游企业应同时生产许多产品以形成自己的产品体系。下面就来讨论一下旅游产品组合策略的问题。

（一）旅游产品组合

从旅游市场营销学的角度看，旅游产品组合是指旅游企业所经营的全部旅游产品的整体构成。在旅游产品组合中，具有一定使用价值的单个产品称为产品项目。所谓产品线是指能够满足同类需求的，在规格、款式、档次上有所差别的产品项目的集合。产品项目是构成产品组合的基本单位，产品线则是由大致相同的产品项目构成的。比如，某家旅行社经营观光旅游产品，设计的景点包括故宫、长城、天坛等，那么观光旅游产品就是它的一条产品线，而各个景点就是产品项目。假设该旅行社还同时经营度假旅游产品、休闲旅游产品等不同的旅游线路，来满足不同旅游者的需求，我们就可以认为这家旅行社经营多条产品线。一个旅游企业的各类产品线及其包含的全部产品项目，构成了这家旅游企业的产品组合。

旅游产品组合能够更好地满足旅游者需求，以确保市场营销活动的成功。不同的旅游企业通过不同的旅游产品组合树立产品的整体形象，使旅游企业的市场形象更鲜明，也更个性化。合理的旅游产品组合能够分散旅游企业投资风险，使产品适销对路，取得较为理想的市场份额。

（二）旅游产品组合的广度、深度和相关性

旅游产品组合的广度是指旅游企业生产和经营旅游产品线的数量。宽产品线的组合，可以从多方面满足旅游消费者需求，拓宽市场面，增加销售额，充分利用旅游企业的资源，减少旅游市场变化带来的风险。而窄产品线的产品组合，有利于旅游企业集中力量，提高旅游产品的质量，便于提高专业化水平，降低企业经营成本。

旅游产品组合的深度是指旅游企业多个产品线中产品项目的平均数量。较深的旅游产品组合，有利于在旅游市场细分的基础上扩大旅游市场，满足不同旅游者的需求，提高市场占有率。而较浅的产品组合，便于企业集中力量发挥特长，创出名牌产品,吸引潜在市场。随着产品销售量的增加,可以进行批量生产以达到规模效益，从而降低成本。

各种产品线之间在生产条件、销售渠道或其他方面可以存在某种联系，也可以是互不相干的。产品线之间相互关联的一致性被称为产品组合的相关性。比如度假产品中一般包括提供健身和运动设施，那么度假产品和体育旅游产品之间就有了一定的相关性。相关性大，可使企业精于专业，提高旅游企业与产品的市场地位，有利于经营管理水平的提高，中小型企业宜于产品组合相关性大。如果产品相关性较小，则使企业具有较强的垄断，但由此带来的成本也是很高的。

总的说来，拓宽产品线有利于发挥旅游企业的资源潜力，开拓新的市场；加深产品线，可以适应更多层次的特殊需要，实现市场渗透；加强产品线之间的相关性，可以增强资源利用效率。

（三）旅游产品组合策略

旅游产品的组合策略就是针对目标市场，对产品组合的广度、深度以及相关性进行选择和决策，以确定最佳组合。概括起来，旅游产品组合策略一般有以下几种：

1. 全线全面型策略

它是指增加产品线的广度，经营多种旅游产品以满足多个市场的需要。这种策略有两个层次的含义：一是旅游经营者尽可能向整个旅游市场提供多领域或行业的产品或服务。如某饭店集团既经营饭店产品、餐饮产品，同时又经营旅行社业务。另一个含义是指旅游经营者在某一领域或行业向市场提供多种产品。如某国际旅行社经营观光旅游、度假旅游、购物旅游等多种产品，并以欧美市场、日本市场、东

南亚市场等多个旅游市场作为目标市场。这种策略能很好地满足不同旅游市场的需求，有利于扩大市场份额，但容易造成资源的分散，且经营成本较高。

2. 市场专业型策略

即向某一特定的旅游市场提供其所需的多种旅游产品，如某旅行社专门为日本市场提供观光、修学、考古、购物等旅游产品，或者单纯以青年市场为目标市场，开发探险旅游、修学旅游、青年新婚旅游、女青年购物旅游等适合青年口味的产品。这种组合策略有利于旅游经营者集中力量充分了解某一目标市场的各种需要，开发满足这些需要的多样化、多层次的旅游产品，从而有利于产品的市场渗透。但由于其目标市场单一，市场规模有限，而使旅游经营者的销售量受到限制，在整个旅游市场所占份额较少。同时，若目标市场由于一系列旅游经营者不可控因素的影响而发生需求方面的变动，如目标市场国发生经济萧条，或政府限制本国居民外出旅游等，都会使经营面临很大风险。

3. 产品系列专业型策略

它是指旅游目的地或企业专门经营某一类型的旅游产品来满足多个目标市场的同一类需要。如某旅行社只经营宗教旅游产品，将其推向欧美、日本和东南亚等市场。因为产品品种单一，所以经营成本较少，且可集中资源进行产品的深度开发、不断完善某一产品，易于为目的地或企业树立鲜明的形象。但产品类型的单一也有可能加大旅游经营者的经营风险。

4. 特殊产品专业型策略

针对不同目标市场的需求提供不同的旅游产品。如对欧美市场提供观光度假旅游产品，对日本市场提供修学旅游产品，对东南亚市场提供探亲访友旅游产品；或者经营探险旅游满足青年市场的需要，经营休养度假旅游满足老年市场的需要等。这种组合策略能有针对性地满足不同的目标市场，有利于旅游经营者占领市场、扩大销售、减少风险。但由于开发和销售成本较高，投资较大，因此，采取此种策略需要进行周密的市场调研，以减少风险。

四、旅游产品开发策略

（一）旅游产品开发的内容

随着世界经济、科技的不断发展，社会需求的不断提高，旅游需求不断发生变化，旅游者对产品质量的要求也越来越高。所以旅游经营者只有根据市场需求的变化不断进行旅游产品的开发，才能适应世界旅游市场发展的需要。此外，任何旅游产品都有从投入到衰退的生命周期的变化过程，所以不断地开发新的旅游产品，是旅游企业在市场上求得生存和发展的基本条件之一。

旅游产品开发是根据市场需求，对旅游资源、旅游设施、旅游人力资源及旅游景点等进行规划、设计、开发和组合的活动。由于旅游产品有整体旅游产品和单项旅游产品之分，所以旅游产品开发的内容，也相应地分为整体旅游产品开发和单项旅游产品开发两方面，具体包括旅游目的地开发、旅游景点开发、旅行社产品开发以及饭店产品开发等。

（二）旅游新产品及种类

旅游新产品是指旅游生产者初次设计生产的，或者在原有产品上进行改进，使之在内容、结构、服务方式等方面更为科学、合理，更能体现旅游经营意图，与原有旅游产品存在显著差异的产品。根据新质程度可以将旅游新产品分为以下四类：改进型新产品、换代型新产品、仿制型新产品和创新型新产品。

1. 改进型新产品

指在旅游活动及其辅助项目上所进行的改进，通过增加旅游活动内容、变化旅游路线来提高服务质量。比如三峡旅游，最初只有两艘豪华邮轮，后来在游船的规模、等级的安排上进行了改进，从而更好地适应了市场需求。

2. 换代型新产品

指在原有产品的基础上、充分利用其基础设施、局部采用新科技成果、设计生产出满足新的旅游需求的产品。例如我国在最初观光型旅游产品的基础上推出大型专线旅游产品——“丝绸之路”，这就是一种换代产品，是经过组合的主题观光型产品。

3. 创新型新产品

指运用全新的科技，设计生产出来的具有新技术、新内容的旅游产品。比如“明皇蜡像宫”、“锦绣中华”的出现，在旅游产品的生产上带来一种新的革命。把科学技术的最新成果直接运用到旅游产品的生产上，要受到旅游企业的技术水平、资金等方面的限制，并且研制开发的时间较长。

4. 仿制型新产品

指旅游企业仿制市场上已有产品的基本原理和结构，对局部进行改进和创新推出的新产品。例如仿照“世界之窗”和“锦绣中华”，出现了北京的“世界公园”等一批人造景观。

（三）旅游产品开发的原则

在旅游产品开发中，无论是对旅游地的开发、对旅游路线的组合，还是饭店产品和旅行社产品的开发，都首先要对市场需求、市场环境、投资风险、价格政策等诸多因素进行深入分析。根据对这些因素的分析和比较，产生一系列设计方案和规划项目，再选择其中既符合市场旅游者的需要又符合旅游目的地特点且具有竞争力的方案和项目进行开发。因此，旅游产品开发中必须遵循下述开发原则：

1. 市场观念原则

旅游产品的开发必须从以资源为导向转换到以市场为导向，牢固树立市场观念。也就是说，要以旅游市场需求作为旅游产品开发的出发点。树立市场观念，一是根据社会经济发展及对外开放的实际状况，进行旅游市场定位，确定客源市场的主体和重点，明确旅游产品开发的针对性，提高旅游经济效益。二是根据市场定位，调查和分析市场需求和供给，把握目标市场的需求特点、规模、档次及变化规律和趋势，从而形成适销对路的旅游产品。三是针对市场需求，对各类旅游产品进行筛选、加工或再创造，然后设计、开发和组合成具有竞争力的旅游产品，并推向市场。总之，只有树立市场观念，以市场为导向，才能充分体现旅游产品开发的意义，并突出重点，确保旅游产品的生命力经久不衰。没有市场需求的旅游产品开发，不仅不能形成有吸引力的旅游目的地和旅游产品，而且还会导致对旅游资源的浪费和生态环境的破坏。

2. 效益观念原则

旅游业作为一项经济产业，在其开发过程中必须始终把提高经济效益作为主要目标；同时，旅游业又是一项文化事业，因而在讲求经济效益的同时，还必须讲求社会效益和环境效益。因此要从整个开发的总体水平考虑，谋求综合效益的提高。

树立效益观念，一是要讲求经济效益。无论是旅游地的开发，还是某条旅游路线的组合，或是某个旅游项目的投入，都必须先进行项目可行性研究，认真进行投资效益分析，不断提高旅游目的地和旅游路线投资开发的经济效益。二是要讲求社会效益。在旅游地开发规划和旅游路线产品设计中，要考虑当地社会经济发展水平，要考虑政治、文化及地方习惯，要考虑人民群众的心理承受能力，形成健康文明的旅游活动，并促进地方精神文明的发展。三是要讲求生态环境效益。按照旅游产品开发的规律和自然环境的可承载力，以开发促进环境保护，以环境保护提高开发的综合效益，从而形成保护—开发—保护的良性循环，创造出和谐的生存环境。

3. 产品形象原则

旅游产品是一种特殊商品，是以旅游资源为基础，对构成旅游活动的食、住、行、游、购、娱等各种要素进行有机组合，并按照客源市场需求和一定的旅游路线而设计组合的产品。因此，拥有旅游资源并不等于就拥有旅游产品，而旅游资源要开发成旅游产品，还必须根据市场需求进行开发、加工和再创造，从而组合成适销对路的旅游产品。树立产品形象观念，一是要以市场为导向，根据客源市场的需求特点及变化，进行旅游产品的设计。二是要以旅游资源为基础，把旅游产品的各个要素有机结合起来，进行旅游产品的设计和开发，特别是要注意在旅游产品设计中注入文化因素，增强旅游产品的吸引力。三是要树立旅游产品的形象，充分考虑旅游产品的品位、质量及规模，突出旅游产品的特色，努力开发具有影响力的拳头产品和名牌产品。四是要随时跟踪分析和预测旅游产品的市场生命周期。根据不同时期旅游市场的变化和旅游需求，及时开发和设计适销对路的旅游新产品。不断改造和完善旅游老产品，从而保持旅游业的持续发展。

4. 长短结合策略

这种策略既考虑到旅游企业的短期利益，又着眼于企业的长期稳定发展，把企业的长期利益考虑在内。根据长短结合策略，旅游企业应有四档产品：一是企业在旅游市场上正在生产和销售的旅游产品；二是正在研制开发或已研制成功，等待适当时机投放市场的产品；三是正处于研究设计阶段的产品；四是处于产品构思、创意阶段，准备市场研制开发的旅游产品。旅游经营者应审时度势，根据具体情况，确定产品开发和投放市场的最佳时机。如河南大部分县市的旅游开发就缺乏长短结合策略，实行了掠夺式开发，只有像嵩县一小部分县实行保护性开发。

（四）旅游新产品的开发程序

旅游新产品开发是一个从搜集新产品的各种构思开始，到把这些构思转变为最终投入市场的旅游新产品为止的前后连续的、有计划、有目的的系统化过程。

1. 构思的搜集

任何产品都是在一定构思的基础上最终形成的，发展旅游新产品首先需要有充分的创造性构思，才能从中发掘出最佳的可供开发的项目。旅游新产品构思的来源是多方面的，包括旅游者、旅游中间商、旅游营销人员、市场竞争对手、行业顾问、管理顾问、广告公司等。其中前四类人员或组织构成旅游新产品最主要的构思来源。依照市场营销观念，游客的需求和欲望是寻找新产品构思的合乎逻辑的起点，旅游业得以生存和发展的条件就是满足旅游者的需要，所有旅游者的意见及建议，应成为旅游经营者必须高度重视的新产品构思来源。通常，组织市场调查，向旅游者询问现行产品存在的问题来获得对新产品的构思，比直接要求他们提供新产品构思更为有效。

旅游业从业人员，尤其是一线员工和营销人员，他们在旅游产品的生产和销售过程中，与顾客交往密切，相互作用，最了解顾客的需要。经销或代理本企业产品的中间商掌握着顾客需求的第一手资料，同时也掌握着大量供给方面的信息。同行业的竞争对手往往能给经营者很好的提示。所有这些方面都成为旅游新产品构思的极好来源。旅游企业或相关组织能否搜集到丰富的新产品构思，关键在于是否有鼓励以上各类人员及组织提出各种构思的奖励办法，以及内外部沟通的有效程度。没有大量新颖的旅游新产品构思，要想开发一种具有吸引力的旅游产品是不可能的。

2. 构思的筛选

经过上一阶段所搜集到的对新产品的大量构思并非都是可行的。筛选的目的是尽快形成有吸引力的、切实可行的构思，尽早放弃那些不具可行性的构思，以免造成时间和成本的浪费。对新产品构思的筛选过程包括：

①对资源进行总体评价，分析设备设施状况、技术专长及生产和营销某种产品的能力。

②判断新产品构思是否符合组织的发展规划和目标。

③进行财务可行性分析，分析能否有足够的资金发展某项新产品。

④分析市场性质及需求，判明产品能否满足市场需要。

⑤对竞争状况和环境因素进行分析。

通过以上各方面的分析判断，剔除不适当的构思，保留少量有价值的构思进入下一个阶段。筛选和议审工作一般要由营销人员、高层管理人员及专家进行。通常利用产品构思评价表，就产品构思在销售前景、竞争能力、开发能力、资源保证、生产能力、对现有产品的冲击等方面进行加权计算，评定出构思的优劣，选出最佳产品构思。

3. 产品概念的发展和测试

一个有吸引力的产品构思需要发展成产品概念。产品构思并不是一种具体产品，只是经营者希望给市场的一个可能产品的设想，而产品概念是用有意义的消费者术语表达和描述出来的构思。一个构思可能形成几个产品概念。如某地要开发水上旅游，这是一个产品构思，它可以转化为水上泛舟、滑水、赛船、垂钓等几种产品概念。

概念测试就是和合适的目标消费者一起测试这些产品概念。新产品概念可以用文字、图片、模型或虚拟现实软件等形式提供给消费者，然后通过让消费者回答一系列问题的方法（如调查问卷），使经营者从中了解消费者的购买意图，以便确定对目标市场吸引力最大的产品概念。

4. 商业分析

这是测试一种产品概念在市场中的适应性及发展能力的阶段。所谓商业分析，就是要测试一种产品概念的销售量、成本、利润额及收益率，预测开发和投入新产品的资金风险和机会成本，预测环境及竞争形势的变化对产品发展潜力的影响，预测市场规模，分析消费者购买行为。在这一阶段，还必须作出关于营销战略的初步决策，如目标市场定位、营销目标、主要的促销决策等。这项工作要比筛选工作更为复杂，要求的精确度更高。例如，建一座旅游饭店，应当分析市场对何种等级饭店的需求已达到饱和状态以及目标市场规模的大小、何时能收回投资、经营风险如何等。在我国，由于饭店业缺乏充分的商业分析，各地纷纷盲目建设高档饭店，致使其供求出现不平衡状况。同样，开发旅游景点，也必须进行商业分析，以避免近距离的重复建设。

旅游企业对新产品开发的商业分析可采用两种方式：一种方式是由企业内部的营销人员和专家负责进行分析，世界性的饭店集团常常采用这种方法；另一种方式是利用企业外部的专家或外界的专门研究机构来进行商业分析。对出于经济目的的旅游新产品的开发，如果经过商业分析发现某种新产品开发方案无法达到预计的最低利润额，那么就应该放弃这个方案。

5. 产品的研制和开发

如果产品概念通过了商业测试，就可以进入产品的研制和开发阶段。在进行产品的设计与开发时，要考虑新产品的功能和质量两方面的决策。其中，功能决策包括新产品的使用功能、外观功能及地位功能的决策，质量决策需要注重新产品的适用性及经济性。例如，建一座旅游饭店，要考虑其地理位置、交通条件、饭店的设计与建筑、设施设备的布局、职工的招募等多方面因素。同时，饭店并非修建得越豪华，利润就越多。从目标市场的需求出发，使可能的总收入与总成本的差额达到最大值的投资，才是最为经济的。

旅游产品在研制开发过程中需要进行反复测试。旅游企业或其他相关组织可邀请国内外旅游专家、经销商和旅游记者乃至少量游客进行试验性旅游，并请他们提供意见，以便修改新产品使其更加完善。例如，无锡近年开发的横渡太湖旅游新产品，第一次从无锡到杭州实地试航，船程需 8 个小时，时间太长。后改经太湖，在浙江湖州上岸改乘汽车，2 小时到杭州。这样，湖上只需 5 个多小时。然后再邀请一批日本客人试航，在船上又增加了风味餐、饮酒赋诗等活动，产品很受欢迎。

6. 试销

试销是把开发出来的新产品投放到经过挑选的具有代表性的市场范围内进行试验性营销，了解旅游者的反应，从而使新产品失败的风险达到最小化。试销的主要目的在于：

①了解新产品在正常市场营销环境下可能的销售量和利润额。

②了解产品及整体营销计划的优势及不足，及时加以改进。

③确定新产品的主要市场所在及其构成。

④估计新产品的开发效果。

旅游产品试销可在几个细分市场上让新产品与旅游者见面，以此确定重点目标市场。同时根据搜集到的市场反馈信息，不断改进产品的内容和形式，以更好地适应市场的需要。旅游产品有其自身的特殊性，如旅游饭店不可能先建好让旅游者试住一段时间，发现问题再重建或重新选址或拓宽客房等设施的面积，即便可能也存在相当大的难度。所以只有事先做到充分的市场调研，根据市场需求去进行饭店的选址、设计、建造和布局，试营业后在服务项目、服务内容和方式、服务质量等“软件”上不断改进，才能确保新产品成功地全面投入市场及未来的顺利发展。

无论是一条旅游线路还是一个单项旅游产品，都要经过试销后根据各方意见和建议改进服务的内容，不断适应市场的需要。另外，在试销阶段也需要对初步确定的营销组合进行适当调整。

7. 商品化

新产品通过试销取得成功后，就可全面投入市场，产品即进入生命周期的投入期阶段。在这一阶段，旅游经营者应注意投入新产品的时间、目标市场、销售渠道等方面的决策，即何时、何地、用什么方法投入什么市场的问题。旅游经营者需要制订一个把新产品引入市场的实施计划，在营销组合要素中分配营销预算。同时正式确定新产品的各种规格和质量标准、新产品的价格构成、新产品的促销和销售渠道。旅游新产品投放到市场后，还要对其进行最终评价。旅游经营者要搜集旅游者的反映，掌握市场动态，检查产品的使用效果，为进一步改进产品和市场营销策略提供依据。

当然，并不是所有的旅游产品的开发都要机械地经过以上几个步骤。不同的旅游经营者应根据所开发新产品的特点及市场的特点，选择合适的开发程序。

谈旅游吸引物的包装策略

（讲座）

一、旅游吸引物

（一）旅游吸引物的概念界定

“旅游吸引物”（Tourist Attraction）是国外旅游界通用语，其含义趋近于我国旅游界常用术语“旅游资源”（Tourism Resource）。吴必虎进一步阐释说：旅游吸引物是在旅游资源的基础上经过一定程度的开发形成的，一般包括景观和节事两个部分，景观又包括自然遗产景观和文化遗产景观以及人工景观。因此可以将旅游吸引物近似地看作旅游资源。笔者认为，把能为旅游业所利用的一切自然、人文资源统称为“旅游吸引物”是比较科学和符合逻辑的。为了更好地与国际接轨，本章将旅游资源称为旅游吸引物，因此可以借鉴以下旅游资源的定义：

①凡能激发旅游者的旅游动机、为旅游业所利用，并由此产生经济效益与社会效益的现象和事件均为旅游资源。

②旅游资源是指对旅游者具有吸引力的自然风光和历史文化遗产，以及直接用于旅游目的的人工创造物。旅游资源可以是有具体形态的物质实体，如风景、文物，也可以是不具有物质形态的文化因素。

③凡是自然力和人类社会所创造的，有可能被用来规划、开发成旅游消费对象的物质和精神的诸多因素，都可以视作旅游资源。

从上面的三个定义可以看出，旅游吸引物存在的前提是对旅游者具有吸引力：旅游吸引物可以是实体，也可以是非实体；旅游资源可以是潜在的，也可以是已经被开发出来的。这一点是旅游吸引物与旅游资源的根本区别。因此我们可以将旅游吸引物定义为：能激起旅游者动机，并能产生经济效应、社会效应和生态效应的自然的、人工的和精神的事物或现象。

（二）旅游吸引物吸引力的构成要素

旅游吸引物存在的前提和基础是其对旅游者的吸引力。只有认清旅游吸引力的所在才可以较好地对旅游吸引物进行包装。我们在这里采用黄辉实在《旅游资源评价》中所使用的评价标准。

1. 美

即旅游吸引物给人的美感。美感是欣赏者对于美的认识以及由于美而引起的主观情感和感觉，如西湖的妩媚、长城的雄伟、钱塘江潮水的壮观以及深山古刹的清幽、木札岭天马的栩栩如生。这些都是旅游吸引物在旅游者的心中引发的主观情感和联想美。

2. 古

即悠久的历史，如古墓、古塔、古城等古建筑及古战场、古书院等遗址。它可以使旅游者走出日常生活来寻求新的感受；又可以寓教于游，使旅游者从中了解到古人的生活和古代文化；又最容易使人产生联想。所以，古代文物具有特殊的吸引力。

3. 名

名是具有影响力的事物或与名人有关的事物。这些资源由于文史著作以及其他中介对于旅游者有一种熟悉感，如埃及的金字塔、澳大利亚的歌剧院等。

4. 特

指特有的、别处没有的或少有的资源。如个别少数民族的节日和婚俗，各地的珍禽异兽、奇花异草。特色能够形成很强的吸引力。

5. 用

用是给人以使用价值的吸引物。这种吸引物在人文资源中手工艺品、日用品方面是很多的。在自然资源中的温泉、泥疗以及供赏玩食用的奇花异果等也有体现。

二、旅游吸引物的包装

（一）包装

产品的包装是伴随着人类原始的商品交换活动而产生的一种行为，其初始表现形式是对产品进行简单的外部包裹，目的是为了使买卖双方能更加方便地进行交换活动，同时也为使购买者便于携带、运输商品。进入发达的商品经济时代，产品包装的作用更加广泛，对产品包装的概念也有了重新认识。现代商品学认为，产品的包装有两层含义：一是指对产品的外部包裹；二是指通过某种手段和方法，达到使产品知名度得到提高、使产品价值得到升值等目的的整个技术、经济过程。

（二）旅游吸引物包装的必要性

从形态上分，旅游吸引物包括有形的和无形的两个部分。从销售方式上划分，它包括整体旅游产品和单项旅游产品。旅游吸引物不同于其他产品，它具有综合性、无形性、心理依赖性和固定性等特点。因此，旅游吸引物在包装原则和内容以及技巧等方面与一般产品的包装相比有着鲜明的特点。此外，旅游吸引物的包装有利于企业对旅游吸引物的宣传和促销，同时也是增加旅游产品吸引力的重要因素。具体来看，旅游吸引物包装的必要性体现在以下几个方面：

1. 现代旅游市场的激烈竞争需要对旅游吸引物进行包装

当前，无论国际旅游市场还是国内旅游市场都存在着激烈的竞争，宏观上看是地域之间的竞争，微观上看是旅游企业之间的竞争。前者注重的是旅游地的形象宣传，后者则更加注重市场营销方面的工作。无论是前者以政府行为为主导还是后者以企业行为为主导，大家都力图以最快的速度、最小的代价完成“引起注意—促进了解—激发兴趣—进行购买”的这一营销过程。通过对旅游吸引物的包装可以扩大旅游产品的市场宣传力度，使潜在的旅游者能更加方便、详细地了解旅游产品的功能和质量，能够在一定程度上提高旅游吸引物的社会知名度，使旅游产品更加醒目。

2. 现代旅游者的消费心理需要对旅游吸引物进行包装

旅游活动属于人类高层次的消费活动，人们在进行旅游活动过程中除了对物质方面有较高的需求外，更多的是要满足心理方面的受尊重、社交、自我实现等高层次心理需求。在满足这些心理需求的过程中，旅游者会对旅游吸引物的文化内涵等方面有较高要求，通过对旅游产品进行包装使旅游吸引物在外部感观上符合旅游者文化心理需求，这是吸引旅游者的重要手段之一。

3. 旅游吸引物的生命周期规律需要对旅游吸引物进行包装

旅游吸引物同其他产品一样有着由初创期向发展期、成熟期、衰退期逐步过渡的过程，一个旅游地、一个旅游吸引物必然要经历由盛而衰的自然过程。而对于旅游业的经营和管理者而言尽可能地延长旅游产品的成熟期以获取更多的利润是一个根本的经营策略。对旅游吸引物进行适当的包装，使其产生新的吸引力以及不断吸引潜在的旅游者是这一工作的目标。

4. 现代商品的价值规律需要对旅游吸引物进行包装

我们可以通过旅游产品包装使旅游吸引物在一定程度上得到增值。现代商品规律告诉我们，对一项产品进行包装的成本可以在一定程度上从旅游产品的价值上得到补偿，并且有可能创造新的无形价值。

（三）旅游吸引物包装的原则

由于旅游吸引物的特殊性，我们在对旅游吸引物进行包装时要根据其特点，遵循一定的原则，具体阐述如下：

1. 主题性原则

旅游吸引物包装首先要明确主题。旅游吸引物的多样性决定了旅游者有多种可能的选择，对于一个旅游地来说也存在多种旅游资源并存的可能性。而不同的旅游资源对不同旅游者群体的吸引力也存在着吸引力定向性的问题。因此，明确一个旅游地的旅游主题，从而对旅游者产生明确的定向吸引力是达到这一目的的基础性工作。例如我国北方地区的冰雪旅游名城哈尔滨近几年来推出的冰雪旅游，就是围绕“冰雪”这一主题深入挖掘旅游资源潜力，逐渐成为我国冬季旅游的主要目的地之一。要明确一个旅游地的主题，首先要对当地旅游资源的性质、价值等方面进行科学的评价，在对各项旅游资源充分认识的基础上选择具有典型性、代表性的一项或几项吸引物进行集中、统一的品牌包装，从而达到主题鲜明、容易引起人们注意的目的。

2. 独特性原则

旅游吸引物的价值在于其独特性，一项特色鲜明的旅游吸引物在市场上的吸引力是不言而喻的。在对旅游产品进行包装时一定要做到人无我有，人有我优，这样才能在竞争激烈的旅游市场中占有一席之地。一项独一无二的旅游资源是保持旅游产品独特性的优势，像我国的万里长城、秦陵兵马俑等。对于一些不具备此类优势的旅游地来说，对旅游吸引物进行包装时可以通过对当地文化历史的深入挖掘使本产品与众不同。例如我国的四大佛教名山、四大道教名山等，都是利用当地的历史文化优势把山水旅游资源包装得具有独特的宗教魅力，从而成为我国当前的旅游胜地。

3. 经济性原则

旅游吸引物的包装要遵循市场经济规律，要进行成本与价格、投入与产出的预测，这样才能真正达到对旅游产品包装的目的。事先不进行市场调查与预测而盲目决策、高投入进行旅游产品的包装、结果造成巨大经济损失的事例在我国并不少见，尤其是在我国的部分旅游温、冷线地区，旅游从业人员的旅游市场营销经验比较匮乏，经常会出现这种情况，值得我们注意。

三、旅游吸引物包装的技巧

在这里选择有形的旅游商品、旅游景点和无形的节事活动三种有代表性的旅游吸引物的包装技巧分别加以论述。

（一）旅游商品的包装

旅游商品对于旅游者的意义，一个是纪念，一个是使用。因此在包装的过程中应该重点遵从以下几个方面的包装技巧：

1. 便携式包装

这是对旅游商品包装的最基本要求，利用一定的物质材料对旅游纪念品进行外部包装达到方便旅游者携带的目的。

2. 坚固式包装

对于一些在携带、运输过程中易于损坏的旅游纪念商品要进行坚固式包装，坚固式包装要注意安全与美观并重的原则。

3. 再使用包装

有些旅游商品如旅游纪念品的包装物为非一次性使用品，旅游者在利用包装物完成携带运输后，包装物往往能够多次使用，除达到节约材料的目的外，还能起到一些其他作用：对旅游者而言，服务充满人情味；对旅游商品企业而言，包装物上的文字、图案等有宣传作用。

4. 色、香、味、形、器包装

这主要是针对旅游商品中的食品而言，色彩要醒目而协调，要突现产品的味道和气味，包装要讲究形状的典雅和小巧，包装的器具要讲究且环保。

（二）旅游服务设施的包装

通过对旅游服务设施的包装，可以起到提高旅游产品档次、方便旅游者等方面的作用。具体方式如下：

1. 特色包装

具有鲜明地方、民族特色的旅游服务设施会给旅游者带来深刻的印象，从而使旅游地的社会、经济效益得到显著提高。对旅游服务设施进行特色包装要注意结合当地的自然、历史文化特点，不能一哄而上、盲目效仿。

2. 效率包装

旅游服务设施的工作效率是决定顾客满意程度的一项重要因素。高效、快速的服务无疑会使旅游者对目的地有较好的口碑，从而使旅游地的形象得到提高。因此许多旅游企业都把提高旅游服务设施的效率当作一项长期工作来抓，如新式交通工具、新式厨房工具的使用等。

3. 档次包装

所谓档次包装可以是追求旅游产品高档化以缩小经营市场的范围，进行高档次经营，也可以是为满足旅游者需求层次的多样性而推出多种不同档次的产品进行多元化经营。这两种方式各有利弊，经营者应根据市场具体情况采取相应的经营战略。

4. 文化包装

旅游设施具有一定的文化内涵会对旅游者的消费环境起到很好的点缀作用，从而对旅游者具有相当的吸引力，比如一些装饰性的油画、饰品等都是常用的物件。而通过服务人员的行动所表现出来的文化内涵则更能让消费者在无形中感受到我国悠久的文明成就。

（三）旅游景点包装

由于旅游景点本身尤其是自然和文化遗产类景点具有很强的不可再生性，因此在了解景点景区的包装技巧之前有必要了解在其包装过程中应该注意的要点。

1. 景点包装注意的要点

（1）明确旅游景点的产权是实施旅游资源包装的前提条件

旅游景区景点是旅游资源特别集中的土地资源，是诱发旅游者特别是观光、度假旅游者出游动机的主要吸引物因素。从产权及其使用权分配来看，旅游景区的管理显得十分复杂。按照我国的法律，土地归国家所有，但存在集体所有制与全民所有制的差别。在全民所有制的土地中，管理权的归属也多由历史形成，一般难以改变。例如，目前吸引大多数旅游者的旅游区包括国家风景名胜区、自然保护区和森林公园、历史文化名城、全国重点文物保护单位等，它们分别归属于建设部、林业部、国家环保总局、国家文物局等管理。一些寺庙道观等则分属国家宗教局及宗教协会管理。在一些乡村地区，风景资源及其所在的山体、水体、土地、森林等属于乡村集体所有。因此在开发过程中出现了村庄（乡镇）自行上马、缺乏规划和市场定位、破坏风景资源等不良现象。从经济学角度来看，旅游资源的产权管理是旅游资源管理的龙头，因而也是旅游资源包装的前提条件。

（2）旅游资源的经营管理是实施旅游资源包装的重要保证

旅游资源形成的旅游吸引物的管理，构成了景区景点的经营管理问题。景区景点的开发经营或战略性管理问题包括营销、食宿、技术和财务运行、解说、人力资源管理以及客户关系管理等。由于旅游资源的经营管理是旅游资源开发利用最切实的举措，因而也是旅游包装的重要保证。

（3）旅游资源的保护是实施旅游资源包装的核心内容

在旅游资源包装的实施过程中，旅游资源的合理保护是景区景点可持续发展的基本保证，因而也是旅游资源包装的核心内容。旅游景区景点的开发，有不少是在自然和文化保护区域内或其附近进行的。对于这一部分旅游区的开发，特别需要给予充分注意，有必要制定专门的保护规划和管理措施。

（4）旅游灾害防治是旅游资源包装的重要内容

旅游业是一种对外界环境变化十分敏感的行业。人为灾害和自然灾害都对旅游业开发管理带来很大影响。因此，加强旅游灾害防治是旅游资源包装的重要内容。

（5）旅游者教育与管理是旅游资源包装的基本措施

旅游资源开发之后，景区景点环境和资源的破坏在很大程度上是由于旅游者的介入和不文明行为造成的。因此，从旅游资源包装的角度来看，对旅游者进行管理和教育是保证旅游资源可持续利用的重要方面，也是旅游资源包装的基本措施。可以通过建设开发公益性的户外教育和游憩设施，如城市公园，建立和完善环境解说系统以及行为管理等措施。

2. 旅游景点的包装技巧

对旅游景点进行包装是要达到扩大旅游景点知名度、丰富旅游资源文化内涵等方面的目的。当前国内外常使用的方法有以下几种：

（1）名称包装

利用丰富多彩的名称反映出旅游景点的特色、优势所在，往往会使旅游者很快地对旅游地有一个感观了解，起到事半功倍的效果，如“锦绣中华”、“望夫石”等。同时一个富有韵味的名称会对旅游者产生强烈的吸引力，如“花港观鱼”、“断桥残雪”等。

（2）名人包装

就是利用古、现代的政治、文化、经济界等方面名人的影响力来为旅游景点宣传、造势。一个与古代、现代名人有关的遗迹或物品本身就是颇具吸引力的旅游资源。而现代公众人物的影响力无疑更会对一个旅游地知名度的提高有很大益处。如北国江城吉林市就把江泽民同志当年视察吉林时的题词“寒江雪柳，玉树琼花”作为宣传吉林市雾凇旅游资源的一个重要内容。

（3）历史内涵包装

深入挖掘一项旅游资源的历史文化内涵以提高旅游资源的观赏及其他方面的价值是很多旅游地的常用做法。如杭州市西湖湖畔著名的西湖十景，其中大部分就是由于与许多历史人物、事件有密切的联系而具有无穷的魅力。西安市市郊的武则天墓更是以一块无字碑引起人们对一代女帝王的传奇经历及其所处特定历史年代的风土人情产生无限的遐思。

（4）实用价值包装

旅游是人们一种短期的超常消费，尤其是当前旅游者大部分属于工薪阶层，因此如果人们在观光游览之余能得到一些具有实用价值的收获，那么对潜在旅游者的吸引力无疑会大大提高。如我国近年来推出的中医中药旅游、中华气功健身游、淘书游等都是由于能使旅游者有一定实用性的收获而得到人们的青睐。

（四）旅游节事活动的包装

1. 舞台包装

节庆活动的举行必须要有相应的舞台背景。节庆活动一般都会有一定的历史文化渊源，因此要在相应的土壤中才会焕发勃勃生机，无论是嫁接还是原生都如此。深圳的民俗文化村就为各种民族的节事活动提供了很好的舞台包装。

2. 参与性包装

随着人们物质生活水平和受教育程度的提高，以及城市化进程的加快，人们日益需要通过旅游来进行一次角色的转换，而各种节事活动为他们提供了一个参与不同文化和历史时代的极好的角色转换机会，因此参与性是节庆活动的魅力之一。这也是进行其包装的一个着眼点。

3. 借势包装

节庆活动的包装要有良好的外部环境和政策扶持，这也是节事活动得以成功举行的原因。因此可以通过政府力量、企业力量和新闻媒体等各方的力量整合，来进行节庆活动的宣传造势，如啤酒节、哈尔滨的冰雪文化节的成功都是成功借势的产物。

关于规避旅游项目重复建设的思考

旅游业是我国近年来国民经济中发展最快的行业之一，也是第三产业中最具活力的行业之一。在地方政府的政策引导下，民营资本和上市公司等投资主体，加速抢滩涉足旅游业，掀起了旅游项目投资的热潮。一个地区能够吸引众多旅游项目建设是件好事，但也会带来产品同质化、结构不合理等重复建设的问题，我们需要对此警醒并反思，以便及时有效地调控旅游项目，保障旅游业的可持续发展。

一、造成旅游项目重复建设的原因

造成旅游项目重复建设的原因很多，从资源角度看，一定区域范围内的资源趋同性较强，使得旅游项目的定位和产品的开发容易造成同质化。从投资主体来看，旅游产业收益的持续性以及旅游投资主体的逐利取向，是造成旅游项目重复建设的主观因素。从政府行政管理方式来看，招商引资作为不同部门和单位绩效考核的重要指标，也促使旅游管理部门“唯招商是举”，这种违背市场意愿的行政导向带来的最大风险是旅游项目的重复建设，以及旅游投资的失效。从资源隶属来看，不同类别的旅游资源归属建设、林业、环境、水利、文物等部门管辖，这种资源多头管理的利益博弈格局，往往是旅游开发失控、失衡的重要原因，由此造成旅游项目遍地开花，低水平、低档次的产品同质化严重。从旅游行政管理体制来看，旅游虽然是综合性最强的产业体系，但旅游管理部门所具有的行政权限却与之不匹配，缺乏有力的项目审批、规划参评、投资过程监管等权限，使得投资主体在旅游项目的操作中，无视旅游行业管理，脱离旅游总规划的产品指导，造成重复性的产品开发建设。

二、旅游项目重复性建设的负面影响

（一）对旅游资源的破坏

旅游项目多集中于旅游资源具有比较优势或者相对优势的资源富集区，这些生态敏感的自然旅游资源和有深厚历史禀赋与文化内涵的人文旅游资源较为脆弱，多属于不可再生资源，一旦不在科学的规划下进行不合理的开发建设，就会造成资源的严重浪费，破坏生态和人文环境。海南五指山市的“中华民族文化村”如今成为“放牛村”，其主要原因就是近距离复制深圳“锦绣中华”和“中国民俗文化村”，对自然景观的破坏使得游客再也看不到当地民族特点的“黎村苗寨”了。

（二）造成社会资源的浪费

旅游项目建设往往占用大量的土地、资金、水、电等社会资源，在总量一定的情况下，不合理的重复建设项目必然会挤占有限的资源，尤其是近年来旅游业市场准入和退出门槛都大大提高，重复性建设导致的投资失效，将造成社会资源的巨大浪费。近年来各地一窝蜂兴建的主题公园，沉淀了近 1 500 亿元人民币资金，2 000 多家中只有 10% 赢利，70% 处于亏损状态，20% 持平，大多难以收回投资。

（三）不利于区域内旅游市场的健康有序发展

旅游项目的无序开发使各地纷纷舍弃本地资源禀赋和比较优势，争夺项目资金，其结果必然是投资分散，项目小型化，产业集中度和资本集中度降低，旅游企业的整体竞争力弱化，难以形成规模经济和集约化经营；同时，在优胜劣汰市场机制下，同质化的旅游产品超出市场需求，必然加剧区内旅游企业间的竞争，导致非理性竞争，造成区内旅游市场的无序和混乱。

三、规避旅游项目重复建设的路径

要想遏制旅游项目重复建设现象，必须从行政政策、行业管理机制入手，通过宏观的和微观的措施进行有效控制和规避。

（一）旅游项目建设要纳入旅游总体规划

旅游发展总体规划是从大旅游的视角，对地方旅游产业的未来发展进行的整体定位，是在充分调查、科学评价旅游资源整体状况和对旅游市场科学细分的基础上，对旅游产品谱系的合理规划，是对地方旅游产业发展所作的整体部署和要素安排，是用来指导地方旅游业现在和未来发展的法规性纲领。旅游发展总体规划的空间落实就是旅游项目的建设、产品的开发和服务的提供。因而，旅游项目的立项、审核、批准、建设、监督、运营等程序，必须纳入旅游总规划的框架内，遵循总规划的规定和要求，在总规划的指导下开展项目的建设和运营，以总规划的有效落实来约束和规避旅游项目的非理性建设。

（二）加强和健全旅游项目的审批制度

旅游项目的立项报批、审核、监督和运营管理权限的归属及保障制度应健全，应从制度上赋予旅游行政管理部门一定的旅游项目管理权限，参与旅游项目的立项、审批、规划、建设、运营管理和指导过程，并对审批这一关键程序具有否决权，即涉及旅游行业的项目必须报批旅游行政管理部门，旅游项目规划的评审程序、人员组成及最终评审结果须经旅游行政管理部门同意，以此来防范非理性建设，指导合理性旅游项目的建设，同时避免由于旅游项目的政出多门、多头管理而造成的不良影响。

（三）把握市场需求，推进产品结构升级

旅游项目的建设必须把握游客的消费偏好和指向，依据游客的市场细分准确定位项目的功能和产品的层次，通过打造适合不同细分市场游客需求的层级产品，把游客吸引到目的地，实现游客对产品的有效消费，避免由于忽视市场需求而造成的项目尚未开工就已成为“淘汰品”的现象。从项目的运营管理角度来看，消费者的需求是不断变化的。因而，旅游产品的开发不是一成不变的，而是要依据游客需求的变化，不断改变产品类别和功能，保证产品不会因为游客需求变化而被淘汰；同时，还要关注本地区或者区域同类产品市场的变化，因为旅游消费本身就是寻新求异的，只有差异化的产品才具有吸引力，才能吸引游客的眼球，才能提升产品的市场竞争力。因而，把握区域产品市场供需状况、调整和升级产品结构、进而避免产品的区内竞争所导致的项目重复建设也是十分重要的。

战略篇

旅◦游◦战◦略◦观

行政和旅游“七不同”

行政求同步调一致，旅游存异百花齐放。
行政求稳静如处子，旅游追求楚楚动人。
行政注重最后结果，旅游侧重体验过程。
行政求是实话实说，旅游务虚“虚张声势”。
行政事事谦虚谨慎，旅游处处“骄傲自大”。
行政唯上看重政绩，旅游唯下看重效益。
行政规划战战兢兢，旅游规划潇潇洒洒。

旅游区域合作

资源共存，客源共有，市场共建，形象共塑，效益共享，风景共靓。

工农业和旅游业“八不同”

工农业生产物资，旅游业生产快乐；
工农业劳力创业，旅游业劳智创景；
工农业原料购进，旅游业原料原生；
工农业减原生态，旅游业加原生态；
工农业历久渐衰，旅游业历久弥新；
工农业强国发展，旅游业强国发达；
工农业垄断资本，旅游业普度众生；
工农业保障生活，旅游业提高生活。

旅◦游◦战◦略◦观

旅游与文化的关系

文化是旅游的灵魂，旅游是文化的载体。旅游规划与开发在某种程度上是一种文化发掘和保护，甚至是重塑。

释义：

文化可以支撑旅游、包装旅游、指导旅游、统领旅游。旅游业的发展必须有利于挖掘文化、丰富文化、优化文化和保护文化，有利于提升文化主题、文化内涵、文化品位和文化个性，有利于承载文化、展示文化、传播文化和发展文化，使地下的东西走上来，书里的东西走出来，死的东西活起来，静的东西动起来。

旅◦游◦战◦略◦观

旅游即找乐

《诗经》说“泳之游之”,《史记》说“优哉游哉”。

释义：

旅游目的已从传统的开阔眼界、增长见识向愉悦身心、修身养性、陶冶情操转变。日常工作和生活中有各种各样的压力，而旅游更多的是放松和减压，可谓是紧张工作、生活之余的变奏曲，是生活中不可或缺、越来越重要的生命乐章。旅游是一种生活消费达到一定高度之后的精神型消费，相对于读书、看电影、上网等精神文化类活动，旅游具有明显的娱乐消费特点。旅游是一种幸福，是当今衡量人们生活质量的一个重要“幸福指数”。旅游是轻松的、快乐的，这就需要旅游者抱着“找乐”的心态，保持“享乐”的状态，畅游于山水间，享精神之愉悦。

旅◦游◦战◦略◦观

- 旅游可以在发展上聚士气，在市场上聚人气，在经济上聚财气。
- 现代旅游是一项以精神、文化和享受为基础的，涉及经济、政治、社会、交流等内容的综合性、参与性活动。
- 旅游以求才、求知、求变，达到求财、求效、求名。
- 旅游竞争实质是理念的竞争、文化的竞争、时尚的竞争。

旅◦游◦战◦略◦观

县域旅游集群化发展战略

一产围绕旅游调结构，二产围绕旅游出产品。
三产围绕旅游搞服务，交通围绕旅游上档次。
城建围绕旅游塑形象，林业围绕旅游创生态。
文化围绕旅游谋特色，宣传围绕旅游造声势。
开发围绕旅游做规划，规划围绕旅游求创意。
公安围绕旅游保平安，各行各业围绕旅游转。

释义：

县域旅游的核心是要从旅游产业转向旅游目的地，也就是说要把整个县域当作一个综合性的旅游目的地。基于此，旅游发展必须以政府为主导，各部门各司其职，各负其责，对一、二、三产业及相关的交通、城建、林业、文化、宣传、安全等部门进行整体性评估，把潜在的、分散的、孤立的资源优势、交通优势和区位优势整合转化为旅游产业发展优势，形成大的旅游发展格局，实现县域旅游可持续发展。

文化是旅游的灵魂

文化是旅游的灵魂，旅游是文化的重要载体，旅游与文化有着天然的不可分割的联系。单从旅游层面讲，没有旅游的文化就没有活力，没有文化的旅游就没有魅力。从产业战略发展的角度看，旅游产业和文化产业相互融合，相得益彰。站在旅游产业的角度看，抓住了文化就抓住了核心价值，就站在了旅游经济的战略制高点；站在文化产业的角度看，抓住了旅游就抓住了一个巨大的市场，就把握了文化的精髓。

一、什么是文化，什么是旅游，什么是旅游文化

文化作为信息、知识和工具的载体，是社会生活环境的映照。文化作为秩序、器物与精神产品，它给予我们以历史感、自豪感，据此我们理解人的生命存在的意义和人在宇宙中的地位。文化作为人类认知世界和认知自身的符号系统，是人类社会实践的一切成果。在中国，“旅游”一词最早见于南朝（梁）沈约的《悲哉行》一诗：“旅游媚年春，年春媚游人。”从《悲哉行》看，旅游在当时已含有外出旅行游览的意思了。世界旅游（travel：tourism，tour）一词最早出现在1811年的牛津词典，国际上普遍认同的概念是：为了休闲、娱乐、探亲访友或者商务目的进行的旅行活动统称为旅游。旅游文化是一种独立的文化形态，它是围绕旅游活动有机形成的物质文明和精神文明的总和。旅游文化具有继承性、创造性、服务性。旅游文化是旅游业的灵魂和支柱，在旅游经济、旅游管理和社会主义精神文明建设中有巨大作用。

二、文化与旅游融合发展是时代对旅游产业的要求

党的十七届六中全会研究了深化文化体制改革、推动社会主义文化大发展大繁

荣若干重大问题。认真总结我国文化改革发展的丰富实践和宝贵经验，研究部署深化文化体制改革，推动社会主义文化大发展大繁荣，进一步兴起社会主义文化建设新高潮，对夺取全面建设小康社会新胜利、开创中国特色社会主义事业新局面、实现中华民族伟大复兴具有重大而深远的意义。

旅游产业与文化产业融合发展是时代对旅游产业新的要求。中华民族创造了源远流长、博大精深的中华文化。在中国特色社会主义道路的伟大实践中，党领导人民坚定不移地发展面向现代化、面向世界、面向未来的民族的、科学的、大众的社会主义先进文化，是新时期“大旅游”的根基。积极认识旅游与文化的关系，发展文化旅游，发挥旅游对文化消费的促进作用，推动文化产业与旅游、体育、信息、物流、建筑等产业融合发展，增强发展旅游业、促进文化大发展大繁荣的使命感和责任感，把发展旅游业与推动文化大发展大繁荣紧密结合起来，是新时期“大旅游”的使命；紧紧抓住国家推动文化大发展大繁荣的重要机遇，紧跟发展旅游业服务于推动文化大发展大繁荣的国家战略，积极探索推进旅游产业和文化产业融合发展的新方法、新思路、新途径，把旅游业培育成为国民经济的战略性支柱产业和人民群众更加满意的现代服务业，是新时期“大旅游”的责任。

新时期新阶段，要充分认识发展旅游业对于推动社会主义文化大发展大繁荣的重要作用。旅游是文化生活的重要内容，发展旅游可以满足广大人民群众不断增长的文化需求；旅游是文化传承和保护的重要渠道，发展旅游可以增强文化的活力；旅游是文化交流的重要方式，发展旅游可以促进不同文化、文明间的沟通与交流；旅游是文化形象的重要载体，发展旅游可以弘扬中华文化；旅游是文化繁荣的重要支撑，发展旅游可以推进文化的改革创新。推进旅游产业与文化产业紧密融合、共同繁荣，既是经济社会发展的客观要求，也是推动文化大发展大繁荣的必然要求和重要途径。

旅游作为人们的一种休闲方式，已经成为日常生活的重要组成部分。当前我国旅游业进入了大众化、产业化发展的新阶段，既处于黄金发展期，又处于转变发展方式的关键时期。这一时期，旅游产业与文化产业都将加快发展，广大人民群众的旅游需求和文化需求更为强烈和多样化。推进社会主义文化大发展大繁荣，对旅游业发展也提出了新的要求。面对新机遇、新挑战、新要求，必须遵循旅游产业和文化产业发展的客观规律，把握发展旅游业推进文化大发展大繁荣的基本原则，坚持有效保护，坚持合理利用，坚持自觉传承，坚持提高旅游文化发展的科学化水平。

三、文化与旅游的融合创造出全新的文化形态——旅游之魂

文化的本质在于创新，旅游文化不是旅游和文化的简单相加，也不是各种文化的大杂烩，它是传统文化和旅游科学相结合而产生的一种全新的文化形态。对于旅游文化来说，其他各种文化都是原材料。在旅游活动中，旅游者原有的思想观念、心理特征、思维方式等文化因素与目的地的异质文化因素相互碰撞与结合，既形成了旅游者新的文化意识，又对目的地的文化施加了影响。旅游与文化是密不可分的，文化是旅游的灵魂，旅游是文化的载体。文化是旅游的灵魂，是旅游资源的魅力所在，是旅游主体的出发点与归宿，是旅游业兴旺发达的源泉；旅游是文化的载体，旅游业的发展有利于挖掘文化、丰富文化、优化文化和保护文化。旅游能够使很多“地下的东西走上来，书本的东西走出来，死的东西活起来，静的东西动起来”，让文化文物资源多年沉睡的价值展现在游客面前。“把文化之魂赋予山水间，让山水复原虚拟的舞台艺术”。

（一）文化与旅游的融合决定着旅游业的发展

旅游经济发展的最高境界乃是与文化的交融。不论是人文景观的游览，还是对自然景观的亲近，都离不开文化的存在。旅游活动从本质上讲是一种文化活动。无论是旅游消费活动还是旅游经营活动都具有强烈的文化性。文化的本质又决定了文化的旅游功能，它天然地融合、体现于旅游全过程。文化不是游离存在的，它体现在人们社会实践活动的方式中，体现在所创造的物质产品和精神产品中。旅游作为当今世界最广泛、最大众的交流方式，必然是展示文化、传播文化、推动文化的重要载体。只有挖掘出文化内涵，景观才会具备吸引旅游者的魅力。正如中国当代经济学家孙尚清指出的：“旅游在发展的一定阶段是经济—文化产业，在发展的成熟期是文化—经济产业。”此言透彻地阐明了旅游与文化的辩证关系。从一定意义上说，缺乏文化内涵的旅游是没有灵魂的旅游，缺乏文化品位的旅游产品是很难有吸引力和生命力的。从另一个方面来说，旅游是实现文化教化功能和娱乐功能的载体，是挖掘文化、优化文化、丰富文化和保护文化的途径。旅游文化是旅游活动的内涵，而旅游文化的载体是旅游资源。旅游活动的宗旨是人的心理和精神上的不断追求与满足，只有文化介入并参与到旅游组织、规划和具体活动中去，才能称得上真正意义上的旅游。所以，旅游文化的发展在一定程度上将影响整个旅游业经济的发展。

（二）文化与旅游的融合决定旅游产品的竞争力

文化是旅游发展的灵魂，旅游是文化发展的依托。旅游产品的竞争力最终体现为文化的竞争。业内人士都清楚，旅游的各要素在一定程度上反映和体现着对文化的应用。旅游产品的品位反映了策划、规划、开发者对文化的理解。只有把旅游与文化紧密结合起来，这样的旅游产品才更具生命力。这个基本规律对于民族文化资源的旅游开发，表现得更为突出和典型。如西双版纳的傣族泼水节、张艺谋的大型实景演出《印象刘三姐》等，都是对民族文化充分理解挖掘和运用的典范。旅游最大的动机是为了获得审美情趣和精神享受。综合性、高品质的旅游文化活动的文化意义是不言而喻的。现代旅游实际上是一项以精神、文化需求和享受为基础的，涉及经济、政治、社会、国际交流等内容的综合性大众活动。文化资源是旅游资源的核心，发展旅游的潜力在很大程度上取决于文化的魅力和吸引力。

面对多种旅游资源，首先要确定它们的禀赋是文化，随着文化内涵的提升，旅游将具有无穷魅力。中国有句俗话："山不在高，有仙则灵；水不在深，有龙则灵。"自然的生机和灵气来自于文化的拥抱，以及自然与文化的升华。现代旅游文化资源已经成为第一资源，任何旅游景点和有竞争力的地方，都有独特的文化特色和地域文化的魅力。在旅游经济活动中，旅游者神往的是各民族、各地区独特的文化，它决定了文化传承的选择性和可能性。

（三）文化与旅游的融合决定旅游业发展方式的转变

旅游可以推动各种物质文化、非物质文化的广泛交流。利用不可复制的多样性资源让文化跟着旅游走，旅游开发到哪里，文化跟进到哪里。文化产品可以转变为商品，打造成为旅游的品牌和亮点。只有把文化和旅游完全结合好了，才能让文化带动旅游。当今世界，经济结构正在发生深刻的变化，旅游业的发展已进入一个重大的调整期，旅游和文化表现出同步发展、相互融合的一体化趋势。旅游品牌和文化品牌的有机结合，日益成为推动力量；旅游消费和文化消费的有机结合，日益成为扩大旅游市场的重要动力；旅游创新和文化创新的有机结合，日益成为促进产业升级和提高竞争力的战略支点；旅游产业和文化产业，日益成为提高经济效益、创造社会价值的重要来源。可以说，旅游和文化的深度融合，是转变旅游业发展方式的必然要求和根本途径。因此，必须提升文化与旅游的关联度、融合度，努力构建旅游与文化共生共融的平台，用文化支撑旅游、包装旅游、指导旅游、统领旅游，提升旅游的文化含量、文化品位、文化个性，丰富旅游产品的文化内涵，在度假、休闲、康体等类旅游产品上下工夫，提高旅游的创造力和竞争力；用旅游承载文化、展示文化、传播文化、发展文化，提高文化资源的商品转化率，实现文化的价值；将文化气息渗透于旅游的各个环节、各个链条，多方面激发和吸引游客的兴趣，赢得游客的认同感，以此增强文化旅游的亲和力、生命力和吸引力。

四、旅游资源的开发与鉴赏需要文化的解读

从文化与人文旅游资源的关系来看，文化孕育着人文旅游资源，人文旅游资源蕴涵着文化，人文旅游资源的开发与鉴赏，都需要进行文化的解读。人文旅游资源属于文化的范畴，许多文化产物都是人文旅游资源，不少文化资源只要略加开发就可以成为富有吸引力的旅游产品。大量的人文旅游资源都具有丰富而深邃的文化内涵，规划师、旅游商要开发它、利用它，游人要欣赏它、感悟它，必须具备一定的文化素养。从文化与自然旅游资源的关系看，大好河山孕育文化，文化辉映大好河山，二者相得益彰。许多自然旅游资源虽然本身不具有文化属性和没有叠加历史文化色彩，但自然美无疑需要从文化层面来鉴赏，需要用科学知识来解读，而且要将自然山水转化为旅游产品必须通过旅游开发这一文化手段来实现。因此，从这个意义上讲，自然旅游资源同样也具有一定的文化特性，与文化是密不可分的。

综上所述，旅游与文化相辅相成，相得益彰，文化与旅游结缘有利于旅游业的健康、持续发展。随着旅游业的迅猛发展，文化在旅游业中的地位和作用越来越重要，它正在成为整个旅游业的灵魂和支柱，决定着旅游业的发展方向和兴衰成败。文化旅游既能满足群众精神与物质的需求，又能满足发展需求。在旅游活动中，人们时刻都在触摸文化脉搏，感知文化神韵，汲取文化营养。旅游如形，文化似魂，形与魂的有机结合才是最完美的，而以文化远见加艺术创意来经营旅游文化产业，乃是文化和旅游发展的长远之路。

论我国旅游业发展的国际竞争力

旅游业的国际竞争力不仅反映了旅游业的国际地位，更反映了在国内外市场一体化的形势下，我国旅游业未来的发展前景和成长态势，它既是建设世界旅游强国的必要条件，也是推动我国旅游企业与国际水平接轨的重要因素。对此，业界的认识是不够统一和清晰的，远远没有做到知彼知己。

一、我国旅游业的国际竞争力水平

20 世纪 90 年代中期以后，我国入境旅游的经济总量已步入世界旅游大国行列，并呈现逐年提升的态势；国内旅游也飞速发展，成为世界最大的旅游市场，尤其是进入 21 世纪后，随着假日旅游的迅速崛起，展现出日益广阔的发展前景。但是，与世界旅游发达国家相比，我国旅游业的市场竞争力尚嫌不足，一些标志竞争力和发展水平的指标还很弱小，这反映了我国旅游业现阶段规模与效益的不对称，也正是我国与世界旅游强国的主要差距所在。

我国旅游业的国际市场竞争力，总体上可从三个方面概括其发展程度和水平：一是与旅游发达国家相比，表现为旅游业对国民经济和社会发展的贡献率还不够高，旅游企业的国际化经营仍处在较低水平；二是与发展中国家相比，我国在旅游经济产出总量、基础设施建设和对外开放等方面有明显的优势，基本上是一个对外开放的、快速发展的旅游大国形象，具有巨大的发展潜力；三是与我国的其他服务行业相比，旅游业在国内外市场一体化中具有明显的优势，对外开放程度高，运营机制比较市场化，是实现服务贸易创汇的大户，这是对外开放的有关敏感行业所不具备的竞争优势。我国旅游服务贸易的上述发展状况，一定程度上将影响在与国际先进水平接轨进程中的发展和走势。

二、我国旅游业参与国际竞争的优势

这里所说的我国旅游业的国际竞争优势，是根据中国国情和旅游业特点归纳的，不是针对发达国家或发展中国家泛泛而言的，也是其他国家所不具备的或不明显的。

（一）旅游资源丰富，产品种类齐全，具有较高的吸引力

一个国家或地区的旅游业发展有没有竞争力和发展后劲，一个很重要的因素在于旅游产品的吸引力。在这方面，我国旅游业具有得天独厚的优势：四大文明古国之一的悠久历史、56个民族的灿烂文化、960万平方公里的辽阔地域，为旅游业发展提供了丰富的资源。深厚的文化品位、繁多的资源种类，有利于开发结构完善、品种齐全、选择性多的旅游产品，如观光型、度假型、生态型、体验型旅游产品，以及一些专项旅游产品和特种旅游产品，可以满足不同类型旅游消费者的需求，这是一些地域狭小、旅游资源类型单一的国家或地区所不具备的。目前，我国已有一批具有国际影响力和市场竞争力的旅游产品，如甘肃敦煌、西安兵马俑、北京故宫、四川九寨沟、西北丝绸之路、长江三峡、江南水乡古镇等，长期保持了对国内外旅游者的吸引力，成为在国际市场上的王牌旅游产品。此外，由于我国幅员辽阔，各地经济发展水平不同，旅游资源的开发也存在明显的先后次序，目前正在启动旅游资源开发的广大西部地区，将成为今后国际市场上的新卖点。

（二）旅游基础设施规模初具，产业要素较为齐备，具备了加快发展的条件

自20世纪90年代中期以后，随着我国经济的加快发展和各方面对旅游业投入的加大，我国旅游业结束了改革开放之初的设施落后状态，高速公路和高等级公路加快建设，铁路客运提速提质，航空运力不断提升，航运能力不断扩大，制约旅游产业发展的大交通问题得到了很大缓解。旅游住宿、旅行社、旅游车船和其他配套性要素得到较快发展，已形成一定的产业规模和较好的生产体系，不仅旅游接待、经营和服务可达到较大的量，而且相当多的旅游接待设施和服务已达到较高水平，可以生产出满足旅游者较高档次需求的旅游产品。例如：我国拥有大批在硬件和软件上与国际水平接轨的高档次旅游住宿设施，有成千上万家的旅行社，一大批旅游景点被评定了等级，旅游交通工具的质量也在不断提高。其中，在长江营运的一批游轮已经依照国际标准评定了星级。在我国从“复关”转为“入世”的1995年，我国旅游饭店已达3 720座（其中，星级饭店有1 747座），旅行社有3 826家，到我

国入世后的2002年末，全国星级饭店已达到8 880座，旅行社11 552家。我国旅游产业要素的这一发展规模和发展水平，是WTO体系的发展中国家成员中为数不多的，应该说具备了加快发展和参与国际竞争的基础条件。

（三）政府主导、以市场为基础的发展模式具有很大的优越性

我国旅游业在发展实践中逐步探索出“政府主导型发展战略”，这是一条中国特色的具有强大生命力的发展道路。它要求在发展旅游业的过程中，要强化政府的组织协调功能，充分发挥市场机制的作用，分门别类地解决旅游业发展中遇到的各种困难。一般来说，政府与市场的作用在旅游发展中将做这样的分工：旅游业在发展规划制定、基础设施建设、整体形象宣传和市场环境优化等方面发挥政府主导作用；在旅游投资、产品开发、市场管理和服务质量等方面充分发挥市场作用。在这一发展模式的指导下，20世纪90年代中期以后，各地政府相继出台了加快旅游业发展的政策措施、地方旅游管理的法规规章，研究制定旅游发展规划，加大对旅游业发展的导向性投入和地方旅游整体形象宣传，研究解决制约旅游业发展的瓶颈因素。与此同时，充分发挥市场配置资源的基础作用，加快解决或缓解发展中国家普遍存在的基础设施和接待设施不配套的问题，大大缩短了依赖国家经济发展水平解决旅游业发展条件的时间进程，确保了我国旅游业持久保持旺盛发展的势头。

（四）对外开放有相当的基础，具有参与国际市场竞争的基本条件

在国内众多的服务业中，旅游业属于对外开放较早、开放程度较高的行业，不仅利用外资和引进国际管理经验较多，对国际市场也更为贴近和了解，而且一些旅游企业直接跟外国企业合资经营，有些实力较强的旅游企业还走出了国门，直接进行跨国经营，这是国内其他服务行业所不能比拟的。与WTO体系内的发展中国家成员相比，我国旅游业的开放程度和发展水平也属于比较高的，包括开放的领域和开放的幅度，在20世纪90年代中后期，我国饭店市场对外商投资方式已基本没有限制。在当时每年的旅游统计中，对包括独资在内的外商投资饭店都有明确的统计，不仅允许外资饭店可聘用外国管理人员，而且允许外商在华成立饭店管理公司，直接输出饭店管理技术和人员；旅行社领域已准许外商前来合资，而且不限定总体数量和成立的地域。这种开放程度是超前于一般发展中国家的。因此，旅游业对于进一步开放也就具有相当的承受力。此外，我国旅游业还有一个竞争的优势，就是与一般发展中国家相比，已有一些旅游企业（主要是旅行社）进行跨国经营，尽管它们在规模、数量和实力上与发达国家的跨国经营企业有很大区别，但是毕竟迈出了参与国际市场竞争的重要一步。

（五）客源市场规模巨大，在参与国际竞争中具有很大优势

入境旅游和出境旅游是旅游服务贸易的重要两翼。在入境旅游方面，我国有一个其他国家所不具有的巨大优势，那就是港、澳、台和华侨市场。由于它们与祖国内地之间天然的千丝万缕的经济、文化和血脉联系，一向是我国入境旅游的主体客源。以2002年为例，全国入境旅游总人数为9 791万人次。其中，外国人只有1 343万人次，而港、澳、台同胞却占了84%，这一优势和特色将是永久的。此外，由于我国是一个经济、政治、文化大国，随着各方面在国际舞台上地位的提高，旅华的观光、商务、会展、修学、度假等各种类型的境外旅游者将会持续增加。在出境旅游方面，受我国经济发展水平和对外开放程度的制约，我国现阶段虽然实行有计划、有组织和适度发展的政策，但由于人民生活水平提高很快，我国人口的基数很大，出境游人数从20世纪90年代中期以来一直呈两位数增长，这种势头仍将长时间保持下去。因此，WTO的大部分成员对我国出境游市场都怀有浓厚的兴趣。目前，我们采取的政策是不允许境外旅行商参与这个市场的经营，目的不是为了保持我国旅游企业的垄断地位，而在于加快培养其在这一市场的竞争优势。此外，国内旅游虽不属于旅游服务贸易的范畴，但与其却有着十分密切的关系，尤其是作为数以亿人次计的世界最大的国内旅游市场。遇到外界不利因素的影响时，如亚洲金融危机、美国“9·11”事件等，我国旅游业都发挥了减缓冲击、救急救市的作用，旅游企业通过“以国内补入境”的方式，对挽救因入境旅游大幅度滑坡带来的市场危机发挥了至关重要的作用，这方面与周边国家相比是非常明显的。国内旅游相对于出境旅游来说，则有潜在的客源和后续的市场的优势，甚至在一定意义上说，国内市场的规模最终决定着未来出境市场的发展空间。由于我国国内旅游的规模巨大，因此，也就决定了对出境游市场具有重要的影响。

根据世界旅游组织1996年的年度报告，2020年，全球将接待16亿国际旅游者，旅游消费将达到2万亿美元，国际旅游人数和消费年均增长率分别为4.35%和6.7%，远高于世界财富年均3%的增长率。届时，中国将成为世界最大的旅游目的地，同时也将成为名列世界第四位的客源输出国。在国内旅游方面，发达国家已经近于饱和状态，亚洲等将成为发展最快的地区，届时，国内旅游与国际旅游人数之比将保持在10∶1，旅游消费比例将保持在3∶1或4∶1的水平。可以预见，我国入境旅游和国内旅游都具有非常广阔的发展前景。

三、我国旅游业参与国际竞争的劣势

我国旅游经济总量虽在世界排位中占有重要地位，但并不意味着参与国际市场竞争的能力就很强。因为我国旅游经济总量，是由成千上万个旅游企业单位汇总而成的，就单个旅游企业的实力和产出来说，效率和竞争力仍然比较低下，而一个国家服务贸易在国际市场上的竞争力，既反映在旅游投资、旅游收入、旅游出口、安置就业、旅游税收等占国家总份额的比重上，也体现在具体一些旅游企业的发展开拓能力上。造成这种状况的原因，主要应该是宏观环境和政策性因素的影响，包括经济体制、市场秩序、管理制度等，也有一些旅游企业自身存在的问题。我国旅游业的这种现实发展状况，决定了市场对外开放应该是循序渐进的，否则将对整个产业带来严重的不利影响。我国旅游业参与国际竞争的劣势主要有：

（一）粗放型发展的格局抑制了竞争力

我国旅游业虽然已有 20 多年的发展，但仍没有走出粗放发展的阶段。

主要表现为：旅游企业之间的竞争，不是靠成本和质量，而是仍处在削价竞争、打价格战的初级阶段；企业经营的产品多是常规化的产品，特色产品、品牌产品很少；多数旅游企业的经济效益较差，旅游饭店出租率较低，相当比例的旅行社年终亏损或盈利不多；旅游汽车公司每年有很长的淡季和停运期；由于旅游企业的管理机制不健全，旅游企业的优胜劣汰很难与市场规则挂钩，经营情况很差难以被淘汰出市场。这种状况导致了我国旅游业的一些宏观指标与国际水平有相当差距，以入境旅游为例，2001 年入境游客和创汇均排位世界第五，但入境游客人均花费水平仅 536 美元，明显低于世界前七位（创汇排列）国家的平均水平（742 美元）。从我国旅行社的营业利润来看，我国的入境游、国内游的经营也都明显低于国际平均水平。因此，我国旅游企业的人均生产率是比较低的。

（二）旅游经济发展的整体效益没有得到充分发挥

我国旅游资源丰富，发展旅游业的条件很好，但由于缺乏有效和有机的协调机制，限制了旅游业整体效益的发挥。例如：国家每年都要开发建设很多大型工程项目如水利工程、大型桥涵、歌舞剧院、城市设施等，这在发达国家往往都被用来开发旅游，但我国目前对此还缺乏通盘的考虑。在旅游宣传促销方面，一方面专项经费短缺，难以利用现代传媒大规模促销；另一方面每年各部门对外交往和活动频繁。

如果各个部门能够把旅游整体形象宣传作为附带性的活动内容，就可使对外交往的内容更加丰富，形式更加灵活，但目前由于缺乏一种有效的协调机制，这方面的资源受到很大浪费。大型节庆、会展、体育赛事、文化活动与旅游发展有着天然的联系，一些国家已很好地把两者紧密结合起来，产生了良好的经济效益和社会效益，但我国现阶段还有很大差距。城建、文物、宗教、园林、林业等行业拥有的资源，本来是全社会共享的旅游资源，但由于部门各自为营、相互掣肘，而大大耽误或影响了整体效益的发挥。民航、铁路、水电气的供应是旅游业健康发展的保障，也是上述行业和部门的消费市场，本应该有紧密协作的天然条件，但由于有关行业仍属于垄断经营的体制，在消费旺季还处于供不应求的状态，因此，对旅游需求的供应还不能全力支持。上述种种原因，影响和制约了很多优势的发挥。以上问题的深层次的原因：一是在旅游业发展中，市场化的作用和机制还没有真正形成，而计划性的、政府行为的东西仍在发挥作用；二是相当多的地方政府和旅游部门发展旅游的思路还是粗放型的，没有更多地从集约化方面考虑问题，这也是由所处的旅游发展阶段决定的；三是在政府部门和各个行业之间尚未建立一种有效的协调机制。

（三）旅游服务水平和服务质量不高

经过20多年的对外开放，中国对于世界来说已没有了当初的神秘感。旅游业要吸引各国旅游者，一是靠旅游产品的独特和品位，二是要靠服务质量作保障。只有使旅游者感到可以放心地前往游览，游览以后觉得物有所值，才能源源不断地吸引回头客，回头客的口碑作用则可吸引更多的旅游者。目前，我国旅游服务的质量还存在不少问题：一是不少地方由于经济条件的制约，旅游接待和服务设施简陋，有不少还存在安全隐患，住宿饮食的卫生条件比较差，难以向旅游者提供安全、卫生、舒适的服务。以旅游厕所为例，近年来虽然改善很快，但在旅游基本要素中仍是旅游者评价最低的，一些经济发达国家的游客将其视为不能容忍的问题。二是一些旅游从业人员的职业道德和服务水平较低，导游、司机、服务人员等受经济利益驱使，不按照规范为旅游者提供服务，而是对服务项目和服务内容掐头去尾，随意减少旅游项目，降低服务质量，欺客宰客，这些情况严重损害了我国旅游业的整体形象和旅游者的权益。三是旅游市场秩序较差，旅游企业削价竞争、市场欺诈行为、搞挂靠承包经营，扰乱了正常的市场经营秩序，损害了守法经营企业和个人的利益，而无序的市场竞争影响着企业发展，影响着旅游发展。

（四）旅游产品开发水平层次较低

我国旅游资源具有很高的开发品位，但由于规划、策划和开发水平不高，加上资金投入不足，很大一部分传统观光型景区的资源品位、文化内涵没有得到深入挖掘；在景区的开发建设中，乱开乱挖、画蛇添足、不注意景区景点与周围环境相协调的现象非常普遍，景区的人工化、城镇化问题比较突出；人造景观水平低、近距离重复建设现象很突出，目前在国内尚未推出科技含量高、对游客具有强烈吸引力的震撼性产品；导游对一些自然景观的讲解多牵强附会，甚至低级化、庸俗化；旅游纪念品千篇一律，粗制滥造，直接影响了旅游购物消费水平。

（五）旅游基础设施建设仍然比较薄弱

除了我国东南沿海的主要旅游城市以外，中西部和新近开发的一些景点景区，旅游交通的可进入性都存在一定问题。新开发的景区景点与交通干线衔接不好，景区景点的基础设施供给能力的设计起点较低，接待和服务设施布局不合理，加之后续性的资金投入不够，不少景区的接待设施年久失修，老化和毁坏不同程度地存在，大大削弱了景区接待、容纳游客的能力。近年来，随着国内旅游、假日旅游的飞速发展，旅游基础设施供给不足的矛盾日益突出，不仅难以适应客源大规模扩张的要求，而且也对景区景点的资源保护构成了极大威胁。在这种情况下，也影响了外商及其他渠道投资的积极性。

（六）旅游企业缺乏大规模的跨国经营实力

旅游企业是市场竞争的主体，能否进行跨国经营直接反映了在国际市场上的竞争力。在这方面，我国少数旅行社虽然已经走出去发展，但尚未形成较大的国际市场影响力和知名度，远没有达到美国运通、日本交通公社等知名企业的国际竞争力；而在旅游饭店、旅游车船、旅游救援等其他旅游产业要素方面，则基本上没有迈出跨国经营的步伐。因此，也就无从谈起国际市场竞争力。主要原因是：一些具有跨国经营基础条件的旅游企业多为老的国有企业，内部的经营和发展机制尚未很好地解决；而一些解决了发展机制问题的旅游企业，还没有达到应有的实力和规模。

（七）旅游人才队伍建设跟不上现实发展的需要

我国开设旅游专业的大中专院校越来越多，2001 年底，开设旅游专业的院校总计 1 152 所，旅游专业在校生达 34 万多人，但由于每年培养出的旅游大中专业学生满足不了实际需求，地级市以下，尤其是中西部地区，旅游从业人员中的旅游专业毕业生所占比例很小；由于旅游院校的专业设置不能紧密结合行业实际，导致有些毕业生学非所用，有的旅游单位则无人可用，如日语、韩语等小语种导游人才奇缺；在旅游资源的策划、规划和开发方面，由于旅游专业人才缺乏，实际从事这一工作的主体人群，则是地理、城建、环保等方面的人员；在旅游饭店、旅行社的经营和管理岗位上，从管理者到一般从业者，很多人员没有受过专业化的教育或培训。上述因素，不仅是导致我国旅游服务水平整体比较落后的原因，也是导致我国旅游业国际竞争力不足的一个重要因素。

四、宏观把握和研究旅游承载力问题

随着环保和可持续发展意识的增强，人们对于资源与环境承载力问题日益关注，这是社会发展的一大进步。对于旅游业来说，研究和讨论这个问题的重要现实意义，不仅在于如何测定和控制现有旅游景区（点）的承载力，更在于旅游资源的保护和可持续利用，这是一个末与本、流与源的关系。对于旅游景区（点）资源的保护，也仅是一个非常具体的方面，需要综合、整体地研究和解决这个问题。

总体来说，对旅游资源与环境承载力的影响可以分为三个层面：一是经济社会发展对旅游资源的影响，这是每时每刻都在发生的，也是目前面临的最大层面的影响因素；二是旅游开发对资源与环境承载力的影响，即所谓环境影响评价、环境影响测评的问题，这是各地开发旅游资源中时常出现的，是第二层面的因素；三是现已开发建设成为旅游景区（点）的资源与环境保护问题，即通常所说的“承载力”这个方面，就是如何应对客流激增带来的影响，这相对来说是第三层面的因素。因此，讨论承载力的问题不应仅限于第三个层面，旅游资源的保护需要从源头抓起，游客分流也不能简单地控制，还需要不断开发新的景点疏散客流，这就不可避免地涉及了第一和第二层面的问题。

目前，经济社会发展对旅游资源的影响是相当惊人的。人们谈论旅游对环境的影响，一开口似乎就是旅游发展了，游人增多了，环境破坏了，这是比较片面的认识。现实的情况是，由于我国经济的高速增长，国民收入大幅提高，确实引发了出游人数持续增长，但更主要的是人们对资源的耗费和环境的影响加剧，即所谓“万元GDP能耗水平超过发达国家3～11倍”，这才是真正影响甚至破坏旅游资源和环境的最大因素。显然，这个影响不是由旅游发展造成的，但影响程度远远大于旅游开发的程度。令人可悲的是，人们对于这方面所带来的影响往往视而不见，麻木不仁，无论是旅游研究者，还是环境保护者，抑或是社会学家，往往把眼睛只盯在旅游开发带来的问题上，而忽视经济社会发展所带来的更为巨大的影响，这无异于抓小放大，捡了芝麻，丢了西瓜。目前，这类原因对旅游资源和环境承载的影响，也可以概括为三个方面：一是由于老百姓生活水平的提高，追慕、模仿城镇化的生活条件和生活方式。传统的多姿多彩的民族建筑形式渐渐被贴瓷砖的“火柴盒式”建筑取代了，如傣族的竹楼、怒族的石板房、苦聪人的鸡粽房等都在加速减少；传统的民族服饰被认为是土气了，农村中青年已纷纷穿起西装、汉装、运动装；流传千百年的原生态生活方式消失了，老百姓重农淳朴的心态趋向于商业化。这是经济社会发展的一个进步，但同时也大量地削弱、湮没、消亡了民族、民俗、建筑、文化、服饰、自然等的固有形态。随着现代化水平的逐步提高，这种影响正在日益加剧和扩大，而这逐步削弱和消失的正是旅游发展所赖以依托的重要资源。二是地方政府组织实施的各种温饱富民工程，在加速老少边穷地区脱贫致富的同时，由于考虑和组织实施的不周全，也加速毁坏了一大批宝贵的旅游资源。现在这类脱贫致富的工程比较多，而且大都有专项的资金补贴，以行政命令限期完成改造，例如：“消灭茅草房”、“村村通公路”、“移民搬迁”、“规范民族舞蹈”等。以消灭茅草房为例，目的在于加速解决老百姓的温饱问题，而不在于消灭茅草房这种形式，但在实施的过程中，消灭茅草房的“形式”成为了重要内容，很多茅草房被简陋的石棉瓦房所取代，这样茅草房所承载的流传数千年的民族建筑艺术和生活方式也被改变或消灭了，民族文化被“石棉瓦”化、“水泥砖”化、“火柴盒”化了，这不应该是经济社会发展所必须付出的昂贵代价。再如：民族舞蹈的规范问题，本来村村寨寨的舞蹈形式不同，反映的是数千年民族艺术资源原生态的形式，完全没有必要用当代人的观念去规范它，将千姿百态、丰富多彩的舞蹈形式规范为几种，同时也淡化了特色，由此所造成的损失也是难以估量的。三是其他资源的开发对旅游资源的破坏。旅游资源与很多资源是一体化的，或者是一种共生、依存的关系，不少地方为了发展，加大了对矿山、水电、林木、湿地的开发，也对旅游资源造成了很大的伤害。上述三种情况对旅游资源和环境承载带来的影响，绝不是某个景区之内的、小范围的，而是以经济利益和行政手段强力驱动的、大面积的、具有普遍性的，对旅游资源和旅游环境的影响程度甚至可以用斩草除根、扫庭犁穴来形容。

至于旅游开发过程中的资源破坏问题，现在已经引起多方面的关注。例如：强调旅游开发要规划先行、反对景区兴建索道、质疑景区承包经营、呼吁发展生态化的旅游、倡议控制游人流量等。目前，由于开发利用不当而对旅游资源造成破坏的现象比较多，个别典型和极端的案例也有，但由于它依托和利用的是旅游资源，无论开发者是出于单纯的经济目的，还是“两个文明”并重，反正结果都是一样的，就是“皮之不存，毛将焉附”。如果在开发过程中把旅游资源破坏了，那么任何一个目的都不可能达到，这是一个常识性的道理。因此，不能得出旅游开发必然破坏旅游资源的结论。虽然开发过程中也存在某些破坏现象，但与因经济社会发展所带来的影响相比还是次要的，而且越来越多的例子表明，旅游发展有利于资源保护和可持续发展，这是一个基本的认知问题。

因此，要较好地研究旅游资源与环境的承载力，可能首先不是技术层面的因素，而是要解决观念认识与指导思想的问题。这个方面解决不好，宏观层面的保护与可持续发展就是一句空话，再去谈论微观层面的具体保护也就失去了意义。

（一）要树立正确的资源观念

旅游资源具有广延性、交叉性、重叠性和依托性，它所包括的人文资源、自然资源和社会资源，涉及和涵盖了方方面面与行行业业。当然，适于开发旅游的资源，需要一定的品位、代表性和相应的条件，今日暂无条件开发的，并不意味着就可以无所顾忌地用作他途，否则一旦具备了开发条件就追悔莫及。现在在少数民族聚居地区有很多被列在“消灭”之列的茅草房、黄板房、石板房、杈杈房，这些建筑本身就蕴含了数千年的民族建筑艺术文化，老百姓的传统生活方式也与之密切相关，如果仅仅将其看作是“贫困”的表现形式，而无视它在文化、旅游、民俗、民族建筑等方面的价值，有组织地对它们进行改造，或听任其模仿城镇化建设，也就等于是对旅游资源的集中性毁灭。这类现象之所以也发生在高喊培育旅游支柱产业的民族地区，是因为这些地区对旅游资源缺乏一个全面的认识，仅仅认为好山好水、历史古迹才是旅游资源，这是一种因无知而产生的错误认识。

（二）要具有科学的发展视角

现在一些地方的旅游资源遭到毁坏，很重要的原因是对发展旅游没有信心，认为搞不出什么名堂、不是轻易就能搞起来的，有的即使确立了培育世界级旅游品牌的目标，但实际上仅仅把它放在搞活的层面，而不是“做强”、“致富”。因此，在处理生存与发展、开发与保护的关系时，往往明知会对旅游资源造成毁坏，还是想开矿的就开矿，想砍树的就砍树，想拆房子的就拆房子，而不是考虑今后发展旅游怎么办。一些地方虽然认识到了发展旅游的好处，但依旧只顾眼前赚钱，毁林建房，放炮开路，大兴土木，为追求最大程度的接待量，将开发与保护抛之脑后，不去考虑生态破坏和环境污染，可持续发展成了一句空谈，资源破坏也就在所难免了。

（三）要倡导集约化的发展模式

我国旅游发展应纳入集约化发展的轨道，这既是旅游消费市场的要求，也是加强资源和环境保护的必然选择。科学地规划、认真地施工、严格地环境审计，应该是进行旅游开发的专业性要求；要确立精品观念，建立精品消费、精品赢利的机制，侧重打造精品，避免单纯地以新产品迎合市场；要树立配套和完善的旅游产品意识，努力进行旅游六大要素的整合，不能局限于搞景点开发，大兴土木。

（四）要优化旅游开发的产品结构

现在旅游业“旺丁不旺财”，接待多，赢利少，主要原因是旅游产品以观光型为主。有些景区人满为患，解决的出路除了拓展现有景区容量、不断开发新的景区以外，还在于加大对非观光产品的开发，调整和完善旅游产品的结构，倡导多样化的旅游选择。20 世纪 90 年代中期，国家旅游局就提出了这个思路，但产品结构的完善并非朝夕之功，还需要继续加大力度。

（五）要坚持限量与扩容相结合

在对待旅游资源的问题上，原则向来是明确的，那就是保护与利用相结合，但具体到实际工作中并不容易。过于强调保护，实际保护不了；过于偏重利用，实际也利用不好。两者之间的最佳结合度是比较难以把握的，这是一个客观现实。在对待现有景区（点）的承载力问题上，从技术层面设定一个数据并非难事，困难不在于各派专家是否认同，而在于如何去实施它。现在比较现实的解决办法：一是科学测定景区容量，对外进行实时预告和自我调控。二是尽量扩大接待的容量，应对短时间内出现的旅游高峰。例如：拓展游路，增加护栏、夜间照明，早开门，晚关门，增加临时售票窗口，提示游客缩短在景点停留的时间等。三是在游人较多、规模较大的景区，实行内部景点“轮休式”的开放，或对特别需要保护的景观实行暂时性加收参观费用。但最好不要在事先宣传准备工作不够充分的情况下，轻易就以客流已达承载量为由将外地游客拒之门外，那样做是不符合人之常情的，有违以人为本的精神。

五、旅游开发中的矛盾及解决途径

旅游开发就是运用一定的方法将资源转化成可供旅游者消费的旅游项目和产品。通常情况下，旅游资源的开发者就是资源的所有者或占有者，是长期生活于资源环境之中的“内部人”，是旅游开发的主体；而旅游项目和产品作为天然的市场元素，就是供其他地区、国家的居民消费的，也可以换种说法，这些“外部人”是旅游开发成果的需求者和消费者。这种内部人生产供外部人消费的形式，往往就会产生矛盾，即生产与消费、供给与需求之间的对应性可能产生问题。在当前我国的旅游开发实践中，这种矛盾是比较普遍存在的，其造成的不良影响非常大。

（一）“内部人”开发可能产生的主要问题

一般来说，内部人作为开发主体，优势是对旅游区的资源、环境非常熟悉，有利于协调开发过程中的各种关系，有助于顺利实现开发目标，提高开发效率。但从旅游经济的特性来看，内部人作为旅游开发主体的不足和可能引发的问题更为明显。归纳起来，主要有以下几个方面：

1. 对旅游资源的价值判断不准，甚至贬低、忽视旅游资源的价值

有句成语叫熟视无睹，用在这里比较贴切。作为长期生活在其中甚至祖祖辈辈都生存居住于此的人，对周边的景观、风光、环境早就习以为常，所谓见惯不惊。甚至有些景观、风光、环境已经被外人广泛称赞慕名而来时，当地人还表现出一种不以为然、莫名其妙的神情，会说“没啥好看的，没啥好玩的，没啥好做的”。这种认识从根本上否定了旅游开发的价值、必要性和可能性，这也基本是早期在普通居民和基层干部中比较常见的现象。现在这种现象仍然存在，虽然从表面上看已不多见。

2. 看不到旅游资源与产品的区别及其开发转化的必要性

由于旅游资源与旅游产品的直观区别不多，很多人往往将两者等同起来，由此往往导致忽视从资源到产品的开发转化，从而阻碍了旅游开发与发展。现在到很多地区去调研考察，常常遇到的情形是：当地的同志，包括从事旅游工作的党政机关领导者和旅游行业管理部门的负责人，介绍起当地的旅游来如数家珍，山水风光如何奇特，历史文化如何丰富多彩，但一到现场往往是除了原来就有的勉强可以通行的一条路以外，什么都没有，更不用说区域内的产业配套、经营管理、接待服务了。这就是没有看到旅游资源与产品的差别，也就根本不可能积极主动地去进行开发转化。这比第一个问题进步了不少，可看作第二阶段存在的比较普遍的问题。实际上，旅游资源只是具有旅游吸引力和价值、能够开发成旅游项目、产品供旅游者进行消费的自然和人文的客观存在，必须通过配套建设、加工包装，才能成为供旅游者消费的产品、项目，或者能够供旅游者方便、舒适地享用的产品。

3. 按照开发者自身的认识、兴趣、偏好进行旅游开发

认识到开发的价值和必要性之后，对于如何进行开发，常常出现的问题就是内部人不了解、也不去了解别人是如何开发的，而主要是按照自己的想法、认识、喜好来选择、策划项目和进行设计、规划、建设、管理。结果往往是旅游者不感兴趣，效益状况和旅游前景也就可想而知。更为严重的后果是浪费了资源，破坏了环境，损害了形象和声誉，挫伤了自己和有关方面的积极性。这是在进入开发过程中的低级错误，但至今犯这种低级错误的“内部人”的开发仍然比较常见，危害仍然很大。

4. 简单地学习模仿别人，盲目照搬他人旅游项目

很多内部人发现旅游者对自己想当然开发的项目、产品不感兴趣后，就走向另一个极端，对别人开发的比较成功的项目，一味模仿，将其他旅游区、旅游项目照搬照抄过来或者改头换面移植过来。但由于对市场需求状况及其变动趋势和自身的资源特性、比较优势分析不多、把握不准，再次造成低水平重复建设，结果新开发的旅游项目和产品自身未必如开发者所判断、预期的那样获得成功，或者一时取得了比较好的效果，但好景不长。近年来，这种现象在自然和历史文化旅游资源开发中存在，在人文景观和主题公园建设上则非常突出，诸如峡谷项目、水上游乐项目、漂流项目、滑雪项目、温泉项目等，西游记宫、恐龙园等遍地开花则是更为典型的例证。

此外，内部人开发旅游资源，在策划设计、资金筹措、开发模式、建设施工技术和经营管理方式等方面，也都存在一些问题，包括策划设计水准不高，开发资金不足和筹措方式单一等，主要是运用自己的资金、人员、技术组织开发，建设施工科学化水平低，项目竣工后经营管理不到位等。

（二）解决内部人开发产生问题的主要对策

旅游开发是涉及很多方面和若干环节的经济建设活动，需要组织、动员各方面的力量，发挥各种主观能动性，因而必须运用开放性、科学性思维方式，不断创新机制，立足自身，内外结合，积极利用专业技术力量。对于“内部人”开发所存在的问题，很多地区已经探索出较为成功的经验，主要对策是：

1. 进行深入广泛的考察学习和探讨交流活动

限于经费紧张和开发投资不足，很多地区对领导干部、管理人员和技术人员外出考察学习限制很严，现实中很多考察流于形式、效果不明显，则进一步强化了这种认知和限制。旅游对于很多地区来说是锦上添花的发展性事业，急需解决的重点、难点工作尚且难以全面顾及，让领导干部去考察学习的旅游，则更是犯忌讳、惹是非、招民愤的事。因此各种顾虑、限制往往就更严格。殊不知，旅游业的开发、发展最需要洞悉市场和博采众家之长，外出考察、学习、交流尤其重要。只有深入全面地了解别人的成功经验和把握市场需求，才能结合自身的资源和配套条件，开发出适合市场需求、主题鲜明、特色突出的项目、产品，才可能取得良好的开发效果和效益。当然，外出考察旅游开发，目的、任务根本不同于旅游者的旅游，不是去游山玩水、吃喝玩乐，而是要全面深入地了解旅游项目、产品的性质、特征、优势，了解其项目选择确定、策划包装、规划设计、建设施工、经营管理、市场开发、品牌形象塑造宣传等开发和生产经营中必须解决的问题。组织自己人特别是自己的“当家人”

外出学习，是从根本上解决内部人开发旅游存在的问题，是最基础的，也是最重要的，因为无论采取什么具体的旅游开发方式，“当地人”都是最终决策者、组织管理者、参与者和有最大利害关系人。

2. 借助专业机构进行项目策划、设计、规划、施工和经营管理

在“内部人”自行组织、主持开发的大前提下，对旅游区、旅游项目开发中专业性、技术性比较强又具有相对独立性的工作，可以引进和利用社会上、市场上的专业技术力量，将一些主要开发环节由自行承担转变为向外发包。商品经济和市场经济是以分工、专业化和协作为技术基础的经济制度，目前我国为旅游开发从事专业技术服务的社会性、专业性力量已经有所增强，近年来在旅游区、旅游项目策划、咨询、论证、规划、设计、建设、维修、管理等方面，引进借助专业机构的越来越多。各种专业机构进入旅游开发，对提高旅游开发水平发挥了重要作用。从开发投资来看，借助专业机构所需要投入的前期费用和开发期的费用都会相应增加，增加投资量，这会成为影响新项目开发运用社会专业技术力量的主要因素，特别是对于初开发的欠发达地区来说，节约资金似乎永远是最基本、最重要的原则。但如果与开发目标、目的和最终效果比，这种不分项目、资金使用性质的节约是否正确和科学，很值得深思和权衡。

3. 整体引进区域外的开发和经营者

与一些主要环节、项目引进专业技术力量相比，整体引进区域外的开发经营者是一种更为简便、专业化分工更明确、效果更好的开发方式。这种开发方式在国内外已普遍采用，政府和项目主管单位成为业主，承担监督、管理和协调、指导等职责，具体的开发职责，包括从策划论证到设计、规划、施工的力量组织、过程监督、效果测评、效益核算等，都由开发商承担，业主与开发商之间按照协议划分责、权、利。这种方式存在的主要制约因素是法律制度和条块分割限制一些项目整体出让开发经营权，其实质还是国家利益（保护需要）、部门既得利益（以保护为主要理由）、地区利益（发展需要）、企业和个人利益（利用以获取收入）的关系问题。地方政府及其有关主管部门与开发商之间的利益纷争及对项目价值、前景判断的差异是直接影响整体引进开发经营者的主要因素。由于缺乏理性的分析预测，在未开发利用阶段，当地政府及其主管部门对资源的价值和效益前景不可能有明确、合理和量化的判断、测算，开发商即使相对好一点，也往往要承担比较大的投资风险。地方政府往往从“用资源换资金，你发财我发展”的指导思想出发签订引进开发协议。一旦开发成功，效益比较好，当地居民、相关主管部门心理上的不平衡甚至上当吃亏的想法就产生了，政府也往往违背初衷，不能冷静、客观、全面地分析实际情况，难以全面衡量项目开发给当地带来的综合效益，不以此去引导干部群众分析算账，而是“和稀泥”、充当老好人等，让开发商让利，否则就默许、放任甚至怂恿一些人、一些单位去与开发商讨价还价，干扰、阻止、破坏开发经营活动。运用整体引进开发经营方式，要克服这些矛盾，最根本的还是协调关系，统一认识，遵守诚实信用原则，严格依法行事。

4. 对旅游市场和旅游资源进行深入全面的分析研究

无论采取何种旅游开发方式，保证成功和效益的最根本、最重要的做法，就是要把握市场消费需求及其变动趋势，了解相关生产供给和需求关系状况，然后分析自身的资源特性和各种优势，按照市场需要组织旅游开发。这是克服从资源条件片面出发、按照自身喜好判断开发和简单搬用移植开发的根本措施。

六、旅游开发的基本原则

在旅游开发实践中，国内外同行积累了丰富的经验，主要归纳为六项原则。掌握和遵循这些原则可以解决矛盾，弥补不足，可以保证开发的科学性和效果。

（一）资源依托、市场导向原则

指旅游开发要以资源状况为基础，高度重视市场的需求状况、特征及其变动趋势。这是在市场经济条件下一切生产建设活动都必须遵循的原则。在市场经济中，生产经营的任何产品都是为了别人的需要，都必须被需求方认可、接受，才能实现生产经营的目的，即实现价值由商品形态向货币形态的转化，实现赢利的目的。因此，尽管有“巧妇难为无米之炊”的朴素哲学，以及资源、条件决定生产和产品的经济学理论，但在现代技术和市场条件下，决定生产的首先不是看能生产什么，而是要看市场需要什么，以及以什么方式、什么价格和需要多少，去分析生产的条件、可行性和效益前景，进而决定是否生产、生产多少和如何生产。在旅游开发中突出资源依托、市场导向原则的特殊意义，在于旅游资源转化为旅游项目和产品后，其外在特征变化不大。因此，往往有人将旅游资源等同于旅游项目和产品，进而以为决定旅游发展状况和前景的主要是资源状况。所以，在旅游开发和发展中往往只看到资源的重要性，而忽视了市场的决定性作用，没能开发出适合市场需要的项目和产品，以致直接影响旅游开发和发展的效果。此外，长期的自然经济传统和计划经济实践，也容易使我国的一些市场经济观念还不够普及和深入的地区，在旅游开发和发展中忽视市场的重要性。这类现象在经济社会发展水平相对较低、市场经济尚不发达的地区，是客观存在的，且可能会持续存在。

（二）突出特色、扬长避短原则

指旅游项目和产品的开发必须坚持特色第一的方针，为了突出特色，就必须扬己之长、避己之短。特色是产品的生命力、竞争力之所在，没有特色的产品就是没有竞争优势和前途的短命产品。在市场经济条件下强调产品和服务的特色，还基于分工和专业化以及生产和交换的基本理论。

生产的分工和专业化决定了产品、服务的专一性与特色化，无差异的产品和服务就没有交换的必要。同时，在分工和专业化的前提下，存在着大量生产同类产品的厂商，这些厂商要顺利地销售掉其产品，就必须突显其在产品性能、特色和价格、服务方面的优势。在价格、销售方式特定时，产品的性能和特色就至关重要。因此，要以交换顺利地实现生产目的，产品和服务特色越鲜明、越突出就越好。特色来源于生产经营者所具备条件的特殊性，当然是其中可资利用、有利于生产经营的因素（即其长处），而要设法避开与其他生产经营者相比所存在的不足，要扬长避短。在旅游开发中强调突出特色、扬长避短原则的特殊意义就在于，旅游吸引力最初就产生于文化的差异性，求新、求奇、求特、求知是主要的旅游动机和目的，它们还是实现求乐目的的重要途径。通俗地说，对于旅游者而言，所有其不了解、不熟悉的事物都会使之产生去了解、探求的动机，而自已所了解和熟知的事物通常是不可能对其产生吸引力的。旅游的一个主要目的就是去了解、认识新、奇、特的事物和寻求新的感受、经历、知识。因此，旅游开发和生产必须重视特色。但如前所述，实践中由于从事旅游开发的人多是生活在同质文化之中的，一方面会熟视无睹，即对旅游资源的价值认识不足，习以为常，看不出新奇和特色之处；另一方面又会在初期和一定阶段简单地学习他人的做法（因为这些往往是其所不熟悉而感到新奇有趣的），在项目、产品开发建设中生搬硬套，邯郸学步，进行低水平的重复建设，开发出一些特色不突出的项目和产品，结果往往是东施效颦、弄巧成拙。

（三）围绕中心、成龙配套原则

指旅游项目和产品的开发建设，必须在抓住中心的同时，注意协调配套，形成成熟的项目和产品。具体分析，这个原则的含义包括四个方面：一是旅游开发建设必须明确主题。客观上，每个项目和产品都存在一个主题和中心，如民族文化旅游项目的中心和主题就是展示、表现、弘扬优秀的民族文化和进行民族文化的考察、学习、探索、交流。但是，不同民族文化的精髓和特征又是不同的，体现民族文化的载体如民居建筑、民族服饰、节庆习俗、艺术思想也是不同的。因此，要逐层逐项分析确定其最核心的内容、最主要的特色是什么。二是在项目和产品开发的各个环节、各个方面都必须始终注意突出、体现其中心、主题，不能随意规划、选择、建设、组合内容而形成没有主题、没有红线、没有特色的项目和产品。例如：生态旅游区项目的中心是感受、体验绿色生态及其所蕴含的思想观念，要求尽可能保持生态的多样性和原生性，减少人为的干扰、影响和破坏。相反，如果在生态旅游区建设嘈杂的现代游乐设施，甚至过多的旅游服务设施，就会使其主题、中心和特色受到损害。三是在项目和产品的设施建设上要注意协调配套，行、游、住、食、购、娱的服务要素都要具备，且在等级、档次、规范等方面协调一致，不能畸高畸低，失之偏颇，并逐步增加设施和服务的数量、等级，以增强可选择性。特别是要避免只顾项目自身的主体建设和功能的配套，忽视辅助性、服务性设施和项目。如很多新开发的旅游区，往往有公路和游览步道、大门和管理房等设施，但没有观景亭、椅子、凳子、垃圾桶、说明牌和指示牌等观景、休憩、卫生、信息服务设施，厕所不卫生，异味很重；水上游览项目的码头和游船过于简陋等。四是在项目、产品开发建设的同时重视人员素质、管理服务规范、企业形象和企业文化等软件的建设配套，以及项目、产品建成后的包装、品牌策划塑造和市场宣传销售等环节的配套与统一筹划，解决新开发项目硬件硬、软件软和硬件不硬、软件过软，以及建设与管理、服务、包装、宣传、销售相脱节等问题。

（四）立足自身、放眼全局原则

指旅游项目、产品开发建设要以自身的成龙配套和成熟完善为立足点，同时必须兼顾周边地区、相关区域的项目、产品，注意与周边地区、整个区域乃至全国旅游开发建设、旅游产品结构调整和布局的协调一致。就一般情况来说，立足自身，做好自己的事，是社会广泛提倡、反复强调的，因此是大多数人易于想到和做到的，但放眼全局往往被很多人在认识和实践中忽视。旅游开发要放眼全局，其必要性：一是在市场经济条件下，任何生产经营活动都必须首先关注市场这个大局，包括市场需求特征、市场变动趋势、相关生产供应商的动向及其对自身的影响。二是大部分旅游项目，包括规模很大的旅游区通常是不可能独立销售，或者说完全独立供旅游者消费的，必须与区域内和区域外旅游项目共同组合成产品、线路。因此，一定区域内的旅游项目之间存在着密切的互补或竞争关系，在开发建设新的旅游项目时，必须认真分析与其他项目的关系和自身在区域中、旅游线路中和产品中的地位、作用。三是旅游项目最终还要受到大区域、全国乃至全球的影响。对于某一个旅游区开发来说，所在地区、周边地区、省内旅游开发、产品建设的目标和战略对其具有指导性作用，国家旅游发展政策方针和旅游产业发展规划、旅游区域和产品开发建设规划对其具有更大的影响。简单地说，旅游开发中贯彻立足自身、放眼全局原则，可以避免就事论事和只见树木、不见森林的情况，有利于强化旅游开发和产品建设中的一盘棋观念，对保证旅游开发建设的整体效益和项目本身的长期效益有重要作用。

（五）梯次推进、逐步深入原则

指就旅游项目开发、建设方式来看，应区分轻重缓急，分阶段实施，并注意在项目等级、水准、内容、性质、特征等方面不断提高、深化、丰富和强化。就一般建设项目来说，总是有主要和次要之分，为了尽快投入运营和产生效益，有些建设是先要完成的，有些则可以逐步建设配套。大多数产品的生产也存在一个由初级到高级，不断完善、升级，形成包括多种型号、档次的系列产品体系的过程。旅游项目和产品在这方面的特征最为明显，基本上体现为一种不断改进、完善、丰富、扩大和提高的过程，有的在处于未开发建设的原始状态就可以供人们旅游消费，如单个或团体旅游者自行到未经开发、配套和包装的民族村寨、天然溶洞、野山峡谷进行徒步旅游、度周末、春秋游等。因此，在进行开发建设时，可以先从交通着手，逐步发展到游览、休憩、卫生、服务、管理设施建设和策划包装、宣传销售、内涵挖掘、展示参与等环节和方面。就项目和产品性质来说，可以从一般性的参观、游览，到欣赏、考察、参与、体验，有的还可以向娱乐、度假、康体、商务、会议等方向发展。我国不少开发比较早的知名旅游景区、景点，从基本完成配套建设起，长达数十年都是一张老面孔，功能没有扩展，内容没有得到深化和丰富，品牌形象也完全一样。最可悲和可怕的是，其中的一些景区仍没有意识到由此产生的危机，甚至还有“皇帝女儿不愁嫁”的陈旧意识，以老大、王牌自居。

（六）科学开发、有效保护原则

指在旅游开发中，要坚持科学合理的指导思想和行为方式，注意对资源、环境的切实有效保护，防止和杜绝掠夺性、破坏性开发利用，实现永续利用和可持续发展的绿色产业目标。资源是我们赖以生存和发展的基础，不能有效保护资源就会使我们失去生存和发展的根本。就彼此间的辩证关系来分析，科学开发是有效保护的前提，有效保护又是充分发挥资源效益、实现开发利用目的的前提。旅游资源大部分具有脆弱性、不可再生性和不易恢复性的特征，特别是其中的人文文化类资源和环境生态类资源，一旦在开发中性质、特征发生根本性变化，尤其是受到开发性、建设性破坏或侵扰、污染，要复原几乎是不可能的。同时也要认识到，人类所有的生产建设活动都是按照自身的需求去改变资源的性质和特征，以生产出能够满足自身需要的产品。如果将这种改变资源性质、特征也都看成是对资源的破坏，就不会有人类的生产活动，也就不会有人类及人类社会的存在和发展痕迹了。更为重要的是，如果因为担心在开发中会受到侵扰、破坏就禁止或严格限制开发利用，坚持严格保护、保护第一等原则，还可能因资源的价值没有及时体现，特别是没有较好地转化成经济收入，没有使区域内和附近地区居民、企业、政府从经济利益上感受到资源的价值，就很难深入而广泛认识到保护资源的必要性，相关方面特别是生活在其中的人们保护资源的内在动力就很难产生。这样，有效保护的目的就很难实现，结果往往是资源被加速破坏以致消亡。

从实践的角度讲，无论是“科学开发，有效保护”，还是“保护第一，利用第二”，抑或是“严格保护，合理利用”，其本质和意义不仅仅是文字形式上的不同，还表现在由于对开发与保护目的和方式观念的不同，而产生对利用与保护辩证关系不同的理解和处理方式。所以，笼统地提“第一、第二”和“严格保护”的概念，在具体执行中难以把握，往往因此限制了对资源的开发利用，影响了资源的有效保护。

合作是旅游业发展的必由之路

我国旅游业与国际接轨较早，整体开放程度较高，当前正经历着一场深刻的变革。一方面，由于旅游业的强关联度、高乘数效应以及较低的市场准入度，在全国许多地区，特别是经济欠发达地区旅游业通常被委以启动区域经济增长的重任，使其在发展中较其他产业更容易得到制度、财政等方面的支持；另一方面，总体上看，我国旅游业依然属于一种“弱、小、散、差”产业，经营方式较为粗放，特别是受地区利益驱动和企业有限理性缺陷的影响，普遍存在着无序开发（功能性、结构性的重复开发）、无序竞争（切分资源、争夺市场）、无序管理（条块分割、地方保护）的突出问题。因此，为了实现我国旅游业的全面、协调、可持续发展，必须按照科学发展观的要求，坚持统筹规划、因地制宜、发挥优势、分工协作、协调发展的原则，加强区域内合作、跨行业合作与行业内合作，共同促进旅游业发展。

一、区域内合作，创建大旅游格局

发展旅游业必须妥善解决好旅游客体（旅游资源）的不可移动性与旅游主体（游客）选择性之间的矛盾，这是问题的本质。加强区域旅游合作是化解这一矛盾的关键，也是实现旅游业可持续发展的必由之路。

（一）区域旅游合作符合“以人为本”的要求

随着我国大众旅游市场的不断扩张，旅游者的选择性（注意力）便成为一种稀缺资源，他们对旅游目的地的选择越来越趋向于区域的整体形象信息，而非分散的产品信息，区域旅游合作可以将旅游主体的排他性选择转化为组合性选择，更好地体现“以游客（市场）为中心”的旅游发展观。

（二）区域旅游合作是资源导向型旅游开发的基础

旅游业核心竞争力的形成依赖于旅游资源，而旅游资源在自然禀赋以及文化内涵上的连续性往往需要突破行政区域的界限，客观上具有区域联合、统筹发展的必要。

（三）区域旅游合作是旅游产业化发展的必然趋势

旅游业的经济职能更多地体现在产业化组织过程中（多行业的组织），只有通过市场的充分培育与发展，以相当规模的消费者为基础，才能谈到它的产业化发展。产业化发展的市场规模要求旅游业在其发展过程中，必须通过区域合作来赢得市场，做大市场，形成区域“大旅游”格局。

二、跨行业合作，打造复合型产业

旅游业必须按照科学发展观完成从单一型产业向复合型产业过渡，形成行业联动，促进各行业均衡、协调发展，共创和谐社会，打造复合型产业。这就要求在旅游体系内全面整合旅游资源，理顺旅游市场，完善旅游机制，用开放的思路进行整体规划和控制，缔造开放型的旅游发展前景。

（一）大系统复合策划充分体现了“大旅游”的观念

必须考虑整个系统的运行，着眼于策划对象的整体优化。它既要协调平衡好旅游业的各组成部分，又要通盘考虑旅游业发展与其他有关部门、行业之间的协调关系，还要研究旅游系统中自然的、技术的、社会的、经济的诸因素的相互结合；运用系统分析方法，对客观旅游系统进行整体性、协调性、系统性的策划；将各部分有序地、合理地组织起来，使旅游需求和供给系统达到一个最佳的结合点，实现区域经济效益、环境效益和社会效益的最大化和可持续化。

（二）跨行业合作可以促进经济均衡发展

旅游市场运作既涉及城市营销、区域营销、旅游地营销、文化营销，也涉及与当地特色和其他资源特色结合营销的问题，包括旅游与文化结合、与艺术结合、与娱乐结合、与政治结合、与经济结合等。河南新乡八里沟景区就是跨行业经营的典范，八里沟是北京龙脉集团的分子行业和机构，该集团原以房地产为主业，围绕房地产在京建成一批宾馆、温泉度假村、高尔夫俱乐部、网球俱乐部等度假休闲配套项目。在娱乐业火起来的时候，房地产价值也一路攀升。2002 年涉足旅游业，承包经营八里沟景区。八里沟景区原以太行山水作主打品牌，经过3年的运作，该集团总裁刘志豪高屋建瓴地提出：文化是景区的灵魂，景区是文化的载体，没有文化的景区是没有生命力的。八里沟景区围绕此指导思想，调动各方面力量，发掘、整理八里沟文化。通过挖掘发现，在河南乃至全国比较有影响力的豫剧《朝阳沟》和八里沟有不解之缘，于是自2005年5月1日起，八里沟景区通过在景区内举办《朝阳沟》戏曲擂台赛等一系列活动，开展媒体公关和宣传营销，在短短一个月内“八里沟热”席卷整个河南、河北，取得了极大的社会效应和经济效应。八里沟景区跨行业经营不仅使本集团在短短5年成为拥有13个项目企业、资产达10亿元人民币的大集团，而且也带动了所在地的城市就业、农民致富，拉动了文化、交通、运输、商业等各产业的发展。

三、行业内合作，形成良性竞争态势

为了旅游的可持续发展，不断提升核心竞争力，在广泛开展同其他地区、国内外各行业实体企业合作的同时，还要加强与同行业竞争对手的合作，在合作中取长补短，实现双赢；在竞争中激发活力，大力创新，保持整体旅游业的竞争优势。旅游产品的内在特点要求旅游业的发展实施行业内联合。与竞争对手合作，以此实现“资源共存，客源共享，市场共建，形象共有，效益共创”的双赢目标，实现区域内行业协作发展。河南栾川养子沟景区多年来坚持把竞争对手当合作伙伴，尽管在本区域内与其类似的景区有通天峡、鸡冠洞、鼎室山、重渡沟等十几家，但这些景区在特色上各有千秋，各有侧重；在经营运作上，以邻为友，紧密联合，通过统一宣传、统一门票、统一接待等有效措施，一荣俱荣，获得了均衡发展，打造了整体品牌。在市场的跑道上硬是把资源比它好、投资比它大、设施比它强、开发比它早、牌子比它硬的栾川龙峪湾景区、老君山景区远远地甩在了身后。

“合则共荣，分则俱伤。”这是市场竞争中亘古不灭的真理。在危机与机遇并存的时代，中国旅游业应树立长期、系统和全局性的跨越式发展观，站在未来发展高度，确定旅游业的发展方向，并以此制定符合自身条件、市场环境的前瞻性的发展战略，从全局、动态、系统的角度出发，确立旅游发展的方向，防止短期行为。各旅游实体应该大胆走出去，开展横向联合，扬长避短，对内利用自身优势，进行资源整合。在合作中，要善于将内部优势和劣势同外部的机会和威胁进行充分的交叉分析，确定能将内部资源与环境机会相匹配的旅游业发展战略构想。该战略构想应体现旅游主要经营领域和发展目标，符合国家的旅游产业政策，突出核心竞争能力的培育、整体竞争优势的发展和持久竞争优势的保持。

扶贫篇

旅○游○扶○贫○观

规划之于旅游扶贫

赋山水以生命，
予景区以灵魂，
转资源为资本，
变荒山为金山，
化水源为财源，
让山人成商人，
使老农变老板。

略论乡村旅游

美国社会学家阿尔温·托夫勒曾将第三次浪潮中现代科技与农耕文化奇妙重叠的时代特征论述为："……这种奇怪的一致性，将使今天许多第一次浪潮的国家，可以不搞全套照搬，不完全牺牲它们的文化或者不首先通过第二次浪潮发展的阶段，就带有第三次浪潮文明的特点。"发达国家和地区经历了第一次农耕文明和第二次工业文明浪潮的席卷后，已进入第三次浪潮席卷期。与此同时，人们空前地渴望返璞归真，亲近泥土，从而进一步扩大了旅游的内涵和外延，形成了大旅游的格局。在这种形势下，乡村旅游应运而生。

所谓乡村旅游，是指以农民为市场经营主体，以农民所拥有土地、庭院、经济作物和地方资源为特色，以为游客提供服务为经营手段的农村家庭经营方式。换言之，乡村旅游是以乡野农村风光和游览活动为吸引物、以城市居民为目标市场、以满足旅游者娱乐求知和回归自然等为目的的一种旅游方式。这是现代人追求的一种生存质量，又是一种生活时尚，在这种现代人类的双重探求中，城市和乡村都找到了自己需要获取的物质利益和精神满足。毫无疑问，乡村旅游迎合了21世纪全球人居与旅游向往回归自然的生活质量意识。

目前，绿色旅游、旅游农业以及回归大自然在国际上已成为一种流行趋势，国内也渐成消费时尚。河南洛阳重渡沟、河北石家庄天桂山乡村旅游的成功开发和迅速发展，为我们提供了最有力的佐证。国内的洛阳重渡沟景区被河南省省长李成玉称为"生态旅游开发的典范，家庭宾馆的楷模，旅游带动脱贫的榜样"，该景区2005年接待游客50多万人次，门票收入1 200万元，农家宾馆收入1 800万元，农民人均收入11 000元。景区发展的同时也带动了景区周边地区的富裕，潭头、古城、仓房、何村、秋林等周边乡村围绕重渡沟生态旅游的需求，从事竹编、柿子醋、豆腐等土特产和工业品加工，发展养殖、运输和服务业，一大批家庭迅速脱贫致富。这些信息或许能给发展乡村旅游带来一些启示，鞭策我们进一步寻求我国解决"三农"问题、全面实现农村小康的新突破口。乡村旅游在中国大旅游格局中究竟应该扮演什么角色？怎样寻求突破和跨越？这是中国旅游业新世纪发展进程中一个很现实、也很复杂的重要课题。

一、发展乡村旅游的重要性和必要性

中国是一个多山的国家，山区面积占中国960万平方公里陆地国土面积69%中的64%。农村人口中的56%生活在山区,大多属于经济和文化生活最为贫乏的人群，可以说全面建设小康社会，重点和难点在农村。与之相对应的是，中国山区有最为美丽的原生态风光，有丰富多彩的原乡文化、地域风情和风俗风物，这些都是旅游不可或缺的资源。现在，机遇来了，农村发展与旅游发展在新时代下有了极佳的契合点。可以说，解决“三农”问题，加快农村经济发展，发展乡村旅游是一条捷径，是实现小康社会目标的关键；乡村旅游作为一种旅游形式，在旅游业中的产业关联带动、吸纳当地就业和促进改革开放、脱贫致富等诸多方面，都能够发挥独特而显著的作用。

乡村旅游是一项大有可为的事业，在未来的旅游大格局中也将发挥举足轻重的作用，对于推动经济社会的全面发展是非常必要的。一是体制创新、机制创新，推进对外开放、招商引资和吸引人才新突破的必需；二是区域协调发展、共同繁荣，推进民营经济和县域经济新突破的必需；三是提高城市化水平，推进基础设施和城市建设新突破的必需；四是增强可持续发展能力，推进生态建设和生态经济新突破的必需。从这个意义上看，大力发展乡村旅游业是富民强国的必然选择和必由之路，是我国实现跨越式发展的必需，是农村今后较长时期经济社会发展取得新成就的主要突破口，具有特别重要的历史和现实意义。

二、乡村旅游发展中存在的问题

我们的旅游经营者已经比较敏锐地注意到乡村旅游的发展空间，但自发增长期的乡村旅游尚存在遍地开花、良莠不齐、特色不显、内容不丰、规范不力、服务不周、规模不大、品牌不响等诸多问题。

（一）在经营理念上，明显存在目光短浅的“井蛙”意识

具体表现在：经营者特别看重形式因素，而对旅游接待地吸引游客至关重要的一些因素，例如特色、环境、服务却没有放在重要位置；乐于在主体建筑上花钱，

而不愿在治理、美化环境方面下工夫；乐于在量上投入，而不愿意在经营特色、服务质量上花钱；注重少投入多产出，甚至采购质劣价低的商品欺骗顾客；不愿走出本地去做比较，学习别人的先进管理经验；单兵独战的多，团结协作的少；树立景区形象的意识不强等。

（二）在招徕客源上，过于迷信“回头客”和口碑传播

具体表现在：偏重口口相传，以客引客，对朋友关系的依赖说明经营户的宣传促销意识还停留在原始的、被动的层面上；采用最多的宣传促销手段是发传单或名片，即便有宣传册，其发放也局限在熟悉的人际关系范围和较原始的手段上；主动宣传和参加集体促销的意识和要求不强。这很难适应旅游市场竞争日趋激烈的新形势。

（三）在接待方式上，没有形成产业化，缺乏政府指导

经营者的经营理念与游客需求之间存在较大差距，尤其需要专业的培训、指导和政府的引导。既然发展乡村旅游既符合经营农户的根本利益，也顺应了城市居民休闲旅游需求，又符合农村产业结构调整的基本方针，那么政府相关职能部门在乡村旅游产业化进程中要有所作为，而且能大有作为。这既是对经营农户负责，又是对游客负责，更是对社会负责。乡村旅游作为一种新兴的旅游休闲形式，有其特殊的发展规律和经营模式，要让农民一家一户地在实践中去摸索经验，需耗费太大的成本，容易动摇经营者的自信心。对于当地政府来讲，自发的、分散的、粗放的小农个体私营形式，其产业意义不大。对大众游客来讲，没有特色和规模、管理不规范的旅游地是没有吸引力的。因此，特色化、规范化、规模化、品牌化是今后“乡村旅游”实现产业化目标的基本方向。

三、发展乡村旅游应解决的问题

（一）处理好“两个关系”

一是乡村旅游开发和生态环境保护的关系。乡村旅游是充分发挥生态优势，发展生态经济，走经济生态化道路。生态经济化是可持续发展道路的应有之义，也是符合时代潮流和农村优势的希望之路。生态旅游，应和大力发展乡村旅游战略结合起来，通盘规划，全局考虑。可以说，在乡村旅游开发中，规划滞后带来的结果不是资源破坏，就是资源闲置，缺乏规划和低水平规划的开发容易走向“盲目性＋积

极性＝破坏性”的老套路。纵观国际上流行的绿色旅游、旅游农业等不同的旅游方式，其实质都是以生态农业、生态林业为背景或载体，以人们环境保护意识和旅游回归自然的生活质量意识的加强而发展起来的。因此，大力发展乡村旅游对生态环境的保护尤为重要，应视为取得发展的根本要求和基本保证。例如：新加坡为了对有限的土地进行综合开发和高效利用，有关部门将高科技引入农业并与旅游事业相结合，兴建了10个农业科技公园，游人不仅可以漫步其中，而且可以尽情品尝，如同生活在仙境中，让人大饱眼福和口福。还有日本的观鸟旅游、观光农园和务农旅游，马来西亚的农林旅游区，澳大利亚的牧场旅游，美国的农场旅游，法国远离城市的绿色旅游，意大利的乡村度假旅游，德国的“森林轻舟”旅游等。乡村旅游的内容涵盖了上述多种旅游方式，甚至更为广泛。二是发展乡村旅游与保护开发民族文化的关系。我国传统文化底蕴丰厚，源远流长，博大精深。“愈是民族的，愈是世界的”。乡村旅游既是古代主流文化的代表，又具有浓郁的地方特色和民族特色，是我们宝贵的历史遗产、世界级的文化品牌。旅游的实质是精神体验和文化消费，旅游产品的灵魂是文化。旅游是友谊的事业，文化是感情的纽带，文化又因其丰富的内涵和人性化的特征，需要相应的依托产业作为载体，才能得以展现、继承和发扬。毫无疑问，我们以发展旅游经济为中心，一方面要大力发展乡村旅游业，做强做大文化产业依托的载体；另一方面乡村旅游也只有包容丰富多彩的文化内涵，才能增强其吸引力和竞争力。

（二）整合好“三项资源”

我们应深刻认识到，乡村旅游业与文化旅游业同样是知识、资本密集型产业。因此，乡村旅游需要整合“三项资源”：一是智力资源，需要一大批高素质人才，尤其是复合型人才，开展一系列统一主题下的创意活动，以激活业已存在或是有待开发的乡村旅游文化因子；二是文化资源，包括有形的文化遗存、自然生态和无形的文化积淀、文化底蕴，它们是文化创新和旅游景观形成的前提；三是要素资源，诸如土地、资金、技术、信息等。要素资源的整合使得文化资本具备了时空置换的可能。

（三）把握好“五个结合”

发展乡村旅游要做好结合文章：一是优秀传统文化和时代发展的要求结合起来；二是经济发展与文化发展的相互促进结合起来；三是通过深入研究改革开放和市场经济条件下文化建设的特点和规律，把“三个代表”融入新时代的旅游经济大潮中，与塑造农民“诚信、进取、文明”的新风貌结合起来；四是与推进“富民工程”，倾力打造“新农村”、“新时尚”的新形象有机结合起来。

当前，我国已进入加快推进社会主义现代化建设的新的发展阶段，今年是“乡村游”实现大发展、大突破、大跨越的关键年，我们应准确把握国内外发展环境的新变化，立足于国际化大视野，站在战略高度，紧紧抓住大开放、大旅游、大交通、大调整、大政策的战略机遇期，体现时代性，富于创造性，大力发展乡村游，为旅游业提供大有作为的舞台。笔者坚信：只要与时俱进，开拓创新，乡村游一定会更加红红火火，实现大突破；中国大旅游格局一定会早日形成，实现大跨越；全面建设小康社会的宏伟目标一定能实现。

旅游扶贫三要素：规划、人才、市场

扶贫是一项系统工程，涉及面广，时间长，受制约的因素很多。扶贫后又返贫的事情在现实中屡见不鲜。在大致一样的扶贫政策环境下，要使旅游开发式的扶贫成功，必须重视规划、人才、市场这三个因素。

我国扶贫政策主要分为开发式扶贫和救助式扶贫，具体到一个区域的扶贫，两者是相辅相成、相互促进的。从功能上讲，救助式扶贫保障生存，开发式扶贫促进发展。从时间上讲，救助式在前，开发式在后。旅游扶贫属于开发式扶贫。

国际反贫困经验证明，通过开发式扶贫，能从根本上解决贫困人口的素质问题、发展问题和能力问题，形成自我可持续发展的良性机制。事实上，开发式扶贫正是我国多年来农村扶贫实践的经验总结，也是目前扶贫工作中坚持的一个基本工作方针。我国旅游发展的实践证明，通过发展旅游，可以解决旅游资源富集区的脱贫和持续发展问题。

旅游扶贫是旅游资源相对富集区开发式扶贫的最佳模式，即：在旅游资源条件较好的贫困地区通过扶持旅游发展带动地区经济发展，进而脱贫致富的一种区域经济发展模式，是借助于旅游经济对区域经济的带动作用而脱贫，旅游扶贫的效果在更大的范围内和更高的层次上使贫困地区全面致富。

根据以往对旅游扶贫区域的考察调研，笔者认为取得旅游扶贫成功要做好规划，培训好人才，做好市场。规划是先导，必须方向正确；人才是保障，没有合适的人才，规划会成为一纸空文；市场是关键，所有的东西都要落实到吸引客人来，把旅游产品卖出去。这三个要素是紧密联系的，缺一不可。

一、规划指方向

与其他锦上添花的旅游规划不同，扶贫旅游规划是雪中送炭，综合性、针对性、时效性更强。很多地方旅游扶贫不成功，和规划没搞好有极大的关系。比如没有挖掘好本地的特色，推出的发展项目后期发展资金没有跟进，对市场的把握不准确，因而开发定位不准，没有客人来或者来得很少，没有持续性等。一提到扶贫当然就涉及申请资金。要知道，资金是跟着项目走的，无论是国家支持的资金，还是社会上的游资。好的规划策划出好的项目，好的项目肯定有资金跟进。这是旅游扶贫发展反复证明了的事实。可以肯定地讲，那些没有资金跟进的规划，要么是没有很好的调研，要么是缺乏策划能力，要么是规划后的执行能力差。

我国旅游发展30多年的实践证明，旅游资源的开发利用和旅游业的发展带有很大的风险。如果盲目开发，旅游资源富集区的生态环境和传统习俗要付出巨大代价，导致环境被破坏和地方文化特色消亡。旅游规划的历史使命，就是有效引导和适度发展，规避风险，充分保障贫困地区的持续发展。

旅游扶贫规划的作用至少有以下几个方面：

（一）吸取教训

旅游扶贫规划可为贫困地区提供良好的发展框架，避免重蹈粗放性、随机性、破坏性发展的历史覆辙。

（二）确保目标

在充分研究旅游地域系统内部条件和外部市场可能性的基础上，确定最为理想并可实现的发展目标。

（三）促进整合

旅游发展涉及贫困地区很多行业和部门，是这些行业和部门为旅游市场共同提供旅游产品。为了使多行业、多层次、多部门协调行动，使当地旅游形成一个资源配置合理、市场供需匹配、市场竞争规范有序、整体运转和谐高效的良好的旅游地域系统，必须通过旅游规划加快地域系统结构的完善，加快地域内各相关部门的整合。

（四）修正偏离

建立、改进或强化规划反馈与实施监管，使旅游的实际发展能够不断地缩小与规划目标的距离及方向偏差。

有了好的规划，初期建设的资金就会有渠道，一是申请国家扶贫资金。根据我国相关规定，扶贫资金是指中央为解决农村贫困人口温饱问题、支持贫困地区社会经济发展而专项安排的资金。这些资金包括：支援经济不发达地区发展资金、“三西”

农业建设专项补助资金、新增财政扶贫资金、以工代赈资金和扶贫专项贷款。经济不发达地区的旅游开发项目可以申请“以工代赈资金”，资金可用于与旅游项目配套的县、乡公路（不含省道、国道）和为扶贫开发项目配套的道路。二是财政部门增设旅游扶贫专项基金，优先扶持那些旅游开发条件最好的乡镇。三是优化环境，招商引资。近年来，由于房地产市场的低迷，房地产商、投资商手中游离出来的闲散资金较多，有效吸纳这些闲散资金，对旅游扶贫的帮助很大。四是坚持谁投资、谁经营、谁受益的原则，鼓励景区所在地农民，以土地、景观农业、房屋等入股或连锁经营，通过股份制、“公司＋农户”等多种模式，让贫困户脱贫致富，确保旅游扶贫投资的稳步发展。

二、人才作保障

人才是旅游扶贫成功与否的一大因素。旅游资源富集的贫困地区脱贫致富，首先是当地领导的认识问题，其次是执行人的问题。我们发现，脱贫脱得彻底和富裕速度快、持久的地方，往往是当地领导对旅游认识深远的地方，例如：河南的栾川县。我们还发现，贫困地区有条件开展旅游扶贫的乡镇，在今天旅游大发展的大环境下，依然没有能真正地发挥当地的资源优势，迟迟没能利用或充分利用旅游扶贫手段进行脱贫致富。其原因可能很多，但主要根源在人的发展观念和人的服务技能。当地领导和群众对旅游的功能、作用及其所能带来的良好的经济和社会效益还很不了解。“治穷先治愚”，必须采取措施使当地的领导和群众解放思想，可以有计划、有组织、分步骤地对贫困区域有条件发展旅游的贫困乡镇的领导干部和居民进行集中的培训，或到旅游扶贫先进地区进行考察学习，让他们真正认识到旅游业在扶贫工作中的重要地位和作用。

在执行层面上，旅游产品的提供者，要保证环境整洁、服务热情、食品安全，体现当地特色。中国的旅游资源富集区往往是少数民族聚集区，他们能歌善舞，善良淳朴，这是城市人群回归自然的重要由头。把这些人才保护好、组织好、培训好、利用好、传承好，同样是地方旅游发展要考虑的问题。在我国北部山区的一些旅游资源富集区，也有不少的地方引进少数民族的歌舞表演，丰富了北部旅游地区的产品，收到了很好的效果，例如：河北野三坡的表演项目。

三、市场是关键

把贫困地区的旅游产品卖出去才是硬道理。贫困地区发展旅游，一个是客源市场，一个是旅游产品市场。客源市场决定产品市场，产品市场影响客源市场。

贫困地区一般是距离大中城市较远的地方，做好市场，首先要解决交通问题。近几年国家通过扩大内需，加大了交通的投入，已经基本实现了村村通公路。在同样便利的情况下，为了吸引客人到贫困地区旅游，各地的实践证明，开通专线班车是很好的办法。在开发市场方面，栾川县所采用的动员政府各个部门全员开发客源市场的办法，值得各地参考。目前，在网络销售发达的情况下，博客、微博等传播速度快、针对性强、节省成本。贫困地区尤其要培训这样的人才，只有这样才能不落伍。

关于旅游产品问题，旅游资源富集的贫困区域的很多产品都要围绕游客来转换。例如：养殖业的产品转换为直接供应客人的产品，土特产转化为客人直接购买的旅游商品等。

对于一个有大量的土特产的旅游资源富集区域，要深化体制改革，引导农民由分散的个体经营向规模经营转变，建立跨地区、跨行业、跨所有制的旅游集团公司或选择有经济规模的企业来经营贫困地区的土特产。实现农产品和超市的对接、网络销售的对接等。

在旅游客源市场启动之后，还有一个重要问题，就是当地旅游市场的管理，对杀价竞争、低质服务、公共秩序混乱等问题的管理要及时跟上，不然前期的努力会付之东流。

简析阜平旅游扶贫

中共中央总书记、中央军委主席习近平 2012 年 12 月 29 日—30 日到河北省阜平县看望慰问困难群众，考察扶贫开发工作。他强调，消除贫困、改善民生、实现共同富裕，是社会主义的本质要求。对困难群众，我们要格外关注、格外关爱、格外关心，千方百计帮助他们排忧解难，把群众的安危冷暖时刻放在心上，把党和政府的温暖送到千家万户。临别时，习近平满怀期待地对村支书顾叔军说，希望早日听到乡亲们脱贫致富的好消息。

我国扶贫政策主要分为开发式扶贫和救助式扶贫，两者相辅相成，相互促进。从功能上讲，救助式扶贫保障生存，开发式扶贫促进发展。国际反贫困经验证明，通过开发式扶贫，能从根本上解决贫困人口的素质问题、发展问题和能力问题，形成自我可持续发展的良性机制。事实上，开发式扶贫正是我国多年来农村扶贫实践的经验总结，也是目前扶贫工作中坚持的一个基本工作方针。旅游扶贫是开发式扶贫的最佳模式，即：在旅游资源条件较好的贫困地区通过扶持旅游发展带动地区经济发展，进而脱贫致富的一种区域经济发展模式，是借助于旅游经济对区域经济的带动作用而脱贫，旅游扶贫的效果在更大的范围内和更高的层次上使贫困地区全面致富。地处太行山东麓、保定市西部的阜平县，是革命老区，东临五台山，南邻西柏坡，北靠古北岳——神仙山。植被覆盖率达 83% 以上，原生态保存良好，是旅游资源大县，有着得天独厚的旅游发展条件。

一、阜平旅游扶贫开发的重要意义

（一）旅游扶贫，探索经验

改革开放以来，我国的旅游业发展突飞猛进，而且今后仍将大力发展。旅游扶贫与我国大力发展旅游、大力发展地区经济的要求是相符的，那种资源掠夺性、破坏性的粗放式经营，以自给自足为主的经济发展道路已越来越行不通。因此，在阜平发展旅游，本质上符合我国地域经济结构优化调整的客观要求，是贫困地区经济开发形式转型的新探索。

（二）旅游扶贫，调整结构

在贫困地区发展旅游业，不仅要讲求旅游业本身的效益，而且还要因地制宜，充分发挥旅游业的带动功能，使更多的人脱贫致富。因此，为配合旅游业的发展，要对当地的产业结构进行调整。例如：围绕景区旅游的客观需要发展以种植、养殖为主的农业，以山果、药材园等为主的观赏性农业。由于资金、人才不足等原因，阜平县旅游起步水平较低，农民自发办的家庭旅游、餐馆、购物摊点不上档次，形不成规模，适应不了日益发展的市场经济需求。

阜平旅游扶贫要有所突破，必须深化体制改革，引导农民由分散的个体经营向规模经营转变，建立跨地区、跨行业、跨所有制的旅游集团公司，或选择有经济规模的企业来经营贫困地区的旅游业。

（三）旅游扶贫，彻底脱贫

阜平贫困人口多，经济和社会发展缓慢，经济发展水平较低，但是也有自己的优势，即：旅游资源丰富，发展旅游业的自然环境条件较好。在以往的扶贫活动中，因多局限于救济性扶贫的形式，扶贫效果很差。后来也曾尝试过交通扶贫、教育扶贫的形式，但短时间内难以见效。另外，还采取过工程项目扶贫、对口扶贫等形式，尽管都收到一些成效，但脱贫不彻底，甚至脱贫后又返贫。而旅游扶贫具有目标明确、项目清晰和脱贫见效快、受益面广、受益期长的特点，可以说发展旅游业是最有效的扶贫途径。

二、阜平旅游扶贫应处理好三种关系

（一）短效与长效的关系

扶贫是一项系统工程，贫困的治理并不是一项随意的短期行为，那种认为只要能脱贫、不管采取什么方式、对社会与自然产生什么样的后果都无所谓的想法是错误的。其结果会使一些贫困地区在暂时脱离贫困之后又出现“返贫”现象，扶贫效果不会持久。阜平实施旅游扶贫攻坚，固然要以经济效益为中心，加速当地农民的脱贫致富，但与此同时，还须从整体角度、长远角度考虑，因势利导，开发资源，依照“天人合一”自然法则而不是主观臆断来行事，切忌急功近利，目光短浅，忽视自然资源与环境的保护，造成破坏性开发。

（二）政府与市场的关系

人们往往把旅游扶贫与政府扶贫等同起来，认为政府主导旅游扶贫是理所当然的事，政府对旅游扶贫有义不容辞的责任。在这种思想的指导下，我国许多省市都实施“政府主导型”发展战略，把旅游业当作支柱产业来发展。阜平各乡镇经济落后，收入水平低下，需要政府注入一定的资金，而且各个乡镇在发展旅游业时，具有一定的盲目性，也需要政府进行全面规划，因此由政府来主导旅游业的发展，可以弥补市场所存在的缺陷，但这些只能成为前进中的一条腿。政府不能替代市场，在市场经济日益完善的今天，倘若我们仍然是采取政府一条腿走路的方式，由政府包办旅游扶贫，而不是充分发挥市场资源配置的优越性，调动微观主体的积极性，学会让市场与政府两条腿协同跟进，那么我们的观念未免太落后，扶贫效果也会大打折扣。

（三）模仿与创新的关系

旅游产品缺乏创新，一味仿效，这是我国旅游业中存在的较为普遍的问题。在开发旅游资源时，没有经过周密的考虑，抄袭照搬他人成果，拾人牙慧；或者心血来潮，不注重规划，胡乱开发，打造出一个个同质景区，造成先天的不足。

三、阜平旅游扶贫开发的对策

（一）借势图发展

习近平在阜平考察时强调，只要有信心，黄土变成金。各级党委和政府要把帮助困难群众特别是革命老区、贫困地区的困难群众脱贫致富摆在更加突出位置。因地制宜、科学规划、分类指导、因势利导，各项扶持政策要进一步向革命老区、贫困地区倾斜，进一步坚定信心、找对路子，坚持苦干实干，推动贫困地区脱贫致富、加快发展。各级领导干部要心里装着困难群众，多做雪中送炭的工作，满腔热情为困难群众办事。总书记的指示是阜平发展的无价之宝，更是促进阜平旅游发展的东风。“机不可失，时不再来。”阜平县应紧紧抓住天赐良机，迅速落实这一精神，让更多的领导关注阜平，更多的投资者投资阜平，更多的旅游扶贫项目落地阜平，更多的游客走进阜平。

（二）筛选好资源

选择旅游扶贫对象十分重要，它直接关系到旅游扶贫的目的、效果，甚至旅游扶贫工作的成败。选择旅游扶贫对象主要通过以下两个方面进行：一是认真评估扶贫对象所具有的旅游开发潜力。首先，对旅游资源及其开发条件进行评估。包括旅游资源的数量、品位、特点、地域组合状况等。其次，对市场条件进行评估。包括市场指向、市场规模、市场稳定性，以及市场需求弹性和市场需求敏感性等。二是进行环境条件评估。包括自然环境条件和社会环境条件评估。前者主要是指地质、地貌、水文、生物和气象气候各要素状况及其综合性特点；后者主要是指当地的社会治安、环境卫生、交通通信、基础设施，以及当地领导阶层的政策水平、业务能力、敬业精神，当地居民对发展旅游的态度等。

（三）扶贫先扶"智"

根据笔者三次到阜平考察了解到的情况，时至今日阜平有条件开展旅游扶贫的乡镇，依然没有能真正地发挥出当地的资源优势，迟迟没能利用或充分利用旅游扶贫手段进行脱贫致富。其原因可能很多，但主要根源在发展观念。当地领导和群众对旅游的功能、作用及其所带来的良好的经济和社会效益还很不熟悉。"治穷先治愚"，首先应采取措施使当地的领导和群众解放思想，可以有计划、有组织、有步骤地对全县有条件发展旅游的贫困乡镇的领导干部和居民进行集中思想培训，或到旅游扶贫先进地区进行考察学习，让他们真正认识到旅游业在扶贫工作中的重要地位和作用。

（四）开发先规划

我国发展旅游 30 年来的实践经验证明，旅游资源的开发利用和旅游业的发展带有很大的风险。如：盲目开发，阜平的生态环境和传统习俗要为之付出巨大代价，导致环境的破坏和地方文化特色的消亡。旅游规划的历史使命就是有效地引导和控制旅游发展，以规避风险，充分保障阜平旅游的持续发展。

旅游扶贫规划的作用至少有以下几个方面：第一，吸取教训。旅游扶贫规划可为阜平提供良好的发展框架，避免重蹈粗放性、随机性、破坏性发展的历史覆辙。第二，确保目标。在充分研究旅游地域系统内部条件和外部市场可能性的基础上，确定最为理想并可实现的发展目标。第三，促进整合。旅游发展涉及阜平的很多行业和部门，应引导这些行业和部门为旅游市场共同提供旅游产品。为使多行业、多层次、多部门协调行动，形成一个资源配置合理、市场供需匹配、市场竞争规范有序、整体运转和谐高效的旅游地域系统结构，必须通过旅游规划加快地域系统结构建设，通过旅游规划加快地域内各相关部门的整合。第四，修正偏离。建立、改进和完善规划反馈与实施监管系统，使旅游业发展路径与规划目标和方向一致。

（五）多渠道筹资

目前，阜平发展旅游扶贫的最大障碍是缺乏必要的旅游开发启动资金，如果没有资金投入，就会使旅游扶贫工作搁浅，就会贻误旅游开发机遇。对此，笔者认为，旅游扶贫工作必须跳出资金短缺的樊篱，调动多方面因素，广开门路，开源节流，多渠道筹集旅游扶贫发展资金。其主要措施有：①申请国家扶贫资金。根据我国相关规定，扶贫资金是指中央为解决农村贫困人口温饱问题、支持贫困地区社会经济发展而专项安排的资金。这些资金包括：支援经济不发达地区发展资金、“三西”农业建设专项补助资金、新增财政扶贫资金、以工代赈资金和扶贫专项贷款。经济不发达地区的旅游开发项目可以申请“以工代赈资金”，资金可用于与旅游项目配套的县、乡公路（不含省道、国道）和与扶贫开发项目配套的道路。②建议财政部门增设旅游扶贫专项基金，优先扶持那些旅游开发条件好的乡镇。③优化环境，招商引资。近年来，由于房地产市场的低迷，从房地产商、投资商手中游离出来的闲散资金较多，有效吸纳这些资金，对旅游扶贫的帮助很大。④坚持谁投资、谁经营、谁受益的原则，鼓励景区所在地农民，以土地、景观农业、房屋等入股，通过股份制，或“公司 + 农户”连锁经营等多种模式，让贫困户参与旅游开发，进而脱贫致富，确保旅游扶贫投资的稳步进行。

（六）可持续发展

注重环境保护，防止破坏生态平衡，保护人类共有空间，是我国政府的基本国策之一，因此任何开发都不能以破坏环境为代价。实施旅游扶贫计划固然要以经济效益为中心，加速当地居民的脱贫致富，但与此同时，还必须兼顾区域开发的整体经济效益、社会效益和环境效益，只有这样，才可保证阜平旅游的可持续发展。在环境保护方面，自然环境的保护尤其重要，但社会环境的保护也不容忽视。发达地区的旅游发展经验和教训告诉我们，社会环境污染对旅游可持续发展的危害也极大，稍有疏忽，会给当地社会带来难以弥补的损失。

四、阜平旅游扶贫策划

（一）形象定位：红色阜平，生态阜平，5A阜平

红色阜平：强国富民策划地，两代伟人瞭望塔。

生态阜平：青山绿水，全景阜平。

度假阜平：在领袖住过的地方安个家。

休闲阜平：呼吸负氧离子，增生命正能量。

神秘阜平：天生桥——天子桥，毛泽东旧居哑弹之迷。

文化阜平：新中国策划地，美丽中国起跑线。

（二）产品定位：生态山水，景观农业，红色洗礼

旅游功能分区：一心二区三带八组团。

一心：阜平新城。以游客集散中心和服务基地为主题。主体项目包括：游客中心、沙河水泊园林、文化艺术中心、特色旅游街区、县城建筑景观化。

二区：龙泉关镇和城南庄两个旅游产业聚集区。

三带：县城—千峰山—白衣寺—五台山东大门的生态佛教文化带；天生桥—县城—神仙山生态山水景观带；城南庄—史家寨窑洞群—龙泉关镇—骆驼湾村红色旅游文化带。

八组团：①养生养老组团。以新城、东下关乡为主体，以菩提湖度假区、神仙山等景区为支撑景区，以休闲度假、保健养生为主题，形成养生养老组团。②山地运动组团。以大台乡、吴王口为主体，以盘龙台、自驾车营地、天生桥、千峰山景区为支撑景区，形成山地运动组团。③旅游特产组团。以福子峪大枣观光园、北果园乡为主体形成旅游特产组团。④休闲度假组团。以东下关乡、下庄乡、史家寨乡等城郊镇为主体，以帝王行宫、玫瑰坨、月亮湖为支撑景区，形成休闲度假组团。⑤休闲农业组团。以城南庄、北果园乡、龙泉关镇、天生桥镇为主体，发展景观农业，形成休闲农业组团。⑥红色旅游组团。以城南庄、龙泉关镇为主体，以晋察冀司令部旧址、史家寨窑洞群、骆驼湾中国全面小康起点为支撑，形成红色旅游组团。⑦温泉疗养科考组团。以沙窝乡、大台乡为主体，以神仙山、吴王口温泉、城南庄温泉为支撑景区，形成温泉疗养组团。⑧高山避暑组团。以下庄乡、龙泉关镇、大台乡为主体，以玫瑰坨、辽道背原始森林、马跑泉、长城岭、五岳寨等为支撑景区，形成高山避暑组团。

（三）宣传口号

①大策出阜平。

②新中国在这里策划，小康路从这里起步。

③北岳鼻祖。

（四）阜平旅游节庆活动

①跟着总书记走近农家。

②日寇是这样灭亡的——参与神仙山保卫战。

③在领袖住过的地方安个家。

④早（枣）出好运幸运节。

⑤登神仙山，拜古北岳。

⑥阜平枣（早）上好选拔赛。

原群小传

中国旅游界著名实战专家

湖北、河南、新疆、北京、天津等国内数十个省、市政府旅游发展顾问，山东南山、广东利海、安徽省旅游、河南建业、湖南华鹏、北京大雄等百余家企业集团旅游开发项目咨询专家，北京大学、中央党校等高等院校特聘教授。提议创建“中国民族文化旅游研究院”并被聘为首席研究员。倡导并践行“应景规划”向“情景规划”的变革，被业内专家誉为“未来中国旅游规划新方向”。以旅游策划、旅游经济规划的丰富经历、先进理念和诸多成功案例蜚声业界，被誉为中国旅游经济策划第一人、中国导游词革新第一人、中国旅游规划三大巨头之一“中原”。

旅游实践经历

有近30年的旅游从业经历，是我国最早从事旅游规划策划研究的资深学者之一，堪称中国旅游经济实践的领军人物。先后参与了国家旅游标准化、中国优秀旅游城市、旅游区质量等级评定等重要工作，为近千家旅游景区、百余家4A景区、40多家5A景区、多个国家级旅游度假区项目提供专业咨询，实施旅游景区品牌提升与营销、旅游产业与旅游区域规划。其领衔策划和规划成果，以创意新颖、定位准确、体系完整、实操性强、前瞻性强、科技含量高等显著优点而广受业界赞誉，部分案例被北京大学、中国人民大学编入教材。不仅为中国旅游提出了诸多发展方略，也为地方旅游经济发展提出了切实可行的操作之道。

理论研究成果

在旅游经济、旅游规划理论研究领域建树颇多，主张“民族的是世界的——被世界埋单才真正是世界的”的文化旅游经济立论。先后在青海省旅游营销论坛、湖北荆州旅游发展论坛、武汉名家讲堂、深圳市东部华侨城发展论坛、江苏苏州太湖旅游发展论坛、中国旅游科学年会、中国旅游联盟旅游高峰论坛等作主题演讲，在青海、四川、新疆、中国旅游报社等组织的培训中作专题讲座。在长期的旅游规划实践中，逐渐形成了自己独特的旅游规划理念和理论体系，撰写旅游著作已累计100多万字。主要论文有：《论中国旅游国际竞争力》、《经济效益是旅游规划的主题》、《旅游创新发展观》、《旅游规划责任大于天》、《中国旅游三大怪圈》、《中国导游词革命时不我待》、《旅游发展的杀手——模式规划》、《市场呼唤情景规划》、《大型实景演出是天堂还是陷阱》、《论旅游扶贫三要素》、《旅游规划方法论》等。著作立意高远，影响巨大，对旅游业发展起到了推动作用。

近三年担纲的规划项目

[1] 江苏镇江茅山5A景区提升策划
[2] 江苏镇江茅山5A景区提升规划
[3] 山东临沂兵学城旅游策划
[4] 山东临沂兵学城旅游总体规划
[5] 湖南株洲炎帝陵5A景区提升规划
[6] 湖南株洲炎帝陵总体规划
[7] 江西会昌百里湘江旅游发展修建性详细规划
[8] 江西会昌百里湘江旅游发展总体规划
[9] 河北清西陵修建性详细规划
[10] 河北清西陵总体规划
[11] 河南邓州旅游总体规划
[12] 新疆昌吉旅游发展总体规划
[13] 新疆昌吉旅游发展修建性详细规划
[14] 陕西洋县华阳5A景区提升规划
[15] 河北滦平金山岭长城5A提升规划
[16] 河北阜平旅游总体规划
[17] 江苏草堰镇总体规划
[18] 江苏草堰镇部分节点修建性详细规划
[19] 河南西峡恐龙园提升规划
[20] 河南西峡老界岭5A景区提升规划
[21] 湖南华鹏集团工业旅游策划
[22] 湖北黄陂木兰旅游区5A景区提升规划
[23] 安徽徽州旅游发展总体规划
[24] 安徽徽州唐模呈坎5A景区品牌提升方案
[25] 青海共和龙羊峡景区总体规划

[26] 青海共和龙羊峡景区部分节点修建性详细规划
[27] 河南南阳镇平县旅游发展总体规划
[28] 河北碾儿沟旅游总体规划
[29] 河北碾儿沟古村落节点修建性详细规划
[30] 河北宣化古城 4A 景区品牌提升策划
[31] 河北宣化古城 4A 景区品牌提升规划
[32] 山西隰县梨博园 4A 景区提升策划
[33] 山西隰县梨博园 4A 景区提升规划
[34] 湖北浠水三角山 5A 景区提升策划
[35] 湖北浠水三角山 5A 景区提升规划
[36] 四川北川旅游发展策划
[37] 山东青岛山一战遗址公园总体规划
[38] 河北尚义湿地公园旅游总体规划
[39] 陕西洋县华阳景区 4A 景区提升规划
[40] 山西隰县小西天 4A 景区提升规划
[41] 新疆吐鲁番火焰山总体规划
[42] 新疆库木塔格沙漠 5A 景区提升规划
[43] 新疆吐鲁番葡萄沟 5A 景区提升规划
[44] 山西庞泉沟 4A 景区提升规划
[45] 山西果老峰水上乐园 4A 景区提升规划
[46] 新疆伊犁那拉提 5A 景区提升规划
[47] 河南洛阳白云山创建 5A 景区策划
[48] 河南省焦作云台山 5A 提升策划
[49] 河南省焦作青天河 5A 提升策划
[50] 湖北省旅游发展"十二五"规划
[51] 四川峨眉山旅游营销策划
[52] 山西乔家大院市场营销策划
[53] 山西珏山热吻大赛总策划
[54] 广东丹霞山品牌提升策划
[55] 河南安阳市旅游发展"十二五"规划
[56] 湖北荆州市旅游发展总体规划
[57] 河南旅游发展"十二五"规划
[58] 山东梁山旅游市场营销策划

[59] 湖北宜昌三峡大坝景区市场营销策划
[60] 上海科技馆创建 5A 景区策划
[61] 南京夫子庙创建 5A 景区策划
[62] 江苏无锡三国影视城市场营销策划
[63] 湖北襄阳古隆中“诸葛躬耕地”抢占市场策划
[64] 青海旅游市场营销策划
[65] 湖北武当山旅游总体规划
[66] 青海循化撒拉族自治县旅游发展总体规划
[67] 江苏苏州吴中环太湖旅游区 5A 提升规划
[68] 新疆天山大峡谷景区 5A 提升规划
[69] 河南荥阳市南水北调穿黄工程旅游区修建性详细规划
[70] 河南荥阳楚河汉界旅游区修建性详细规划
[71] 湖北保康旅游发展总体规划
[72] 新疆富蕴可可托海景区 5A 提升规划
[73] 安徽金寨天堂寨景区 5A 提升规划
[74] 四川广元 5A 提升规划
[75] 河北石家庄 5A 提升规划
[76] 新疆吐鲁番地区旅游发展规划
[77] 山西吕梁交城县玄中寺 4A 景区提升规划
[78] 山西吕梁交城县卦山 4A 景区提升规划
[79] 青海互助县乡村旅游发展总体规划
[80] 青海互助县威远镇旅游景区控制性详细规划
[81] 河南获嘉同盟山控制性详规
[82] 山西乔家大院 5A 景区提升规划
[83] 四川广元旅游总体规划
[84] 河南宜阳花果山景区旅游总体规划
[85] 河南宜阳花果山景区旅游控制性详规
[86] 河南焦作药王文化旅游产业总体规划
[87] 河南省百村万户富民工程策划
[88] 新疆阿勒泰富蕴县可可托海景区总规
[89] 河南新乡卫辉龙卧岩景区修建性详细规划
[90] 山西怀仁县金沙滩旅游区控制性详细规划
[91] 河南荥阳市沿黄旅游产业聚集区总体规划

[92] 河南泌阳县旅游发展总体规划
[93] 湖北襄阳市卧龙镇旅游度假区修建性详细规划
[94] 山西平陆县龙陡峡风景区总体规划
[95] 山西平陆县龙陡峡风景区重要节点修建性详细规划
[96] 河南三门峡丹峡风景区旅游发展总体规划
[97] 河南淮阳太昊陵 5A 提升规划
[98] 河南南阳太公湖风景区总体规划
[99] 山东微山湖微子文化园总体规划
[100] 河南宁陵县旅游发展总体规划
[101] 河南通许县旅游发展总体规划
[102] 河南新野县旅游发展总体规划
[103] 河南柘城县木石古村落修建性详细规划
[104] 河南光山县旅游发展总体规划
[105] 河南尧山风景区 5A 申报材料编制及策划
[106] 河南舞钢市旅游宣传营销策划
[107] 山西珏山旅游景区总体规划修编
[108] 四川宜宾蜀南竹海景区 5A 提升策划
[109] 浙江温岭长屿洞天景区 5A 提升策划
[110] 河南陕县店子乡旅游创意策划
[111] 河南商城汤泉池景区旅游发展规划
[112] 湖北钟祥大明承天府旅游规划
[113] 湖北钟祥旅游营销策划
[114] 湖北上津镇古城保护及旅游开发总体规划
[115] 湖北上津古城修建性详细规划
[116] 河南淮阳龙湖风景区修建性详细规划
[117] 河南新乡市回龙大峡谷总体规划
[118] 湖北襄阳古隆中景区 54 平方公里旅游规划
[119] 河南卢氏九龙山旅游发展规划
[120] 河南长葛市旅游发展总体规划
[121] 河南西平县旅游发展总体规划
[122] 河南息县旅游发展总体规划
[123] 河南柘城县旅游发展总体规划
[124] 贵州德江县旅游发展总体规划

[125] 贵州德江县扶阳古城修建性详细规划
[126] 贵州德江县中国傩城修建性详细规划
[127] 山西古县牡丹园 5A 景区提升规划
[128] 贵州德江乌江修建性详细规划
[129] 云南麻栗坡县旅游发展总体规划
[130] 云南麻栗坡老山旅游控制性详细规划
[131] 安徽五千年文化博览园旅游营销策划
[132] 湖北宜昌旅游发展总体规划
[133] 湖北宜昌长江三峡总体规划
[134] 陕西渭南司马迁文博园 5A 景区提升策划
[135] 陕西渭南党家村旅游发展总规
[136] 云南昆明世博园金殿 5A 景区提升策划